Florian Göhner

# Die betriebsverfassungsrechtliche Stellung der Leiharbeitnehmer im Entleiherbetrieb

PL ACADEMIC RESEARCH

**Bibliografische Information der Deutschen Nationalbibliothek**
Die Deutsche Nationalbibliothek verzeichnet diese Publikation in der Deutschen Nationalbibliografie; detaillierte bibliografische Daten sind im Internet über http://dnb.d-nb.de abrufbar.

Zugl.: Bonn, Univ., Diss., 2017

D 5
ISSN 1861-678X
ISBN 978-3-631-73314-1 (Print)
E-ISBN 978-3-631-73315-8 (E-PDF)
E-ISBN 978-3-631-73316-5 (EPUB)
E-ISBN 978-3-631-73317-2 (MOBI)
DOI 10.3726/b11706


PL Academic Research ist ein Imprint der Peter Lang GmbH.

Peter Lang – Frankfurt am Main · Bern · Bruxelles · New York · Oxford · Warszawa · Wien



Diese Publikation wurde begutachtet.

www.peterlang.com

# Inhaltsverzeichnis

# A. Die Entwicklung der Leiharbeit im letzten Jahrzehnt

Die Arbeitnehmerüberlassung in Deutschland hat sich seit Anfang des letzten Jahrzehnts erheblich gewandelt. Zum einen sind weitreichende Veränderungen im Recht der Leiharbeit insbesondere durch Änderungen des Arbeitnehmerüberlassungsgesetzes erfolgt, zum anderen hat die Leiharbeit in erheblichem Maße an wirtschaftlicher und arbeitsmarktpolitischer Bedeutung zugewonnen. Beide Entwicklungen hängen eng miteinander zusammen und beeinflussen auch die Stellung der Leiharbeitnehmer in der Betriebsverfassung.

## I. Die wirtschaftliche und arbeitsmarktpolitische Bedeutung der Leiharbeit

Die von der Bundesagentur für Arbeit ermittelten Zahlen der Leiharbeitnehmer bewegten sich in den Jahren 2000 bis 2003 zwischen rund 326.000 und 339.000[1]. Der Anteil der Leiharbeit an sozialversicherungspflichtiger Beschäftigung betrug in diesen Jahren konstant 1,2 %[2]. Die Arbeitnehmerüberlassung unterlag bis Ende 2003 einem restriktiven Arbeitnehmerüberlassungsgesetz (AÜG), welches jedoch mit dem „Ersten Gesetz für moderne Dienstleistungen am Arbeitsmarkt" vom 23. Dezember 2002 mit Wirkung vom 01. Januar 2004 grundlegend geändert wurde. Die bis dahin bestehenden Befristungs-, Synchronisations- und Wiedereinstellungsverbote für Leiharbeitnehmer wurden aufgehoben und die Beschränkung der Überlassungsdauer der Leiharbeit gestrichen[3]. In Folge dieser Flexibilisierung der Arbeitnehmerüberlassung stieg die Zahl der Leiharbeitnehmer erheblich. Bereits im Jahre 2006 wurden rund 600.000 Leiharbeitnehmer registriert[4]. Der Anteil der Zeitarbeit an sozialversicherungspflichtiger Beschäftigung stieg innerhalb dieser drei Jahre nach Inkrafttreten des neuen Arbeitnehmerüberlassungsgesetzes von 1,2 auf 2,3 %[5].

---

1 Statistik der Bundesagentur für Arbeit, Arbeitnehmerüberlassung, Leiharbeitnehmer und Verleiherbetriebe – Zeitreihe ab 1973, März 2015, S. 7f.

2 Eigenberechnung aufgrund der Statistik der Bundesagentur für Arbeit, Beschäftigungsstatistik, Zeitreihe über sozialversicherungspflichtig Beschäftigte, Dezember 2014.

3 Vgl. Zehnter Bericht der Bundesregierung über Erfahrungen bei der Anwendung des Arbeitnehmerüberlassungsgesetzes, BT-Drucks. 15/6008, S. 8; *Lehmer/Ziegler,* IAB-Kurzbericht 13/2010, S. 1.

4 Statistik der Bundesagentur für Arbeit, Arbeitnehmerüberlassung, Leiharbeitnehmer und Verleiherbetriebe – Zeitreihe ab 1973, März 2015, S. 8.

5 Eigenberechnung aufgrund der Statistik der Bundesagentur für Arbeit, Beschäftigungsstatistik, Zeitreihe über sozialversicherungspflichtig Beschäftigte, Dezember 2014.

Auch in den nachfolgenden Jahren stieg die Zahl der Leiharbeitnehmer weiter: 2008 waren es bereits mehr als 794.000 Zeitarbeitnehmer. Konjunkturbedingt sank die Zahl der Leiharbeitnehmer im Jahre 2009, stieg dann aber in den nachfolgenden Jahren wieder an und bewegte sich 2010 – 2015 zwischen rund 806.000 und 960.000:

| | Zahl der Leiharbeitnehmer (Stichtag 30. Juni)[6] | Anteil Leiharbeitnehmer an sozialversicherungspflichtig Beschäftigten[7] |
|---|---|---|
| 2000 | 339.022 | 1,2 % |
| 2001 | 357.264 | 1,3 % |
| 2002 | 326.295 | 1,2 % |
| 2003 | 327.331 | 1,2 % |
| 2004 | 399.789 | 1,5 % |
| 2005 | 453.389 | 1,7 % |
| 2006 | 598.284 | 2,3 % |
| 2007 | 731.152 | 2,7 % |
| 2008 | 794.363 | 2,9 % |
| 2009 | 609.720 | 2,2 % |
| 2010 | 806.123 | 2,9 % |
| 2011 | 909.545 | 3,2 % |
| 2012 | 908.113 | 3,1 % |
| 2013 | 917.161 | 2,9 % |
| 2014 | 928.566 | 2,9 % |
| 2015 | 961.162 | 3,0 % |

Die Zahl der Leiharbeitnehmer hat sich von 2004 bis 2010 also mehr als verdoppelt und ist weiter gewachsen. Auch der Anteil der Leiharbeitnehmer an sozialversicherungspflichtiger Beschäftigung hat sich seitdem mehr als verdoppelt – von 1,2 % in 2003 auf 3,0 % in 2015. Die wirtschaftliche und arbeitsmarktpolitische Bedeutung ist folglich in den letzten Jahren dynamisch gewachsen.

Für die Stellung der Leiharbeitnehmer in der Betriebsverfassung ist bei dieser Entwicklung besonders bedeutsam, dass auch die Beschäftigungsdauer der Leiharbeitnehmer zugenommen hat. So waren im Jahr 2000 nur 21,6 % der Leiharbeitnehmer mehr als 9 Monate lang beim Verleiher beschäftigt, im Jahre 2010 betrug dieser

6 Statistik der Bundesagentur für Arbeit, Arbeitnehmerüberlassung, Leiharbeitnehmer und Verleiherbetriebe – Zeitreihe ab 1973, März 2015, S. 9; Zeitreihe ab 2013, Januar 2016, S. 3.

7 Eigenberechnung aufgrund der Statistik der Bundesagentur für Arbeit, Beschäftigungsstatistik, Zeitreihe über sozialversicherungspflichtig Beschäftigte, Dezember 2014.

Anteil bereits fast 28 %[8]. Im Jahre 2000 betrug der Anteil der Leiharbeitnehmer mit einer Beschäftigungsdauer von mehr als 3 Monaten 47,8 %, im Jahre 2011 waren es 52,9 %[9]. Zwar gibt es keine belastbare Statistik über die Dauer der einzelnen Einsätze der Leiharbeitnehmer bei den Kundenunternehmen[10], jedoch ist nach Wegfall des Synchronisationsverbotes anzunehmen, dass der Trend zu längeren Beschäftigungsdauern auch einen Trend zur längeren Einsatzdauer im gleichen Einsatzbetrieb widerspiegelt[11]. Der Bundesarbeitgeberverband der Personaldienstleister geht davon aus, dass mittlerweile sogar fast zwei Drittel der Leiharbeitnehmer länger als 3 Monate im gleichen Betrieb eingesetzt werden; jeder zehnte Arbeitnehmer sei länger als ein Jahr im selben Entleiherbetrieb eingesetzt[12]. Für die Rechtsstellung der Leiharbeitnehmer in der Betriebsverfassung kann die Dauer des Einsatzes beim Entleiher von grundsätzlicher Bedeutung sein. Sie wirkt sich auf das Wahlrecht des Leiharbeitnehmers im Einsatzbetrieb aus und ist für die Betriebszugehörigkeit des Leiharbeitnehmers zum Einsatzbetrieb von Bedeutung[13].

## II. Die Veränderungen des Arbeitnehmerüberlassungsgesetzes und die europarechtliche Entwicklung

Zwischen den gesetzlichen Veränderungen des AÜG einerseits und der wachsenden wirtschaftlichen Bedeutung der Leiharbeit andererseits besteht ein enger Zusammenhang. Die beabsichtigte stärkere Anwendung der Leiharbeit durch Deregulierung des AÜG wurde gleichzeitig mit einem höheren Schutz der Leiharbeitnehmer verbunden[14]. In der Tendenz erfolgten die Liberalisierungsschritte im AÜG zugleich mit einer weitgehenden Gleichstellung oder zumindest Annäherung der Leiharbeitnehmer an die Stammarbeitnehmer im Einsatzbetrieb[15]. Bereits durch das Gesetz zur Reform der arbeitsmarktpolitischen Instrumente (Job-AQTIV-Gesetz) vom 10. Dezember 2001 wurde die zuvor auf 12 Monate begrenzte Höchstdauer der Überlassung an denselben Entleiher auf 24 Monate erhöht. Gleichzeitig sah das AÜG nach dem Job-AQTIV-Gesetz vor, dass Leiharbeitnehmern ab dem 13. Monat ihrer Tätigkeit im selben Entleihunternehmen die in diesen Betrieben geltenden

---

8 *Haller/Jahn*, IAB-Kurzbericht 13/2014, S. 1, S. 6.

9 *Haller/Jahn*, IAB-Kurzbericht 13/2014, S. 5.

10 *Haller/Jahn*, IAB-Kurzbericht 13/2014, S. 3.

11 *Haller/Jahn*, IAB-Kurzbericht 13/2014, S. 3.

12 *BAP*, Branchenportrait, S. 56.

13 Vgl. § 7 S. 2 und § 8 BetrVG; siehe auch die Relevanz der Dauer des Einsatzes für die Betriebszugehörigkeit später unter B.VII.

14 So auch der 11. Bericht der Bundesregierung über die Erfahrungen bei der Anwendung des AÜG, BT-Drucks. 17/464, S. 5.

15 Vgl. 10. Bericht der Bundesregierung über die Erfahrungen bei der Anwendung des AÜG, BT-Drucks. 15/6008, S. 8.

Arbeitsbedingungen einschließlich des Arbeitsentgelts zu gewähren waren[16]. Die Erhöhung der Höchstüberlassungsdauer wurde also bereits hier mit einer weitgehenden Gleichstellung von Leiharbeitnehmern und Stammarbeitnehmern im Einsatzbetrieb ab einer bestimmten Einsatzdauer verbunden.

Im gleichen Jahr gab es durch das Gesetz zur Reform des Betriebsverfassungsgesetzes vom 23. Juli 2001 eine Neuregelung, die bis heute Bestand hat: Durch § 7 S. 2 BetrVG wurde das aktive Wahlrecht bei Betriebsratswahlen für Arbeitnehmer eines anderen Arbeitgebers, die länger als drei Monate im Betrieb eingesetzt werden, eingeführt und damit auch das aktive Wahlrecht für Leiharbeitnehmer im Entleiher- bzw. Einsatzbetrieb ermöglicht, sofern die Leiharbeitnehmer länger als drei Monate in diesem Betrieb eingesetzt werden. Außerdem wurde den Leiharbeitnehmern auch das aktive Wahlrecht bei der Wahl der Arbeitnehmervertreter in den Aufsichtsrat im Entleiherunternehmen unter den gleichen Voraussetzungen gewährt (§§ 10 II, 18 S. 2 MitbestimmungsG)[17].

## 1. Die grundlegenden Änderungen des AÜG ab 1.1.2004

Die Veränderungen des AÜG durch das Erste Gesetz für moderne Dienstleistungen am Arbeitsmarkt vom 23. Dezember 2002 haben ein neues Leitbild der Arbeitnehmerüberlassung geformt[18]. Die Arbeitnehmerüberlassung wurde in den 70er Jahren erlaubt, weil dies unter dem Blickwinkel wirtschaftlicher Betätigungsfreiheit des Verleihers durch eine Entscheidung des Bundesverfassungsgerichtes erzwungen wurde[19]. Das neue Leitbild der Arbeitnehmerüberlassung sieht die Zeitarbeit dagegen vorrangig als Instrument für mehr Flexibilität am Arbeitsmarkt. Leiharbeit soll zur Wettbewerbsfähigkeit der Unternehmen beitragen, weil ihnen ermöglicht wird, flexibel und schnell auf schwankende Auftragssituationen und einen steigenden Arbeitskräftebedarf reagieren zu können[20]. Zugleich soll im Rahmen sozial abgesicherter Beschäftigungsverhältnisse Arbeitslosen eine Chance zum Einstieg oder Wiedereinstieg in den Arbeitsmarkt eröffnet werden[21]. Gleichzeitig sollen die

---

16 Vgl. 10. Bericht der Bundesregierung über die Erfahrungen bei der Anwendung des AÜG, BT-Drucks. 15/6008, S. 7; BGBl. I, S. 3443.

17 Gesetz zur Reform des Betriebsverfassungsgesetzes vom 23. Juli 2001 (BGBl. I, S. 1852); vgl. 10. Bericht der Bundesregierung über die Erfahrungen bei der Anwendung des AÜG, BT-Drucks. 15/6008, S. 7.

18 So ausdrücklich: 10. Bericht der Bundesregierung über die Erfahrungen bei der Anwendung des AÜG, BT-Drucks. 15/6008, S. 4, 8.

19 Vgl. BVerfG, Entscheidung vom 04. April 1967 – 1 BvR 84/65 –; 10. Bericht der Bundesregierung über die Erfahrungen bei der Anwendung des AÜG, BT-Drucks. 15/6008, S. 8.

20 10. Bericht der Bundesregierung über die Erfahrungen bei der Anwendung des AÜG, BT-Drucks. 15/6008, S. 8; *Haller/Jahn*, IAB-Kurzbericht 13/2014, S. 1.

21 Vgl. *Lehmer/Ziegler*, IAB-Kurzbericht 13/2010, S. 1; 10. Bericht der Bundesregierung über die Erfahrungen bei der Anwendung des AÜG, BT-Drucks. 15/6008, S. 8.

Leiharbeitnehmer mit den Stammarbeitnehmern des Einsatzbetriebes im Grundsatz gleichgestellt werden oder eine tarifvertragliche Absicherung der Leiharbeitnehmer erfolgen, um einen sozialen Schutz der Leiharbeitnehmer zu gewährleisten[22]. Entsprechend dieses neuen Leitbildes wurden mit Wirkung ab dem 01.01.2004 Verbote und Beschränkungen der Leiharbeit im AÜG aufgegeben und gleichzeitig das Gleichstellungsgebot verankert.

So wurde die Beschränkung der Überlassungsdauer auf damals 24 Monate gestrichen. Leiharbeitnehmer sollten demnach „ohne zeitliche Begrenzung an denselben Entleiher überlassen werden“[23] können. Das besondere Befristungsverbot, wonach ein Leiharbeitsverhältnis nicht wiederholt befristet werden durfte, ohne dass ein sachlicher Grund in der Person des Leiharbeitnehmers vorlag, sowie das sogenannte Synchronisationsverbot der wiederholten Befristung des Leiharbeitsverhältnisses auf die Dauer der erstmaligen Überlassung an einen Entleiher wurden aufgehoben. Damit gelten für die Befristungen eines Leiharbeitsverhältnisses nunmehr die gleichen rechtlichen Bedingungen wie für alle anderen Arbeitsverhältnisse nach den Bestimmungen des Teilzeit- und Befristungsgesetzes[24]. Ferner wurde das sog. Wiedereinstellungsverbot der wiederholten Kündigung und Neueinstellung eines Leiharbeitnehmers vor Ablauf von drei Monaten aufgehoben, so dass eine auftragsabhängige Beschäftigung eines Leiharbeitnehmers nach den allgemeinen Regelungen des Kündigungsschutzgesetzes und des Teilzeit- und Befristungsgesetzes möglich ist[25].

Diese Änderungen im AÜG durch das Erste Gesetz für moderne Dienstleistungen am Arbeitsmarkt vom 23. Dezember 2002, in Kraft getreten zum 01.01.2004, verfolgten also das Ziel der Deregulierung und gleichzeitigen Gleichstellung der Leiharbeitnehmer mit anderen Arbeitnehmern. Gleichzeitig hat der Gesetzgeber im AÜG den Grundsatz festgeschrieben, dass Leiharbeitnehmer Anspruch auf die im Entleihbetrieb geltenden wesentlichen Arbeitsbedingungen einschließlich des Arbeitsentgelts haben (§§ 3 I Nr. 3 S. 1, 9 Nr. 2, 10 IV AÜG). Von diesem Gleichstellungsgebot kann nur durch Tarifvertrag abgewichen werden (§§ 3 I Nr. 3 S. 2, 9 Nr. 2, 10 IV AÜG). Zielsetzung dieser gesetzlichen Regelung war, dass die Arbeitsbedingungen

---

22 So 11. Bericht der Bundesregierung über die Erfahrungen bei der Anwendung des AÜG, BT-Drucks. 17/464, S. 5; 10. Bericht der Bundesregierung über die Erfahrungen bei der Anwendung des AÜG, BT-Drucks. 15/6008, S. 8.

23 So ausdrücklich: 10. Bericht der Bundesregierung über die Erfahrungen bei der Anwendung des AÜG, BT-Drucks. 15/6008, S. 8.

24 Vgl. 10. Bericht der Bundesregierung über die Erfahrungen bei der Anwendung des AÜG, BT-Drucks. 15/6008, S. 8; Bundesagentur für Arbeit, Arbeitsmarktberichterstattung, Der Arbeitsmarkt in Deutschland – Zeitarbeit – Aktuelle Entwicklungen, April 2015, S. 5.

25 So auch 10. Bericht der Bundesregierung über die Erfahrungen bei der Anwendung des AÜG, BT-Drucks. 15/6008, S. 8.

der Leiharbeitnehmer tariflich geregelt werden sollten[26]. Anderenfalls erfolgt die Gleichstellung mit den Stammarbeitnehmern des Entleihbetriebes. In Folge dieser gesetzlichen Neuregelung wurden tatsächlich auch rasch Tarifverträge geschlossen, in denen die Entlohnung der Leiharbeitnehmer und sonstige Arbeitsbedingungen geregelt wurden[27].

Auch die Einfügung des § 13b AÜG im Rahmen des Ersten Gesetzes zur Änderung des Arbeitnehmerüberlassungsgesetzes entspricht dem Ziel der Gleichstellung der Leiharbeitnehmer mit den Stammarbeitnehmern: Nach § 13b AÜG ist der Entleiher verpflichtet, den Leiharbeitnehmern Zugang zu den gemeinschaftlichen Einrichtungen oder Diensten im Unternehmen unter den gleichen Bedingungen wie vergleichbaren Arbeitnehmern des Entleihers zu gewähren. Das betrifft z.B. gem. § 13b S. 2 AÜG Kinderbetreuungseinrichtungen, Gemeinschaftsverpflegung und Beförderungsmittel.

Gegen das Gleichstellungsgebot der §§ 3 I Nr. 3 S. 2, 9 Nr. 2, 10 IV AÜG wurden Verfassungsbeschwerden erhoben, die das Bundesverfassungsgericht mangels Erfolgsaussicht nicht zur Entscheidung angenommen hat[28]. Das Bundesverfassungsgericht hat in den Beschlüssen offen gelassen, ob ein Eingriff in die Koalitionsfreiheit vorliege, weil ein solcher Eingriff jedenfalls verfassungsrechtlich gerechtfertigt sei. Ausdrücklich hat das Bundesverfassungsgericht die Absicht des Gesetzgebers als gerechtfertigt angesehen, einerseits die Leiharbeit zu deregulieren und zur Bekämpfung von Massenarbeitslosigkeit auszuweiten und andererseits das mit einem besseren Schutz der Leiharbeitnehmer und einer Gleichstellung mit den Stammarbeitnehmern zu verbinden. Gerade wegen dieses Zusammenhanges sei die gesetzliche Regelung gerechtfertigt[29].

## 2. Die EU-Leiharbeitsrichtlinie und das Gleichstellungsgebot

Die europarechtliche Entwicklung war von einer langjährigen Diskussion geprägt, die im Jahre 2008 zur Leiharbeitsrichtlinie führte. Auch diese Leiharbeitsrichtlinie hat das Ziel, den Grundsatz der Gleichbehandlung von Leiharbeitnehmern mit der Stammbelegschaft zu gewährleisten[30]. Da dieser Grundsatz bereits seit 2004 im AÜG

---

26 So 11. Bericht der Bundesregierung über die Erfahrungen bei der Anwendung des AÜG, BT-Drucks. 17/464, S. 12; vgl. auch 12. Bericht der Bundesregierung über die Erfahrungen bei der Anwendung des AÜG, BT-Drucks. 18/673, S. 13.

27 Ausführlich vgl. 10. Bericht der Bundesregierung über die Erfahrungen bei der Anwendung des AÜG, BT-Drucks. 15/6008, S. 10f.; 12. Bericht der Bundesregierung über die Erfahrungen bei der Anwendung des AÜG, BT-Drucks. 18/673, S. 13f.

28 BVerfG, Nichtannahmebeschluss vom 29. Dezember 2004 – 1 BvR 2283/03, 1 BvR 2504/03, 1 BvR 2582/03 –.

29 Vgl. BVerfG, Nichtannahmebeschluss vom 29. Dezember 2004 – 1 BvR 2283/03, 1 BvR 2504/03, 1 BvR 2582/03 –, Rn. 18ff. nach juris.

30 Vgl. 12. Bericht der Bundesregierung über die Erfahrungen bei der Anwendung des AÜG, BT-Drucks. 18/673, S. 8.

durch § 3 I Nr. 3 AÜG gewährleistet ist, war der Anpassungsbedarf des Gesetzgebers zur Umsetzung dieser Richtlinie gering. Das in Artikel 5 I der Richtlinie geregelte Gleichstellungsgebot war bereits umgesetzt[31].

Der nationale Gesetzgeber hatte nach der Leiharbeitsrichtlinie lediglich die sich aus Artikel 1 I, Artikel 3 Ic ergebende Definition der Leiharbeit in nationales Recht zu übernehmen[32]. Nach diesen Bestimmungen der Leiharbeitsrichtlinie ist Leiharbeitnehmer, wer mit einem Verleiher einen Arbeitsvertrag geschlossen hat, um einem Entleiher überlassen zu werden und dort „vorübergehend“ unter dessen Aufsicht und Leitung zu arbeiten. Dementsprechend hat der nationale Gesetzgeber diese Terminologie in § 1 I 2 AÜG übernommen und bestimmt, dass die Überlassung von Leiharbeitnehmern an Entleiher vorübergehend erfolgt. Diese Regelung kann als eine neue Einschränkung der Zeitarbeit gewertet werden, wenngleich der Gesetzgeber auf bestimmte Höchstüberlassungsfristen zunächst verzichtet hatte[33].

Die tendenzielle Gleichstellung der Leiharbeitnehmer mit den Stammarbeitnehmern im Einsatzbetrieb schlug sich bereits vorher in weiteren Rechtsänderungen nieder. So wurde entsprechend der EU-Leiharbeitsrichtlinie eine Informationspflicht des Entleihers im § 13a AÜG aufgenommen, wonach der Entleiher den Leiharbeitnehmer über Arbeitsplätze des Entleihers, die besetzt werden sollen, zu informieren. Leiharbeitnehmer, die beim Entleiher eingesetzt sind, sollen die gleichen Möglichkeiten auf ein Arbeitsverhältnis beim Entleiher haben wie die Stammarbeitnehmer des Entleihers[34].

## 3. Die gesetzliche Neuregelung 2017 mit Änderung des BetrVG

Mit dem am 1.4.2017 in Kraft tretenden[35] „Gesetz zur Änderung des AÜG und anderer Gesetze“ soll die Funktion der Arbeitnehmerüberlassung als Instrument zur zeitlich begrenzten Deckung des Arbeitskräftebedarfs geschärft, die Stellung der Leiharbeitnehmer gestärkt und die Arbeit der Entleiherbetriebsräte erleichtert werden[36]. Im neuen § 8 IV AÜG wird der Grundsatz der Gleichstellung verstärkt, indem die tarifvertraglichen Möglichkeiten zur Abweichung vom Gleichstellungsgrundsatz nach neun Monaten Einsatzzeit beschränkt werden; längere Abweichungen sind

---

31 So auch 12. Bericht der Bundesregierung über die Erfahrungen bei der Anwendung des AÜG, BT-Drucks. 18/673, S. 8; vgl. auch 11. Bericht der Bundesregierung über die Erfahrungen bei der Anwendung des AÜG, BT-Drucks. 17/464, S. 7.

32 12. Bericht der Bundesregierung über die Erfahrungen bei der Anwendung des AÜG, BT-Drucks. 18/673, S. 10.

33 So auch 12. Bericht der Bundesregierung über die Erfahrungen bei der Anwendung des AÜG, BT-Drucks. 18/673, S. 10.

34 12. Bericht der Bundesregierung über die Erfahrungen bei der Anwendung des AÜG, BT-Drucks. 18/673, S. 11.

35 Vgl. BT-Drucks. 18/10064, S. 6; BR-Drucks. 627/16, S. 3

36 So die Begründung des Gesetzesentwurfs der Bundesregierung, BT-Drucks. 18/9232, S. 1.

künftig nur möglich, wenn durch Branchenzuschlagstarifverträge Leiharbeitnehmer stufenweise an ein Arbeitsentgelt herangeführt werden, das von den Tarifpartnern als gleichwertig mit dem tariflichen Arbeitsentgelt der Stammarbeitnehmer festgelegt ist[37].

Ferner wird mit dem neuen Gesetz grundsätzlich wieder eine Höchstüberlassungsdauer eingeführt; nach § 1 Abs. 1b AÜG beträgt die Höchstüberlassungsdauer grundsätzlich zwar 18 Monate, kann aber durch oder aufgrund eines Tarifvertrages der Einsatzbranche verlängert werden[38].

Für die Stellung der Leiharbeitnehmer in der Betriebsverfassung ist die gesetzliche Neuregelung zum 1.4.2017 durch Änderung des BetrVG und vor allem durch eine Ergänzung des § 14 II AÜG von Bedeutung. Die Änderungen im BetrVG sollen nur klarstellende Funktion haben und die bisherige Rechtsprechung nachvollziehen; so werden insbesondere in § 80 II und 92 I BetrVG die Unterrichtungsrechte des Entleiherbetriebsrates klargestellt[39]. Mit einer Ergänzung des § 14 II AÜG durch einen neuen S. 4 wird ein umfassender Streit in Rechtsprechung und Literatur[40] geklärt, inwieweit Leiharbeitnehmer im Entleiherbetrieb bei den Schwellenwerten des BetrVG mitzählen. Nach dem neuen § 14 II 4 AÜG ist gesetzlich geregelt, dass Leiharbeitnehmer – mit Ausnahme im § 112a BetrVG – bei allen sonstigen Schwellenwerten des BetrVG im Entleiherbetrieb mitzählen[41], unabhängig von ihrer Einsatzdauer. Insofern erfolgt also auch eine betriebsverfassungsrechtliche Gleichstellung zwischen Leiharbeitnehmern und Stammarbeitnehmern im Entleiherbetrieb.

## III. Tarifvertragliche Entwicklung zum „equal-pay“

Bereits nach der Verabschiedung des Ersten Gesetzes für moderne Dienstleistungen am Arbeitsmarkt Ende 2002 mit den Anfang 2004 in Kraft getretenen Deregulierungen des AÜG haben die Tarifpartner der Leiharbeit bis Jahresende 2003 flächendeckend gültige Tarifverträge vereinbart, um für Leiharbeit Löhne und sonstige Arbeitsbedingungen festzusetzen[42]. Wie dargestellt, müssen Leiharbeitnehmern nach § 3 I Nr. 3 und § 9 Nr. 2 AÜG grundsätzlich für die Zeit der Überlassungen an

---

37 Vgl. die Gesetzesbegründung BT-Drucks. 18/9232, S. 28ff.

38 Vgl. die Gesetzesbegründung BT-Drucks. 18/9232, S. 19.

39 Vgl. die Gesetzesbegründung BT-Drucks. 18/9232, S. 30.

40 Vgl. BAG, Beschluss vom 13. März 2013 – 7 ABR 69/11 –, BAGE 144, 340–350, Rn. 27–34 nach juris im Hinblick auf § 9 S. 1 BetrVG mwNw. über die früher gegenteilige Rechtsprechung in Rn. 27 nach juris und die unterschiedlichen Standpunkte in der Literatur in Rn. 20 nach juris; vgl. ferner *Haas/Hoppe*, NZA 2013, 294; *Künzel/Schmid*, NZA 2016, 531; *Lambrich/Reinhard*, NJW 2014, 2229; Lunk, NZG 2014, 778; *Rieble*, NZA 2012, 485 jeweils mwNw. zum Streitstand in Literatur und Rspr.

41 Vgl. die Gesetzesbegründung BT-Drucks. 18/9232, S. 26f.

42 Vgl. die Übersicht im 10. Bericht der Bundesregierung über die Erfahrungen bei der Anwendung des AÜG, BT-Drucks. 15/6008, S. 10.

einen Entleiher die im Betrieb des Entleihers geltenden wesentlichen Arbeitsbedingungen einschließlich des Arbeitsentgelts gewährt werden. Von diesem Gleichstellungsgebot kann nur bei Anwendung eines Tarifvertrages abgewichen werden. Mit dieser Tariföffnungsklausel hatte der Gesetzgeber zu Recht die Erwartung an die Tarifvertragsparteien verbunden, dass rasch entsprechende Tarifverträge vereinbart werden und entweder kraft unmittelbarer Tarifbindung oder durch arbeitsvertragliche Bezugnahme auf solche Tarifverträge zur Anwendung kommen[43]. Tatsächlich ist von der Tariföffnungsklausel und den neuen Tarifverträgen nahezu flächendeckend Gebrauch gemacht worden[44].

Dass auch die Tarifpartner die Leiharbeitnehmer tendenziell den Stammarbeitnehmern gleichstellen wollen, spiegelt sich in besonderer Weise in so genannten Branchenzuschlagstarifverträgen wider. Seit Mai 2012 wurden nämlich in Ergänzung der allgemeinen Lohntarifverträge für die Leiharbeit besondere Entgeltzuschläge vereinbart, um eine Annäherung der Entlohnung an die Bezahlung der Stammarbeitnehmer (equal-pay) zu erreichen[45]. Die generellen Lohntarifverträge der Leiharbeit weisen gegenüber dem Lohnniveau in vielen Industrie-Branchen niedrigere Löhne aus. Die Tariflöhne für die Leiharbeitnehmer blieben so in Anwendung der tarifvertraglichen Abweichungsmöglichkeit vom Gleichstellungsgebot häufig unter den Löhnen der Stammarbeitnehmer. Seit Mai 2012 wurden aber für insgesamt 9 große Industrie-Branchen Branchenzuschlagstarifverträge vereinbart[46]. Danach erhalten die Leiharbeitnehmer einen prozentualen Zuschlag auf die Stundenlöhne des Lohntarifvertrages, der für die Leiharbeitnehmer generell gilt. Der Zuschlag ist an den ununterbrochenen Einsatz beim selben Einsatzbetrieb gebunden und beginnt nach vier bzw. sechs Wochen und steigt in mehreren Stufen bis auf maximal 50 % nach 9 Einsatzmonaten an[47]. Diese Branchenzuschläge sind so begrenzt, dass Leiharbeitnehmer gegenüber den vergleichbaren Stammarbeitnehmern tarifvertraglich nicht besser gestellt sind, das heißt kein höheres Arbeitsentgelt erhalten

---

43 So auch 11. Bericht der Bundesregierung über die Erfahrungen bei der Anwendung des AÜG, BT-Drucks. 17/464, S. 12.

44 So auch 12. Bericht der Bundesregierung über die Erfahrungen bei der Anwendung des AÜG, BT-Drucks. 18/673, S. 13; 11. Bericht der Bundesregierung über die Erfahrungen bei der Anwendung des AÜG, BT-Drucks. 17/464, S. 12.

45 Vgl. 12. Bericht der Bundesregierung über die Erfahrungen bei der Anwendung des AÜG, BT-Drucks. 18/673, S. 14 mit einer Auflistung der neun abgeschlossenen Branchenzuschlagstarifverträge; vgl. auch *Haller/Jahn*, IAB-Kurzbericht 13/2014, S. 3.

46 Vgl. 12. Bericht der Bundesregierung über die Erfahrungen bei der Anwendung des AÜG, BT-Drucks. 18/673, S. 14 mit einer Auflistung der neun abgeschlossenen Branchenzuschlagstarifverträge; vgl. auch *Haller/Jahn*, IAB-Kurzbericht 13/2014, S. 3.

47 Vgl. 12. Bericht der Bundesregierung über die Erfahrungen bei der Anwendung des AÜG, BT-Drucks. 18/673, S. 14; vgl. auch *Haller/Jahn*, IAB-Kurzbericht 13/2014, S. 3.

als die Stammarbeitnehmer[48]. Unterschiede zwischen den einzelnen Tarifverträgen[49] bestehen in der Höhe der prozentualen Zuschläge. Erklärtes Ziel ist aber spätestens nach einem 9-monatigen Einsatz des Leiharbeitnehmers in dem gleichen Einsatzbetrieb eine Entlohnung zu gewähren, die der Entlohnung der Stammarbeitnehmer entsprechen soll[50].

## IV. Zusammenfassung zu A.

Die Leiharbeit hat sich in den letzten Jahren wirtschaftlich, gesetzlich und tarifvertraglich erheblich gewandelt. Die wirtschaftliche und arbeitsmarktpolitische Entwicklung ist rasant gewachsen und gleichzeitig ist eine gesetzliche und tarifvertragliche Annäherung bzw. zunehmende Gleichstellung zwischen Leiharbeitnehmern und Stammarbeitnehmern im Einsatzbetrieb erfolgt. Diese Entwicklung beeinflusst auch die betriebsverfassungsrechtliche Stellung der Leiharbeitnehmer im Entleiherbetrieb.

48 Vgl. 12. Bericht der Bundesregierung über die Erfahrungen bei der Anwendung des AÜG, BT-Drucks. 18/673, S. 14; vgl. auch *Haller/Jahn*, IAB-Kurzbericht 13/2014, S. 3.
49 Siehe im einzelnen 12. Bericht der Bundesregierung über die Erfahrungen bei der Anwendung des AÜG, BT-Drucks. 18/673, S. 14; vgl. auch *Haller/Jahn*, IAB-Kurzbericht 13/2014, S. 3.
50 Vgl. 12. Bericht der Bundesregierung über die Erfahrungen bei der Anwendung des AÜG, BT-Drucks. 18/673, S. 14; vgl. auch *Haller/Jahn*, IAB-Kurzbericht 13/2014, S. 3.

# B. Die Rechtsbeziehungen zwischen Leiharbeitnehmer, Verleiher und Entleiher

Die Arbeitnehmerüberlassung ist dadurch geprägt, dass drei Seiten, nämlich der Leiharbeitnehmer, der Entleiher und der Verleiher, beteiligt sind. Hierbei stehen alle drei Parteien in rechtlichen Verbindungen zueinander. Während der Verleiher und der Leiharbeitnehmer durch einen Leiharbeitsvertrag miteinander verbunden sind, besteht zwischen dem Verleiher und dem Entleiher ein Arbeitnehmerüberlassungsvertrag. Zwischen dem Leiharbeitnehmer und dem Entleiher besteht hingegen kein unmittelbares Vertragsverhältnis: Aufgrund des Leiharbeitsvertrages erbringt der Leiharbeitnehmer seine vertragliche Leistung allerdings im Betrieb eines Entleihers, der darüber mit dem Verleiher den Arbeitnehmerüberlassungsvertrag vereinbart hat.

## I. Rechtsbeziehung zwischen dem Leiharbeitnehmer und dem Verleiher

Bei dem Leiharbeitsvertrag zwischen Leiharbeitnehmer und Verleiher handelt es sich um einen Arbeitsvertrag, bei dem sich, wie gewöhnlich, Vergütungsanspruch und Anspruch auf Arbeitsleistung gegenüber stehen (§ 611 I BGB).

Der wesentliche Unterschied zum klassischen Arbeitsvertrag ist jedoch, dass der Leiharbeitnehmer aufgrund des Vertrages grundsätzlich nicht zur Arbeitsleistung im Betrieb seines Arbeitgebers, also des Verleihers, verpflichtet ist, sondern seine Leistung im Beschäftigungsbetrieb, dem Betrieb des Entleihers, zu erbringen und den Weisungen des Entleihers zu folgen hat[51]. Damit ist für den Leiharbeitsvertrag die vertragliche Abweichung vom § 613 S. 2 BGB charakteristisch, wonach grundsätzlich der Anspruch auf die Dienste nicht übertragbar ist[52]. Die Klausel, die die Abweichung vom § 613 S. 2 BGB regelt, wird als Leiharbeitnehmerklausel bezeichnet[53]. Die Leiharbeitnehmerklausel begründet die Verpflichtung des Leiharbeitnehmers, seine Arbeitsleistung bei jedem Dritten zu erbringen, der vom Verleiher festgelegt wird.

## II. Rechtsbeziehung zwischen dem Verleiher und dem Entleiher

Der Arbeitnehmerüberlassungsvertrag zwischen dem Verleiher und dem Entleiher ist ein Unterfall des Dienstverschaffungsvertrages[54]. Hauptleistungspflichten dieses

---

51 *Thüsing*, in: Thüsing, AÜG, Einf. Rn. 32.
52 Vgl. *Ulber*, in: Ulber, AÜG, § 1 Rn. 38, 41.
53 *Schüren*, in: Schüren, AÜG, 4. Aufl., Einl. Rn. 177; *Ulber*, in: Ulber, AÜG, § 1 Rn. 38.
54 *Schüren*, in: Schüren, AÜG, 4. Aufl., Einl. Rn. 308; *Thüsing*, in: Thüsing, AÜG, Einf. Rn. 40.

Vertrages sind die dem Verleiher obliegende Pflicht zur Arbeitnehmerüberlassung und die Pflicht des Entleihers, die Überlassungsvergütung an den Verleiher zu zahlen. Die Pflicht des Verleihers zur Überlassung von Arbeitskräften ist von der Pflicht des konkreten Leiharbeitnehmers zur Erfüllung seiner Arbeitsleistung abzugrenzen: Der Verleiher schuldet dem Entleiher nicht die Erbringung der Arbeitsleistung durch seinen Leiharbeitnehmer, sondern (lediglich) die Überlassung einer geeigneten Arbeitskraft für die vereinbarte Leihdauer[55]. Im Rahmen dieses Vertrages vereinbaren der Entleiher und der Verleiher, dass auch das Direktionsrecht durch den Entleiher ausgeübt werden soll[56].

## III. Rechtsbeziehung zwischen dem Leiharbeitnehmer und dem Entleiher

Das Rechtsverhältnis zwischen dem Leiharbeitnehmer und dem Entleiher ist nicht durch eine unmittelbare vertragliche Beziehung geprägt, sondern ergibt sich aus dem Zusammenspiel von Leiharbeits- und Arbeitnehmerüberlassungsvertrag: Nach dem Leiharbeitsvertrag verpflichtet sich der Leiharbeitnehmer, seine Leistung im Betrieb eines Entleihers zu erbringen, überlässt es dem Verleiher, den Einsatzbetrieb zu bestimmen und verpflichtet sich, den Weisungen des Entleihers im Einsatzbetrieb zu folgen. Nach dem Arbeitnehmerüberlassungsvertrag zwischen dem Verleiher und dem Entleiher verpflichtet sich der Verleiher zur Überlassung des Leiharbeitnehmers und überträgt das Weisungsrecht vertraglich dem Entleiher.

### 1. Fehlendes Vertragsverhältnis zwischen Entleiher und Leiharbeitnehmer

Früher wurde in der Literatur die Auffassung vertreten, dass beim Einsatz des Leiharbeitnehmers auch ein Arbeitsverhältnis zwischen dem Entleiher und dem Leiharbeitnehmer bestehe, sodass man von einem Doppelarbeitsverhältnis sprechen könne.[57]

Jedoch ist diese Theorie vom Doppelarbeitsverhältnis jedenfalls nach der Einführung des AÜG aufgrund des § 10 I 1 AÜG nicht mehr haltbar[58]. Danach kann im Rahmen der Arbeitnehmerüberlassung ein Arbeitsverhältnis zum Entleiher nur entstehen, wenn ein Fall des § 9 Nr. 1 AÜG vorliegt, also der Verleiher keine Erlaubnis i.S.d. § 1 AÜG hat[59].

---

55 *Schüren*, in: Schüren, AÜG, 4. Aufl., Einl. Rn. 313.

56 Vgl. *Schüren*, in: Schüren, AÜG, 4. Aufl., Einl. Rn. 169.

57 *Mayer-Maly*, ZfA 1972,1, 23.

58 *Schüren*, in: Schüren, AÜG, 4. Aufl., Einl. Rn. 101; *Thüsing*, in: Thüsing, AÜG, Einf. Rn. 37; *Walker*, AcP 194 (1994), 295, 307.

59 *Schüren*, in: Schüren, AÜG, 4. Aufl., Einl. 111; *Thüsing*, in: Thüsing, AÜG, Einf. Rn. 37; *Walker*, AcP 194 (1994), 295, 307.

Auch der Wortlaut des § 1 I 1 AÜG spricht gegen die Theorie vom Doppelarbeitsverhältnis[60]. Denn nach § 1 I 1 AÜG bedürfen „Arbeitgeber, die als Verleiher Dritten (Entleihern) Arbeitnehmer (Leiharbeitnehmer)“ überlassen wollen, der Erlaubnis. In dieser Regelung wird der Verleiher als Arbeitgeber, der Entleiher hingegen nur als Dritter bezeichnet. Im Umkehrschluss lässt sich daher aus dieser Norm ebenfalls der gesetzgeberische Wille entnehmen, dass der Verleiher eben kein Arbeitgeber, sondern Dritter ist[61]. Andernfalls würden auch die Grenzen zwischen Arbeitnehmerüberlassung und Arbeitsvermittlung verwischt, denn das fehlende Arbeitsverhältnis zum Entleiher ist gerade entscheidendes Abgrenzungskriterium zur Arbeitsvermittlung[62]. Zudem ist nunmehr[63] in § 1 I 2 AÜG n.F. ausdrücklich normiert, dass Arbeitnehmer zur Arbeitsleistung überlassen werden, wenn sie in die Arbeitsorganisation des Entleihers eingegliedert sind und seinen Weisungen unterliegen und gem. § 1 I 3 AÜG ist die Überlassung nur zulässig, soweit zwischen dem Verleiher und dem Leiharbeitnehmer ein Arbeitsverhältnis besteht. Diese Vorschriften ordnen die unmittelbare vertragliche Beziehung dem Verleiher zu (S. 3) und stellen in Abgrenzung hiermit klar, dass der Entleiher das Weisungsrecht erhält. Ein Vertragsverhältnis zum Entleiher entsteht jedoch nicht.

Aus denselben Gründen scheidet auch die Theorie von der Aufspaltung der Arbeitgeberfunktion aus. Nach dieser Theorie besteht zwar nur ein Arbeitsvertrag, allerdings sei die Rechtsstellung des Arbeitgebers zwischen dem Verleiher und Entleiher aufgespalten; sowohl der Verleiher als auch der Entleiher seien folglich als Arbeitgeber und damit Vertragspartner des Leiharbeiters zu qualifizieren[64]. Nach dieser Ansicht nimmt der Entleiher folglich nicht bloß Rechte wahr, die grundsätzlich dem Arbeitgeber zustehen, wie z.B. das Direktionsrecht. Auch die rechtliche Position des Arbeitgebers als Vertragspartner des Leiharbeitnehmers sei zwischen Verleiher und Entleiher aufgespalten. Eine Arbeitgeberstellung des Entleihers ist aber, wie oben festgestellt, nicht mit dem AÜG vereinbar[65]. Zudem wäre nach dieser

---

60 *Schüren*, in: Schüren, AÜG, 4. Aufl., Einl. Rn. 107; *Walker*, AcP 194 (1994), 295, 306.

61 *Walker*, AcP 194 (1994), 295, 306 vgl. auch *Wank*, in: ErfKo, AÜG, Einl. Rn. 32.

62 Vgl. BVerfG, Entscheidung vom 04. April 1967 – 1 BvR 84/65 –, Rn. 21 nach juris; *Schüren*, in: Schüren, AÜG, 4. Aufl., Einl. Rn. 107.

63 Inwieweit die neu eingefügte Legaldefinition der Arbeitnehmerüberlassung in § 1 I 2 AÜG zu einer Rechtsänderung geführt hat oder – so wie dies der Gesetzgeber auch ausdrücklich feststellt, vgl. BT-Drucks. 18/9232 S. 19; BT-Drucks. 18/10064 S. 14 – der bisherige Anwendungsbereich des AÜG unverändert geblieben ist und nur die bislang geltenden Maßstäbe der Rechtsprechung nachgezeichnet werden sollten, ist umstritten: vgl. für eine Ausweitung des Begriffs der Überlassung *Kainer/Schweipert*, NZA 2017, 13, 14; **a.A.**: *Bissels/Falter*, ArbRAktuell 2017, 33, 33; *Thüsing*, DB 2016, 2663, 2663f.; *Tuengerthal*, BB 2016, 2875, 2875f.

64 *Ramm*, ZfA 1973, 263, 292.

65 *Schüren*, in: Schüren, AÜG, 4. Aufl., Einl. 111; *Thüsing*, in: Thüsing, AÜG, Einf. Rn. 37; *Walker*, AcP 194 (1994), 295, 307.

Ansicht jeweils ein Vertragsbeitritt des Entleihers notwendig[66]. Ein solcher erfordert aber entsprechende rechtsgeschäftliche Erklärungen aller drei Parteien[67]. An solchen Erklärungen fehlt es jedoch[68]. Der Entleiher bedient sich der Leiharbeit gerade deshalb, weil er keinen Arbeitsvertrag mit dem Leiharbeitnehmer abschließen will, sondern den Leiharbeitnehmer lediglich in seine Arbeitsorganisation eingliedern und unter sein Weisungsrecht (vgl. § 1 I 2 AÜG) stellen will.

## 2. Forderungsrecht des Entleihers gegen Leiharbeitnehmer durch einen echten Vertrag zugunsten Dritter

Gleichwohl könnte dem Entleiher ein eigenes Forderungsrecht gegen den Leiharbeitnehmer auf die Arbeitsleistung aus dem Leiharbeitsvertrag i.V.m. dem Arbeitnehmerüberlassungsvertrag zustehen[69].

Der Verleiher schließt den Arbeitsvertrag mit dem Leiharbeitnehmer, um ihn in Fremdbetrieben einsetzen zu können und damit die Arbeitsleistung seines Leiharbeitnehmers im Betrieb eines Dritten erbringen zu lassen. Der Verleiher ist hierbei aber nicht Schuldner der Arbeitsleistung; seine Pflichten beschränken sich auf die Überlassung des Arbeitnehmers und damit auf die Eingliederung des Leiharbeitnehmers in die Arbeitsorganisation des jeweiligen Entleihers und die Übertragung des Weisungsrechts auf den Entleiher (vgl. § 1 I 2 AÜG). Während der Überlassung möchte er den Entleiher zum Gläubiger der vom Leiharbeitnehmer geschuldeten Leistung machen, um so seinem Kunden den vollen Zugriff auf die Arbeitsleistung zu ermöglichen[70].

Mit Abschluss des Arbeitsvertrages erklärt sich der Leiharbeitnehmer bereit, seine Arbeitsleistung in einem Betrieb zu erbringen, der von seinem Arbeitgeber festgelegt wird. Seine Willenserklärung zielt also unmittelbar darauf ab, einen Dritten durch seine Arbeitsleistung zu begünstigen: Damit ist ihm bewusst, dass er seine Arbeitsleistung zugunsten bzw. bei einem Dritten, dem Entleiher, erbringt[71].

Der Entleiher ist Empfänger der Arbeitsleistung und kann diese durch Ausübung des Direktionsrechts gestalten. Damit wird dem rechtsgeschäftlich erklärten Willen des Entleihers Rechnung getragen, dass dieser ein eigenes Forderungsrecht gegen den Leiharbeitnehmer erwirbt. Der Rechtsgrund für dieses Forderungsrecht ist der Arbeitnehmerüberlassungsvertrag zwischen dem Entleiher und dem

---

66 *Schüren*, in: Schüren, AÜG, 4. Aufl., Einl. Rn. 157.

67 *Roth/Kieninger*, in: MüKo BGB II, § 398, Rn. 190.

68 So auch *Schüren*, in: Schüren, AÜG, 4. Aufl., Einl. Rn. 157; **a.A.**, soweit es echte Leiharbeitnehmer betrifft, *Heinze*, ZfA 1976, 183, 201ff.

69 So *Düwell*, in: Kasseler HB II, 4.5. Rn. 442; *Hamann*, WiVerw 1996, 212, 214; *Hamann*, AuR 2002, 322, 322; *Reinsch, Rechtsverhältnis*, S. 244; *Schüren*, in: Schüren, AÜG, 4. Aufl., Einl. Rn. 168; *Thüsing*, in: Thüsing, AÜG, Einl. Rn. 35; *Walker*, AcP 194 (1994), 295, 309ff.; *Wank*, in: ErfKo, AÜG, Einl. Rn. 33.

70 Vgl. *Walker*, AcP 194 (1994), 295, 312.

71 Vgl. *Walker*, AcP 194 (1994), 295, 313.

Verleiher. Die Übertragung des Forderungsrechtes bedarf gem. § 613 S. 2 BGB der Zustimmung des Leiharbeitnehmers[72], die von ihm vorab durch den Leiharbeitsvertrag erteilt wird.

Nach dem Willen der Beteiligten, der jeweils darauf abzielt, einen Dritten durch die Arbeitsleistung zu begünstigen, handelt es sich beim Leiharbeitsvertrag folglich um einen echten Vertrag zugunsten Dritter gem. § 328 I BGB[73].

Demgegenüber wird in der Literatur vertreten, die Rechtsbeziehung zwischen Leiharbeitnehmer und Entleiher beschränke sich auf ein Schuldverhältnis ohne primäre Leistungspflichten. Vielmehr leite der Entleiher sein Weisungsrecht gegenüber dem Leiharbeitnehmer aufgrund einer Ermächtigung durch den Entleiher und der Eingliederung ab[74], weshalb der Leiharbeitsvertrag damit als unechter Vertrag zugunsten Dritter anzusehen sei[75].

Dies wird zunächst damit begründet, dass ein echter Vertrag zugunsten Dritter, im Gegensatz zu einem unechten, grundsätzlich die Bestimmbarkeit des Begünstigten voraussetze. An dieser Bestimmbarkeit fehle es jedoch bei dem Vertragsschluss zwischen Leiharbeitnehmer und Verleiher, da häufig der zukünftige bzw. die zukünftigen Entleiher nicht feststehen.

Allerdings lässt sich aus § 332 BGB entnehmen, dass sich der Versprechensempfänger im Vertrag zugunsten Dritter die Befugnis zum Austausch des Dritten vorbehalten kann[76]. So ist es auch beim Leiharbeitsvertrag, in dem sich der Verleiher gegenüber dem Leiharbeitnehmer vorbehält, den Einsatzbetrieb zu bestimmen. Ein solcher Vorbehalt ist entweder ausdrücklich Bestandteil des Leiharbeitnehmervertrages oder er ergibt sich durch Auslegung aus dem Wesen des Leiharbeitsverhältnisses, wozu der Austausch des Einsatzbetriebes gehört.

Der Annahme eines echten Vertrages zugunsten Dritter und dem damit bestehenden eigenen Forderungsrecht des Entleihers widerspricht auch nicht, dass nach dem Arbeitnehmerüberlassungsvertrag der in einem Betrieb eingesetzte Leiharbeitnehmer gegen einen anderen Leiharbeitnehmer ausgetauscht werden kann[77]. Eine solche Möglichkeit des Austausches des Leiharbeitnehmers behält sich der Verleiher gegenüber dem Entleiher vertraglich in der Regel vor, wenn es auch nicht zwingend der Fall sein muss. Wenn es vereinbart ist, hat der Entleiher auch gegenüber dem neuen, ausgetauschten Leiharbeitnehmer das Weisungs- und Forderungsrecht aus dem

---

72 *Schüren*, in: Schüren, AÜG, 4. Aufl., § 1 Rn. 82.

73 *Düwell*, in: Kasseler HB II, 4.5. Rn. 442; *Hamann*, WiVerw 1996, 212, 214; *Thüsing*, in: Thüsing, AÜG, Einl. Rn. 37; *Schüren*, in: Schüren, AÜG, 4. Aufl., Einl. Rn. 168, 115; *Walker*, AcP 194 (1994), 295, 309ff.; *Wank*, in: ErfKo, AÜG, Einl. Rn. 33.

74 *Becker*, NJW 1976, 1827, 1828; *Becker/Wulfgramm*, AÜG, § 11 Rn. 59; *Ulber*, in: Ulber, AÜG, § 1 Rn. 20.

75 *Seiter*, JurA 1971, 204, 219; *Ulber*, in: Ulber, AÜG, § 1 Rn. 20.

76 *Walker*, AcP 194 (1994), 295, 310; **a.A.** *Ulber*, in: Ulber, AÜG, § 1 Rn. 21.

77 **A.A.:** *Ulber*, in: Ulber, AÜG, § 1 Rn. 20.

Zusammenwirken von Leiharbeitsvertrag und Arbeitnehmerüberlassungsvertrag, während er dieses Recht gegenüber dem abberufenen Leiharbeitnehmer verliert[78].

Folglich ist der Arbeitsvertrag zwischen dem Verleiher und dem Leiharbeitnehmer als ein echter Vertrag zugunsten Dritter einzuordnen. Aufgrund des Arbeitnehmerüberlassungsvertrages wird der Entleiher zum Dritten und Begünstigten mit einem eigenen Forderungsrecht.

78 So i.E. auch *Walker,* AcP 194 (1994), 295, 312.

# C. Persönlicher Anwendungsbereich des BetrVG für den Leiharbeitnehmer im Einsatzbetrieb

## I. Die generelle Bestimmung der persönlichen Anwendbarkeit des BetrVG gem. § 5 BetrVG

Nach ganz h.M. bestimmt die Betriebszugehörigkeit eines Arbeitnehmers über den persönlichen Anwendungsbereich des BetrVG[79]. Dies ergibt sich nicht zwingend aus dem Wortlaut des Gesetzes: Dieser spricht nicht im allgemeinen Teil des BetrVG (§§ 1–5 BetrVG), sondern erstmals im § 7 S. 2 BetrVG bei den Vorschriften zur Betriebsratswahl von dem „Arbeitnehmer des Betriebes"[80]. Gleichwohl wird die Betriebszugehörigkeit von der ganz h.M. als die entscheidende Voraussetzung für den persönlichen Anwendungsbereich des BetrVG betrachtet.

Generell werden drei Theorien zur Betriebszugehörigkeit vertreten, anhand derer die Zuordnung von Arbeitnehmern zu einem bestimmten Betrieb ermöglicht werden soll: Die Vertragstheorie[81], die Zwei-Komponenten-Lehre[82] und die Eingliederungstheorie[83]. Während die Vertragstheorie zur Bestimmung der Betriebszugehörigkeit

---

79 Vgl. BAG, Beschluss vom 18. Januar 1989 – 7 ABR 21/88 –, BAGE 61, 7–24, Rn. 24 nach juris; *Birk*, in: Gamillscheg u.a., FS K. Molitor, S. 20; *Boemke*, Schuldvertrag, S. 429; *Dewender*, Betriebsfremde, S. 41; *Dewender*, RdA 2003, 274, 276; *Dreher*, Stellung, S. 17; *Edenfeld*, Arbeitnehmermitbestimmung, Rn. 54; *Erdlenbruch*, betriebsverfassungsrechtliche Stellung, S. 51; *Fitting*, 28. Aufl., § 5 Rn. 1; *v. Hoyningen-Huene*, in: Farthmann u.a., FS Stahlhacke, S. 181; *Joost*, Grundbegriffe, S. 305; *Jüttner*, Auswirkungen, S. 24, 57; *Kaufmann*, betriebsverfassungsrechtliche Zuordnung, S. 53, 61; *Koch*, in: ErfKo, BetrVG, § 5 Rn. 1; *Kraft*, in: Hofmann u.a., FS Pleyer, S. 383; *Richardi*, NZA 1987, 145, 145; *Richardi*, NZA 1987, 145, 145; *Richardi*, in: Martinek, FS Floretta, S. 595; *Schneider/Trümner*, in: Däubler u.a., FS Gnade, S. 187; *Schuster*, Betrieb und Betriebszugehörigkeit, S. 61; *Ziemann* AuR 1990, 58, 61; *Christiansen*, Zuordnung, S. 13 bezeichnet dies als „Selbstverständlichkeit"; ferner *Raab*, ZfA 2003, 389, 430, *Raab*, in GK-BetrVG I, 10. Aufl., § 5 Rn. 10, 14, aber zwischen Betriebszugehörigkeit und Arbeitnehmereigenschaft trennend, wonach die Betriebszugehörigkeit eigenständige Voraussetzung der Wählbarkeit sei: *Raab*, in: GK-BetrVG I, 10. Aufl., § 7 Rn. 16; so *ders.* auch schon früher *Raab*, in: GK-BetrVG I, 9. Aufl., § 5 Rn. 22, 65.

80 Der Begriff des „Arbeitnehmer des Betriebes" wird von der absolut herrschenden Meinung in Literatur und Rechtsprechung synonym zum Begriff des Betriebszugehörigen verwendet; **a.A.** nur *Blanke*, DB 2008, 1153, 1156, allerdings ohne zu begründen, worin genau der Unterschied zwischen diesen Begriffen liegen soll.

81 Vgl. eingehend unten D.III.

82 Vgl. eingehend unten D.IV.

83 Vgl. eingehend unten D.V.

allein auf das vertragliche Band zwischen Betriebsinhaber und Arbeitnehmer abstellt und die Zwei-Komponenten-Lehre neben einem Arbeitsverhältnis zum Betriebsinhaber die Eingliederung in den Betrieb verlangt, begnügt sich die Eingliederungstheorie mit der Eingliederung in den Betrieb, um von einer Zugehörigkeit zum Betrieb auszugehen. Das BAG, das grundsätzlich die Zwei-Komponenten-Lehre zur Bestimmung der Betriebszugehörigkeit anwendet, hat in neueren Entscheidungen erklärt, dass es nunmehr im Falle der Leiharbeit die Zwei-Komponenten-Lehre nicht mehr anwende. Vielmehr sei eine normzweckgebundene Auslegung der jeweiligen Vorschrift geboten, nach der der Leiharbeitnehmer zwar nicht generell, wohl aber je nach Zweck der jeweiligen Norm teilweise als Arbeitnehmer des Einsatzbetriebes angesehen werden kann[84].

Die Norm, die innerhalb des allgemeinen Teils des BetrVG generell den Anknüpfungspunkt für die Bestimmung des persönlichen Anwendungsbereiches des BetrVG darstellt, ist § 5 BetrVG, der konkretisiert, wer als „Arbeitnehmer im Sinne dieses Gesetzes“ (§ 5 I 1 BetrVG) anzusehen ist. Nach h.M. und insbesondere nach der Zwei-Komponenten-Lehre knüpft § 5 BetrVG an den allgemeinen Arbeitnehmerbegriff an[85]. Danach ist zunächst jeder Arbeitnehmer, der aufgrund eines Arbeitsvertrages zur Leistung von Diensten für einen anderen in persönlicher Abhängigkeit gegen Entgelt verpflichtet ist[86]. Dies bedeutet jedoch noch nicht, dass jede Person, die unter diese Definition fällt, Arbeitnehmer im Sinne des BetrVG ist. Unabhängig von der Frage, ob man weitere ungeschriebene Voraussetzungen – wie die Betriebszugehörigkeit – in den § 5 BetrVG verlagert oder daneben für die Anwendbarkeit des BetrVG fordert, sind jedenfalls die Modifikationen zu berücksichtigen, die § 5 BetrVG zum Arbeitnehmerbegriff regelt: Innerhalb des § 5 BetrVG wird der Arbeitnehmerbegriff auf der einen Seite erweitert, in dem Personen, die grundsätzlich nicht als Arbeitnehmer gelten (in Heimarbeit Beschäftigte), zu den Arbeitnehmern i.S.d. BetrVG gezählt werden und auf der anderen Seite dadurch eingeschränkt, dass teilweise Personen, die grundsätzlich Arbeitnehmer sind, von der Arbeitnehmerschaft i.S.d. BetrVG ausgeschlossen werden (leitende Angestellte). Unabhängig von diesen Modifikationen stellt der allgemeine arbeitsrechtliche Arbeitnehmerbegriff den *Ausgangspunkt* dar, der als Grundlage dienen soll, um zu bestimmen, wer als Arbeitnehmer i.S.d. BetrVG anzusehen ist[87].

---

84 BAG, Beschluss vom 05. Dezember 2012 – 7 ABR 48/11 –, Rn. 25 nach juris; vgl. eingehend unten D.VI.

85 BAG, Beschluss vom 13. Oktober 2004 – 7 ABR 6/04 –, BAGE 112, 180–186, Rn. 17 nach juris; BAG, Beschluss vom 05. Dezember 2012 – 7 ABR 48/11 –, BAGE 144, 74–84, Rn. 17 nach juris; *Dewender*, Betriebsfremde, S. 41, *Dewender*, RdA 2003, 274, 276; *Linsenmaier/Kiel*, RdA 2014, 135, 136; *Oetker*, AuR 1991, 359, 361; *Raab*, in: GK-BetrVG I, 10. Aufl., § 5 Rn. 11, § 7 Rn. 16; *Rost*, NZA 1999, 113, 113.

86 Statt vieler: *Dütz/Thüsing*, Arbeitsrecht, S. 20 Rn. 33.

87 Soweit in der Argumentation gegen die Anknüpfung an den allgemeinen Arbeitnehmerbegriff auf die Modifikationen des § 5 BetrVG abgestellt und aus diesen der Schluss gezogen wird, dass diese bereits der Anwendbarkeit des allgemeinen

Die h.M., die die Betriebszugehörigkeit als Voraussetzung des persönlichen Anwendungsbereiches des BetrVG versteht, geht aber notwendigerweise von einer Verbindung zwischen § 5 BetrVG und der Betriebszugehörigkeit aus; dabei ist umstritten, wie diese Verbindung aussieht: So wird z.T. vertreten, dass die Betriebszugehörigkeit eine weitere, grundsätzlich vom § 5 BetrVG zu trennende, ungeschriebene Voraussetzung der Anwendbarkeit des BetrVG sei, die neben die Eigenschaft als „Arbeitnehmer im Sinne des Gesetzes“ hinzutreten muss[88]. Nach anderer Auffassung, die vom BAG und einem Teil der Literatur vertreten wird[89], ergibt sich die Notwendigkeit der vertraglichen Komponente aus § 5 BetrVG und dem allgemeinen Arbeitnehmerbegriff; zusätzlich dazu bedürfe es zur Anwendbarkeit des BetrVG aber auch einer betrieblichen Zuordnung, die anhand der Eingliederung zu bestimmen sei[90]. Zum Teil wird von Vertretern der Zwei-Komponenten-Lehre auch vertreten, dass § 5 BetrVG zwar an den allgemeinen Arbeitnehmerbegriff anknüpfe; gleichwohl setzen sie den betriebszugehörigen Arbeitnehmer mit dem „Arbeitnehmer

---

arbeitsrechtlichen Arbeitnehmerbegriffs entgegenstehe (so *Schneider/Trümner*, in: Däubler u.a., FS Gnade, S. 179; *Schuster*, Betrieb und Betriebszugehörigkeit, S. 46ff.), kann dem nicht gefolgt werden. Es besteht Einigkeit dahingehend, dass der Arbeitnehmerbegriff eine Modifikation innerhalb des § 5 BetrVG erfährt und damit – jedenfalls soweit es um ebendiese Modifikationen geht – der Arbeitnehmerbegriff im § 5 BetrVG vom allgemeinen Arbeitnehmerbegriff abweicht. Der Meinungsstreit um den Arbeitnehmerbegriff betrifft die Frage, ob der allgemeine Arbeitnehmerbegriff oder ein spezieller, betriebsverfassungsrechtlicher Arbeitnehmerbegriff den *Ausgangspunkt* für die Modifikationen des § 5 BetrVG darstellt (vgl. *Raab*, in: GK-BetrVG I, 10. Aufl., § 5 Rn. 10 mwNw.). Insofern geben die Modifikationen des Arbeitnehmerbegriffs im § 5 BetrVG keinen Anlass dazu, dem § 5 BetrVG eine Anknüpfung an einem besonderen betriebsverfassungsrechtlichen Arbeitnehmerbegriff zu unterstellen.

88 Vgl. *Kreutz,* SAE 2004, 168, 168f.; *Rost,* NZA 1999, 113, 116; *Raab,* in: GK I, 9. Aufl. § 5 Rn. 22, 65, der jedoch in ZfA 2003, 389, 430 sagt, dass das BetrVG dort, wo es vom Arbeitnehmer spricht, grundsätzlich den „Arbeitnehmer des Betriebes“ meint und in GK I, 10. Aufl., § 5 Rn. 14 erklärt, dass § 5 einen über die Arbeitnehmereigenschaft hinausgehenden Regelungsgehalt bezüglich der Betriebszugehörigkeit habe.

89 BAG, Beschluss vom 05. Dezember 2012 – 7 ABR 48/11 –, BAGE 144, 74–84, Rn. 17–19 nach juris, vgl. aber auch BAG, Beschluss vom 18. Januar 1989 – 7 ABR 62/87 –, BAGE 60, 368–385, Rn. 43 nach juris; *Linsenmaier/Kiel,* RdA 2014, 135, 136; *Seel,* MDR 2012, 813, 813; ebenso scheint *Wlotzke,* in: Oetker u.a., 50 Jahre BAG, 1150 grundsätzlich das Arbeitsverhältnis zum Betriebsinhaber in den § 5 BetrVG zu verorten, weicht dies jedoch auf, wenn er sagt, dass auch Arbeitnehmer eines anderen Arbeitgebers (§ 7 S. 2 BetrVG) „den Arbeitnehmerstatus i.S.d § 5 Abs. 1 (hier jedoch ohne Arbeitsverhältnis zum Arbeitgeber des Einsatzbetriebes) haben“ müssen, *Wlotzke,* in: Oetker u.a., 50 Jahre BAG, 1150.

90 BAG, Beschluss vom 05. Dezember 2012 – 7 ABR 48/11 –, BAGE 144, 74–84, Rn. 18 nach juris.

im Sinne dieses Gesetzes“ gleich[91]. Damit verorten sie sowohl die Notwendigkeit der vertraglichen Beziehung zum Betriebsinhaber als auch die Eingliederung in den Betrieb in den § 5 I BetrVG. Hingegen geht ein weiterer Teil der Literatur gar nicht weiter darauf ein, ob sie die vertragliche Komponente dem § 5 BetrVG entnehmen, die Betriebszugehörigkeit als ungeschriebene Voraussetzung des § 5 BetrVG oder als vom § 5 BetrVG zu trennende ungeschriebene Voraussetzung des persönlichen Anwendungsbereichs des BetrVG auffassen[92]. Jedoch ist hinsichtlich dieser verschiedenen Ansichten vom Zusammenspiel zwischen Betriebszugehörigkeit, vertraglicher Komponente und § 5 BetrVG Vorsicht geboten, da man bezweifeln kann, ob die Formulierungen, die auf das jeweilige Verständnis hinweisen können, tatsächlich so gemeint sind: Da die h.M. davon ausgeht, dass der persönliche Anwendungsbereich des BetrVG nur betriebszugehörigen Arbeitnehmern offen steht[93], kommt es damit im Ergebnis nicht auf die Begründung des Verhältnisses zwischen § 5 und der Betriebszugehörigkeit an.

Demgegenüber geht ein Teil der Literatur davon aus, dass dem § 5 BetrVG ein eigener betriebsverfassungsrechtlicher Arbeitnehmerbegriff zugrunde liegt. Dieser weiche vom allgemeinen arbeitsrechtlichen Arbeitnehmerbegriff ab und knüpfe nicht an rechtsgeschäftliche, sondern allein an tatsächliche Komponenten, nämlich die Weisungsunterworfenheit oder die Eingliederung des Arbeitnehmers, an[94]

---

91 So *Koch*, in: ErfKo, BetrVG, § 5 Rn. 2; ähnlich: *Dewender*, RdA 03, 274, 276; *Dewender*, Betriebsfremde S. 41f.; *Kloppenburg*, in: Düwell, BetrVG, § 5 Rn. 5ff.; *Wlotzke*, in: Oetker u.a., 50 Jahre BAG, S. 1156; ferner *Schiefer/Korte*, NZA 2002, 57, 59, die von „Arbeitnehmern des Entleiherbetriebes i.S.d. § 5 I BetrVG“ sprechen; auch das BAG spricht teilweise vom „betriebszugehörigen Arbeitnehmer i.S.d. § 5 I BetrVG (vgl. BAG, Beschluss vom 18. Januar 1989 – 7 ABR 62/87 –, BAGE 60, 368–385, Rn. 43 nach juris) oder davon, dass im § 5 (und nach damaliger Fassung auch innerhalb des § 6 BetrVG) „der Kreis der Personen, die vom Betriebsrat repräsentiert werden und die nach § 7 BetrVG wahlberechtigt sind, im einzelnen festgelegt“ werden (BAG, Beschluss vom 12. Februar 1992 – 7 ABR 42/91 –, Rn. 14 nach juris) und mischt damit die Betriebszugehörigkeit und den Arbeitnehmerbegriff des § 5 I BetrVG zusammen. *Schuster*, Betrieb und Betriebszugehörigkeit, S. 41 weist zu Recht darauf hin, dass dem BAG zuweilen die Trennschärfe fehle.

92 Vgl. *Brors*, NZA 2002, 123, *Brors*, NZA 2003, 1380; *Reichold*, NZA 1999, 561; *Reichold*, NZA 2001, 857, 861; *Rieble/Gutzeit*, BB 1998, 638, 639ff.; *Birk*, in: Gamillscheg u.a., FS K. Molitor, 20 spricht davon, dass das BetrVG „implizit“ die Betriebszugehörigkeit voraussetze, erklärt sich jedoch nicht zum Verhältnis zwischen § 5 und der Betriebszugehörigkeit.

93 Zu der Frage, inwieweit dieser Ansicht gefolgt werden kann, vgl.u. C.V.

94 Vgl. *Boemke*, Schuldvertrag, S. 430f.; *v. Hoyningen-Huene, in:* Farthmann u.a., FS Stahlhacke, S. 181; *Joost*, Grundbegriffe, S. 305; *Kaufmann*, betriebsverfassungsrechtliche Zuordnung, S. 57ff.; *Säcker/Joost*, Rechtsproblem, S. 39; *Schaffeld*, AfP 1981, 265, 265; *Schneider*, AiB 01, 128ff; *Schneider*, AiB 2000, 431, 431f.; *Schneider/Trümner*, in: Däubler u.a., FS Gnade, 190ff.; *Schuster*, Betrieb und Betriebszugehörigkeit, S. 61, 68; *Trümner*, in: DKKW, § 5 Rn. 8ff.

und bemisst damit die Arbeitnehmereigenschaft im Rahmen des § 5 BetrVG nach denselben Kriterien, die von den Vertretern dieser Ansicht herangezogen werden, um die Betriebszugehörigkeit festzustellen. Folglich setzt diese Ansicht den „Arbeitnehmer im Sinne dieses Gesetzes" (§ 5 BetrVG) mit dem „Arbeitnehmer des Betriebes" gleich[95].

## II. Anknüpfung an den allgemeinen Arbeitnehmerbegriff im Rahmen der Theorie vom betriebsverfassungsrechtlichen Arbeitnehmerbegriff

Inwieweit die Theorie des betriebsverfassungsrechtlichen Arbeitnehmerbegriffs tatsächlich im Rahmen des § 5 BetrVG an einen besonderen, betriebsverfassungsrechtlichen Arbeitnehmerbegriff anknüpft, bedarf der näheren Überprüfung. Es muss nämlich davon ausgegangen werden, dass auch nach dieser Ansicht zumindest Voraussetzung ist, dass ein Arbeitsverhältnis zwischen dem Arbeitnehmer und einem Dritten bestehen muss[96]. Es wäre kaum nachvollziehbar, wenn man zu den „Arbeitnehmern im Sinne dieses Gesetzes", § 5 BetrVG, auch Selbständige (mit Ausnahme der explizit geregelten Fälle der Nicht-Arbeitnehmer, die unter § 5 fallen sollen, vgl. § 5 I 2 BetrVG) zählen würde. Andernfalls würde sich der dem § 5 BetrVG zugrunde gelegte Arbeitnehmerbegriff zu weit vom Wortlaut entfernen und könnte überhaupt kaum noch als „Arbeitnehmerbegriff" betitelt werden. Zudem würde man, wenn man sogar Selbständige mit in den Schutzbereich des BetrVG einbeziehen wollte, der Betriebsverfassung einen „wirtschaftslenkenden Charakter zusprechen, der nicht in Einklang mit dem arbeitsrechtlichen Schutzzweck des BetrVG zu bringen ist"[97]. Dass auch diejenigen, die an einen „betriebsverfassungsrechtlichen Arbeitnehmerbegriff" anknüpfen, fordern, dass sich der Arbeitnehmer in einem Arbeitsverhältnis zu befinden hat, findet auch in den konkreten Voraussetzungen, die an den „betriebsverfassungsrechtlichen Arbeitnehmerbegriff" gestellt werden, seine Bestätigung: Da nämlich auf die Eingliederung bzw. die Weisungsunterworfenheit aufgrund des arbeitsrechtlichen Direktionsrechts abgestellt wird, sind Kriterien maßgeblich, die grundsätzlich nur aufgrund eines Arbeitsverhältnisses vermittelt werden können[98]. Wenngleich zweifelhaft ist, ob die Voraussetzungen der

95 *Schuster*, Betrieb und Betriebszugehörigkeit, S. 61; vgl. *v. Hoyningen-Huene, in:* Farthmann u.a., FS Stahlhacke, S. 181; *Schneider/Trümner*, in: Däubler u.a., FS Gnade, S. 187.

96 Z.T. wird *Joost* in: Richardi/Wlotzke, MüArbR III, 2. Aufl., § 304 Rn. 49 dahingehend verstanden, dass dieser nicht auf das arbeitsrechtliche Weisungsrecht abstellte, vgl. *Christiansen*, Zuordnung, S. 38ff. und *Wedemeyer*, Betriebszugehörigkeit, S. 58ff. Vgl. hierzu aber sogleich.

97 *Wank*, NZA 1999, 225, 235; vgl. auch *Wedemeyer*, Betriebszugehörigkeit, S. 61.

98 Dem nicht unähnlich gehen *Christiansen*, Zuordnung, S. 24; *Raab*, in: GK-BetrVG I, 10. Aufl., § 7 Rn. 22 und *Wedemeyer*, Betriebszugehörigkeit, S. 58, aufgrund

Eingliederung bzw. der Weisungsunterworfenheit notwendig sind, um von einem „Arbeitnehmer im Sinne dieses Gesetzes" zu sprechen, ist aber jedenfalls auch nach dieser Ansicht im Rahmen des § 5 BetrVG erforderlich, dass die Person in einem Arbeitsverhältnis mit *einem* Arbeitgeber zu stehen hat. Bei der Bestimmung der Arbeitnehmereigenschaft aufgrund eines Arbeitsverhältnisses gibt es aber keinen Anhaltspunkt dafür, dass die Vertreter eines „betriebsverfassungsrechtlichen Arbeitnehmerbegriffs" das notwendige Arbeitsvertragsverhältnis nach anderen, vom allgemeinen Arbeitnehmerbegriff abweichenden Kriterien beurteilen. Würden sie dies tun, hätte dies unweigerlich zur Folge, dass sich das BetrVG nicht mehr in die Gesamtsystematik der arbeitsrechtlichen Gesetzesmaterialien einfügen würde. Insofern ziehen auch jene Stimmen in der Literatur, die behaupten zur Bestimmung des Arbeitnehmerbegriffs im § 5 BetrVG einen besonderen betriebsverfassungsrechtlichen Arbeitnehmerbegriff anzulegen, den allgemeinen arbeitsrechtlichen Arbeitnehmerbegriff heran, um im Rahmen des § 5 BetrVG Arbeitnehmer von Nicht-Arbeitnehmern abzugrenzen. Wenn die Theorie vom betriebsverfassungsrechtlichen Arbeitnehmerbegriff in jedem Fall aber auf jene Kriterien zurückgreifen muss, die sich aus dem allgemeinen arbeitsrechtlichen Arbeitnehmerbegriff ergeben, um dadurch Arbeitnehmer von Nicht-Arbeitnehmern abzugrenzen, dann kann auch nach dieser Auffassung keine Rede mehr davon sein, dass im § 5 BetrVG lediglich an einen besonderen betriebsverfassungsrechtlichen Arbeitnehmerbegriff angeknüpft werde, der nur auf tatsächliche Kriterien – Eingliederung oder Weisungsunterworfenheit – abstellt. Vielmehr wird auch nach dieser Theorie zusätzlich an den allgemeinen arbeitsrechtlichen Arbeitnehmerbegriff angeknüpft.

Vereinzelt wird *Joost*[99] dahingehend verstanden, dass dieser die tatsächliche Ausübung des Weisungsrechts genügen lasse und deshalb auch Nicht-Arbeitnehmer in die Betriebsverfassung einbeziehe[100]. Jedoch spricht *Joost* ausdrücklich von der Maßgeblichkeit des „arbeitsrechtlichen Weisungsrechts" zur Bestimmung der Betriebszugehörigkeit[101]. Zwar geht es ihm nicht um den Rechtsgrund für dieses Weisungsrecht, sondern allein um die tatsächliche Ausübung[102]. Allerdings lässt sich der geforderten Ausübung des „*arbeitsrechtlichen* Weisungsrechts" entnehmen, dass auch *Joost* nicht solche „Weisungen" ausreichen lassen will, die z.B. einem

---

der Notwendigkeit der rechtlichen Vermittlung des Direktionsrechts bzw. der Erforderlichkeit der Arbeitnehmereigenschaft für die Eingliederung davon aus, dass auch die Bestimmung der Betriebszugehörigkeit anhand tatsächlicher Kriterien nur scheinbar rechtliche Elemente ausklammert und das rechtliche Verhältnis „in der praktischen Anwendung" (*Christiansen*, Zuordnung, S. 24) dieser Theorie Berücksichtigung finde; es gebe „im Prinzip" (*Wedemeyer*, Betriebszugehörigkeit, S. 58) keinen Unterschied zwischen der Anknüpfung an „tatsächlichen Elementen" und der modifizierten Zwei-Komponenten-Lehre.

99 Vgl. *Joost*, in: Richardi/Wlotzke, MüArbR III, 2. Aufl., § 304 Rn. 49.

100 Vgl. *Christiansen*, Zuordnung, S. 38ff.; *Wedemeyer*, Betriebszugehörigkeit, S. 58ff.

101 Vgl. *Joost*, in: Richardi/Wlotzke, MüArbR III, 2. Aufl., § 304 Rn. 49.

102 Vgl. *Joost*, in: Richardi/Wlotzke, MüArbR III, 2. Aufl., § 304 Rn. 49, Fn. 41.

*Unternehmen* als Auftragnehmer im Rahmen eines Werkvertrages erteilt werden können. Insofern stellt auch *Joost* auf die Weisungsunterworfenheit des *Arbeitnehmers* ab, die sich aus einem Arbeitsverhältnis ergibt.

Soweit erkennbar macht hingegen nur *Waltermann*[103] eine Ausnahme davon, dass die Anwendbarkeit der Betriebsverfassung in personeller Hinsicht nicht auf Arbeitnehmer beschränkt sein muss. Dieser kommt, obwohl er nicht ausdrücklich Anhänger eines betriebsverfassungsrechtlichen Arbeitnehmerbegriffs ist, zum Ergebnis, dass sich eine Betriebsvereinbarung, in der gem. § 87 I Nr. 1 BetrVG ein betriebliches Rauchverbot geregelt ist, auch auf Gäste des Betriebsinhabers im Betrieb (und damit auch auf Personen, die nicht Arbeitnehmer i.S.d. § 5 I 1 BetrVG sind) beziehen könne. Jedoch gelangt *Waltermann* nur deshalb zum Ergebnis, dass sich die Betriebsratsbeteiligung – zumindest in der Form der Betriebsvereinbarung – auch auf Besucher des Betriebes beziehen kann, weil er sich dabei auf das Hausrecht des Betriebsinhabers bezieht[104]. Das Hausrecht muss jedoch deutlich von der Ordnung des Betriebes i.S.d. 87 I Nr. 1 BetrVG getrennt werden. Rechtsfolge einer nicht durchgeführten Beteiligung im Rahmen des § 87 I Nr. 1 BetrVG ist die Unwirksamkeit der Anordnung[105]. Soweit es aber um die Ausübung des Hausrechts gegenüber Gästen im Betrieb geht, ist die Wirksamkeit der Anordnung gegenüber dem Gast nicht von der Beteiligung des Betriebsrates abhängig. Ebenso wenig wäre der Betriebsinhaber seinen Gästen gegenüber an die Normen einer Betriebsvereinbarung zur betrieblichen Ordnung gebunden und kann vielmehr von dieser in Bezug auf seine Gäste nach Belieben abweichen. Wenngleich in der Praxis der Betriebsinhaber in der Ausübung seines Hausrechts gegenüber Gästen regelmäßig nicht von dem abweichen wird, was als betriebliche Ordnung für die Arbeitnehmer gilt, hat die Ausübung des Hausrechts gegenüber Gästen nichts mit der für die Arbeitnehmer ausgestalteten betrieblichen Ordnung zu tun.

Damit nimmt auch die Theorie vom betriebsverfassungsrechtlichen Arbeitnehmerbegriff im Ausgangspunkt der Bestimmung der Arbeitnehmereigenschaft nach § 5 BetrVG eine Abgrenzung zwischen Arbeitnehmern und Nicht-Arbeitnehmern nach dem allgemeinen arbeitsrechtlichen Arbeitnehmerbegriff vor.

## III. Arbeitsverhältnisses zum Betriebsinhaber als Voraussetzung des allgemeinen Arbeitnehmerbegriffs

Etwas anderes ergibt sich auch nicht daraus, dass nach der Theorie des betriebsverfassungsrechtlichen Arbeitnehmerbegriffs kein Arbeitsverhältnis zum Betriebsinhaber erforderlich ist, um von einem „Arbeitnehmer im Sinne dieses Gesetzes" zu sprechen:

---

103 *Waltermann*, Rechtsetzung, S. 228f.

104 Vgl. *Waltermann*, Rechtsetzung, S. 229.

105 Vgl. hierzu *Wiese*, in: GK-BetrVG II, 10. Aufl., § 87 Rn. 95ff.

Wie dargelegt, muss auch nach der Theorie vom betriebsverfassungsrechtlichen Arbeitnehmerbegriff ein Arbeitsverhältnis bestehen; in diesem Punkt unterscheiden sich die Theorien vom betriebsverfassungsrechtlichen und allgemeinen Arbeitnehmerbegriff nicht. Der Unterschied zwischen den Ansichten besteht aus Sicht der Vertreter des betriebsverfassungsrechtlichen Arbeitnehmerbegriffs darin, dass kein Arbeitsverhältnis zum Betriebsinhaber bestehen muss; es reiche aus, wenn die Person im Betrieb eingegliedert ist oder unter das Weisungsrecht des Betriebsinhabers fällt. Die Vertreter des betriebsverfassungsrechtlichen Arbeitnehmerbegriffs unterstellen dem allgemeinen Arbeitnehmerbegriff, dass dieser im Rahmen des § 5 BetrVG ein Arbeitsverhältnis speziell mit dem Betriebsinhaber voraussetze: Der allgemeine Arbeitnehmerbegriff stelle „wesentlich auf den Abschluss eines Arbeitsvertrages" ab[106], weshalb die „Vertragskomponente" ein für den allgemeinen Arbeitnehmerbegriff wesentliches Element sei[107]. Die Theorie vom „betriebsverfassungsrechtlichen Arbeitnehmerbegriff" enthält dabei die Prämisse, dass im Rahmen von § 5 BetrVG der – von dieser Theorie abgelehnte – allgemeine arbeitsrechtliche Arbeitnehmerbegriff ein Arbeitsverhältnis mit der Person des jeweiligen Betriebsinhabers voraussetze.

Nach dem allgemeinen Arbeitnehmerbegriff ist aber Arbeitnehmer, wer aufgrund eines Arbeitsvertrages zur Leistung von Diensten für einen anderen in persönlicher Abhängigkeit gegen Entgelt verpflichtet ist[108]. Dieser allgemeine arbeitsrechtliche Arbeitnehmerbegriff erfordert gerade nicht, dass die Person, deren Arbeitnehmerstatus in Frage steht, zu einem bestimmten Betriebsinhaber in einem Arbeitsverhältnis steht. Die Arbeitnehmereigenschaft einer Person hängt weder von dem Betrieb ab, in dem der Arbeitnehmer beschäftigt wird, noch ist das Bestehen eines Betriebes des Arbeitgebers überhaupt Voraussetzung dafür, dass die Person als Arbeitnehmer zu qualifizieren ist. Insofern ist es auch verfehlt, davon auszugehen, dass das Arbeitsverhältnis gerade zum Betriebsinhaber unterhalten werden muss, damit eine Person als Arbeitnehmer nach dem allgemeinen Arbeitnehmerbegriff anzusehen ist. Damit lässt sich dem allgemeinen Arbeitnehmerbegriff nicht entnehmen, dass ein Arbeitsverhältnis mit dem Betriebsinhaber bestehen muss. Zwar kann das Bestehen eines Arbeitsverhältnisses zum Betriebsinhaber noch eine zusätzliche und ungeschriebene Voraussetzung des § 5 BetrVG oder eine neben § 5 stehende Voraussetzung der Betriebszugehörigkeit sein[109]. Jedoch ist das Bestehen des Arbeitsverhältnisses mit dem Betriebsinhaber keine Voraussetzung, die dem allgemeinen arbeitsrechtlichen Arbeitnehmerbegriff inhärent wäre.

---

106 *Schneider/Trümner*, in: Däubler u.a., FS Gnade, S. 176.
107 *Schneider/Trümner*, in: Däubler u.a., FS Gnade, S. 176.
108 Statt vieler: *Dütz/Thüsing*, Arbeitsrecht, S. 20 Rn. 33.
109 vgl. dazu eingehend sogleich unter C.IV.

Die Frage, ob Arbeitnehmer nach § 5 BetrVG nur sein kann, wer in einem Arbeitsverhältnis zum Betriebsinhaber steht, ist damit keine Frage der Anknüpfung an den allgemeinen oder den besonderen betriebsverfassungsrechtlichen Arbeitnehmerbegriff. Bei der Frage, ob im § 5 BetrVG ein Arbeitsverhältnis zum Betriebsinhaber vorausgesetzt wird oder nicht, geht es vielmehr um die Frage, welche zusätzlichen Voraussetzungen neben der Arbeitnehmereigenschaft in § 5 BetrVG verortet werden. Damit knüpfen aber tatsächlich alle Ansichten im Rahmen des § 5 BetrVG zunächst an den allgemeinen Arbeitnehmerbegriff an. Unterschiedliche Auffassungen gibt es allerdings im Hinblick auf weitere Voraussetzungen.

## IV. Erforderlichkeit einer rechtlichen Verbindung zum Betriebsinhaber als zusätzliche Voraussetzung des § 5 BetrVG

Zwar ergibt sich, wie oben festgestellt, das Erfordernis eines Arbeitsverhältnisses zum Betriebsinhaber nicht bereits aus dem allgemeinen Arbeitnehmerbegriff, der den Ausgangspunkt zur Bestimmung der Arbeitnehmereigenschaft im Sinne des § 5 BetrVG darstellt. Gleichwohl könnte die Notwendigkeit einer vertraglichen Beziehung zum Betriebsinhaber eine ungeschriebene Voraussetzung des § 5 I BetrVG sein.

Dahingehend ließen sich auch einige Passagen aus der Entscheidung des BAG vom 5.12.2012[110] interpretieren: Zunächst führt das BAG in dieser Entscheidung aus, dass dem § 5 BetrVG die Notwendigkeit der Arbeitnehmereigenschaft zu entnehmen sei. Dabei sei auf den allgemeinen Arbeitnehmerbegriff abzustellen, sodass derjenige als Arbeitnehmer anzusehen ist, der „aufgrund eines privatrechtlichen Vertrags im Dienste eines anderen zur Leistung weisungsgebundener, fremdbestimmter Arbeit in persönlicher Abhängigkeit verpflichtet ist“[111]. Ausdrücklich beinhalten diese Ausführungen noch nicht das Erfordernis einer arbeitsrechtlichen Beziehung zum konkreten Betriebsinhaber, sondern stellen noch allgemein darauf ab, dass sich die Person in *einem* Arbeitsverhältnis befindet.

Sodann führt das BAG im folgenden Absatz das Element betrieblicher Zuordnung an, welches neben der Arbeitnehmereigenschaft Voraussetzung für die Feststellung der Betriebszugehörigkeit sei[112]: „Das Bestehen eines Arbeitsverhältnisses zwischen

---

110 BAG, Beschluss vom 05. Dezember 2012 – 7 ABR 48/11 –, BAGE 144, 74–84, Rn. 17–19 nach juris; BAG, Beschluss vom 13. März 2013 – 7 ABR 69/11 –, BAGE 144, 340–350, Rn. 22 nach juris; im Ergebnis dem BAG ähnlich: *Linsenmaier/Kiel*, RdA 2014, 135, 136; ebenso scheint *Wlotzke*, in: Oetker u.a., 50 Jahre BAG, S. 1150 grundsätzlich das Arbeitsverhältnis zum Betriebsinhaber in den § 5 BetrVG zu verorten.

111 BAG, Beschluss vom 05. Dezember 2012 – 7 ABR 48/11 –, BAGE 144, 74–84, Rn. 17 nach juris.

112 BAG, Beschluss vom 05. Dezember 2012 – 7 ABR 48/11 –, BAGE 144, 74–84, Rn. 18 nach juris.

einem Arbeitnehmer und dem Inhaber eines Betriebs“ genüge „allein allerdings nicht in jedem Fall um die Beurteilung zu rechtfertigen, der Arbeitnehmer sei auch im betriebsverfassungsrechtlichen Sinn Arbeitnehmer ‚des Betriebs‘“[113]. Hierzu sei „vielmehr die betriebsverfassungsrechtliche Zuordnung des Arbeitnehmers zu einem bestimmten Betrieb“ erforderlich, die regelmäßig durch die Eingliederung zu bestimmen sei[114]. Aus diesen Elementen setze sich die Zwei-Komponenten-Lehre zusammen[115].

Das BAG unterscheidet also die Erforderlichkeit der Arbeitnehmereigenschaft i.S.d. § 5 I BetrVG von der Zuordnung zu einem Betrieb. Beide Elemente zusammen, also die Arbeitnehmereigenschaft nach § 5 BetrVG und die Zuordnung zu einem Betrieb, ergäben grundsätzlich die Betriebszugehörigkeit. Im Rahmen seiner Darstellung der Erforderlichkeit der Arbeitnehmereigenschaft nimmt es noch keinen unmittelbaren Bezug auf die Person des Arbeitgebers und hält sich an die allgemeine Definition der Arbeitnehmereigenschaft. Den rechtlichen Bezug zum Betriebsinhaber stellt das BAG darauf folgend erst her, wenn es feststellt, dass das Bestehen eines Arbeitsverhältnisses zwischen einem Arbeitnehmer und dem Inhaber eines Betriebes allerdings nicht allein genüge, um die Betriebszugehörigkeit festzustellen. Dem könnte man entnehmen, dass das BAG den Ursprung der erforderlichen rechtlichen Bindung zum Betriebsinhaber im § 5 BetrVG verortet und dies als solche Selbstverständlichkeit betrachtet, dass es sich nicht genötigt sah, dies im Rahmen seiner Ausführungen zur Definition des „Arbeitnehmers im Sinne dieses Gesetzes“ klarzustellen. Es fragt sich daher, ob ein Arbeitnehmer im Sinne des § 5 BetrVG, und damit „im Sinne dieses Gesetzes“ nur sein kann, wer in einem Arbeitsverhältnis zum Betriebsinhaber steht.

## 1. Wortlaut und Normzweck des § 5 I BetrVG

Der Wortlaut des § 5 I BetrVG gibt ein Verständnis, nach dem § 5 BetrVG einen Arbeitsvertrag mit dem Betriebsinhaber fordert, nicht her. § 5 BetrVG modifiziert den Arbeitnehmerbegriff, spricht jedoch allgemein vom „Arbeitnehmer im Sinne dieses Gesetzes“. Dass auch ein Leiharbeitnehmer, der im Einsatzbetrieb des Entleihers tätig wird, *ein* Arbeitnehmer ist, ist unstreitig. Nach dem ausdrücklichen Wortlaut des § 5 BetrVG wird dort der „Arbeitnehmer im Sinne dieses Gesetzes“ bestimmt und nicht etwa der „Arbeitnehmer des Betriebsinhabers im Sinne dieses Gesetzes“. Wenn das Gesetz aber ausdrücklich auf den „Arbeitnehmer im Sinne dieses Gesetzes“ abstellt, spricht dies dafür, den im § 5 BetrVG enthaltenen Arbeitnehmerbegriff für das BetrVG einheitlich und damit unabhängig von der Person

113 BAG, Beschluss vom 05. Dezember 2012 – 7 ABR 48/11 –, BAGE 144, 74–84, Rn. 18 nach juris.

114 BAG, Beschluss vom 05. Dezember 2012 – 7 ABR 48/11 –, BAGE 144, 74–84, Rn. 18 nach juris mwNw.

115 BAG, Beschluss vom 05. Dezember 2012 – 7 ABR 48/11 –, BAGE 144, 74–84, Rn. 19 nach juris.

des Vertragspartners – und insbesondere unabhängig von jeglicher betrieblichen Zuordnung – zu bestimmen.

Auch der Zweck des § 5 BetrVG führt zu keinem anderen Ergebnis: Der § 5 BetrVG dient der Abgrenzung zwischen Arbeitnehmern und „Nicht-Arbeitnehmern"[116]. Durch das Erfordernis der Arbeitnehmereigenschaft fallen grundsätzlich Selbständige aus dem Anwendungsbereich des BetrVG. Diese Funktion wird deutlich durch die Modifikationen, die § 5 BetrVG vornimmt: Zum einen werden Arbeitnehmergruppen, die keines Schutzes durch das BetrVG bedürfen, aus dem Kreis der „Arbeitnehmer im Sinne dieses Gesetzes" ausgeschlossen (leitende Angestellte) und zum Teil Personen, die grundsätzlich nicht die Arbeitnehmereigenschaft aufweisen, in den Schutzbereich des BetrVG einbezogen (z.B. in Heimarbeit Beschäftigte). In diesem Rahmen kommt es nicht auf die Person des jeweiligen Vertragspartners an; § 5 BetrVG beinhaltet im Hinblick auf seine Modifikationen allgemeine Erwägungen dazu, wer unter den Schutz des BetrVG fallen soll, ohne bereits auf einen speziellen Betrieb, Betriebsrat oder Arbeitgeber abzustellen. Würde man auch das Bestehen des Arbeitsverhältnisses zum Betriebsinhaber als Voraussetzung für den § 5 BetrVG ansehen, so würde man dem Zweck der Abgrenzung zwischen Arbeitnehmer und „Nicht-Arbeitnehmer" einen weiteren Zweck hinzufügen, nämlich die betriebliche Zuordnung. Diese Zwecke wären von Grund auf verschiedenartig: § 5 BetrVG und die Modifizierungen dienen dazu, die Einbeziehung in das BetrVG von einer Schutzbedürftigkeit abhängig zu machen. Das Abstellen auf den Vertragspartner des Arbeitnehmers entfernt sich von der Frage, ob ein Arbeitnehmer eines Schutzes generell bedarf und betrifft vielmehr die Frage, wo dieser Schutz zu gewähren ist. Es handelt sich folglich bereits um ein zuordnendes Element. Zwar würde die Zuordnung nach der Auffassung des BAG durch das Element der Eingliederung geleistet, das neben § 5 BetrVG steht. Jedoch enthielte, soweit man auch schon im Rahmen des § 5 BetrVG konkret ein Arbeitsverhältnis zum Betriebsinhaber verlangt, bereits die Feststellung des „Arbeitnehmers im Sinne dieses Gesetzes" eine Anknüpfung an den konkreten Betriebsinhaber und damit auch zum Betrieb. Es ginge also nicht mehr ausschließlich darum festzulegen, wer „Arbeitnehmer im Sinne dieses Gesetzes" ist. Die Bedeutung der Arbeitnehmereigenschaft nach § 5 BetrVG würde ausgedehnt und es würden auch solche Personen zu „Nicht-Arbeitnehmern" erklärt, die sich in einem Arbeitsverhältnis befinden. Das wäre mit Wortlaut und Normzweck des § 5 BetrVG nicht vereinbar.

116 *Hamann*, in: Schüren, AÜG, 4. Aufl., § 14 Rn. 22; *Raab*, in: GK-BetrVG I, 9. Aufl., § 5 Rn. 8, wobei nunmehr auch *Raab* ausdrücklich dem § 5 BetrVG einen Regelungsgehalt zuspricht, der über die Abgrenzung von Arbeitnehmern und Nicht-Arbeitnehmern hinausgeht und auch die Betriebszugehörigkeit umfasst, vgl. *Raab*, in: GK-BetrVG I, 10. Aufl., § 5 Rn. 10, 14.

## 2. Die Bedeutung des § 5 I 3 BetrVG für die Notwendigkeit einer vertraglichen Beziehung zum Betriebsinhaber

Dass § 5 BetrVG kein Vertragsverhältnis zum Betriebsinhaber verlangt, ergibt sich auch aus der Auslegung des § 5 I 3 BetrVG, wonach als Arbeitnehmer auch Beamte, Soldaten sowie Arbeitnehmer des öffentlichen Dienstes einschließlich der zu ihrer Berufsausbildung Beschäftigten gelten, die in Betrieben privatrechtlich organisierter Unternehmen tätig sind.

Da nach dieser Norm diese Personengruppen als Arbeitnehmer gelten sollen, müsste man sie nach dem Verständnis, nach dem § 5 BetrVG ein Arbeitsverhältnis zum konkreten Betriebsinhaber voraussetzt, innerhalb des BetrVG jedenfalls auch als „Arbeitnehmer des Betriebsinhabers" auffassen. Sie wären damit insbesondere nicht mehr als „Arbeitnehmer eines anderen Arbeitgebers" im Sinne des § 7 S. 2 BetrVG zu verstehen und hätten – die Betriebszugehörigkeit unterstellt – das aktive Wahlrecht schon dann, wenn sie kürzer als drei Monate im Betrieb der Beschäftigung eingesetzt werden würden[117].

Versteht man hingegen den § 5 BetrVG als eine Norm, die lediglich die Arbeitnehmereigenschaft voraussetzt und diese unabhängig von der Person des Vertragspartners bestimmt, käme man zum Ergebnis, dass Beamte in privaten Betrieben zwar als Arbeitnehmer gelten, allerdings nicht zwangsläufig Arbeitnehmer des Betriebsinhabers und damit auch weiterhin als ein „Arbeitnehmer eines anderen Arbeitgebers" im Sinne des § 7 S. 2 BetrVG wären. Folglich wäre der im privaten Unternehmen tätige Beamte dem Leiharbeitnehmer hinsichtlich des aktiven Wahlrechts gleichgestellt.

**a.** Für ein Verständnis des § 5 BetrVG, wonach die Beschäftigten des § 5 I 3 BetrVG in betriebsverfassungsrechtlicher Sicht als „Arbeitnehmer des Betriebsinhabers" einzuordnen sind, könnte zunächst die Nennung der Arbeitnehmer des öffentlichen Dienstes im Rahmen des § 5 I 3 BetrVG sprechen. Diese Nennung könnte als sinnlos betrachtet werden, wenn sich die Bedeutung des § 5 BetrVG nur darauf beschränkt festzustellen, wer unabhängig vom Vertragspartner Arbeitnehmer ist[118]. Jedoch kann es sich hierbei ebenso gut um eine Klarstellung handeln, die darauf zurückzuführen ist, dass das BetrVG gem. § 130 BetrVG keine Anwendung auf Verwaltungen und

---

117 Dies wird von der h.M. angenommen, vgl. statt vieler: *Fitting*, 28. Aufl. § 5 Rn. 318a mwNw.; vgl. auch BAG: „Wenn die dort genannten Personen als ‚Arbeitnehmer' gelten, dann sind sie unter den Voraussetzungen des § 7 Satz 1 BetrVG wahlberechtigt" BAG, Beschluss vom 15. August 2012 – 7 ABR 24/11 –, Rn. 18 nach juris.

118 So *Raab*, in: GK-BetrVG I, 10. Aufl., § 5 Rn. 14; BAG, Beschluss vom 15. Dezember 2011 – 7 ABR 65/10 –, BAGE 140, 208–222, Rn. 21 nach juris: „Die Regelung in § 5 Abs. 1 Satz 3 BetrVG, nach der ua. ‚Arbeitnehmer des öffentlichen Dienstes' als ‚Arbeitnehmer' gelten, ergibt nur für den Betrieb des privatrechtlich organisierten Unternehmens, in dem sie tätig sind, Sinn. Bezogen auf ihren öffentlichen (Vertrags-)Arbeitgeber wäre sie tautologisch und sinnlos".

Betriebe des Bundes, der Länder, der Gemeinden und sonstiger Körperschaften, Anstalten und Stiftungen des öffentlichen Rechts findet. Zwar berührt dies gerade nicht die Arbeitnehmereigenschaft der Arbeitnehmer des öffentlichen Dienstes, da diese, soweit man sie unabhängig von der Person des Arbeitgebers bestimmt, auch während einer Beschäftigung in der Verwaltung gegeben wäre. Allerdings gewinnt die Betriebsverfassung erst durch die Überlassung an privatrechtlich organisierte Unternehmen an Relevanz für den Arbeitnehmer des öffentlichen Dienstes. Insofern kann es sich beim § 5 I 3 BetrVG, soweit es um die Arbeitnehmer des öffentlichen Dienstes geht, um eine Klarstellung handeln, die der erst durch die Überlassung neu entstehenden Bedeutung des BetrVG für diese Arbeitnehmer Rechnung trägt.

**b.** Auf der anderen Seite spricht der Vergleich mit dem Fall, in dem ein Beamter zwar nicht in einem privatrechtlich organisierten Betrieb, allerdings zu einer anderen Dienststelle abgeordnet wird, für eine Beschränkung der Bedeutung des § 5 BetrVG auf die Arbeitnehmereigenschaft. Folge einer Beschränkung des § 5 BetrVG auf diesen Inhalt ist, dass die Beamten aufgrund des § 5 I 3 BetrVG zwar als Arbeitnehmer, nicht jedoch als „Arbeitnehmer des Betriebsinhabers" anzusehen wären. Sie wären im Betrieb eines privatrechtlich organisierten Unternehmens nach § 7 S. 2, und nicht nach § 7 S. 1 BetrVG aktiv wahlberechtigt.

Im Falle der Abordnung an eine andere Dienststelle, regelt der § 13 II 1 BPersVG, dass der Beamte in der Dienststelle seiner Beschäftigung nach einem Einsatz von drei Monaten das Wahlrecht zur Personalvertretung erhält und das Wahlrecht in der ursprünglichen Dienststelle verliert. Auch in diesem Bereich knüpft der Gesetzgeber das Wahlrecht der überlassenen Person an eine zeitliche Komponente. Zwar unterscheiden sich die Normen des § 7 S. 2 BetrVG und § 13 II 1 BPersVG entscheidend dadurch voneinander, dass im Rahmen des § 7 S. 2 BetrVG das Wahlrecht ab dem ersten Tag der mindestens drei Monate fortdauernden Beschäftigung besteht[119] und demgegenüber § 13 II 1 BPersVG verlangt, dass die Abordnung länger als drei Monate gedauert hat[120]. Jedoch haben beide Normen gemein, dass die Wahlrechte in beiden Fällen unter eine an der Einsatzdauer orientierte Voraussetzung gestellt wird. Wäre der Beamte aber bereits aufgrund des § 5 I 3 BetrVG ein „Arbeitnehmer des Betriebsinhabers", so steht ihm selbst bei einer kurzen Abordnung von nur wenigen Tagen das aktive Wahlrecht zum Betriebsrat im Betrieb der Beschäftigung zu. Worin jedoch der Grund besteht, dass im Bereich der Überlassung an eine neue Dienststelle das Wahlrecht nur unter der zeitlichen Voraussetzung des § 13 II 1 BPersVG bestehen soll, im Betriebsverfassungsrecht jedoch bereits bei einem Einsatz, der nicht einmal für drei Monate geplant ist, ist nicht ersichtlich.

**c.** Verstünde man unter Arbeitnehmern i.S.d. § 5 BetrVG nur solche, die in einem Arbeitsverhältnis mit dem konkreten Betriebsinhaber stehen, müsste man auch Beamte aufgrund der ausdrücklichen Regelung des § 5 I 3 BetrVG als „Arbeitnehmer des Betriebsinhabers" ansehen. Dies würde zu einem Wahlrecht dieser Beamten

---

119 Vgl. BT-Drucks. 14/5741, S. 36.

120 Vgl. *Dörner*, in: Richardi u.a., Personalvertretungsrecht, § 13 Rn. 28.

aufgrund des § 7 S. 1 BetrVG und nicht nach § 7 S. 2 BetrVG führen. Gleichzeitig könnten Leiharbeitnehmer das Wahlrecht im Entleiherbetrieb nur aufgrund eines mindestens drei Monate andauernden Einsatzes im Entleiherbetrieb erwerben. Folglich würde die Auslegung des § 5 BetrVG, wonach ein Arbeitsverhältnis mit dem Betriebsinhaber im Rahmen dieser Norm erforderlich ist, unmittelbar dazu führen, dass Leiharbeitnehmer und Arbeitnehmer des öffentlichen Dienstes, die an privatrechtlich organisierte Unternehmen überlassen werden, hinsichtlich des Wahlrechts ungleich behandelt würden. Diese Ungleichbehandlung wäre nicht vereinbar mit Art. 3 GG: In beiden Fällen handelt es sich um Fälle der Arbeitnehmerüberlassung. Zwar ist die Überlassung eines Arbeitnehmers des öffentlichen Dienstes an privatrechtlich organisierte Unternehmen keine unechte Leiharbeit, sodass auch das AÜG keine Anwendung findet. Jedoch kommt es hierauf in diesem Rahmen auch gar nicht an; das aktive Wahlrecht im Entleiherbetrieb wird unmittelbar im BetrVG geregelt. Es handelt sich beim unechten Leiharbeitnehmer und dem Arbeitnehmer des öffentlichen Dienstes nach § 5 I 3 BetrVG um wesentlich Gleiches, das hinsichtlich des Wahlrechts aufgrund einer solchen Auslegung des § 5 BetrVG ungleich behandelt würde.

Das BAG hatte in einem Beschluss zu entscheiden, ob die Beschäftigten nach § 5 I 3 BetrVG im Rahmen des Schwellenwerts des § 9 BetrVG zu berücksichtigen seien[121]. Im Rahmen dieser Entscheidung nahm das BAG, wenngleich dies nicht für entscheidungserheblich gehalten wurde, auch zu der Ungleichbehandlung mit den unechten Leiharbeitnehmern Stellung, die es zu diesem Zeitpunkt noch nicht im Rahmen des § 9 BetrVG mitzählte[122]. In diesem Rahmen sah es den markanten Unterschied darin, dass unechte Leiharbeit – im Gegensatz zur echten Überlassung von Beamten i.S.d. § 5 I 3 BetrVG – vorübergehend angelegt sei[123]. Dieses Argument kann allerdings jedenfalls keine Ungleichbehandlung von Beamten oder Arbeitnehmern des öffentlichen Dienstes nach § 5 I 3 BetrVG und Leiharbeitnehmern rechtfertigen, da die an der Einsatzzeit orientierte Voraussetzung des § 7 S. 2 BetrVG ja gerade sicherstellen soll, dass der Einsatz eine für das aktive Wahlrecht angemessene Länge aufweist. Letztlich darf die unterschiedliche zeitliche Auslegung der Beschäftigungsformen nicht dazu führen, die Gruppe, der man einen längeren Verbleib im Beschäftigungsbetrieb unterstellt, vom Erfüllen einer Voraussetzung zu befreien, die sich gerade auf die Beschäftigungsdauer bezieht. Die konkrete Folge ist nämlich, dass auch solche Beamte, die ausnahmsweise nur kurze Zeit eingesetzt sind, wahlberechtigt wären und Leiharbeitnehmer, die dieselbe Zeit im Betrieb arbeiten, kein Wahlrecht haben. Arbeitnehmer, die einen Arbeitsvertrag mit *dem richtigen Dritten*, nämlich mit der

121 BAG, Beschluss vom 15. Dezember 2011 – 7 ABR 65/10 –, BAGE 140, 208–222.

122 Vgl. BAG, Beschluss vom 16. April 2003 – 7 ABR 53/02 –, BAGE 106, 64–71; Abkehr von dieser Rechtsprechung erst mit BAG, Beschluss vom 13. März 2013 – 7 ABR 69/11 –, BAGE 144, 340–350.

123 BAG, Beschluss vom 15. Dezember 2011 – 7 ABR 65/10 –, BAGE 140, 208–222, Rn. 30 nach juris.

öffentlichen Hand, unterhalten, würden privilegiert, wenngleich sich die konkrete Beschäftigung vollständig gleicht und bei beiden Gruppen eine Aufspaltung der Arbeitgeberstellung gegeben ist[124]. Ein solches Ergebnis wäre gleichheitswidrig[125].

Soweit man hingegen den § 5 BetrVG als Norm versteht, die weder bereits die Betriebszugehörigkeit verlangt, noch als eine Norm, die ein rechtliches Verhältnis zum Inhaber des Betriebes verlangt, so wären Beamte i.S.d. § 5 I 3 BetrVG zunächst nur Arbeitnehmer. Insbesondere blieben sie auch „Arbeitnehmer eines anderen Arbeitgebers" i.S.d. § 7 S. 2 BetrVG und wären folglich nur unter der Bedingung eines mindestens drei Monate andauernden Einsatzes aktiv wahlberechtigt und den Leiharbeitnehmern insofern gleichgestellt[126].

Gleiches gilt dann für die Betriebszugehörigkeit der Beamten i.S.d. § 5 I 3 BetrVG, die für sie grundsätzlich unter denselben Kriterien wie für Leiharbeitnehmer zu bestimmen wäre[127]. Da folglich eine Auslegung des § 5 BetrVG, dahingehend, dass die Norm ein Arbeitsverhältnis zum Betriebsinhaber voraussetzt, einer verfassungskonformen Anwendung des § 7 S. 2 BetrVG widerspricht, beschränken sich die Voraussetzungen des § 5 BetrVG bei einer verfassungskonformen Auslegung auf die Arbeitnehmereigenschaft, unabhängig von der Person des Arbeitgebers.

Auch spricht § 7 S. 2 BetrVG gegen ein Verständnis des § 5 BetrVG, wonach ein Arbeitsverhältnis zum Betriebsinhaber erforderlich ist, um von einem Arbeitnehmer im Sinne des BetrVG zu sprechen. Schließlich regelt diese Norm das aktive Wahlrecht für „Arbeitnehmer eines anderen Arbeitgebers". Damit spricht das BetrVG ausdrücklich eine Gruppe von Arbeitnehmern an, die eben keine Arbeitsverträge zum Betriebsinhaber haben. Gleichwohl nennt das BetrVG diese Personen „Arbeitnehmer". Könnten nur solche Personen Arbeitnehmer im Sinne des BetrVG sein, die in einem Arbeitsverhältnis zum jeweiligen Betriebsinhaber stehen, dann würden sich Formulierungen wie „Arbeitnehmer eines anderen Arbeitgebers" verbieten; „Arbeitnehmer eines anderen Arbeitgebers" (§ 7 S. 2 BetrVG) könnten nie „Arbeitnehmer im Sinne des Gesetzes" (§ 5 I 1 BetrVG).

---

124 Vgl. hierzu auch *Löwisch*, BB 2009, 2316, 2317.

125 *Löwisch*, BB 2009, 2316, 2317, und *v. Steinau-Steinrück/Mosch*, NJW-Spezial 2009, 706, ziehen hieraus die Konsequenz, dass Beamte zwar Arbeitnehmer i.S.d. § 5 BetrVG sind, woraus jedoch noch nicht folge, dass sie als Arbeitnehmer gelten, die einen Arbeitsvertrag mit dem Betriebsinhaber des Einsatzbetriebes unterhalten. Auch nach der Ansicht von *Löwisch* und *v. Steinau-Steinrück/Mosch* sind Beamte i.S.d. § 5 I 3 BetrVG danach (nur) nach § 7 S. 2 BetrVG wahlberechtigt. Bedenken hinsichtlich des Gleichheitsgrundsatzes beim Vergleich zwischen den Beschäftigten nach § 5 I 3 BetrVG und Leiharbeitnehmern auch *Düwell*, AuR 2011, 288, 289; *Rieble*, NZA 2012, 485, 486; *Thüsing*, BB 2009, 2036, 2036f.; *Zimmerling*, Schwellenwerte, S. 364ff. schlägt vor die Norm des § 5 I 3 BetrVG analog auf Leiharbeitnehmer anzuwenden, um so einen Verstoß gegen Art. 3 I GG zu umgehen.

126 Im Ergebnis ebenso: *Löwisch*, BB 2009, 2316, 2317; *v. Steinau-Steinrück/Mosch*, NJW-Spezial 2009, 706.

127 Vgl. hierzu unter D.

Die Erforderlichkeit eines Arbeitsverhältnisses zum Betriebsinhaber kann nicht § 5 BetrVG entnommen werden und kann höchstens im Rahmen der Prüfung der Betriebszugehörigkeit Relevanz erlangen[128].

## V. Die Betriebszugehörigkeit als integrale Voraussetzung des § 5 I BetrVG zur Bestimmung des persönlichen Anwendungsbereichs des BetrVG

Fraglich ist, ob der persönliche Anwendungsbereich des BetrVG zusätzlich zur allgemeinen Arbeitnehmereigenschaft das Vorliegen der Betriebszugehörigkeit erfordert. Dabei spielt es keine Rolle, ob die Betriebszugehörigkeit als ein integraler Bestandteil des § 5 BetrVG oder als ungeschriebene zusätzliche Voraussetzung zum § 5 BetrVG verstanden wird; wenn sich ergibt, dass der persönliche Anwendungsbereich nicht von der Betriebszugehörigkeit abhängt, wäre sowohl jene Ansicht, nach der die Betriebszugehörigkeit integraler Bestandteil des § 5 BetrVG ist, als auch jene Ansicht, nach der zusätzlich zum § 5 BetrVG die Betriebszugehörigkeit zur Anwendbarkeit des BetrVG hinzutreten muss, abzulehnen.

### 1. Wortlaut und Systematik des BetrVG

Unter Bezug auf das BetrVG in der Fassung vor 2001 wurden für eine integrale Bedeutung der Betriebszugehörigkeit im Rahmen des § 5 BetrVG, und damit gleichzeitig auch für die Maßgeblichkeit der Betriebszugehörigkeit zur Bestimmung des persönlichen Anwendungsbereichs des BetrVG, die §§ 8 und 16 BetrVG herangezogen, die die Betriebszugehörigkeit ausdrücklich als Merkmal nennen: In der Fassung vor 2001 sei nur dort im BetrVG die Betriebszugehörigkeit ausdrücklich genannt, wo sie nicht für sich allein als Tatbestandsvoraussetzung steht, sondern weiter konkretisiert werde (so im § 8 BetrVG in zeitlicher Hinsicht, indem die Betriebszugehörigkeit sechs Monate bestehen musste) oder, wie im Rahmen des § 16 BetrVG, zur Abgrenzung von externen Gewerkschaftsarbeitnehmern diente. Daraus wurde geschlussfolgert, dass die Betriebszugehörigkeit auch für alle anderen Normen stillschweigende Voraussetzung der Anwendbarkeit sei[129].

Dies ist allerdings jedenfalls nach der Reform von 2001 anders; nun spricht § 7 S. 1 BetrVG ausdrücklich von den Arbeitnehmern des Betriebes, ohne die Betriebszugehörigkeit mit einer weiteren, auf sie bezogenen Voraussetzung zu verbinden. Die Nennung der Betriebszugehörigkeit im Rahmen des § 7 S. 1 BetrVG dient der

128 Im Ergebnis ebenso: *Jüttner,* Auswirkungen, S. 112; *Raab,* in: GK I, 10. Aufl., § 7 Rn. 16; *Raab,* in: GK-BetrVG I, 9. Aufl., § 5 Rn. 22, 65; *Raab,* in: GK-BetrVG I, 10. Aufl., § 7 Rn. 16; vgl. aber *Raab,* ZfA 2003, 389, 430; *Raab,* in: GK-BetrVG I, 10. Aufl., § 5 Rn. 14; zur Bedeutung der Vertragsbeziehung im Rahmen der Bestimmung der Betriebszugehörigkeit, vgl.u D.IV.2.a.

129 *Schuster,* Betrieb und Betriebszugehörigkeit, S. 64.

Abgrenzung zwischen Arbeitnehmern und betriebszugehörigen Arbeitnehmern. Wenn man die Betriebszugehörigkeit als einen integralen Bestandteil des § 5 BetrVG versteht, wäre zwar ein Hinweis innerhalb des § 5 BetrVG auf die Betriebszugehörigkeit nicht zwingend. Allerdings wäre dann nicht nachvollziehbar, weshalb der Gesetzgeber sich im Rahmen der Gesetzesänderung durch das BetrVerf-ReformG im § 7 S. 1 BetrVG veranlasst sah, klarzustellen, „dass grundsätzlich nur Arbeitnehmer, die zur Belegschaft gehören, zum Betriebsrat wahlberechtigt sind"[130]. Wäre die Betriebszugehörigkeit integraler Bestandteil des § 5 BetrVG, dann wäre klar, dass das BetrVG immer dann, wenn es vom Arbeitnehmer spricht, ausschließlich den betriebszugehörigen Arbeitnehmer meint. Insofern spricht die Nennung der Betriebszugehörigkeit im § 7 S. 1 BetrVG nunmehr dafür, dass es sich bei der Betriebszugehörigkeit um ein Tatbestandsmerkmal handelt, welches von manchen, aber nicht allen Normen des BetrVG vorausgesetzt wird und neben der Arbeitnehmereigenschaft i.S.d. § 5 BetrVG steht[131].

Soweit man die Betriebszugehörigkeit nicht als integralen Bestandteil des § 5 BetrVG versteht, spricht die Systematik des BetrVG gegen die Maßgeblichkeit der Betriebszugehörigkeit für den persönlichen Anwendungsbereich des BetrVG: In dessen allgemeinen Teil (§§ 1–5 BetrVG) wird zwar auf den „Arbeitnehmer i.S.d. Gesetzes" (§ 5 BetrVG) Bezug genommen, allerdings ist dort nicht von der Betriebszugehörigkeit, oder dem „Arbeitnehmer des Betriebes" die Rede. Eine auf die Betriebszugehörigkeit hinweisende Formulierung findet sich erst im § 7 BetrVG und damit innerhalb einer das Wahlrecht betreffenden Regelung. Wenn die Betriebszugehörigkeit jedoch tatsächlich allgemeine Anwendbarkeitsvoraussetzung sein sollte, wäre ein Hinweis hierauf innerhalb des allgemeinen Teils zu erwarten gewesen. Die ausdrückliche Nennung im Rahmen der Wahlrechte weist darauf hin, dass die Betriebszugehörigkeit nicht generelle Voraussetzung der persönlichen Anwendbarkeit des BetrVG sein soll, sondern vielmehr als eine Tatbestandsvoraussetzung einzelner betriebsverfassungsrechtlicher Normen, insbesondere im Bereich der Wahlrechte zu verstehen ist.

## 2. Unerheblichkeit der Betriebszugehörigkeit für die Anwendbarkeit von Beteiligungsrechten

Die verschiedenen Theorien, die zur Bestimmung der Betriebszugehörigkeit herangezogen werden, führen insbesondere im Hinblick auf Leiharbeitnehmer zu unterschiedlichen Ergebnissen. Unabhängig von den unterschiedlichen Theorien zur Betriebszugehörigkeit besteht gleichwohl ein breiter Konsens dahingehend, dass Leiharbeitnehmer im Entleiherbetrieb betriebsverfassungsrechtlich nicht schutzlos gestellt sein können und sich die Beteiligung des Betriebsrates zumindest teilweise

130 Vgl. BT-Drucks. 14/5741 S. 36.
131 Im Ergebnis ebenso: *Raab*, in: GK-BetrVG I, 10. Aufl., § 7 Rn. 16.

auch auf sie zu beziehen hat[132]. Dieses Ergebnis wird teilweise dadurch erzielt, dass die Notwendigkeit der Beteiligung auch im Interesse der Leiharbeitnehmer Grund für die Auflockerung der Voraussetzungen der Betriebszugehörigkeit ist[133], die betriebsverfassungsrechtliche Norm analog auf Leiharbeitnehmer angewandt wird[134] oder die Voraussetzungen der Betriebszugehörigkeit nicht für das gesamte BetrVG einheitlich, sondern immer „im Sinne der jeweiligen Norm" innerhalb einer normzweckgebundenen Auslegung bestimmt werden[135]. Fraglich ist jedoch, ob das BetrVG tatsächlich die Wahrnehmung von Beteiligungsrechten von der Betriebszugehörigkeit abhängig macht.

Weit verbreitet in der Literatur ist der Gedanke, dass sich die Aufgaben des Betriebsrates nur auf solche Arbeitnehmer beziehen können, die dem Betrieb auch angehören und dem Betriebsrat durch Wahl seine Legitimation verschaffen. Der Betriebsrat sei Repräsentant nur dieser Arbeitnehmer[136]. Dem ist zunächst entgegenzuhalten, dass sich die Aufgaben des Betriebsrates jedenfalls nicht in der Repräsentation der Arbeitnehmer erschöpfen, sondern auch die Wahrung der betrieblichen Interessen zum Gegenstand haben[137]. Es sei also jedenfalls verfehlt dem Betriebsrat ausschließlich die Rolle des Repräsentanten der Belegschaftsmitglieder zuzuschieben.

Ferner ist der Schluss, dass sich die Beteiligung des Betriebsrates innerhalb der Gruppe der Arbeitnehmer nur auf Betriebszugehörige beziehen kann, nicht zwingend: Ein Arbeitnehmer kann auch in andere Weise als nur als betriebszugehöriger Arbeitnehmer in einer Verbindung zum Betrieb stehen. So kennt das BetrVG z.B. auch die Kategorie des „Arbeitnehmers im Betrieb" (vgl. den Wortlaut der §§ 80 I Nr. 6 und 7, 87 I Nr. 1 und 70 I Nr. 4 BetrVG), der einen Schwerpunkt auf die örtliche Beziehung der Arbeitsleistung zum Betrieb setzt[138]. Zwar ist die

---

132 Vgl. *Waltermann*, Rechtsetzung, S. 224.

133 Vgl. *Christiansen*, Zuordnung, S. 32ff., *Schuster*, Betrieb und Betriebszugehörigkeit, S. 421; *Wedemeyer*, Betriebszugehörigkeit, S. 64ff.; *Zeuner*, in: Dieterich u.a., FS Hilger und Stumpf, S. 777.

134 *Dewender*, Betriebsfremde, S. 106.; *Kraft*, in: Hofman u.a., Fs für Pleyer, 392; *Schaub*, Arbeitnehmerüberlassung S. 361.

135 BAG, Beschluss vom 05. Dezember 2012 – 7 ABR 48/11 –, BAGE 144, 74–84, Rn. 25 nach juris.

136 BAG, Urteil vom 25. Oktober 1988 – 3 AZR 483/86 –, BAGE 60, 78–86, Rn. 20 nach juris; *Boemke*, Schuldvertrag, S. 302; *Hamann*, NZA 2003, 526, 528; *v. Hoyningen-Huene, in:* Farthmann u.a., FS Stahlhacke, S. 181; *Kraft*, in: Hofmann u.a., FS Pleyer, S. 385f.; *Oetker*, AuR 1991, 359, 361, 364; *Säcker/Joost*, Rechtsproblem, S. 11; *Schuster*, Betrieb und Betriebszugehörigkeit, S. 62; *Trümner*, in: DKKW, § 5 Rn. 2; vgl. auch *Martens*, in: Dieterich u.a., FS Hilger und Stumpf, S. 457.

137 *Herschel*, in: Dieterich u.a., FS Hilger und Stumpf, S. 312.

138 ähnlich auch *Blanke*, DB 2008, 1153, 1156, der jedoch nicht nur zwischen „Arbeitnehmer im Betrieb" und „Arbeitnehmer des Betriebes" (dazu zählen nach seiner Auffassung auch Leiharbeitnehmer) differenziert, sondern auch eine Unterscheidung zwischen den „Arbeitnehmern des Betriebes" und der Betriebszugehörigkeit

Betriebszugehörigkeit eine Art „vollwertiger Bürgerstatus im Betrieb“ [139]. Daraus lässt sich aber nicht eine betriebsverfassungsrechtliche „Rechtslosigkeit“ der restlichen Arbeitnehmer („Bürger“) folgern.

Zum Teil wird in der Literatur vertreten, dass es auf eine Legitimation durch Wahl deshalb nicht ankomme, da der Betriebsrat überhaupt kein Repräsentationsorgan der Belegschaft sei[140]. Soweit man das Wesen des Betriebsrates als ein solches verstehen würde, würde dies noch die aus den Ursprüngen des Arbeitsrechts stammenden „Eierschalen einer klassenkämpferischen Konzeption des Betriebsrates“ tragen[141]. Der Betriebsrat sei in den Betrieb als mitwirkendes Organ integriert und ein wesentliches Beschlussgremium für betriebliche Angelegenheiten[142]. Auf eine Legitimierung durch die Belegschaft komme es folglich nicht an[143].

*Reichold* und *Rieble*, die von einer Arbeitsvertragsakzessorietät der Betriebsverfassung ausgehen, sehen den Betriebsrat maßgeblich lediglich als einen Vertragshelfer an. Seine Aufgabe sei es, den Arbeitnehmern einen Schutz vor der überlegenen Stellung des Arbeitgebers zu geben, indem er Einfluss auf dessen Entscheidungen einräume[144]. Hierzu sei er grundsätzlich aufgrund des Arbeitsvertrages berechtigt[145]. Hierbei geht *Rieble* einen Schritt weiter als *Reichold* und vertritt die Auffassung, der Betriebsrat begrenze lediglich intern die Entscheidungsmacht des Arbeitgebers und sei in seine Willensbildung eingebunden, sodass er gänzlich im Lager des Arbeitgebers stehe[146]. Soweit man mit *Rieble* den Betriebsrat in die Willensbildung des Arbeitgebers einordnet, kann es grundsätzlich nicht darauf ankommen, ob der Betriebsrat von der Belegschaft legitimiert wurde oder nicht. Die Wahl entfaltet damit nach dieser Meinung keine legitimatorische Kraft[147].

Aber auch dann, wenn man den Betriebsrat als den Repräsentanten der Belegschaft ansieht und nicht gänzlich in das Lager des Arbeitgebers verortet, kann nicht davon ausgegangen werden, dass die Beteiligung sich nur auf wahlberechtigte

---

dieser Arbeitnehmer trifft. Nicht die Betriebszugehörigkeit, sondern die Eigenschaft als „Arbeitnehmer des Betriebes“ sei maßgebliche Voraussetzung für die Anwendbarkeit der Betriebsverfassung (vgl. *Blanke*, DB 2008, 1153, 1156). Dabei erklärt er jedoch nicht, worin der Unterschied zwischen diesen Kategorien liegen soll.

139 *Blanke*, DB 2008, 1153, 1159.

140 *Herschel*, in: Dieterich u.a., FS Hilger und Stumpf, S. 313.

141 *Herschel*, in: Dieterich u.a., FS Hilger und Stumpf, S. 313.

142 *Herschel*, in: Dieterich u.a., FS Hilger und Stumpf, S. 313.

143 *Herschel*, in: Dieterich u.a., FS Hilger und Stumpf, S. 313f.

144 *Reichold*, Sozialprivatrecht, S. 545; *Rieble*, Arbeitsmarkt, S. 427, Rn. 1418 ff; ähnlich *Herschel*, in: Dieterich u.a., FS Hilger und Stumpf, S. 313.

145 *Reichold*, Sozialprivatrecht, S. 545; *Rieble*, Arbeitsmarkt, S. 427, Rn. 1418ff.

146 *Rieble*, Arbeitsmarkt, S. 428 Rn. 1422.

147 Auf der anderen Seite hält *Rieble* die Betriebszugehörigkeit für notwendig, um die Betriebsratsbeteiligung auf einen Arbeitnehmer zu beziehen, wovon er jedoch im Falle von Leiharbeitnehmern eine Ausnahme macht, vgl. *Rieble/Gutzeit*, BB 1998, 638, 639, 641.

Arbeitnehmer erstrecken kann: Auch für jugendliche betriebszugehörige Arbeitnehmer sind die Wahlrechte gem. § 7 S. 1 BetrVG ausgeschlossen, obwohl diese trotzdem unstreitig vom Betriebsrat repräsentiert werden[148]. Gleiches gilt für neu eingestellte Arbeitnehmer, die nicht die Möglichkeit hatten, den Betriebsrat zu wählen, dieser gleichzeitig aber trotzdem seine Beteiligung auch für diese Arbeitnehmer ausübt[149]. Allein hieran lässt sich bereits erkennen, dass das Wahlrecht und insbesondere eine Teilnahmemöglichkeit an der Wahl nicht zwingende Voraussetzungen für die Anwendbarkeit von Mitbestimmungsrechten auf nicht betriebszugehörige Arbeitnehmer sind. Ebenso sprechen die Zuständigkeiten der Gesamt- und Konzernbetriebsräte für betriebsratslose Betriebe nach §§ 50 I 1, 2. HS; 58 I 1, 2. HS BetrVG gegen die Notwendigkeit einer Legitimierung durch Wahl[150]: Besteht in einem Betrieb kein Betriebsrat, so bestehen Zuständigkeiten des Gesamtbetriebsrates, ohne dass die Beschäftigten mittelbar über die Wahl des Betriebsrates Einfluss auf den Gesamtbetriebsrat nehmen können. Die Gesamt- und Konzernbetriebsräte erhalten Zuständigkeiten in einem Betrieb, in dem sie nicht mittelbar durch die Betriebsratswahl legitimiert sind.

Für die Notwendigkeit einer Legitimation des Betriebsrates durch Wahlen wird im Zusammenhang mit der Legitimierung der Betriebsparteien zur Normsetzung durch Betriebsvereinbarung angeführt, dass den Betriebsparteien weitergehende Regelungsbefugnisse zustünden, als „nur" im Lager des Arbeitgebers sein Direktionsrecht mit zu gestalten[151]. So hätten die Betriebspartner die Möglichkeit, Kurzarbeit gem. § 87 I Nr. 3 BetrVG durch Betriebsvereinbarung zu regeln, was nicht vom Weisungsrecht des Arbeitgebers umfasst ist[152]. Auch können die Betriebspartner Auswahlrichtlinien gem. § 95 BetrVG aufstellen, die die Chancen eines gekündigten Arbeitnehmers im Prozess verschlechtern können[153]. Dem Betriebsrat komme also eine eigenständige Machtposition gegenüber den Arbeitnehmern zu[154]. Daraus, dass die Betriebsparteien belastende Regelungen für einen Arbeitnehmer treffen

---

148 Vgl. *Waltermann*, Rechtsetzung, S. 207, zu der ähnlichen Problematik, ob die Betriebsratswahl Legitimationsquelle zur Rechtsetzungsbefugnis der Betriebsparteien durch Betriebsvereinbarung ist und *Müllner*, Arbeitgeberstellung, S. 74, der zwar im Grundsatz davon ausgeht, dass der Betriebsrat seine Legitimation durch die Wahl erhalte. Gleichwohl lehnt er aber die Ansicht, nach der nur diejenigen Arbeitnehmer vom Betriebsrat repräsentiert werden können, die ihn wählen konnten, unter Hinweis auf jugendliche Betriebszugehörige und neu eingestellte Arbeitnehmer ab.

149 Vgl. *Waltermann*, Rechtsetzung, S. 207.

150 So auch *Hänlein*, RdA 2003, 26, der gleichwohl dem Wahlrecht eine maßgebliche legitimatorische Kraft, allerdings in Bezug auf die Normsetzungsbefugnis der Betriebsparteien bei Betriebsvereinbarungen, einräumt.

151 *Hänlein*, RdA 2003, 26, 30; vgl. *Franzen*, NZA-Beil 3/2006, 107, 108.

152 *Hänlein*, RdA 2003, 26, 30.

153 *Franzen*, NZA-Beil 3/2006, 107, 108; *Hänlein*, RdA 2003, 26, 30.

154 *Hänlein*, RdA 2003, 26, 30; vgl. *Franzen*, NZA-Beil 3/2006, 107, 108.

können, die ohne Beteiligung dem Betriebsinhaber nicht zustünden und damit der Betriebsrat nicht bloßes Korrektiv von Arbeitgeberweisungen darstellt, ließe sich folgern, dass eine solche Machtstellung der Legitimation durch Wahlen bedürfe, um dem Betriebsrat dazu zu ermächtigen, solche nachteiligen Änderungen auch für die Arbeitnehmer vornehmen zu können.

Dies verkennt jedoch, dass die Wahlen in keinem Fall als eine Bevollmächtigung oder eine zivilrechtliche Vertretungsmacht i.S.d. § 164 BGB zu verstehen sind[155]; die Wahl erfüllt nicht den Zweck, das Einverständnis der Arbeitnehmer dafür einzuholen, dass der Betriebsrat schuldrechtliche Verpflichtungen für die Arbeitnehmer festlegen kann. Die hierfür erforderliche Willenserklärung kann der Ausübung des Wahlrechts nicht entnommen werden. Dies ergibt sich auch daraus, dass ein Arbeitnehmer, der auf die Ausübung seines Wahlrechts gerade deshalb verzichtet, weil er den Betriebsrat nicht zur Regelung von z.B. Kurzarbeit legitimieren möchte, trotzdem von der vereinbarten Kurzarbeit umfasst werden würde. Die Grundlage für die Möglichkeit der Anordnung von Maßnahmen, die das rechtliche Dürfen des Arbeitgebers überschreitet, kann, da eine schuldrechtliche Ermächtigung ausfällt, nur das Gesetz sein. Dieses ist Grund und Quelle der Legitimation der Betriebspartner für solche Maßnahmen. Die Wahl hat hingegen nichts damit zu tun. Die durch die Wahl des Betriebsrates vermittelte Legitimation betrifft nicht die Legitimation des Betriebsrates als betriebsverfassungsrechtliches Organ im Hinblick auf seine im BetrVG ausdrücklich geregelten Aufgaben, sondern legitimiert in personeller Hinsicht die Mitgliedschaft der einzelnen Personen innerhalb des Betriebsrates. Bei der Wahl handelt es sich um eine rein binnendemokratische Legitimation[156], die insbesondere keine Voraussetzung dafür ist, dass der Betriebsrat ein Beteiligungsrecht für einen Arbeitnehmer ausüben kann[157]. Die Beteiligungsrechte stehen dem Betriebsrat als Organ der Betriebsverfassung aus eigenem Recht zu[158]. Die Wahl betrifft hingegen ausschließlich die vorgelagerte Frage nach der personellen Zusammensetzung dieses Organs.

Hingegen ist die originäre Legitimationsquelle des Betriebsrates zur Wahrnehmung der Beteiligungsrechte das BetrVG. Gäbe es das BetrVG nicht, so gäbe es weder einen Betriebsrat, noch die Beteiligungsrechte. Da die Beteiligung des Betriebsrates die Grundrechtsposition des Betriebsinhabers (insb. Art. 14 GG) berührt, sind die gesetzlichen Regelungen zu den Beteiligungsrechten im Hinblick auf den Vorbehalt des Gesetzes auch nicht entbehrlich. Das Gesetz regelt ausdrücklich, in welchen Fällen und auf welche Weise der Betriebsrat eines Betriebes zu beteiligen ist und schafft so eine legitimatorische Grundlage kraft Gesetzes[159]. Hinzu tritt ebenso

155 Vgl. *Waltermann*, NZA 1996, 357, 365.

156 *Konzen/Jacobs*, in: Hanau u.a., FS Dieterich, S. 304; *Waltermann*, Rechtsetzung, S. 205; *Waltermann*, NZA 1996, 357, 365; *Waltermann*, NZA 1998, 505, 508.

157 *Waltermann*, Rechtsetzung, 222ff.

158 Vgl. dazu ausführlich *Richardi*, in: Richardi, BetrVG, 15. Aufl., Einl. Rn. 98ff.

159 Ebenso: *Waltermann*, NZA 1996, 357, 365; *Waltermann*, Rechtsetzung, S. 203f.

die Machtstellung bzw. das rechtliche Dürfen, welches der Betriebsinhaber gegenüber einem Arbeitnehmer innehat. Dabei ist es egal, woraus die Machtstellung folgt; immer dann, wenn der Betriebsinhaber berechtigt ist, eine Maßnahme gegenüber einem Arbeitnehmer anzuordnen und diese Maßnahme gesetzlich unter die Bedingung einer Betriebsratsbeteiligung gestellt wird, dann muss sich die Betriebsratsbeteiligung in diesem Rahmen auf alle Arbeitnehmer beziehen, gegenüber denen die Maßnahme angeordnet wird. Jegliche weitere Voraussetzung an die Erstreckung der Beteiligung auf einen Arbeitnehmer würde automatisch dem Schutzzweck des BetrVG zuwider laufen. Es kommt also im Bereich der Beteiligungsrechte nicht generell und nicht in jedem Fall darauf an, ob ein Arbeitnehmer in einem Arbeitsverhältnis zum Betriebsinhaber steht, ob er betriebszugehörig ist oder den Betriebsrat gewählt hat oder ihn hätte wählen können. Es kommt vielmehr auf die gesetzlichen Voraussetzungen des jeweiligen Beteiligungsrechts an, die klar zu erkennen gibt, in welchen Fällen eine Betriebsratsbeteiligung notwendig ist.

Folglich ist der Betriebsrat zur Ausübung der Beteiligungsrechte immer dann für einen Arbeitnehmer (§ 5 BetrVG, vgl.o.) zuständig, wenn der Arbeitgeber eine konkrete Maßnahme aufgrund seiner Rechtsstellung gegenüber diesem Arbeitnehmer anordnen kann und diese Maßnahme im Katalog der Beteiligungsrechte des BetrVG geregelt ist. Dies bedeutet insbesondere, dass dann, wenn ein Mitbestimmungsrecht an das Weisungsrecht des Betriebsinhabers anknüpft, die sich aus dem Weisungsrecht ergebene Fremdbestimmtheit des Arbeitnehmers ausreichend ist, ohne dass es z.B. auf einen Arbeitsvertrag zum Betriebsinhaber oder auf die Betriebszugehörigkeit ankäme. Will der Betriebsinhaber z.B. Beginn und Ende der täglichen Arbeitszeit gestalten, so steht dies ihm grundsätzlich aufgrund seines Weisungsrechts zu. Da § 87 I Nr. 2 BetrVG in diesem Fall ein Mitbestimmungsrecht des Betriebsrates vorsieht, nimmt der Betriebsrat das Mitbestimmungsrecht für all jene Arbeitnehmer wahr, die der Fremdbestimmung unterliegen, weil sie unter das Weisungsrecht des Betriebsinhabers fallen. Auf weitere Voraussetzungen kommt es hingegen nicht an.

Dies wird besonders im Rahmen des § 75 I BetrVG deutlich, der dem Betriebsrat und dem Arbeitgeber die Aufgabe überträgt, darüber zu wachen, dass „alle im Betrieb tätigen Personen“ nach den Grundsätzen von Recht und Billigkeit behandelt werden. Dem § 75 I BetrVG kommt hierbei ein grundrechtskonkretisierender Charakter zu[160] und er weist einen weit formulierten Wortlaut auf, der in der Literatur sogar zum Anlass genommen wird, Fremdfirmenarbeitnehmer, also Arbeitnehmer, die z.B. aufgrund ihres Arbeitsvertrages mit einem Werkunternehmer im Betrieb tätig werden, in den Anwendungsbereich der Norm mit einzubeziehen[161]. Jedenfalls wird § 75 I BetrVG aber für eine Norm gehalten, die nicht auf betriebszugehörige

160 Vgl. *Fitting*, 28. Aufl., § 75 Rn. 13.

161 *Berg*, in: DKKW, § 75 Rn. 10; *Fitting*, 28. Aufl., § 75 Rn. 14; **a.A.:** *Kania*, in: ErfKo, BetrVG, § 75 Rn. 3; *Kreutz*, in: GK-BetrVG II, 10. Aufl., § 75, Rn. 13.

Personen beschränkt ist[162]. Auch aus der Bedeutung des § 75 I 1 BetrVG als eine „signifikante gesetzliche Auslegungsregel"[163], die zusammen mit dem § 2 I BetrVG die „magna charta der Betriebsverfassung"[164] bildet und folglich in die gesamte Beteiligung des Betriebsrates hineinspielt, lässt sich der Rückschluss entnehmen, dass der Gesetzgeber die Beteiligung nicht von der Betriebszugehörigkeit hat abhängig machen wollen.

Folglich nimmt der Betriebsrat eines Betriebes die Beteiligungsrechte nicht ausschließlich für die betriebszugehörigen Arbeitnehmer wahr[165]. Damit hängt auch

---

162 *Halbach*, DB 1980, 2389, 2390; *Löwisch*, BB, 2009, 2316, 2318; *Richardi*, in: Richardi, BetrVG, 15. Aufl., § 75 Rn. 7; *v. Steinau-Steinrück/Mosch*, NJW-Spezial 2009, 706, 706; *Worzalla*, in Hess u.a., BetrVG, 9. Aufl. § 75 Rn. 3; so auch ausdrücklich *Raab*, in: GK-BetrVG II, 10. Aufl., § 75 Rn. 13, wobei er die fehlende Betriebszugehörigkeit von Unternehmerarbeitern als maßgeblich dafür ansieht, dass diese nicht unter § 75 I BetrVG fallen sollen, vgl. *Raab*, in: GK-BetrVG II, 10. Aufl., § 75 Rn. 16; *Müllner*, Arbeitgeberstellung, S. 73 spricht davon, dass § 75 I BetrVG ein „eingeschränktes Mandat" auch für solche Personen, die zwar nicht zur Belegschaft, allerdings zur „Betriebsgemeinschaft" gehören.

163 *Dewender*, Betriebsfremde, S. 103.

164 *Richardi*, in: Richardi, BetrVG, 15. Aufl., § 75 Rn. 1.

165 Im Ergebnis ebenso: *Halbach*, DB 1980, 2389, 2390; *Waltermann*, Rechtsetzung, S. 219ff., der zwar nicht explizit auf die Betriebszugehörigkeit eingeht. Gleichwohl setzt er sich mit dem „Dogma von der Repräsentation (nur) der durch Arbeitsvertrag an den Betriebsinhaber gebundenen Arbeitnehmer durch den von ihnen gewählten Betriebsrat" (*Waltermann*, Rechtsetzung, S. 221) auseinander. Er gelangt dabei zum Ergebnis, dass zwar das Wahlrecht an diesem Dogma anknüpfe und das Vorliegen eines Arbeitsverhältnisses zum Betriebsinhaber erfordere (vgl. *Waltermann*, Rechtsetzung, S. 222), allerdings die Interessenvertretung im Bereich der Beteiligungsrechte kein Grundmodell kenne, welches das Bestehen eines Arbeitsverhältnisses voraussetze (vgl. *Waltermann*, Rechtsetzung, S. 225).; ähnlich auch *Rost*, NZA 1999, 113, 113, wonach jedenfalls keine Deckungsgleichheit bei den Fragen, wer den Betriebsrat wählt und für wen er zuständig ist, besteht. Rost trennt die Arbeitnehmerstellung von der Betriebszugehörigkeit, die nach seiner Auffassung *insbesondere* Voraussetzung für die Wahlrechte sei (*Rost*, NZA 1999, 113, 116, 121). Hingegen stellt er für die Anwendbarkeit von Mitbestimmungsrechten auf deren Sinn und Zweck, und nicht etwa auf die Betriebszugehörigkeit des Arbeitnehmers ab (vgl. *Rost*, NZA 1999, 113, 116ff.). Dabei bezeichnet er jedoch den Verzicht auf das arbeitsvertragliche Band als Ausnahme zu den sonst erforderlichen Voraussetzungen der Eingliederung und des Arbeitsvertrages (vgl. *Rost*, NZA 1999, 113, 117); Auch das BAG trennte ursprünglich die Frage nach der Zuständigkeit des Betriebsrates zur Wahrnehmung von Beteiligungsrechten ausdrücklich von der Frage der Betriebszugehörigkeit. So erklärte es in einer Entscheidung, in der es die Frage nach der Betriebszugehörigkeit von Leiharbeitnehmern ausdrücklich offen ließ: „Jedenfalls hat auch der Arbeitgeber des Entleiherbetriebes gegenüber den auf Zeit beschäftigten Leiharbeitnehmern in verschiedener Hinsicht eine zumindest faktische Arbeitgeberstellung, vor allem hinsichtlich des Weisungsrechts für die

die persönliche Anwendbarkeit des BetrVG nicht von der Betriebszugehörigkeit ab. Der persönliche Anwendungsbereich des BetrVG hängt zunächst ausschließlich von der Arbeitnehmereigenschaft im Rahmen des § 5 BetrVG ab, sodass auch kein Arbeitsverhältnis zum Betriebsinhaber erforderlich ist. Hingegen ist die Betriebszugehörigkeit (lediglich) eine Voraussetzung einzelner Normen des BetrVG, wobei sie dabei entweder ausdrücklich gefordert wird (z.B. §§ 7, 8, 16 II 2 BetrVG BetrVG)[166] oder stillschweigend vorausgesetzt wird (insbesondere bei den Normen, die die innerbetriebliche Organisation betreffen).

### 3. Unerheblichkeit der Betriebszugehörigkeit für die Individualrechte der §§ 81–86 BetrVG

Nach h.M. beschränkt sich auch die Anwendbarkeit der §§ 81–86 BetrVG auf betriebszugehörige Arbeitnehmer[167]. Dies ist konsequent, wenn man die Betriebszugehörigkeit als generelle Voraussetzung des persönlichen Anwendungsbereichs betrachtet[168]. Da die Individualrechte der §§ 81–86 BetrVG in einem inneren Zusammenhang mit der Treue- und Fürsorgepflicht des Arbeitgebers stehen und – auch bevor sie Eingang in das BetrVG gefunden haben – daraus hergeleitet wurden[169], bedeutet eine Beschränkung der §§ 81–86 BetrVG auf betriebszugehörige Arbeitnehmer nach der h.M. noch nicht, dass jenen Arbeitnehmern, die nicht unter den Anwendungsbereich des BetrVG fallen, diese Rechte nicht zustehen würden. Vielmehr bestehen nach h.M. dieselben Individualrechte auch diesen Arbeitnehmern aus der Treue- und Fürsorgepflicht des Arbeitgebers zu[170]. Dies kann jedoch nur soweit gelten, wie sich die Rechte tatsächlich aus der Treue- und Fürsorgepflicht ergeben können, sodass für sie insbesondere weder die in den §§ 81–86 BetrVG geregelten Verfahrensvorschriften gelten würden, noch die Möglichkeit besteht, im Rahmen

---

Arbeitsleistung. In diesem, insbesondere dem Mitbestimmungsrecht des Betriebsrats nach § 87 BetrVG 1972 unterliegenden Bereich, aber auch für andere Fragen, zum Beispiel gemäß § 75, § 80 Abs. 1 Nr. 1, § 81, § 82 Abs. 1, §§ 84, 85, 89 BetrVG 1972 besteht eine „Zuständigkeit" des Entleihers und damit auch ein Beteiligungsrecht des Betriebsrats des Entleiherbetriebes auch für die Leiharbeitnehmer; es ist nicht auf die „Stammbelegschaft" des Betriebes beschränkt" (BAG, Beschluss vom 14. Mai 1974 – 1 ABR 40/73 –, BAGE 26, 149–156, Rn. 15 nach juris).

166 Unter Hinweis auf die Normen, die die Betriebszugehörigkeit als Tatbestandsvoraussetzung aufführen lehnt auch *Jüttner* die Verortung der Prüfung der Betriebszugehörigkeit in den § 5 BetrVG ab, *Jüttner*, Auswirkungen S. 106. Dies tut er jedoch ohne den konsequenten Schluss daraus zu ziehen, dass die Betriebszugehörigkeit nicht zwingende Voraussetzung des persönlichen Anwendungsbereichs des BetrVG ist.

167 Vgl. statt vieler: *Thüsing*, in: Richardi, BetrVG, 15. Aufl., vor § 81, Rn. 4.

168 Vgl. hierzu oben C.I.

169 *Franzen*, in: GK-BetrVG II, 10. Aufl., vor § 81, Rn. 13ff.; *Thüsing*, in: Richardi, BetrVG, 15. Aufl., vor § 81 Rn. 1.

170 Vgl. *Franzen*, in: GK-BetrVG II, 10. Aufl., vor § 81 Rn. 25.

der Ausübung der Individualrechte ein Betriebsratsmitglied hinzu zu ziehen[171] (vgl. z.B. § 81 IV 3, 82 II 2, 83 I 2, 84 I 2, BetrVG). Zudem wäre der Betriebsrat in diesen Fällen nicht Anlaufstelle für Beschwerden i.S.d. § 85 BetrVG oder Vorschläge nach § 86a BetrVG. Damit blieben die den §§ 81–86 BetrVG entsprechenden Rechte der nicht betriebszugehörigen Arbeitnehmer aus der Treue- und Fürsorgepflicht auch inhaltlich hinter denen der betriebszugehörigen Arbeitnehmer zurück. Es würde ein Sonderindividualarbeitsrecht für Arbeitnehmer geschaffen, die unter den Anwendungsbereich des BetrVG fallen, obwohl es sich bei den §§ 81–86 BetrVG lediglich um die Konkretisierung der Fürsorgepflicht handelt[172].

Nicht betriebszugehörigen Arbeitnehmern das Recht zu verweigern, ein Betriebsratsmitglied im Rahmen der Ausübung seiner den §§ 81–86 BetrVG entsprechenden Individualrechte hinzuzuziehen, erscheint zudem insbesondere im Hinblick auf die Überwachungspflicht nach § 75 I BetrVG als verfehlt: Nach § 75 I BetrVG trifft den Betriebsrat die Pflicht, auch für nicht betriebszugehörige Arbeitnehmer die Einhaltung der Grundsätze der Behandlung nach Recht und Billigkeit zu überwachen (vgl.o.). Diese Überwachungsaufgabe steht aber in engem Zusammenhang mit der gem. §§ 81–86 BetrVG gewährten Hilfestellung des Betriebsrates: Die Möglichkeit, ein Mitglied des Betriebsrates im Rahmen der Individualrechte hinzuzuziehen, dient dazu, das gegebenenfalls bestehende Autoritätsgefälle zum Arbeitgeber auszugleichen[173]. Insofern nimmt das hinzugezogene Betriebsratsmitglied hierbei die Aufgabe wahr, darüber zu wachen, dass der Arbeitnehmer nicht unbillig behandelt wird. Daher ist es nur konsequent, dem nicht betriebszugehörigen Arbeitnehmer, soweit er eines der Individualrechte ausübt, auch das Recht einzuräumen, ein Betriebsratsmitglied hierbei hinzuzuziehen[174].

Ähnliches gilt für die Rechte der §§ 85 und 86a BetrVG, die nach h.M. ebenfalls nur betriebszugehörigen Arbeitnehmern zustehen sollen. Aufgrund des § 85 I BetrVG ist der Betriebsrat eine Anlaufstelle für Beschwerden der Arbeitnehmer. Das nicht auf betriebszugehörige Arbeitnehmer beschränkte Überwachungsrecht nach § 75 I BetrVG zwingt dazu, dass auch nicht betriebszugehörige Arbeitnehmer die Möglichkeit haben müssen, dem Betriebsrat gegenüber Beschwerden vorzubringen. Andernfalls hätte ein in den § 75 I BetrVG einbezogener, aber nicht betriebszugehöriger Arbeitnehmer überhaupt keine Möglichkeit, den Betriebsrat darauf hinzuweisen, dass er sich nicht rechtens behandelt fühlt[175].

Hinsichtlich des § 86a BetrVG, der im S. 1 „jedem Arbeitnehmer" das Recht zugesteht, dem Betriebsrat Themen zur Beratung vorzuschlagen, macht es wenig Sinn, diese Norm auf Betriebszugehörige zu beschränken. Da nicht ohne weiteres

171 *Franzen*, in: GK-BetrVG II, 10. Aufl., vor § 81 Rn. 27.
172 Vgl. *Thüsing*, in: Richardi, BetrVG, 15. Aufl., vor § 81 Rn. 2.
173 *Thüsing*, in: Richardi, BetrVG, 15. Aufl., § 82 Rn. 15, § 83 Rn. 33.
174 Vgl. *Kreutz*, in: GK-BetrVG II, 10. Aufl., § 75 Rn. 19, der ebenfalls eine Verbindung zwischen dem § 75 und den §§ 82, 84 und 85 BetrVG anerkennt.
175 Vgl. *Kreutz*, in: GK-BetrVG II, 10. Aufl., § 75 Rn. 19.

eine Verpflichtung des Betriebsrates besteht, den Vorschlag auf die Tagesordnung einer Betriebsratssitzung zu setzen oder diesen weiter zu verfolgen[176], besteht keine Notwendigkeit, die Anwendbarkeit des § 86a S. 1 BetrVG auf betriebszugehörige Arbeitnehmer zu beschränken. Der Betriebsrat kann selber entscheiden, ob er den Vorschlag für sachdienlich hält oder nicht. Die Anwendbarkeit des § 86a S. 1 BetrVG auf nicht betriebszugehörige Arbeitnehmer könnte lediglich dann problematisch sein, wenn dieser den Betriebsrat dazu zwingen könnte, sich intensiver mit dem Vorschlag auseinanderzusetzen. Allerdings schreibt § 86a S. 2 BetrVG ausdrücklich vor, dass lediglich „mindestens 5 von Hundert der Arbeitnehmer des Betriebes", also betriebszugehörige Arbeitnehmer, in der Lage sind, den Betriebsrat dazu zu verpflichten, einen Vorschlag auf die Tagesordnung einer Betriebsratssitzung zu setzen. Damit steht dem nicht betriebszugehörigen Arbeitnehmer auch das Recht zu, dem Betriebsrat Vorschläge nach § 86a S. 1 BetrVG zu unterbreiten. Hingegen erfordert das Recht nach § 86a S. 2 BetrVG, die Beschäftigung mit dem Vorschlag durch die Beratung innerhalb der Betriebsratssitzung zu erzwingen, ausdrücklich die Betriebszugehörigkeit der den Vorschlag unterstützenden Arbeitnehmer.

Damit ist die Betriebszugehörigkeit grundsätzlich (mit Ausnahme des § 86a S. 2 BetrVG) auch keine Voraussetzung der Anwendbarkeit der Individualrechte der §§ 81–86 BetrVG[177].

## 4. Ergebnis

Da es damit jedenfalls weder im Rahmen der Mitbestimmungsrechte, noch für die im BetrVG verfassten Individualrechte zwingend auf die Betriebszugehörigkeit des Arbeitnehmers ankommt, kann die Betriebszugehörigkeit keine generelle Voraussetzung des persönlichen Anwendungsbereichs des BetrVG sein.

Damit kann die Ansicht, nach der der persönliche Anwendungsbereich des BetrVG durch die Arbeitnehmereigenschaft i.S.d. § 5 BetrVG und zusätzlich als neben § 5 BetrVG stehende Voraussetzung die Betriebszugehörigkeit voraussetzt, nicht überzeugen. Gleiches gilt für die Ansicht, die die Betriebszugehörigkeit als integralen Bestandteil des § 5 BetrVG auffasst.

Die Betriebszugehörigkeit ist keine Frage der Anwendbarkeit des ganzen BetrVG sondern vielmehr eine von verschiedenen Normen ausdrücklich (wie z.B. bei den Wahlrechten) oder stillschweigend (soweit eine Norm die betriebliche Organisation betrifft) vorausgesetztes Tatbestandsmerkmal. Dieses ist dementsprechend dort zu behandeln, wo nicht die generelle persönliche Anwendbarkeit des BetrVG in

---

176 *Thüsing*, in: Richardi, BetrVG, 15. Aufl., § 86a Rn. 3.

177 Im Ergebnis ebenso: *Löwisch*, BB 2009, 2316, 2318; *v. Steinau-Steinrück/Mosch*, NJW-Spezial 2009, 706, 706; **a.A.** *Wiese/Franzen*, in: GK-BetrVG II, 10. Aufl., vor § 81 Rn. 21; auch *Thüsing*, in: Richardi, BetrVG, 15. Aufl., vor § 81 Rn. 4, wobei er Kritik an der mit der Einordnung der Individualrechte in das BetrVG einhergehenden Beschränkung des Anwendungsbereichs übt, vgl. *Thüsing*, in: Richardi, BetrVG, 15. Aufl., vor § 81 Rn. 2.

Frage steht, sondern die Erfüllung der Voraussetzungen einer bestimmten Norm des BetrVG zu prüfen ist.

Die hier vertretene Auffassung zur Auslegung des § 5 BetrVG führt deshalb im Ergebnis auch nicht zu einer Ausdehnung der Anwendung von Normen des BetrVG auf alle Arbeitnehmer oder eine Ausdehnung des Schutzbereiches des BetrVG. Es kommt vielmehr darauf an, ob die jeweilige Norm auf den Arbeitnehmer i.S.d. § 5 BetrVG anwendbar ist. Wer nach § 5 BetrVG „Arbeitnehmer im Sinne dieses Gesetzes" ist, hat noch lange nicht alle Rechte des BetrVG. Aber umgekehrt ist das BetrVG komplett nicht anwendbar, wenn die Voraussetzungen des § 5 BetrVG nicht erfüllt sind.

Das gilt auch für Leiharbeitnehmer: Da Leiharbeitnehmer in einem Arbeitsverhältnis (zum Verleiher) stehen, sind diese unabhängig von der Frage, welchem Betrieb sie konkret zuzurechnen sind, wer in welchem Betrieb für sie die Beteiligungsrechte wahrnimmt oder in welchen Betrieben sie ein Wahlrecht haben Arbeitnehmer i.S.d. § 5 BetrVG. Damit ist der generelle Anwendungsbereich des BetrVG für sie eröffnet. Ob jedoch die jeweiligen Normen und Rechte des BetrVG auf den Leiharbeitnehmer, insbesondere im Entleiherbetrieb, anzuwenden sind, ist abhängig von den jeweiligen Vorschriften und deren Voraussetzungen.

# D. Die Betriebszugehörigkeit von Leiharbeitnehmern

Wenngleich lediglich der Verleiher einen Arbeitsvertrag mit seinen Leiharbeitnehmern unterhält, so übt doch der Entleiher auf Grundlage seines mit dem Verleiher bestehenden Arbeitnehmerüberlassungsvertrags das Direktionsrecht über den Leiharbeitnehmer bei der Erbringung der Arbeitsleistung aus. Diese aufgespaltene Arbeitgeberstellung und die Erbringung der Arbeitsleistung in einem Betrieb, der nicht dem Vertragsarbeitgeber gehört, wirft die Frage auf, inwieweit Leiharbeitnehmer dem Verleiherbetrieb und/oder dem Entleiherbetrieb aus betriebsverfassungsrechtlicher Sicht zuzuordnen sind. Es stellt sich die Frage, wo und wann Leiharbeitnehmer als betriebszugehörige Arbeitnehmer gelten.

## I. Die generelle Bedeutung der Betriebszugehörigkeit

Zwar hat die Betriebszugehörigkeit – wie gezeigt – weder eine Bedeutung für den generellen persönlichen Anwendungsbereich des BetrVG, noch Auswirkungen auf den personellen Umfang der Zuständigkeit des Betriebsrates im Rahmen der Beteiligungsrechte. Dies bedeutet jedoch nicht, dass die Betriebszugehörigkeit eines Arbeitnehmers keine Bedeutung hätte.

So hängt grundsätzlich von der Betriebszugehörigkeit ab, ob einem Arbeitnehmer Wahlrechte in einem Betrieb zustehen. § 7 S. 1 BetrVG spricht ausdrücklich von den „Arbeitnehmern des Betriebes“ die wahlberechtigt sind, und § 8 von der „Betriebszugehörigkeit“, sodass sowohl das aktive, wie auch das passive Wahlrecht grundsätzlich an die Betriebszugehörigkeit geknüpft ist. Auch in anderen Vorschriften, die die Betriebsratswahl zum Gegenstand haben (vgl. §§ 16 II, 17 III BetrVG) oder sich mit der Wahl zur Jugend- und Auszubildendenvertretung beschäftigen (vgl. § 61 BetrVG) spricht das BetrVG von den „Arbeitnehmern des Betriebes“. Folglich ergibt sich die Bedeutung der Betriebszugehörigkeit für die Wahlvorschriften bereits unmittelbar aus dem Gesetz[178]. Auch bevor der Gesetzgeber den Zusatz „des Betriebes“ hinter den „Arbeitnehmer“ im Rahmen des § 7 S. 1 BetrVG n.F. eingefügt hatte, wurde die Betriebszugehörigkeit als notwendig für das Bestehen eines Wahlrechts

178 Für das Wahlrecht zur Jugend- und Auszubildendenvertretung ist die Betriebszugehörigkeit des jugendlichen Leiharbeitnehmers Voraussetzung gem. § 61 I BetrVG, vgl. H.; Zu der Frage, inwieweit man umgekehrt annehmen kann, dass das Bestehen des Wahlrechts konstitutiv die Betriebszugehörigkeit begründen kann: vgl. D.VI.

gehalten[179]. Dies habe sich bereits aus der „Natur der Sache“ ergeben[180]. Es wäre letztlich auch verwunderlich, wenn das Wahlrecht auch solchen Arbeitnehmern zustehen würde, die nicht dem Betrieb angehören. Durch die Betriebsratswahl erfährt der Betriebsrat seine binnendemokratische Legitimation[181]. In diese können denklogisch grundsätzlich nur solche Arbeitnehmer einbezogen werden, die zur Belegschaft des Betriebes gehören, da ansonsten Dritten einen Einfluss auf die Zusammensetzung eines betriebsverfassungsrechtlichen Organs eingeräumt werden würde, das für einen konkreten Betrieb gebildet wird[182].

Der Gesetzgeber hat im § 14 I AÜG die Zugehörigkeit von Leiharbeitnehmern zum Verleiherbetrieb ausdrücklich geregelt. Bezüglich der betriebsverfassungsrechtlichen Stellung von Leiharbeitnehmern im Entleiherbetrieb fehlt zwar eine solche ausdrückliche Regelung, jedoch stellt § 14 II AÜG den Ausschluss des passiven Wahlrechts, § 7 S. 2 BetrVG die Zuerkennung des aktiven Wahlrechts und § 14 II 4 AÜG die Berücksichtigung von Leiharbeitnehmern bei den Schwellenwerten des BetrVG im Entleiherbetrieb fest. Da damit sowohl die Zugehörigkeit der Leiharbeitnehmer zum Verleiherbetrieb (und damit die Geltung der Wahlrechte und Berücksichtigung bei den Schwellenwerten im Verleiherbetrieb) als auch zumindest einige mit der Betriebszugehörigkeit einhergehenden Rechtsfolgen nunmehr auch für den Entleiherbetrieb geregelt sind, könnte man meinen, dass es nicht weiter auf die Betriebszugehörigkeit von Leiharbeitnehmern ankäme und die Frage damit obsolet wäre. Dies ist jedoch aus nicht der Fall:

Zum einen handelt es sich bei der Betriebszugehörigkeit um eine grundsätzliche Kategorisierung des Verhältnisses zwischen Arbeitnehmer und Betrieb. Insbesondere im Rahmen der Auslegung der einzelnen Bestimmungen des BetrVG gewinnt damit die Betriebszugehörigkeit an Bedeutung: Soweit Leiharbeitnehmer einem Betrieb angehören, müssen sie, soweit es keinen rechtfertigenden Grund gibt, auch betriebsverfassungsrechtlich so behandelt werden wie andere Arbeitnehmer des Betriebes.

Zum anderen bleibt die Frage offen, ob Leiharbeitnehmer zur Belegschaft des Entleiherbetriebes gehören und damit einen Teil dieser Betriebsgemeinschaft bilden. Zwar tritt „die Belegschaft“ als rechtliche Einheit nur in der Betriebsversammlung (§§ 42–46) auf und hat als Einheit nur eine geringe rechtliche Funktion[183]. Gleichwohl ist nicht zu leugnen, dass es eine „Belegschaft des Betriebes“ gibt[184]. Sie ist

---

179 Statt vieler: *Kreutz*, in: GK-BetrVG I, 6. Aufl., § 7 Rn. 11.

180 *Kreutz*, in: GK-BetrVG I, 6. Aufl., § 7 Rn. 11; *Wlotzke*, in: Oetker u.a., 50 Jahre BAG, S. 1159

181 Vgl. E.V.

182 So auch *Wlotzke*, in: Oetker u.a., 50 Jahre BAG, S. 1159.

183 Vgl. *Wiese*, in GK-BetrVG I, 10. Aufl., Einl. Rn. 110.

184 Zur Unvereinbarkeit einer abgegrenzten Belegschaft mit der Ansicht des BAG, vgl. D.VI.4.

jedenfalls als eine tatsächliche soziologische Gemeinschaft anzusehen[185], für die die Betriebszugehörigkeit der Arbeitnehmer der einzig denkbare Abgrenzungsmaßstab sein kann. Wenngleich keine weiteren Rechtsfolgen an die Mitgliedschaft in der Betriebsgemeinschaft geknüpft sind, die sich nicht bereits unmittelbar aus der Betriebszugehörigkeit ergeben, stellt sich auch weiterhin die Frage nach der Zugehörigkeit von Leiharbeitnehmern zu der Belegschaft des Betriebes als tatsächliche Gemeinschaft.

Da die Betriebszugehörigkeit Voraussetzung für die Anwendung einzelner Normen des BetrVG sein kann, bedarf es schon aus diesem Grund der grundsätzlichen Feststellung, ob und wann ein Leiharbeitnehmer Betriebszugehöriger des Entleiherbetriebes ist. Ein Beispiel für eine solche Norm ist der § 61 I BetrVG, nach der wahlberechtigt bei der Wahl der Jugend- und Auszubildendenvertretung nur jugendliche „Arbeitnehmer des Betriebes" sind[186].

Zudem berührt die Frage, ob Leiharbeitnehmer im Entleiherbetrieb betriebszugehörig sind, nicht bloß die Leiharbeitnehmer, sondern konkretisiert jene Maßstäbe, die auch in anderen Beschäftigungsformen generell an die Zugehörigkeit zum Betrieb gestellt werden. Hierbei kann die Frage der Betriebszugehörigkeit von Leiharbeitnehmern dazu dienen, das Wesen der Betriebszugehörigkeit zu einem Betrieb weiter zu konkretisieren und dadurch allgemeingültige Schlussfolgerungen für diesen vom BetrVG nicht definierten, wohl aber vorausgesetzten Begriff zu gewinnen.

Auch wenn der Gesetzgeber die Anwendbarkeit einzelner Normen für Leiharbeitnehmer im Entleiherbetrieb nunmehr weitestgehend geregelt hat, kann also nicht auf eine Entscheidung bezüglich ihrer Betriebszugehörigkeit im Entleiherbetrieb verzichtet werden. Vielmehr werfen die vom Gesetzgeber getroffenen Regelungen eine neue Frage in Bezug auf ihre Stellung im Entleiherbetrieb auf: Hat der Gesetzgeber durch die Anordnung der weitestgehenden Berücksichtigung von Leiharbeitnehmern in der Betriebsverfassung und durch die Zuerkennung des aktiven Wahlrechts die Betriebszugehörigkeit von Leiharbeitnehmern zum Entleiherbetrieb angeordnet oder hat er die Rechtsfolgen der Betriebszugehörigkeit im Entleiherbetrieb für Leiharbeitnehmer gerade deshalb geregelt, weil Leiharbeitnehmer nicht im Entleiherbetrieb betriebszugehörig sein sollen?

---

185 Vgl. *Richardi*, in: Richardi, BetrVG, 15. Aufl., Einl. Rn. 95ff.; nach anderer Ansicht handelt es sich bei der Belegschaft sogar um eine teilrechtsfähige Gemeinschaft, vgl. *Dietz*, DB 1952, 969; um einen sozialrechtlichen Verband, vgl. *Siebert*, BB 1952, 832, oder um eine nicht rechtsfähige Rechtsgemeinschaft, vgl. *Hueck/Nipperdey*, Grundriß, 274.

186 Vgl. zum aktiven Wahlrecht zur Jugend- und Auszubildendenvertretung im Entleiherbetrieb unten H.

## II. Die Theorien zur Bestimmung der Betriebszugehörigkeit im Überblick

Ursprünglich wurden drei Theorien zur Bestimmung der Betriebszugehörigkeit vertreten, anhand derer die Zuordnung von Arbeitnehmern zu einem bestimmten Betrieb ermöglicht werden soll: Die Vertragstheorie, die Zwei-Komponenten-Lehre (in ihrer strengen und modifizierten Form) und die Eingliederungstheorie. Während die Vertragstheorie zur Bestimmung der Betriebszugehörigkeit allein auf das vertragliche Band zwischen Betriebsinhaber und Arbeitnehmer abstellt und die Zwei-Komponenten-Lehre neben einem Rechtsverhältnis zum Betriebsinhaber die Eingliederung in den Betrieb verlangt, begnügen sich die Vertreter einer Anknüpfung an tatsächlichen Elementen mit der Eingliederung des Arbeitnehmers in den Betrieb bzw. mit der Weisungsunterworfenheit unter das Direktionsrecht des Betriebsinhabers, um von einer Zugehörigkeit zum Betrieb auszugehen. Das BAG, das grundsätzlich die Zwei-Komponenten-Lehre zur Bestimmung der Betriebszugehörigkeit anwendet, hat in neueren Entscheidungen erklärt, dass es nunmehr im Falle der Leiharbeit die Zwei-Komponenten-Lehre nicht mehr anwende. Vielmehr sei eine normzweckgebundene Auslegung der jeweiligen Vorschrift geboten, nach der der Leiharbeitnehmer zwar nicht generell, wohl aber je nach Zweck der jeweiligen Norm teilweise als Arbeitnehmer des Einsatzbetriebes angesehen werden kann[187]. Die Stellung des Leiharbeitnehmers im Entleiherbetrieb nach dieser Ansicht wird häufig als „partielle Betriebszugehörigkeit" umschrieben. Seit Inkrafttreten des § 7 S. 2 BetrVG wird zudem diskutiert, ob diese Norm die Betriebszugehörigkeit von Leiharbeitnehmern im Entleiherbetrieb anerkennt. Fraglich ist, ob einer dieser Theorien gefolgt werden kann.

## III. Die Vertragstheorie

Nach einer früher vereinzelt vertretenen Auffassung in der Literatur soll sich die Zugehörigkeit zu einem Betrieb allein nach der rechtlichen Beziehung, insbesondere dem Arbeitsvertrag richten. Für diese Ansicht ist unerheblich, ob eine Eingliederung in den Betrieb erfolgt[188]. Konsequenz dieser Ansicht wäre die – vom § 14 I AÜG unabhängige – Betriebszugehörigkeit von Leiharbeitnehmern im Verleiherbetrieb. Im Entleiherbetrieb wäre eine Betriebszugehörigkeit aufgrund des fehlenden Arbeitsvertrages mit dem Betriebsinhaber des Entleiherbetriebes ausgeschlossen.

---

187 BAG, Beschluss vom 05. Dezember 2012 – 7 ABR 48/11 –, Rn. 25 nach juris; vgl auch BAG, Beschluss vom 13. März 2013 – 7 ABR 69/11 –, BAGE 144, 340–350, Rn. 22 nach juris.

188 So noch *Schlochauer*, in: Hess u.a., BetrVG, 3. Aufl., § 7 Rn. 3, die sich allerdings in Hess u.a., BetrVG, 4. Aufl., § 7 Rn. 3 der Zwei-Komponenten-Lehre anschließt.

Diese – mittlerweile aufgegebene[189] – Auffassung stößt jedoch bereits dann an ihre Grenzen, wenn ein Betriebsinhaber mehrere Betriebe hat[190]. Würde sich die Betriebszugehörigkeit ausschließlich nach dem Arbeitsvertrag richten und hätte der Arbeitgeber mehrere Betriebe, dann würde das Rechtsverhältnis zum Inhaber der Betriebe keine Auskunft darüber geben, zu welchem dieser Betriebe der Arbeitnehmer zu zählen ist. Ferner spricht die Existenz des § 14 I AÜG, der eine ausdrückliche Zuordnung des Leiharbeitnehmers zum Verleiherbetrieb anordnet, gegen diese Auffassung. Bestünde die Betriebszugehörigkeit zu einem Betrieb allein aufgrund des Arbeitsvertrages mit dem Betriebsinhaber, so würde es für die Betriebszugehörigkeit eines Leiharbeitnehmers zum Verleiherbetrieb nicht auf § 14 I AÜG ankommen, da diese bereits aufgrund des Leiharbeitnehmervertrages mit dem Verleiher bestehen würde. Diese Norm wäre angesichts des Arbeitsverhältnisses zwischen dem Verleiher und dem Leiharbeitnehmer überflüssig. Aus diesen Gründen kann sich die Betriebszugehörigkeit jedenfalls nicht ausschließlich aus der vertraglichen Komponente ergeben.

## IV. Die Zwei-Komponenten-Lehre

Nach einer weit verbreiteten Ansicht erfordert die Betriebszugehörigkeit grundsätzlich sowohl die Eingliederung im Betrieb als auch eine rechtliche Komponente zwischen Arbeitnehmer und Betriebsinhaber. Die Eingliederung in einem Betrieb erfordert, dass die Arbeitskraft gemeinsam mit den bereits im Betrieb Beschäftigten den arbeitstechnischen Zweck des Betriebes durch weisungsgebundene Tätigkeit verwirklicht[191]. Wie allerdings die rechtliche Komponente innerhalb der Zwei-Komponenten-Lehre im Detail ausgestaltet sein muss, ist umstritten. Während auf der einen Seite vertreten wird, dass die rechtliche Komponente weit gefasst werden muss[192], wendet die herrschende Meinung strengere Maßstäbe an.

### 1. Die „strenge" Zwei-Komponenten-Lehre – Arbeitsverhältnis als Komponente

Nach der strengen Zwei-Komponenten-Lehre ist neben der Eingliederung ein vertragliches oder zumindest faktisches Arbeitsverhältnis zum Betriebsinhaber erforderlich[193].

---

189 Vgl. Schlochauer, in Hess u.a., BetrVG, 4. Aufl., § 7 Rn. 3.

190 *Christiansen*, Zuordnung, S. 18, 23; *Dewender*, Betriebsfremde, S. 41; *Erdlenbruch*, betriebsverfassungsrechtliche Stellung, S. 51; *Raab*, in: GK-BetrVG I, 10. Aufl., § 7 Rn. 18; *Richardi*, in: Henssler u.a., FS Wank, S. 469; *Säcker/Joost*, Rechtsproblem, S. 21.

191 *Thüsing*, in: Richardi, BetrVG, 15. Aufl., § 7 Rn. 6; *Trümner*, in: DKKW, § 5 Rn. 26.

192 Zur modifizierten Zwei-Komponenten-Lehre vgl. D.IV.2.

193 *Benecke*, in: Henssler u.a., FS Wank, S. 34f; *Birk*, in: Gamillscheg u.a., FS K. Molitor, 24; *Bremeier*, Reichweite, S. 261; *Brose* NZA 2005, 797, 798f.; *Dewender*,

Der Leiharbeitnehmer, der im Entleiherbetrieb zwar eingegliedert ist, allerdings nicht in einem Arbeitsverhältnis zum Betriebsinhaber steht und mit dem Verleiher zwar ein Arbeitsverhältnis unterhält, in dessen Betrieb aber nicht eingegliedert ist, wäre danach grundsätzlich weder dem Verleiher- noch dem Entleiherbetrieb zuzuordnen. Aufgrund des § 14 I AÜG besteht die Zugehörigkeit zum Verleiherbetrieb zwar nach Gesetz. Allerdings wäre eine Betriebszugehörigkeit zum Entleiherbetrieb nach der strengen Zwei-Komponenten-Lehre abzulehnen[194].

### a. *Dogmatische Begründung für das Erfordernis eines Arbeitsvertrages aus § 14 I AÜG*

In seiner Entscheidung vom 18.1.1989[195] begründet das BAG die Zwei-Komponenten-Lehre, insbesondere das Erfordernis des Arbeitsverhältnisses, mit dem § 14

---

Betriebsfremde, S. 42; *Dewender*, RdA 03, 274, 276; *Dreher*, Stellung, S. 17, 22f.; *Erdlenbruch*, betriebsverfassungsrechtliche Stellung, S. 52; *Etzel*, Betriebsverfassungsrecht, Rn. 28f.; *Koch*, in: ErfKo, BetrVG, § 7 Rn. 2, 6; *Kraft*, in: Hofmann u.a., FS Pleyer, S. 386ff.; *Lindemann/Simon*, NZA 2002, 365, 366; *Nicolai*, Hess u.a., BetrVG, 9. Aufl., § 7 Rn. 17; *Reichold*, NZA 1999, 561, 567; *Reichold*, NZA 2001, 857, 861; *Rieble/Gutzeit*, BB 1998, 638, 639; *Rost*, NZA 1999, 113, 116; *Schiefer/Korte*, NZA 2002, 57, 59; *Schirmer*, in: Oetker u.a., 50 Jahre BAG, S. 1076f.; *Löwisch/Kaiser*, BetrVG, § 5 Rn. 4; wohl auch *Seel*, MDR 2012, 813, 813; Grundsätzlich vertritt auch das BAG die strenge Zwei-Komponenten-Lehre: BAG, Beschluss vom 28. November 1977 – 1 ABR 40/76 –, Rn. 23 nach juris; BAG, Beschluss vom 18. Januar 1989 – 7 ABR 21/88 –, Rn. 24 nach juris, allerdings wendet es im Falle des drittbezogenen Personaleinsatzes nunmehr ausdrücklich die Zwei-Komponenten-Lehre nicht mehr an (vgl. D.VI.). Im Grundsatz wird die Zwei-Komponenten Lehre auch von *Brors*, NZA 2002, 123, 124f.; *Brors*, NZA 2003, 1380, 1381; *Brors*, in: Düwell, BetrVG, § 7 Rn. 4ff; Fitting, 28. Aufl., § 5 Rn. 16, § 7 Rn. 16; *Thüsing*, in: Richardi, BetrVG, 15. Aufl., § 7 Rn. 6; Thüsing, in: Thüsing, AÜG, § 14 Rn. 52, vertreten. Für den Leiharbeitnehmer nach dem AÜG vermittle jedoch § 7 S. 2 BetrVG die Betriebszugehörigkeit zum Entleiherbetrieb (vgl. D.VII.).

194 Etwas anderes würde dann gelten, wenn man zwar der strengen Zwei-Komponenten-Lehre folgt, allerdings im § 7 S. 2 BetrVG die gesetzliche Begründung der Betriebszugehörigkeit zum Entleiherbetrieb sehen würde, Vgl. D.VII. Ebenso gelangt man auch unter Anwendung der strengen Zwei-Komponenten-Lehre zur Betriebszugehörigkeit von Leiharbeitnehmern im Entleiherbetrieb, wenn man in der Überlassung eines Leiharbeitnehmers einen Vertragsbeitritt des Entleihers (so *Heinze*, ZfA 1976,183, 201ff. für echte Leiharbeitnehmer) oder die Begründung eines eigenständigen Arbeitsverhältnisses zum Entleiher (so *Mayer-Maly*, ZfA 1972, 1, 23) sieht. In einem solchen Fall würde das dadurch bestehende Arbeitsverhältnis zwischen Leiharbeitnehmer und Entleiher der vertraglichen Komponente genügen. Nach der hier vertretenen Auffassung entsteht jedoch kein Arbeitsverhältnis zwischen Entleiher und Leiharbeitnehmer (vgl. B.III.1.).

195 BAG, Beschluss vom 18. Januar 1989 – 7 ABR 21/88 –.

I AÜG[196]. Diese Norm ordnet den Leiharbeitnehmer auch während der Zeit der Arbeitsüberlassung bei einem Entleiher dem entsendenden Betrieb des Verleihers zu. Durch diese Norm komme „eindeutig zum Ausdruck, dass eine vollständige Betriebszugehörigkeit nur bei Vorliegen beider Merkmale (Bestand eines Arbeitsverhältnisses zum Betriebsinhaber und Eingliederung des Arbeitnehmers in die Betriebsorganisation) anzunehmen“ sei[197].

Dem wird in der Literatur zunächst entgegengehalten, dass es sich bei § 14 I AÜG um eine Ausnahmevorschrift handele. Als solche erlaube sie keine allgemeinen Rückschlüsse[198]. Allerdings ist es nicht ausgeschlossen, dass auch Sondervorschriften eine legislative Wertung enthalten, die Rückschlüsse auf die allgemeinen Kriterien erlauben. Gerade in Sondervorschriften können legislative Wertungen, auch zu den Regelfällen, zum Ausdruck kommen. Inwieweit aber durch die Norm des § 14 I AÜG tatsächlich eindeutig zum Ausdruck kommt, dass ein Arbeitsverhältnis zum Betriebsinhaber Voraussetzung der Betriebszugehörigkeit ist, erscheint fraglich. Nach der Zwei-Komponenten-Lehre ergäbe sich ohne die Norm des § 14 I AÜG weder eine Betriebszugehörigkeit zum Entleiherbetrieb noch zum Verleiherbetrieb. Im Verleiherbetrieb würde die Eingliederung und hinsichtlich des Entleiherbetriebes die rechtliche Verbindung zum Betriebsinhaber in Form eines Arbeitsverhältnisses fehlen. § 14 I AÜG überbrückt dieses Problem für den Verleiherbetrieb durch eine ausdrückliche Zuordnung. Eine legislative Wertung zur Betriebszugehörigkeit, die die Zwei-Komponenten-Lehre stützt, könnte nur dann der Norm entnommen werden, wenn § 14 I AÜG nicht bloß die Zugehörigkeit zum Verleiherbetrieb begründet, sondern gleichzeitig die Zugehörigkeit zum Entleiherbetrieb ausschließen würde[199]. In diesem Fall hätte der Gesetzgeber der

---

196 BAG, Beschluss vom 18. Januar 1989 – 7 ABR 21/88 –, Rn. 24 nach juris; vgl. auch BAG, Beschluss vom 25. November 1992 – 7 ABR 7/92 –, BAGE 72, 12–25, Rn. 21 nach juris.

197 BAG, Beschluss vom 18. Januar 1989 – 7 ABR 21/88 –, Rn. 24 nach juris.

198 *Barth*, Mitbestimmungs- und Beteiligungsrechte, S. 25f.; *Christiansen*, Zuordnung, S. 26, 117; *Rüthers/Bakker*, ZfA 1990, 245, 306; *Trümner*, in: DKKW, § 5 Rn. 19, 21.

199 Für einen Ausschluss der Zugehörigkeit zum Entleiherbetrieb: *Becker*, AuR 1982, 369, 371; *Becker/Wulfgramm*, AÜG, § 14 Rn. 5, 18f.; *Dewender*, Betriebsfremde, S. 50; *Erdlenbruch*, betriebsverfassungsrechtliche Stellung, S. 63ff.; *Etzel*, Betriebsverfassungsrecht, Rn. 29; *Kaufmann*, betriebsverfassungsrechtliche Zuordnung, S. 69ff.; *Kraft*, in: Hofmann u.a., FS Pleyer, S. 387; *Kreutz/Raab*, in: GK-BetrVG I, 9. Aufl, § 7 Rn. 40; *Kreutz*, SAE 2004, 168, 170; *Kreutz* nunmehr bezüglich der ausschließenden Wirkung des § 14 I AÜG zurückhaltender, in: Jahr, GS Schultz, S. 223; *Lindemann/Simon* NZA 2002, 365, 366f.; *Marschall*, in: Richardi/Wlotzke, MüArbR II, 2. Aufl., § 175 Rn. 88; *Raab*, ZfA 2003, 389, 431; *Raab*, in: GK-BetrVG I, 10. Aufl., § 7 Rn. 59f.; *Schirmer*, in: Oetker u.a., 50 Jahre BAG, S. 1078; *Wank*, in: ErfKo, AÜG, § 14 Rn. 4; früher auch *Richardi*, in: Richardi, BetrVG, 12. Aufl., § 5 Rn. 96, vgl. aber nunmehr *Richardi*, in: Richardi, BetrVG, 15. Aufl. § 5 Rn. 98; *Richardi*, in: Henssler u.a., FS Wank, S. 471. Widersprüchlich hingegen das BAG, das teilweise den 14 I AÜG zur Begründung des Ausschlusses der Betriebszugehörigkeit

Zugehörigkeit zum Verleiherbetrieb, zu dessen Inhaber eine rechtliche Beziehung besteht, den Vorzug vor einer Zugehörigkeit zum Entleiherbetrieb gegeben, in den der Leiharbeitnehmer lediglich eingegliedert ist. Dann ließe sich aus § 14 I AÜG tatsächlich entnehmen, dass der Gesetzgeber der vertraglichen Komponente größeres Gewicht einräumt als der tatsächlichen Komponente der Eingliederung. Damit könnte aus § 14 I AÜG der allgemeine Rückschluss gezogen werden, dass die Zuordnung zu einem Betrieb nicht ohne eine rechtliche Verbindung zum Betriebsinhaber möglich ist.

Zunächst lässt sich dem Wortlaut des § 14 I AÜG aber nicht entnehmen, dass es sich um eine ausschließliche Zuordnung zum Verleiherbetrieb handeln soll[200]. Die Norm beschränkt sich auf die positive Feststellung der Betriebszugehörigkeit für Leiharbeitnehmer zum Verleiherbetrieb. Eine solche ist insbesondere deshalb notwendig, weil der Leiharbeitnehmer, wie es dem Wesen der Leiharbeit entspricht, gerade nicht in den Verleiherbetrieb eingegliedert ist.

Das BAG sah in seiner Begründung der Zwei-Komponenten-Lehre den Ausschluss des (damals sowohl aktiven also auch passiven) Wahlrechts als Argument gegen eine Betriebszugehörigkeit des Leiharbeitnehmers zum Entleiherbetrieb an und damit als ein Argument für die Zwei-Komponenten-Lehre[201]. Jedoch spricht der Ausschluss des passiven Wahlrechts im § 14 II AÜG im Entleiherbetrieb tatsächlich gegen einen im § 14 I AÜG enthaltenen Ausschluss der Betriebszugehörigkeit im Entleiherbetrieb: Hätte der Gesetzgeber nämlich mit § 14 I AÜG eine ausschließliche Zuordnung zum Verleiherbetrieb beabsichtigt, so wäre der Ausschluss des aktiven (und früher auch passiven) Wahlrechts im Entleiherbetrieb gem. § 14 II AÜG überflüssig gewesen, da sich dies dann bereits aus dem Zusammenspiel von § 14 I AÜG i.V.m. §§ 7 und 8 BetrVG ergeben hätte[202]. Entsprechend stellt die Gesetzesbegründung zum alten § 14 II 1 AÜG fest, dass Abs. 2 S. 1 das aktive und passive Wahlrecht ausschließt[203] und damit für den Ausschluss konstitutiv und nicht bloß deklaratorisch ist[204]. Insofern spricht der

---

im Entleiherbetrieb bemüht, vgl. BAG, Beschluss vom 18. Januar 1989 – 7 ABR 21/88 –, Rn. 24 nach juris; Beschluss vom 22. März 2000 – 7 ABR 34/98 –, BAGE 94, 144–154, Rn. 26 nach juris, teilweise aber davon ausgeht, dass § 14 I AÜG keine Aussage zur betriebsverfassungsrechtlichen Stellung von Leiharbeitnehmern im Entleiherbetrieb treffe, vgl. BAG, Beschluss vom 15. Dezember 1992 – 1 ABR 38/92 –, BAGE 72, 107–114, Rn. 13ff. nach juris; BAG, Beschluss vom 05. Dezember 2012 – 7 ABR 48/11 –, Rn. 22 nach juris.

200 *Barth*, Mitbestimmungs- und Beteiligungsrechte, S. 17; *Christiansen*, Zuordnung, S. 117; *Trümner*, in: DKKW, § 5 Rn. 21; *Ziemann*, AuR 1990, 58, 62.

201 BAG, Beschluss vom 18. Januar 1989 – 7 ABR 21/88 –, Rn. 24 nach juris.

202 *Hamann*, in: Schüren, AÜG, 4. Aufl., § 14 Rn. 36; *Kaufmann*, betriebsverfassungsrechtliche Zuordnung, S. 79; vgl. auch *Christiansen*, Zuordnung, S. 117.

203 BT-Drucks. 9/847, S. 9.

204 Vgl. *Hamann*, in: Schüren, AÜG, 4. Aufl., § 14 Rn. 36; *Kaufmann*, betriebsverfassungsrechtliche Zuordnung, S. 79.

Ausschluss des Wahlrechts (welcher auch heute noch für das passive Wahlrecht fortbesteht) entgegen der Auffassung des BAG nicht für eine ausschließliche Zuordnung zum Verleiherbetrieb unter gleichzeitigem Ausschluss einer Zuordnung zum Entleiherbetrieb.

Für dieses Ergebnis spricht letztlich aber auch, dass das BAG schon in seiner Entscheidung vom 28.11.1977[205] neben der Eingliederung das Vorliegen eines Arbeitsverhältnisses gefordert hatte, wenngleich der Schwerpunkt der Entscheidung nicht auf der vertraglichen Komponente lag. § 14 I AÜG wurde allerdings erst 1981 durch das Gesetz zur Bekämpfung der illegalen Beschäftigung[206] eingefügt. Damit ist die Zwei-Komponenten-Lehre älter als die Norm, aus der das BAG das Erfordernis einer vertraglichen Komponente folgert. Spätestens aber mit der Entscheidung vom 5.12.2012 hat das BAG seiner Logik, mit der es die vertragliche Komponente der Zwei-Komponenten-Lehre aus § 14 I AÜG herleitet, den Boden entzogen: Das BAG wendet die Zwei-Komponenten-Lehre auf Leiharbeitnehmer nicht mehr an und schließt damit eben jene Arbeitnehmergruppe aus der Anwendung der Zwei-Komponenten-Lehre aus, für die der § 14 I AÜG gilt. Wenn die Zwei-Komponenten-Lehre für Leiharbeitnehmer nicht anwendbar ist, dann verbietet es sich aber auch, jene Theorie mit einer Norm zu begründen, die ausschließlich gerade für die Arbeitnehmer gilt, für die die Theorie nicht gelten soll[207].

Es ist also festzuhalten, dass die vom BAG ursprünglich gegebene Begründung der vertraglichen Komponente auf einer Überinterpretation des § 14 AÜG beruht[208]. Damit ordnet § 14 I AÜG zwar die Betriebszugehörigkeit des Leiharbeitnehmers zum Verleiherbetrieb an, trifft allerdings keine Aussage darüber, ob und inwieweit ein Leiharbeitnehmer auch dem Entleiherbetrieb zuzuordnen ist[209]. Vielmehr ist § 14 I AÜG zu entnehmen, dass der Gesetzgeber lediglich die Brücke zur Zugehörigkeit zum Verleiherbetrieb als regelungsbedürftig angesehen hat und keinen gesetzlichen Regelungsbedarf hinsichtlich der Zugehörigkeit zum Entleiherbetrieb angenommen hat. Folglich kann dem § 14 I AÜG keine legislative Wertung entnommen werden, die das Erfordernis eines Arbeitsverhältnisses zur Begründung der Betriebszugehörigkeit voraussetzt.

Das rechtliche Element des Arbeitsverhältnisses als Voraussetzung der Betriebszugehörigkeit kann jedenfalls nicht § 14 I AÜG entnommen werden.

---

205 BAG Beschluss vom 28.11.1977 – 1 ABR 40/76 –.

206 BGBl. I S. 1390.

207 *Zimmerling*, Schwellenwerte, S. 338.

208 So auch *Rüthers/Bakker*, ZfA 1990, 245, 306.

209 Im Ergebnis ebenso: *Christiansen*, Zuordnung, S. 26, 117ff.; *Hamann*, in: Schüren, AÜG, 4. Aufl., § 14 Rn. 29; *Hamann*, NZA 2003, 526, 527f.; *Kaufmann*, betriebsverfassungsrechtliche Zuordnung, S. 79f.; *Schneider/Trümner*, in: Däubler u.a., FS Gnade, S. 190; *Trümner*, in: DKKW, § 5 Rn. 21; *Wedemeyer*, Betriebszugehörigkeit, S. 81; *Ziemann*, AuR 1990, 58, 62.

### b. *Dogmatische Begründung der arbeitsvertraglichen Komponente anhand des § 5 BetrVG*

Die Voraussetzung der vertraglichen Bindung zum Betriebsinhaber kann auch dem § 5 BetrVG nicht entnommen werden. Wie oben bereits festgestellt, ergibt sich die Notwendigkeit eines Arbeitsverhältnisses zum Betriebsinhaber zunächst nicht unmittelbar aus dem § 5 BetrVG zugrunde liegenden Arbeitnehmerbegriff[210]. Auch ist das Arbeitsverhältnis keine zusätzliche und neben dem Arbeitnehmerbegriff stehende Voraussetzung des § 5 BetrVG[211] – es handelt sich generell bei der Betriebszugehörigkeit nicht um eine Voraussetzung des persönlichen Anwendungsbereichs des BetrVG[212].

Insofern kann – anders als dies beim BAG und Teilen der Lehre anklingt[213] – die vertragliche Komponente nicht mit § 5 BetrVG begründet werden.

### c. *Dogmatische Begründung der strengen Zwei-Komponenten-Lehre mit dem Betriebsbegriff*

Das Erfordernis einer arbeitsrechtlichen Beziehung zum Betriebsinhaber im Rahmen der Bestimmung der Betriebszugehörigkeit wird teilweise aus dem Betriebsbegriff hergeleitet[214]. Da die Betriebszugehörigkeit die Bestimmung der Belegschaft eines Betriebes ermöglicht, könne die Betriebszugehörigkeit auch nicht losgelöst vom Betriebsbegriff betrachtet werden. Die Erfordernisse, die an die Betriebszugehörigkeit gestellt werden, müssen sich an den Anforderungen orientieren, die an den Betrieb gestellt werden[215]. Die Definition des Betriebsbegriffs der h.M. geht auf den von *Hueck* aufgestellten Betriebsbegriff zurück, wonach der Betrieb als eine organisatorische Einheit zu verstehen ist, innerhalb derer ein Unternehmer allein oder in Gemeinschaft mit seinen Mitarbeitern mit Hilfe von sachlichen und immateriellen Mitteln bestimmte arbeitstechnische Zwecke fortgesetzt verfolgt[216]. Zuvor

---

210 Vgl. C.III.

211 Vgl. C.IV.

212 Vgl. C.V.

213 BAG, Beschluss vom 05. Dezember 2012 – 7 ABR 48/11 –, BAGE 144, 74–84, Rn. 17–19 nach juris; BAG, Beschluss vom 13. März 2013 – 7 ABR 69/11 –, BAGE 144, 340–350, Rn. 22 nach juris; *Linsenmaier/Kiel*, RdA 2014, 135, 136; grundsätzlich auch *Wlotzke*, in: Oetker u.a., 50 Jahre BAG, 1150; vgl. dazu C.

214 Vgl. *Dewender*, Betriebsfremde, S. 42f.; *Dewender*, RdA 2003, 274, 276; *Kreutz*, SAE 2004, 168, 169; *Kreutz*, in: Jahr, GS Schultz, S. 212; *Raab*, in: GK-BetrVG I, 10. Aufl., § 7 Rn. 19.

215 *Dewender*, Betriebsfremde, S. 42; *Kreutz/Raab*, in: GK-BetrVG I, 10. Aufl.10, § 7 Rn. 17; *Kreutz*, SAE 2004, 168, 169; *Kreutz*, in: Jahr, GS Schultz, S. 212; diesbezüglich ebenso *Joost*, Grundbegriffe, S. 306; *Säcker/Joost*, Rechtsproblem, S. 22f.; *Trümner*, in: DKKW, § 5 Rn. 25, allerdings ohne im Ergebnis aus dem Betriebsbegriff die Erforderlichkeit einer rechtlichen Beziehung herzuleiten, vgl. D.V.

216 *Hueck*, in: Hueck/Nipperdey, Lehrbuch des Arbeitsrechts I, S. 93.

wurde der Betrieb als „Vereinigung von persönlichen, sächlichen und immateriellen Mitteln zur fortgesetzten Verfolgung eines von einem oder mehreren Rechtssubjekten gemeinsam gesetzten technischen Zwecks" verstanden[217]. Innerhalb dieser Definition waren die Arbeitskräfte in einem Betrieb den sonstigen Mitteln zugeteilt, die als Werkzeuge zur Verfolgung des Zweckes genutzt werden. Dies erschien jedoch als nicht mehr zeitgemäß[218]. Zum einen sollten die Mitarbeiter nicht objektiviert werden. Zum anderen sollte die Definition der Tatsache Rechnung tragen, dass die Mitarbeiter sich mit dem Betrieb identifizieren und den Zweck ebenso fördern und verfolgen wie der Betriebsinhaber.

Soweit der Betriebsbegriff zur Begründung der rechtlichen Komponente herangezogen wird, wird zwar an die Definition der h.M. angeknüpft. Allerdings wird die Definition zu diesem Zwecke in leicht abgewandelter Form verwendet: Ein Betrieb sei „die organisatorische Einheit, innerhalb derer ein *Arbeitgeber mit seinen Arbeitnehmern*... einen arbeitstechnischen Zweck fortgesetzt verfolgt"[219]. Aus den Worten „seinen Arbeitnehmern" wird der Schluss gezogen, dass der Betriebsbegriff für die Betriebszugehörigkeit eine rechtliche Komponente voraussetze[220].

Hierbei gelangen *Raab* und *Kreutz* gleichwohl nicht zum Ergebnis, dass ein Arbeitsvertrag zwischen dem Betriebsinhaber und dem Arbeitnehmer bestehen muss, damit von einer Betriebszugehörigkeit ausgegangen werden kann. Es könne vielmehr auch die aufgespaltene Arbeitgeberstellung des Betriebsinhabers genügen[221]. Ob die partielle Wahrnehmung von Arbeitgeberbefugnissen ausreichend ist, sei einer wertenden Betrachtung der zwischen dem Betriebsinhaber und Arbeitnehmer bestehenden Rechte und Pflichten zu entnehmen[222].

Insofern kann *Raab* und *Kreutz* nicht unterstellt werden, sie leiten das Bestehen eines Arbeitsverhältnisses, so wie es im Allgemeinen verstanden wird, nämlich

---

217 *Jacobi*, in: Leipziger Juristen-Fakultät, FS Ehrenberg, S. 9; *Jacobi*, Grundlehren, S. 286.

218 *Hueck*, in: Hueck/Nipperdey, Lehrbuch des Arbeitsrechts I, S. 93.

219 *Kreutz*, SAE 2004, 168, 169; *Kreutz*, in: Jahr, GS Schultz, S. 212; *Raab*, in: GK-BetrVG I, 10. Aufl., § 7 Rn. 19.

220 *Dewender*, Betriebsfremde, S. 42; *Kreutz*, SAE 2004, 168, 169; *Kreutz*, in: Jahr, GS Schultz, S. 212; *Raab*, in: GK-BetrVG I, 10. Aufl., § 7 Rn. 19.

221 *Kreutz*, SAE 2004, 168, 169; *Kreutz*, in: Jahr, GS Schultz, S. 221f.; *Raab*, ZfA 2003, 389, 431; *Raab*, in: GK-BetrVG I, 10. Aufl. § 7 Rn. 50; vgl. D.IV.2.a.

222 *Kreutz*, SAE 2004, 168, 169f. hinsichtlich des unechten Leiharbeitnehmers nach dem AÜG kommen *Kreutz* und *Raab* bei dieser Wertung, unter Hinweis auf § 14 I AÜG und ihrem Verständnis, wonach § 14 I AÜG die Zugehörigkeit zum Entleiherbetrieb ausschließe, zum Ergebnis, dass die Betriebszugehörigkeit im Entleiherbetrieb abzulehnen sei, vgl. *Kreutz*, SAE 2004, 168, 169; *Kreutz* aber nunmehr zurückhaltender, in: Jahr, GS Schultz, S. 223; *Raab*, ZfA 2003, 389, 431f., (vgl. zur Auseinandersetzung mit diesem Ergebnis eingehend die Ausführungen zur modifizierten Zwei Komponenten Lehre D.IV.2.).

als Arbeitsverhältnis *im Sinne einer Vertragsbeziehung*[223], als zwingende Voraussetzung aus dem Betriebsbegriff her. Vielmehr entnehmen sie dem Betriebsbegriff und der Formulierung „seinen Arbeitnehmern" lediglich, dass der Betriebsinhaber zumindest Arbeitgeberbefugnisse gegenüber dem Arbeitnehmer wahrzunehmen habe. *Kreutz* spricht diesbezüglich von einem Arbeitsverhältnis im Sinne einer „arbeitsrechtlichen Beziehung"[224]. Nach *Raab* und *Kreutz* kann man also auch dann zu den Arbeitnehmern des Betriebsinhabers („*seinen* Arbeitnehmern") im Sinne der Definition des Betriebsbegriffs gehören, wenn man keinen Arbeitsvertrag zum Betriebsinhaber hat.

Nach dieser Ansicht setzt der Betriebsbegriff folglich nicht das Bestehen eines Arbeitsvertrages zum Betriebsinhaber voraus. Demgegenüber leitet *Dewender* die Erforderlichkeit einer arbeits*vertraglichen* Bindung zum Betriebsinhaber aus den Worten „seinen Arbeitnehmern" ab[225]. Unabhängig von der Frage, welche Gestalt die rechtliche Komponente haben soll, ergibt sich ihre Notwendigkeit jedoch nicht aus dem Betriebsbegriff: Zwar wird auch an anderer Stelle, sowohl in der Literatur als auch in der Rechtsprechung, die Formulierung „seinen Arbeitnehmern" innerhalb des zugrunde gelegten Betriebsbegriffs verwendet[226]. Allerdings geschieht dies – soweit ersichtlich – stets ohne auf den Grund der sprachlichen Differenzierung einzugehen[227].

Da ein Betrieb aber nicht notwendigerweise die Beschäftigung von Arbeitnehmern voraussetzt[228], hat die Frage, auf welche Art Arbeitnehmer/Mitarbeiter beschäftigt werden, keine Auswirkung auf das Vorliegen eines Betriebes und hat damit für die maßgebliche Funktion des Betriebsbegriffs keine Relevanz. Schon vor diesem Hintergrund ist fraglich, ob jene Autoren, die auf „seinen Arbeitnehmern" abstellen, dieser Formulierung eine tiefere dogmatische Bedeutung einräumen und damit eine Differenzierung zwischen Mitarbeitern mit einem Arbeitsvertrag und anderen Mitarbeitern ohne Arbeitsvertrag zum Betriebsinhaber beabsichtigen. Da das Bestehen von Arbeitsverhältnissen keine konstitutive Voraussetzung des Betriebes ist, ist es auch verfehlt, den Formulierungen „Mitarbeiter" bzw. „Arbeitnehmer" innerhalb des Betriebsbegriffs eine besondere Bedeutung zuzusprechen.

Dafür spricht auch der Sinn und Zweck der von *Hueck* vorgenommenen Modifizierung, die dazu führte, dass der Betriebsbegriff nunmehr ausdrücklich Bezug auf die Arbeitskräfte nimmt: Arbeitskräfte sollten nicht weiter als Produktionsmittel bezeichnet werden und es sollte der Tatsache Rechnung getragen werden, dass

---

223 Vgl. *Dütz/Thüsing*, Arbeitsrecht, S. 20 Rn. 33; *Richardi*, in: Henssler u.a., FS Wank, S. 465; *Thüsing*, in: HWK, BGB Vor § 611 Rn. 29.

224 *Kreutz*, SAE 2004, 168, 169; *Raab*, in: GK-BetrVG I, 10. Aufl. § 7 Rn. 19, Rn. 50.

225 *Dewender*, Betriebsfremde, S. 42; *Dewender*, RdA 2003, 274, 276.

226 Vgl. BAG, Beschluss vom 09. Dezember 2009 – 7 ABR 38/08 –, Rn. 22 nach juris; BAG, Beschluss vom 13. Februar 2013 – 7 ABR 36/11 –, Rn. 27 nach juris; *Dütz/Thüsing*, Arbeitsrecht, Rn. 45; *Koch*, in: ErfKo, BetrVG, § 1 Rn. 8.

227 Vgl. *Jüttner*, Auswirkungen, S. 108f.

228 Vgl. den Betriebsbegriff der h.M.: „...ein Unternehmer *allein* oder...".

Arbeitskräfte nicht bloß Werkzeug des Betriebes sind, sondern ebenso wie der Unternehmer den Betriebszweck fördern. Es würde keinen Sinn machen, wenn durch die Modifikation lediglich solche Arbeitskräfte nicht länger als Betriebsmittel betrachtet werden sollten, die in einem Arbeitsverhältnis zum Betriebsinhaber stehen. Nach dem Verständnis von Arbeit, die der Modifikation zugrunde liegt, sind auch Arbeitskräfte ohne Arbeitsvertrag ebensowenig Betriebsmittel wie die Vertragsarbeitnehmer. Zudem besteht kein Grund, weshalb die Betriebsdefinition, die ihren Schwerpunkt auf die Förderung des Betriebszwecks legt, auf ein Arbeitsverhältnis abstellen sollte, wenn die Förderung des Betriebszwecks von einem solchen unabhängig ist. In Anbetracht des tatsächlichen Ursprungs des Merkmals „seinen Mitarbeitern" und seiner Bedeutung in der Relation zur Förderung des Betriebszwecks in der Definition von *Hueck*, kann damit nicht gefolgert werden, dass für die Betriebszugehörigkeit ein Arbeitsverhältnis erforderlich sein soll.

Dass ein Mitarbeiter nicht unbedingt ein Arbeitnehmer sein muss, zeigt z.B. der Begriff des „freien Mitarbeiters", der gerade kein Arbeitnehmer ist und noch nicht einmal zur vom Betriebsrat repräsentierten Belegschaft gehört[229]. Im Gegensatz zu Arbeitnehmern ist der Begriff des Mitarbeiters kein feststehender Rechtsbegriff und muss daher auch weiter verstanden werden. Insofern kann nicht ohne weiteres aus einer Formulierung wie „seinen Arbeitnehmern" bzw. „seinen Mitarbeitern" die Schlussfolgerung gezogen werden, dass der Betriebsbegriff ein Arbeitsverhältnis zur Bestimmung der Betriebszugehörigkeit voraussetze.

Ausgehend von dem Betriebsverständnis der h.M. ergibt sich gerade nicht, dass die Betriebszugehörigkeit notgedrungen an rechtliche Komponenten anknüpft: Nach dem Betriebsbegriff der h.M. ist der Betrieb eine Organisationseinheit[230]. Das bedeutet, dass die Betriebszugehörigkeit einer Organisationszugehörigkeit gleichgestellt sein müsste[231]. Diese Organisationszugehörigkeit kann aber gerade nicht durch einen Arbeitsvertrag vermittelt werden, da der Betrieb kein Rechtssubjekt ist und damit der Vertrag nicht mit dem Betrieb bestehen kann. Wenn aber ein Arbeitsvertrag mit dem Betrieb überhaupt nicht möglich ist, so ist es verfehlt, aus dem Betriebsbegriff ein Arbeitsverhältnis mit dem Betriebsinhaber als notwendiges Kriterium für die Betriebszugehörigkeit herzuleiten[232].

---

229 Vgl. *Richardi*, in: Richardi, BetrVG, 15. Aufl., § 5 Rn. 37.

230 Vgl. statt vieler: BAG, Beschluss vom 23. September 1982 – 6 ABR 42/81 –, Rn. 16 nach juris; *Richardi*, in: Richardi, BetrVG, 15. Aufl., § 1 Rn. 27.

231 *Schneider/Trümner*, in: Däubler u.a., FS Gnade, S. 192; *Ziemann*, AuR 1990, 58, 62.

232 *Boemke*, Schuldvertrag, S. 303; *Joost*, in: Richardi/Wlotzke, MüArbR III, 2. Aufl. § 304, Rn. 47f.; *Säcker/Joost*, Rechtsproblem, S. 21; *Säcker*, in: Westermann/Rosener, FS Quack, S. 424, 425; *Schneider/Trümner*, in: Däubler u.a., FS Gnade, S. 192; *Schuster*, Betrieb und Betriebszugehörigkeit, S. 383; *Trümner*, in: DKKW, § 5 Rn. 25; *Ziemann*, AuR 1990, 58, 62.

### *d. § 7 BetrVG und die Zwei-Komponenten-Lehre*

In der Literatur wird § 7 BetrVG im Rahmen der Auseinandersetzung mit der Zwei-Komponenten-Lehre sowohl von jenen Stimmen, die sich für das Erfordernis eines Arbeitsverhältnisses aussprechen, als auch von jenen Stimmen, die die Zwei-Komponenten-Lehre ablehnen, als Argument aufgeführt: Einerseits wird vertreten, man könne aus der Formulierung in § 7 S. 1 BetrVG, „Arbeitnehmer des Betriebes“, entnehmen, dass es gerade nicht auf ein Arbeitsverhältnis ankommen könne, da das Gesetz ausdrücklich nicht auf die „Arbeitnehmer des Betriebsinhabers“ abstelle[233]. Andererseits wird vertreten, aus der sprachlichen Differenzierung in § 7 S. 1 BetrVG („Arbeitnehmern des Betriebes“) und § 7 S. 2 BetrVG („Arbeitnehmer eines anderen Arbeitgebers (...) im Betrieb“) sei zu folgern, dass Arbeitnehmer eines anderen Arbeitgebers zwar unter Satz 2 fallen können, allerdings nicht Arbeitnehmer des Betriebes (i.S.d. § 7 S. 1 BetrVG) und damit auch nicht dem Betrieb angehören können. Damit könne § 7 BetrVG entnommen werden, dass eine Betriebszugehörigkeit nur unter der Voraussetzung eines Arbeitsverhältnisses zum Betriebsinhaber möglich sei[234].

Beiden Auffassungen kann allerdings nicht gefolgt werden:

Zunächst lässt sich aus der Tatsache, dass der Gesetzgeber im § 7 S. 1 BetrVG die Formulierung “Arbeitnehmer des Betriebes“ und nicht „Arbeitnehmer des Betriebsinhabers“ verwendet, keine Rückschlüsse auf die Zwei-Komponenten-Lehre ziehen: Hätte der Gesetzgeber im § 7 S. 1 BetrVG die Formulierung „Arbeitnehmer des Betriebsinhabers“ gewählt, würde dies der Zwei-Komponenten-Lehre gerade nicht entsprechen: Ein Arbeitnehmer, der zwar einen Arbeitsvertrag mit dem Betriebsinhaber hat, allerdings (noch) nicht eingegliedert ist, ist zwar nach der Zwei-Komponenten-Lehre nicht betriebszugehörig. Gleichwohl ist ein solcher Arbeitnehmer aber bereits Arbeitnehmer des Betriebsinhabers. Insofern würde eine Voraussetzung „Arbeitnehmer des Betriebsinhabers“ – hätte der Gesetzgeber diese Formulierung gewählt – die Betriebszugehörigkeit nicht betreffen und es ließen sich auch aus dieser Formulierung keine Rückschlüsse auf die Betriebszugehörigkeit oder die Zwei-Komponenten-Lehre ziehen. § 7 S. 1 BetrVG setzt die Betriebszugehörigkeit voraus. Diese erfordert nach der Zwei-Komponenten-Lehre sowohl die Eingliederung als auch das Arbeitsverhältnis zum Betriebsinhaber. Damit impliziert die gesetzliche Formulierung „Arbeitnehmer des Betriebes“, soweit man der Zwei-Komponenten-Lehre folgt, dass neben der Eingliederung auch ein Arbeitsverhältnis zum Betriebsinhaber besteht. Umgekehrt wäre das Bestehen eines Arbeitsverhältnisses dann nicht im Begriff „Arbeitnehmer des Betriebes“ impliziert, wenn man nicht der

233 *Trümner*, in: DKKW, § 5 Rn. 25.

234 *Dörner*, in: Kohte u.a., FS Wissmann, S. 296; *Kreutz*, SAE 2004, 168, 171; ähnlich auch *Brors*, NZA 2003, 1380, 1381, die – gestützt auf § 7 S. 2 BetrVG – gleichwohl von einer vom Grundsatz abweichenden Betriebszugehörigkeit von Leiharbeitnehmern unter der Voraussetzung des § 7 S. 2 BetrVG ausgeht, vgl. D. VII., *Brors*, NZA 2002, 123, 124f.; *Brors*, NZA 2003, 1380, 1381.

Zwei-Komponenten-Lehre folgt. Insofern lässt sich § 7 S. 1 BetrVG jedenfalls nicht entnehmen, dass ein Arbeitsverhältnis zur Begründung der Betriebszugehörigkeit nicht erforderlich sei.

Allerdings kann § 7 BetrVG ebenso wenig als Argument für die Zwei-Komponenten-Lehre herangezogen werden. Zwar spricht § 7 S. 1 BetrVG von den „Arbeitnehmern des Betriebes", während § 7 S. 2 BetrVG auf die „Arbeitnehmer eines anderen Arbeitgebers (...) im Betrieb" abstellt. Dies kann allerdings nur dann für die Zwei-Komponenten-Lehre sprechen, wenn „Arbeitnehmer eines anderen Arbeitgebers (...) im Betrieb" (§ 7 S. 2 BetrVG) nicht auch zugleich „Arbeitnehmer des Betriebes" i.S.d. § 7 S. 1 BetrVG sein können. Dies ist wiederum aber gerade nur dann der Fall, wenn die Betriebszugehörigkeit sich auch nach der Komponente „Arbeitsverhältnis" richtet. Nur wenn man der Zwei-Komponenten-Lehre folgt und dementsprechend die Betriebszugehörigkeit der Leiharbeitnehmer ablehnt, fallen Leiharbeitnehmer nicht unter § 7 S. 1 BetrVG. Soweit man eine Betriebszugehörigkeit von Leiharbeitnehmern allerdings annimmt, bezeichnet § 7 S. 2 BetrVG keinen von der Betriebsbelegschaft i.S.d. § 7 S. 1 BetrVG abweichenden Personenkreis, sondern einen Teil der in § 7 S. 1 BetrVG genannten Beschäftigten. Insofern wäre § 7 S. 2 BetrVG dann nicht als die Norm zu verstehen, die den Leiharbeitnehmern das aktive Wahlrecht einräumt. Das aktive Wahlrecht ergäbe sich vielmehr bereits aus § 7 S. 1 BetrVG und würde über § 7 S. 2 BetrVG eine Einschränkung enthalten. Unabhängig davon, wie das Verhältnis zwischen Satz 1 und Satz 2 zu verstehen ist[235], sind die unterschiedlichen Formulierungen in § 7 S. 1 und 2 BetrVG nur dann als Argument für die Zwei-Komponenten-Lehre geeignet, wenn man ihr zuvor gefolgt ist.

Es lässt sich also festhalten, dass jedenfalls aus dem Wortlaut des § 7 BetrVG keine Rückschlüsse auf die Zwei-Komponenten-Lehre gezogen werden können.

### *e. Die Betriebszugehörigkeit mittelbar Beschäftigter als Argument gegen die Zwei-Komponenten-Lehre*

Wenngleich die Zwei-Komponenten-Lehre klare Anforderungen an die Betriebszugehörigkeit stellt, weichen ihre Vertreter von diesen Kriterien ab, wenn das mit der Theorie erreichte Ergebnis nicht gewünscht ist. Nach der h.M. und dem BAG sind auch solche Arbeitnehmer betriebszugehörig, die in einem mittelbaren Arbeitsverhältnis zum Betriebsinhaber stehen, also selber kein Arbeitsverhältnis zum Betriebsinhaber haben, allerdings dessen Weisungen unterliegen, soweit der Vertragsarbeitnehmer seinerseits in einem Arbeitsverhältnis zum Betriebsinhaber steht[236]. Im Falle der mittelbar Beschäftigten wird also eine Betriebszugehörigkeit angenommen, obwohl die Komponente „Arbeitsverhältnis zum Betriebsinhaber"

---

235 Vgl. hierzu später unter D.VII.

236 BAG, Beschluss vom 18. April 1989 – 1 ABR 97/87 –, Rn. 46 nach juris; *Fitting*, 28. Aufl., § 5 Rn. 229; *Raab*, in: GK-BetrVG I, 10. Aufl., § 5 Rn. 111; *Richardi*, in: Richardi, BetrVG, 15. Aufl., § 5 Rn. 101; *Trümner*, in: DKKW, § 5 Rn. 106.

gerade nicht gegeben ist. Diese Abweichung kann letztlich nicht dogmatisch, sondern nur vom Ergebnis aus begründet werden: Regelmäßig existiert kein Betrieb des Arbeitgebers, da dieser selber als Arbeitnehmer seine Arbeitsleistung im Betrieb seines Arbeitgebers erbringt. Wenngleich das Ergebnis der h.M. und Rechtsprechung zur Betriebszugehörigkeit von mittelbar Beschäftigten vom Ergebnis her nahe liegend sein mag, damit auch mittelbar Beschäftigte als Teil der Belegschaft eines Betriebes angesehen werden, ist dieses Ergebnis dogmatisch mit der Zwei-Komponenten-Lehre unvereinbar[237]. Eine Theorie, die auf der einen Seite klare Maßstäbe definiert, auf der anderen Seite aber nicht angewandt wird, wenn das Ergebnis unerwünscht ist, kann nicht überzeugen. Jedes mit der Theorie erzielte Ergebnis erscheint willkürlich, wenn die Theorie in Einzelfällen willkürlich nicht angewandt wird.

### *f. Argument aus § 99 BetrVG gegen die Zwei-Komponenten-Lehre*

Gegen die Zwei-Komponenten-Lehre wird eingewandt, dass sie sich nicht mit dem Verständnis der „Einstellung“ i.S.d. § 99 BetrVG als den Begründungstatbestand der Betriebszugehörigkeit[238], vereinbaren lässt[239]. Durch die Einstellung erfolgt die Zuweisung des Arbeitsbereichs durch den Arbeitgeber im Einverständnis mit dem Arbeitnehmer[240]. Damit handelt es sich bei der Einstellung um einen rein tatsächlichen, und keinen rechtlichen Vorgang.[241] Die Einstellung i.S.d. § 99 BetrVG erfordert damit keinen Arbeitsvertrag. Soweit man also die Einstellung i.S.d. § 99 BetrVG als den die Betriebszugehörigkeit begründenden Vorgang ansieht, muss die Betriebszugehörigkeit unabhängig von dem Vorliegen eines Arbeitsverhältnisses bestimmt werden. Damit wäre die Zwei-Komponenten-Lehre nicht mit § 99 BetrVG vereinbar.

Dieses Argument arbeitet aber mit der Unterstellung, dass allein eine Einstellung im Sinne des § 99 BetrVG als tatsächlicher Vorgang zugleich die Betriebszugehörigkeit des Arbeitnehmers begründe. Aus dem § 99 BetrVG ergibt sich das aber nicht zwingend: Unter Anwendung der Zwei-Komponenten-Lehre wäre § 99 BetrVG

---

237 *Christiansen*, Zuordnung, S. 26; *Joost*, in: Richardi/Wlotzke, MüArbR III, 2. Aufl., § 304, Rn. 48; *Ziemann*, AuR 1990, 58, 62.

238 *Blanke*, DB 2008, 1153, 1156; *v. Hoyningen-Huene, in:* Farthmann u.a., FS Stahlhacke, S. 181; *Richardi*, NZA 1987, 145, 146; *Richardi*, in: Richardi, BetrVG, 15. Aufl., § 5 Rn. 5; *Richardi*, in: Henssler u.a., FS Wank, S. 468; *Thüsing*, in: Richardi, BetrVG, 15. Aufl., § 7 Rn. 19.

239 *Boemke*, Schuldvertrag, S. 302ff.; *Hamann*, in: Schüren, AÜG, 4. Aufl., § 14 Rn. 27; *v. Hoyningen-Huene, in:* Farthmann u.a., FS Stahlhacke, S. 181; *Schneider/Trümner*, in: Däubler u.a., FS Gnade, S. 180; *Ziemann*, AuR 1990, 58, 64; vgl. auch *Blanke*, DB 2008, 1153, 1156.

240 *Boemke*, Schuldvertrag, S. 302ff; *v. Hoyningen-Huene*, in: Farthmann u.a., FS Stahlhacke, S. 181.

241 BAG, Beschluss vom 28. April 1992 – 1 ABR 73/91 –; BAG, Beschluss vom 15. April 1986 – 1 ABR 44/84 –, Rn. 20 nach juris; *Boemke*, Schuldvertrag, S. 302ff.; *v. Hoyningen-Huene, in:* Farthmann u.a., FS Stahlhacke, S. 181.

vielmehr dahingehend auszulegen, dass die Betriebszugehörigkeit nur dann mit der Einstellung begründet wird, wenn zugleich ein Arbeitsvertrag besteht bzw. abgeschlossen wird. Dementsprechend stellt das BAG fest, dass nicht alle Personen, deren Einstellung das Mitbestimmungsrecht gemäß § 99 BetrVG auslösen, mit der Einstellung schon Arbeitnehmer des Betriebes werden[242]. Damit ist die Einstellung eines Arbeitnehmers nach der Auffassung des BAG noch nicht zwingend der Begründungstatbestand der Betriebszugehörigkeit; ein eingestellter Arbeitnehmer, gehört also nach dieser Ansicht noch nicht zwingend zu der Gruppe der betriebszugehörigen Arbeitnehmer. Unter Berücksichtigung der vom BAG geforderten zwei Komponenten kommt damit nicht allein die Einstellung, sondern kommen grundsätzlich zwei Ereignisse in Betracht, die die Betriebszugehörigkeit begründen können: Entweder die Einstellung und die damit synchron verlaufende Eingliederung oder der Vertragsschluss mit dem Inhaber des Betriebes. Der § 99 BetrVG spricht damit nur unter der Prämisse, dass die Einstellung im Sinne des § 99 BetrVG zwingend *der* Begründungstatbestand der Betriebszugehörigkeit ist, gegen die Zwei-Komponenten-Lehre. Eine solche Schlussfolgerung ergibt sich jedoch nicht aus dem Gesetz. Damit stellt der § 99 BetrVG auch kein zwingendes Argument gegen die strenge Zwei-Komponenten-Lehre dar.

### g. *Das Arbeitsverhältnis als gemeinsame Schnittstelle individueller Interessen*

Zum Teil wird in der Literatur vertreten, dass sich die grundsätzliche Erforderlichkeit einer arbeitsvertraglichen Komponente im Rahmen der Prüfung der Betriebszugehörigkeit daraus ergebe, dass diese eine gemeinsame Interessenbetroffenheit zwischen den Arbeitnehmern herstelle, die notwendig für eine effektive Repräsentation durch den Betriebsrat sei[243].

Der Zweck der Bestimmung der Betriebszugehörigkeit liege in der Abgrenzung der Gruppe, die innerhalb der arbeitgeberischen Organisation die Wahleinheit bilde und vom Betriebsrat repräsentiert werde[244]. Eine sachgerechte und effektive Wahrnehmung der dem Betriebsrat zustehenden Beteiligungsrechte sei nur dann möglich, wenn die Betriebszugehörigkeit im Ausgangspunkt danach bestimmt werde, innerhalb welcher Gruppe von Arbeitnehmern die „typische gemeinsame Interessenbetroffenheit, die eine einheitliche Vertretung im Betriebsrat überhaupt erst ermöglicht“, anzunehmen ist[245].

---

242 BAG, Beschluss vom 15. April 1986 – 1 ABR 44/84 –, Rn. 19ff. nach juris; BAG, Beschluss vom 18. April 1989 – 1 ABR 97/87 –, Rn. 42 nach juris.

243 *Brors*, NZA 2002, 123, 124f.; *Brors*, NZA 2003, 1380, 1381.

244 *Brors*, NZA 2002, 123, 124f.; Brors, NZA 2003, 1380, 1381.

245 *Brors*, NZA 2002, 123, 125.

Da die Beteiligungsrechte entweder an das arbeitsvertragliche Weisungsrecht oder an den Arbeitsvertrag anknüpfen, sei grundsätzlich[246] eine für die Betriebszugehörigkeit relevante gemeinsame Interessenbetroffenheit auch nur dann anzunehmen, wenn auch ein Arbeitsvertrag mit dem Betriebsinhaber bestehe[247]. Die vertragliche Bindung zum Betriebsinhaber stelle sicher, dass ein zumindest „teilweiser Interessengleichlauf"[248] innerhalb der Wahleinheit bestehe.

Wenn der Betriebsrat eines Betriebes keinerlei Zuständigkeit für einen bestimmten Arbeitnehmer hat, dann besteht auch kein berechtigtes Interesse für diesen Arbeitnehmer, den Betriebsrat wählen zu können. Es entsteht auch keine die Betriebsgemeinschaft zusammenfassende gemeinsame Interessenbetroffenheit, welche eine Einbeziehung dieses Arbeitnehmers in die Gruppe der Belegschaft rechtfertigen könnte. Es müssen aber jedenfalls solche Arbeitnehmer als betriebszugehörige Arbeitnehmer eingestuft werden, die sowohl im Betrieb eingegliedert sind als auch einen Arbeitsvertrag mit dem Inhaber haben. In diesen Fällen besteht für diese Arbeitnehmer eine gemeinsame Interessenbetroffenheit im Bereich der Wahrnehmung der Beteiligungsrechte durch den Betriebsrat. Die breite Zuständigkeit und die grundsätzlich vollumfängliche Einschlägigkeit der Beteiligungsrechte für diese Arbeitnehmer führt dazu, dass diese Arbeitnehmer jedenfalls sowohl bei den betriebsverfassungsrechtlichen Wahlrechten als auch bei den Schwellenwerten Berücksichtigung finden müssen. Damit ergibt sich in jenen Fällen, in denen ein Arbeitsverhältnis und eine Eingliederung gegeben sind, aus der dadurch entstehenden gemeinsamen Interessenbetroffenheit bei den Beteiligungsrechten die Notwendigkeit, diese Arbeitnehmer als Arbeitnehmer des Betriebes anzusehen. Jedenfalls diejenigen Arbeitnehmer, die beide Komponenten der Zwei-Komponenten-Lehre in sich vereinen, müssen damit zu den betriebszugehörigen Arbeitnehmern gezählt werden.

Allerdings kann daraus nicht gefolgert werden, dass eine Betriebszugehörigkeit ausschließlich in diesen Fällen bestehen soll. Wie oben aufgezeigt, besteht kein zwingender Grund und insbesondere keine gesetzliche Anknüpfung, die die Betriebszugehörigkeit zwingend vom Bestand eines Arbeitsvertrages mit dem Betriebsinhaber abhängig machen würde. Eine gemeinsame Interessenbetroffenheit der im Betrieb arbeitenden Arbeitnehmer *kann* auch und allein durch die gemeinsame Unterstellung unter das Weisungsrecht des Betriebsinhabers ebenso gegeben sein.

Am Beispiel der Leiharbeitnehmer lässt sich erkennen, dass die Zuständigkeit des Entleiherbetriebsrates nicht auf die Arbeitnehmer beschränkt ist, die ein Arbeitsverhältnis zum Betriebsinhaber haben. Für Leiharbeitnehmer sind jedenfalls auch solche Beteiligungsrechte maßgeblich, die nicht das Arbeitsverhältnis zum

246 Eine Ausnahme hiervon macht *Brors* aufgrund des § 7 S. 2 BetrVG insbesondere für Leiharbeitnehmer, vgl. *Brors*, NZA 2002, 123, 124; *Brors*, NZA 2003, 1380, 1382.

247 *Brors*, NZA 2002, 123, 125, *Brors*, NZA 2003, 1380, 1381.

248 *Brors*, NZA 2003, 1380, 1381.

Betriebsinhaber, sondern das arbeitsvertragliche Weisungsrecht zum Gegenstand haben. Auch an dieses Weisungsrecht sind weite Teile der Beteiligungsrechte des Betriebsrates geknüpft. Insofern liegt auch in diesen Fällen, sofern es um das Weisungsrecht des Betriebsinhabers geht, eine gemeinsame Interessenbetroffenheit vor. Da die Zuständigkeit des Betriebsrates nicht auf Arbeitnehmer mit einem Arbeitsverhältnis zum Betriebsinhaber beschränkt ist, lässt sich zwar daraus nicht schlussfolgern, dass die Zuständigkeit des Betriebsrates für Leiharbeitnehmer automatisch zu deren Betriebszugehörigkeit im Entleiherbetrieb führen muss. Andererseits ist die Tatsache, dass der Betriebsrat nicht sämtliche Beteiligungsrechte für den Leiharbeitnehmer wahrnimmt, aber auch kein Grund, seine Betriebszugehörigkeit zum Entleiherbetrieb generell auszuschließen. Zudem ist zu bedenken, dass eine gemeinsame Interessenbetroffenheit von Arbeitnehmern in einem Betrieb nicht nur durch die Beteiligungsrechte entstehen kann. Sie können auch durch andere Vorgänge, zum Beispiel durch das gemeinsame Fördern des Betriebszwecks, gemeinsam begründet werden. Vor diesem Hintergrund wäre es, soweit man die Merkmale der Betriebszugehörigkeit anhand gemeinsamer Interessenbetroffenheit bestimmen will, auch denkbar, das Weisungsrecht, die Eingliederung *oder* das Bestehen eines Arbeitsvertrages für eine „gemeinsame Interessenbetroffenheit" ausreichen zu lassen.

Gerade in jenen Fällen, in denen sich aus den Beteiligungsrechten des Betriebsrates eine zumindest teilweise Zuständigkeit bei den Beteiligungsrechten und damit eine zumindest in diesen Punkten gemeinsame Interessenbetroffenheit mit den Stammarbeitnehmern ergibt, ist fraglich, ob dies (ggf. in Verbindung mit anderen Kriterien) eine ausreichende Nähe zum Betrieb herstellt, um von einer Betriebszugehörigkeit auszugehen. Letztlich kann der Aspekt der gemeinsamen Interessenbetroffenheit deshalb keinen Aufschluss über die Betriebszugehörigkeit von Leiharbeitnehmern im Entleiherbetrieb geben. Vielmehr verdeutlicht dies nur jenes Problem, das der gesamten Diskussion der Betriebszugehörigkeit von Leiharbeitnehmern im Entleiherbetrieb zugrunde liegt: Sie weisen zwar teilweise eine gemeinsame Interessenbetroffenheit mit der Stammbelegschaft auf und haben auch eine gewisse Nähe zu ihrem Einsatzbetrieb. Dies beantwortet jedoch nicht die Frage, ob Leiharbeitnehmer betriebszugehörig sind. Vielmehr stellt sich die Frage der Betriebszugehörigkeit von Leiharbeitnehmern gerade aufgrund dieser Faktoren[249].

Damit lässt sich festhalten, dass aus der gemeinsamen Interessenbetroffenheit bei den Beteiligungsrechten nicht geschlussfolgert werden kann, dass nur solche Arbeitnehmer betriebszugehörig sein können, die sowohl einen Arbeitsvertrag mit dem Betriebsinhaber unterhalten, als auch eingegliedert sind.

---

249 Im Ergebnis nimmt auch *Brors* schließlich eine Betriebszugehörigkeit der Leiharbeitnehmer aufgrund des § 7 S. 2 BetrVG an, vgl. *Brors*, NZA 2002, 123, 124; *Brors*, NZA 2003, 1380, 1382 (sich allerdings in: Düwell, BetrVG, § 7 Rn. 6 sich „uneingeschränkt" dem BAG anschließend) und kommt zumindest in Bezug auf Leiharbeitnehmer trotz fehlenden Arbeitsvertrages zu einer für die Betriebszugehörigkeit ausreichenden gemeinsamen Interessenbetroffenheit.

### h. *Zwischenergebnis*

Die strenge Zwei-Komponenten-Lehre kann nicht überzeugen. Die Voraussetzung des Arbeitsverhältnisses lässt sich dogmatisch nicht begründen und insbesondere nicht dem § 5 BetrVG, dem § 14 AÜG oder dem Betriebsbegriff entnehmen. Zwar ist ein Arbeitnehmer, der sowohl im Betrieb eingegliedert ist, als auch einen Arbeitsvertrag mit dem Betriebsinhaber hat, betriebszugehöriger Arbeitnehmer. Umgekehrt besteht jedoch kein Anlass, davon auszugehen, dass betriebszugehörig nur sein kann, wer beide Komponenten erfüllt.

Wie auch das BAG nunmehr erkannt hat, vermag die Zwei-Komponenten-Lehre insbesondere im Bereich des drittbezogenen Personaleinsatzes, also in einem im Hinblick auf die Betriebszugehörigkeit problematischen Fall, keine überzeugenden Ergebnisse zu liefern[250]. Dies verleitet das BAG und die h.M. im Falle der mittelbar Beschäftigten sogar dazu, vollständig gegen die eigenen aufgestellten Grundsätze zu verstoßen und in diesen Fällen eine vollständige Betriebszugehörigkeit trotz fehlendem Arbeitsverhältnis zwischen Betriebsinhaber und mittelbaren Arbeitnehmer zu bejahen[251].

Der strengen Zwei-Komponenten-Lehre kann nach alledem nicht gefolgt werden.

## 2. Die modifizierte Zwei-Komponenten-Lehre

Teilweise wird in der Literatur mit unterschiedlichen Begründungen und Ausprägungen ebenso wie bei der strengen Zwei-Komponenten-Lehre zwar eine rechtliche Komponente gefordert, jedoch müsse diese nicht unbedingt in einem Arbeitsverhältnis bzw. einem Arbeitsvertrag zum Betriebsinhaber zum Ausdruck kommen, sondern könne sich ebenso in anderen (arbeits-)rechtlichen Beziehungen zum Betriebsinhaber äußern.

### a. *Modifikation der Zwei-Komponenten-Lehre nach* Kreutz *und* Raab

Nach *Kreutz*[252] und *Raab*[253] ist eine „arbeitsrechtliche Beziehung" zwischen Arbeitnehmer und Betriebsinhaber erforderlich; dies ergebe sich aus dem Betriebsbegriff, wonach der Betrieb eine Organisationseinheit „mit *seinen Arbeitnehmern*" darstellt[254]. Das notwendige Arbeitsverhältnis entstehe regelmäßig durch den Arbeitsvertrag

---

250 Vgl. hierzu D.VI.

251 Soweit das BAG tatsächlich in Fällen des drittbezogenen Personaleinsatzes – so wie es in seinem Beschluss vom 05. Dezember 2012 – 7 ABR 48/11 –, BAGE 144, 74–84, erklärt hat – die Betriebszugehörigkeit nicht mehr vollumfänglich annimmt oder ablehnt, hätte dies streng genommen zur Konsequenz, dass auch keine vollständige Betriebszugehörigkeit der mittelbar Beschäftigten mehr bestünde.

252 *Kreutz*, SAE 2004, 168, 169; *Kreutz*, in: Jahr, GS Schultz, S. 212ff.; *Kreutz*, in: GK-BetrVG I, 8.Aufl., § 7 Rn. 19.

253 *Raab*, ZfA 2003, 389, 431; *Raab*, in: GK-BetrVG I, 10. Aufl. § 7 Rn. 19.

254 Vgl. schon oben D.IV.1.c.

oder durch Gesetz (vgl. z.B. § 10 I 1 AÜG)[255]. Insofern unterscheidet sich diese Ansicht auf den ersten Blick nicht von der strengen Zwei-Komponenten-Lehre. Allerdings könne ausnahmsweise, insbesondere in Fällen des drittbezogenen Personaleinsatzes ein partielles Arbeitsverhältnis ausreichend sein, um die erforderliche arbeitsrechtliche Beziehung zum Betriebsinhaber zu begründen[256]; auch dieses könne ein Arbeitsverhältnis im Sinne einer „arbeitsrechtlichen Beziehung"[257] schaffen. Jedoch sei nicht jedes partielle Arbeitsverhältnis ausreichend, um von der Betriebszugehörigkeit des Arbeitnehmers auszugehen. Ob eine Betriebszugehörigkeit in diesen Fällen angenommen werden kann, müsse letztlich wertend-teleologisch anhand der konkreten arbeitsrechtlichen Beziehungen, die zwischen dem Arbeitnehmer und dem Betriebsinhaber aufgrund des partiellen Arbeitsverhältnisses entstehen, entschieden werden[258]. In Bezug auf Leiharbeitnehmer lehnen *Kreutz* und *Raab* trotz des Bestehens arbeitsrechtlicher Beziehungen zwischen Leiharbeitnehmer und Entleiher durch die Weisungsunterworfenheit eine Betriebszugehörigkeit zum Entleiherbetrieb ab. Dies stützen sie darauf, dass § 14 I AÜG eine Zuordnung ausschließlich zum Verleiherbetrieb enthalte, die die Zugehörigkeit zum Entleiherbetrieb gleichzeitig ausschließe[259].

Wie oben dargelegt[260], kann mit § 14 I AÜG jedoch nicht begründet werden, dass Leiharbeitnehmer nicht auch dem Entleiherbetrieb zugeordnet werden können. Insofern käme man – die generelle Richtigkeit der von *Kreutz* und *Raab* vertretenen Ansicht unterstellt – in Bezug auf unechte Leiharbeitnehmer zum Ergebnis, dass die zwischen dem Entleiher und dem Leiharbeitnehmer bestehenden „arbeitsrechtlichen Beziehungen" (insbesondere die Weisungsunterworfenheit der Leiharbeitnehmer) ausreichend sein müssten, um von einem „Arbeitsverhältnis im Sinne arbeitsrechtlicher Beziehungen" zu sprechen. Damit würden Leiharbeitnehmer die von *Kreutz* und *Raab* vertretene modifizierte rechtliche Komponente erfüllen und wären grundsätzlich als Betriebszugehörige des Entleiherbetriebes zu betrachten.

Jedoch kann das Bestehen von Rechtsbeziehungen arbeitsrechtlicher Natur nicht ausreichen, wenn man die Erforderlichkeit eines Arbeitsverhältnisses zwischen Betriebsinhaber und Arbeitnehmer aus dem Betriebsbegriff entnimmt: Wer aufgrund der Formulierung im Betriebsbegriff „Arbeitgeber mit *seinen Arbeitnehmern*" ein Arbeitsverhältnis zwischen dem Betriebsinhaber und dem Arbeitnehmer verlangt, muss dieses auch konsequent fordern, um von einem betriebszugehörigen

---

255 *Kreutz,* SAE 2004, 168, 169; *Kreutz,* in: Jahr, GS Schultz, S. 221f.

256 *Kreutz,* SAE 2004, 168, 169f.; *Kreutz,* in: Jahr, GS Schultz, S. 221f.; *Raab,* in: GK-BetrVG I, 10. Aufl., § 7 Rn. 50; *Raab,* ZfA 2003, 389, 431.

257 *Kreutz,* SAE 2004, 165, 169; *Raab,* in: GK-BetrVG I, 10. Aufl., § 7 Rn. 19, vgl. auch § 7 Rn. 50.

258 *Kreutz,* in: Jahr, Jahr, GS Schultz, S. 212f., 222; *Raab,* in: GK-BetrVG I, 10. Aufl. § 7 Rn. 50.

259 *Kreutz,* SAE 2004, 168, 170; *Kreutz* jedoch zurückhaltender in: Jahr, GS Schultz S. 212; *Raab,* ZfA 2003, 389, 431f.; *Raab,* in: GK-BetrVG I, 10. Aufl., § 7 Rn. 60.

260 Vgl.o. D.IV.1.a.

Arbeitnehmer zu sprechen. *Kreutz* und *Raab* gelangen nur deshalb zu ihrer Auffassung, weil sie unter einem Arbeitsverhältnis auch ein Arbeitsverhältnis „im Sinne einer arbeitsrechtlichen Beziehung“[261] ausreichen lassen. Ein Arbeitsverhältnis in diesem Sinne erfordere mithin nicht den Abschluss eines Arbeitsvertrages[262].

Der Begriff der „arbeitsrechtlichen Beziehungen“ ist jedoch nicht in jedem Fall identisch mit dem Begriff des Arbeitsverhältnisses: Um von einem Arbeitsverhältnis ausgehen zu können, ist grundsätzlich[263] ein Vertragsschluss erforderlich[264]. Das bloße Bestehen von „arbeitsrechtlichen Beziehungen“, also ohne dass ein Arbeitsvertrag zwischen den Parteien besteht, kann hingegen nicht zu einem Arbeitsverhältnis führen. Etwas Anderes folgt auch nicht aus der sogenannten „aufgespaltenen Arbeitgeberstellung“, die es bei den Fällen des drittbezogenen Personaleinsatzes und insbesondere im Rahmen der unechten Leiharbeit gibt. Diese führt nicht dazu, dass ein Arbeitsverhältnis zwischen dem Betriebsinhaber und dem in seinem Betrieb eingesetzten Arbeitnehmer eines anderen Arbeitgebers entsteht[265]. Zwar hat sich die Terminologie von der „aufgespaltenen Arbeitgeberstellung“ durchgesetzt, um das Verhältnis der bei der Arbeitnehmerüberlassung beteiligten Parteien zu beschreiben. Jedoch lehnt die h.M. – wie oben dargelegt völlig zu Recht[266] – sowohl einen Vertragsbeitritt des Entleihers als auch die Begründung eines neuen Arbeitsverhältnisses mit dem Entleiher und die „Theorie von der Aufspaltung der Arbeitgeberfunktion“ ab. Letztere ist – trotz der ähnlichen Formulierung – nicht mit dem zu verwechseln, was gemeinhin mit der „aufgespaltenen Arbeitgeberstellung“ bei der Leiharbeit gemeint ist: Nach der Theorie von der Aufspaltung der Arbeitgeberfunktion besteht zwar nur ein Arbeitsvertrag, allerdings sei die Rechtsstellung des Arbeitgebers zwischen dem Verleiher und Entleiher aufgespalten; sowohl der Verleiher als auch der Entleiher seien folglich als Arbeitgeber und damit Vertragspartner des Leiharbeiters zu qualifizieren. In Abgrenzung zu dieser Theorie ist die Formulierung „aufgespaltene Arbeitgeberstellung“ zwar etwas unglücklich gewählt, da damit nicht gemeint wird, dass der Entleiher ebenfalls zum Vertragspartner wird; vielmehr weist die Formulierung „aufgespaltene Arbeitgeberfunktion“ lediglich darauf hin, dass der Entleiher das Weisungsrecht, welches grundsätzlich nur dem Arbeitgeber zusteht, ausüben darf[267]. Einen Rückschluss auf eine Vertragsbeziehung zum Entleiher kann dem jedoch nicht entnommen werden.

Soweit man also tatsächlich aus dem Betriebsbegriff die Erforderlichkeit eines Arbeitsverhältnisses zum Betriebsinhaber zur Bestimmung der Betriebszugehörigkeit

261 *Kreutz,* SAE 2004, 168, 169.
262 *Kreutz*, in: Jahr, GS Schultz, S. 221.
263 Eine Ausnahme stellt die Begründung des Arbeitsverhältnisses durch Gesetz oder aufgrund eines Gesetzes dar, vgl. § 10 AÜG.
264 Vgl. *Richardi*, in: Henssler u.a., FS Wank, S. 465; *Thüsing*, in: HWK, BGB Vor § 611 Rn. 29.
265 Vgl. B.III.1.
266 vgl. B.III.1.
267 Ähnlich auch *Joost*, in: Richardi/Wlotzke, MüArbR III, 2. Aufl. § 304, Rn. 48, Fn. 39.

entnehmen könnte, kann dieses nicht bloß durch „arbeitsrechtliche Beziehungen" entstehen. Würde aus dem Betriebsbegriff die Erforderlichkeit eines Arbeitsverhältnisses zwischen dem Betriebsinhaber und dem Arbeitnehmer folgen, so würde dies die (strenge) Zwei-Komponenten-Lehre stützen. Wie jedoch oben gezeigt, kann dem Betriebsbegriff nicht entnommen werden, die Betriebszugehörigkeit am Bestand eines Arbeitsverhältnisses zwischen Arbeitnehmer und Betriebsinhaber zu messen[268]. Folglich ist die Ansicht von *Kreutz* und *Raab* sowohl in Bezug auf die Herleitung der Erforderlichkeit eines Arbeitsverhältnisses, als auch in Bezug auf die an dieses Merkmal gestellten Voraussetzungen abzulehnen.

### *b. Die modifizierte Zwei-Komponenten-Lehre mit dem Forderungs- und Weisungsrecht des Betriebsinhabers als rechtliche Komponente*

Nach *Hamann* genügt das zwischen Leiharbeitnehmer und Entleiher bestehende Rechtsverhältnis den Anforderungen an eine vertragliche Komponente: Auch zwischen dem Leiharbeitnehmer und dem Entleiher besteht ein Rechtsverhältnis in Form eines Vertrages zugunsten Dritter[269]. Aufgrund dieses Verhältnisses hat der Entleiher ein eigenes Forderungsrecht gegen den Leiharbeitnehmer. Weshalb dieses nach der Zwei-Komponenten-Lehre nicht ausreichen soll, sei – so die Auffassung von *Hamann* – nicht nachzuvollziehen[270].

Auch für *Richardi* bedarf die Betriebszugehörigkeit keiner arbeits*vertraglichen* Bindung zwischen Betriebsinhaber und Arbeitnehmer[271]. Es komme maßgeblich auf die Eingliederung bzw. darauf an, ob der Betriebsinhaber den Arbeitnehmer „zur Erfüllung des Betriebszwecks wie einen Arbeitnehmer" einsetzt[272]. Ein Arbeitsvertrag mit dem Betriebsinhaber sei nicht erforderlich; es genüge eine „rechtliche Beziehung"[273] oder ein „arbeitsrechtliches Weisungsverhältnis"[274]. Aber speziell in Hinsicht auf Leiharbeitnehmer, die unter den § 7 S. 2 BetrVG fallen, stellt *Richardi* fest, dass jedenfalls die wahlberechtigten Leiharbeitnehmer, also jene, die über drei Monate im Einsatzbetrieb beschäftigt werden, auch Arbeitnehmer des Entleiherbetriebes sein müssen[275]. Dies bedeutet jedoch nicht, dass er § 7 S. 2 BetrVG als eine Norm begreift, die die Betriebszugehörigkeit von Leiharbeitnehmern vermittelt[276].

---

268 Vgl. D.IV.1.c.

269 Vgl. B.III.2.

270 *Hamann*, in: Schüren, AÜG, 4. Aufl., § 14 Rn. 23.

271 *Richardi*, in: Henssler u.a., FS Wank, S. 467, 469ff.; *Richardi*, in: Richardi, BetrVG, 15. Aufl. § 5 Rn. 73, 98; *Richardi*, NZA 1987, 145, 146.

272 *Richardi*, in: Henssler u.a., FS Wank, S. 469; *Richardi*, NZA 1987, 145, 146; *Richardi*, in: Richardi, BetrVG, 15. Aufl. § 5 Rn. 73.

273 *Richardi*, NZA 1987, 145, 146.

274 *Richardi*, in: Richardi, BetrVG, 15. Aufl., § 5 Rn. 73.

275 *Richardi*, in: Henssler u.a., FS Wank, S. 471; *Richardi*, in: Richardi, BetrVG, 15. Aufl. § 5 Rn. 98.

276 Zu dieser Ansicht vgl. D.VII.

Ausgehend davon, dass insbesondere die Eingliederung allein[277] oder die Eingliederung in Verbindung mit einer „rechtlichen Beziehung"[278] maßgeblich sein soll, wären sämtliche Leiharbeitnehmer – unabhängig von ihrer Einsatzdauer und damit auch unabhängig von den Voraussetzungen des § 7 S. 2 BetrVG – betriebszugehörige Arbeitnehmer im Entleiherbetrieb

*Christiansen* vertritt die Auffassung, dass zwar eine arbeitsrechtliche Beziehung, jedoch nicht notwendigerweise ein Arbeitsverhältnis zwischen Betriebsinhaber und Arbeitnehmer bestehen müsse[279]. Dies begründet sie maßgeblich damit, dass andernfalls ein umfassender betriebsverfassungsrechtlicher Schutz nicht gewährt werden könne[280].

*Boemke*, der zwischen dem arbeitsrechtlichen Grundverhältnis und dem arbeitsrechtlichen Erfüllungsverhältnis unterscheidet, lässt neben der Eingliederung eines Arbeitnehmers das arbeitsrechtliche Erfüllungsverhältnis für die Betriebszugehörigkeit eines Arbeitnehmers ausreichen[281].

Das arbeitsrechtliche Grundverhältnis, also das Rechtsverhältnis, auf Grund dessen ein Arbeitnehmer zur Arbeitsleistung und der Arbeitgeber zur Vergütung verpflichtet ist und das regelmäßig durch den Abschluss eines Arbeitsvertrages begründet wird[282], sei für die Betriebszugehörigkeit nicht entscheidend[283]. Maßgeblich sei das arbeitsrechtliche Erfüllungsverhältnis[284], also jenes Rechtsverhältnis, das aufgrund des Grundverhältnisses durch die Leistungshandlungen entsteht[285]. Dabei geht er vom Begriff der Einstellung des § 99 BetrVG aus[286], der von der h.M. als der Begründungsakt der Betriebszugehörigkeit angesehen wird[287]: Die Einstellung i.S.d. § 99 BetrVG knüpft nicht an die Begründung des Grundverhältnisses (Abschluss des Arbeitsvertrages), sondern an die Begründung des arbeitsrechtlichen Erfüllungsverhältnisses an[288]. Gegen eine Anknüpfung an das Grundverhältnis spreche zunächst, dass die Betriebszugehörigkeit zum Betrieb bestehe und daher an den Betriebsbegriff anknüpfe[289]. Leistungsverpflichtungen können jedoch nicht

277 So *Richardi*, in: Henssler u.a., FS Wank, S. 469ff.
278 So *Richardi*, NZA 1987, 145, 146.
279 *Christiansen*, Zuordnung, S. 43.
280 *Christiansen*, Zuordnung, S. 42f.
281 *Boemke*, Schuldvertrag, S. 302ff.; *Boemke*, in: Boemke/Lembke, AÜG, § 14 Rn. 59; *Kaufmann*, betriebsverfassungsrechtliche Zuordnung, S. 65f.
282 Vgl. *Boemke*, Schuldvertrag, S. 230ff., 278.
283 *Boemke*, Schuldvertrag, S. 303ff.
284 *Boemke*, Schuldvertrag, S. 302ff., 568f.
285 *Boemke*, Schuldvertrag, S. 279.
286 *Boemke*, Schuldvertrag, S. 302ff.
287 Vgl. *Blanke*, DB 2008, 1153, 1156; *Richardi*, NZA 1987, 145, 146; *Richardi*, in: Richardi, BetrVG, 15. Aufl., § 5 Rn. 5; *Thüsing*, in: Richardi, BetrVG, 15. Aufl., § 7 Rn. 13.
288 *Boemke*, Schuldvertrag, S. 302ff.
289 *Boemke*, Schuldvertrag, S. 303.

zum Betrieb als organisatorische Einheit, sondern nur zum Arbeitgeber bestehen[290]. Für die Betriebszugehörigkeit eines Arbeitnehmers sei entscheidend, woher er seine Weisungen bezieht und die Betriebszugehörigkeit sei entsprechend durch die Weisungszuständigkeit bestimmt[291]. Folglich sei auch kein Grundverhältnis zum Arbeitgeber erforderlich, um die Betriebszugehörigkeit zu begründen[292]. Danach wären Leiharbeitnehmer im Entleiherbetrieb betriebszugehörig[293].

Allen geschilderten Ansichten zur Modifizierung der Zwei-Komponenten-Lehre ist trotz unterschiedlicher Formulierung gemein, dass sie zwar auch ein rechtliches Verhältnis zwischen Betriebsinhaber und Arbeitnehmer verlangen, um die Betriebszugehörigkeit anzunehmen. Jedoch müsse dieses nicht in der Form eines Arbeitsverhältnisses bestehen. Speziell hinsichtlich der Betriebszugehörigkeit von Leiharbeitnehmern im Entleiherbetrieb stelle das eigene Forderungsrecht des Betriebsinhabers gegen den Leiharbeitnehmer aufgrund des Vertrages zugunsten Dritter eine rechtliche Beziehung dar, die den nach diesen Ansichten an die rechtliche Komponente gestellten Anforderungen gerecht werden. Da Leiharbeitnehmer auch im Entleiherbetrieb eingegliedert sind, wären Leiharbeitnehmer nach diesen Ansichten uneingeschränkt im Entleiherbetrieb betriebszugehörig.

### *aa. Möglichkeit einer doppelten Betriebszugehörigkeit im Verleiher- und Entleiherbetrieb*

Zunächst stellt sich die Frage, ob die modifizierte Zwei-Komponenten-Lehre nicht bereits deshalb abzulehnen ist, weil sie im Ergebnis für Leiharbeitnehmer sowohl zu einer Betriebszugehörigkeit im Verleiherbetrieb, als auch im Entleiherbetrieb führt. Eine solche doppelte Zuordnung wird vereinzelt als problematisch angesehen[294]. Die Aufspaltung der Arbeitgeberbefugnisse dürfe nicht zu einer Doppelung der Beteiligungsrechte und damit zu einer Privilegierung von Leiharbeitnehmern führen.

Jedoch wirkt sich – unter Zugrundelegung der hier vertretenen Ansicht[295] – die Betriebszugehörigkeit ohnehin nicht auf den Umfang der Beteiligungsrechte aus; die Beteiligung des Betriebsrates findet nicht bloß für die betriebszugehörigen Arbeitnehmer statt, sondern für alle Arbeitnehmer, die vom Regelungsgegenstand des jeweiligen Mitbestimmungsrechts innerhalb eines Betriebes betroffen sind. Aber

---

290 *Boemke*, Schuldvertrag, S. 303f.

291 *Boemke*, in: Boemke/Lembke, AÜG, § 14 Rn. 59; *Boemke*, Schuldvertrag, S. 305.

292 *Boemke*, Schuldvertrag, S. 304.

293 *Boemke*, in: Boemke/Lembke, AÜG, § 14 Rn. 59; *Boemke*, Schuldvertrag, S. 306f., 565ff.

294 *Erdlenbruch*, betriebsverfassungsrechtliche Stellung, S. 72; *Kort*, ZfA 2000, 329, 365; *Kraft*, in: Hofman u.a., FS Pleyer, S. 392. *Bremeier*, Reichweite, S. 275, spricht davon, dass Leiharbeitnehmer betriebsverfassungsrechtlich mit „Netz und doppelten Boden“ arbeiten würden, wenn sie auch im Entleiherbetrieb betriebszugehörig wären.

295 Vgl. C.V.2.

selbst wenn man der h.M. folgt und die Betriebszugehörigkeit auch im Bereich der Beteiligungsrechte für maßgeblich hält, führt die Zugehörigkeit in zwei Betrieben nicht zu einer Verdoppelung der Beteiligungsrechte. Da der sachliche Zuständigkeitsbereich des Betriebsrates immer nur auf seinen Betrieb beschränkt ist, kann ein Betriebsrat immer nur an Maßnahmen des jeweiligen Betriebsinhabers beteiligt werden. Die Zuständigkeiten in Bezug auf den Leiharbeitnehmer würden zwar zwischen den Betriebsräten verteilt. Verdoppelt würden sie jedoch nicht. Damit ist eine doppelte Betriebszugehörigkeit grundsätzlich ohne weiteres möglich[296].

*bb. Vereinbarkeit der modifizierten Zwei-Komponenten-Lehre mit dem BetrVG*

Der modifizierten Zwei-Komponenten-Lehre liegt zunächst der richtige Schluss zugrunde, dass die hohen Anforderungen, die von der strengen Zwei-Komponenten-Lehre an die rechtliche Komponente zur Bestimmung der Betriebszugehörigkeit gestellt werden, keine Grundlage finden[297]. Da die vertragliche Komponente der strengen Zwei-Komponenten-Lehre (der Bestand eines Arbeitsverhältnisses zum Betriebsinhaber) abgelehnt wird, wird dann aber der weiterreichende Schluss gezogen, dass man diese Komponente „aufweichen" müsse, um dann geeignete Maßstäbe zur Bestimmung der Betriebszugehörigkeit zu suchen: So diskutiert *Boemke* in diesem Rahmen die Frage, ob an das Erfüllungs- oder Grundverhältnis als rechtlichen Komponente anzuknüpfen sei[298]. Vergleichbar stellt *Hamann* die Frage, weshalb der Vertrag zugunsten Dritter nicht ausreichen soll, um die rechtlichen Anforderungen an die Betriebszugehörigkeit zu begründen[299]. Diese Erwägungen sind damit insbesondere vom Gedanken getragen, dass auch eben jene Fälle die Betriebszugehörigkeit begründen sollen, in denen der Betriebsinhaber das Recht innehat, das arbeitsrechtliche Weisungsrecht über den Arbeitnehmer auszuüben. Damit ist die modifizierte Zwei-Komponenten-Lehre ein Produkt der Diskussion um die vertragliche Komponente und deren Inhalt im Rahmen der strengen Zwei-Komponenten-Lehre. Als solches ist die Aussagekraft dieser Theorie letztlich aber auch nicht höher als die Ablehnung der strengen Zwei-Komponenten-Lehre: Der Ausgangspunkt, um geeignete Anknüpfungspunkte zu finden, anhand derer sich die Zugehörigkeit von Arbeitnehmern zu einem Betrieb ergeben kann, ist nicht etwa die gesetzliche Regelung des BetrVG. Es geht im Rahmen der Diskussion der modifizierten Zwei-Komponenten-Lehre vielmehr vornehmlich um die Frage, wie streng die inhaltlichen Anforderungen an eine rechtliche Komponente zur Bestimmung der

---

296 Im Ergebnis ebenso: BAG, Beschluss vom 25. November 1992 – 7 ABR 7/92 –, BAGE 72, 12–25; *Blanke*, DB 2008, 1153, 1157; *Boemke*, Schuldvertrag, S. 567; *Christiansen*, Zuordnung, S. 105f.; *Hamann*, in Schüren, AÜG, 4. Aufl., § 14 Rn. 45; *Jüttner*, Auswirkungen, S. 86; *Kaufmann*, betriebsverfassungsrechtliche Zuordnung, S. 79; *Thüsing*, in: Richardi, BetrVG, 15. Aufl. § 7 Rn. 32ff., Rn. 34.

297 So auch nach der hier vertretenen Auffassung, vgl. D.IV.1.

298 *Vgl. Boemke*, Schuldvertrag, S. 303ff.

299 *Hamann*, in: Schüren, AÜG, 4. Aufl., § 14 Rn. 23.

Betriebszugehörigkeit sein sollen. Da es keinen Grund gibt, ein Arbeitsverhältnis zwischen Betriebsinhaber und Arbeitnehmer zur zwingenden Voraussetzung der Betriebszugehörigkeit zu machen, wird die rechtliche Komponente einfach durch die Modifikation „aufgeweicht", um das gewünschte Ergebnis zu erreichen.

Dies ist jedoch keine dogmatische Begründung und kein logischer und zwingender Schluss aus der Ablehnung der strengen Zwei-Komponenten-Lehre. Nur weil sich die Betriebszugehörigkeit nicht danach beurteilen kann, ob jemand eingegliedert ist und in einem Arbeitsvertrag zum Betriebsinhaber steht, gebietet dieses Ergebnis nicht sogleich, Tür und Tor zur Betriebszugehörigkeit so weit aufzustoßen, wie die modifizierte Zwei-Komponenten-Lehre es tut:

Wie die Diskussion der strengen Zwei-Komponenten-Lehre gezeigt hat, begründet die gemeinsame beteiligungsrechtliche Betroffenheit jener Arbeitnehmer, die sowohl im Betrieb eingegliedert sind, als auch einen Arbeitsvertrag mit seinem Inhaber unterhalten, die Notwendigkeit, jedenfalls diese Arbeitnehmer in den Kreis der Betriebszugehörigen mit einzubeziehen. Es ist jedoch nicht ersichtlich, weshalb sich der Kreis der betriebszugehörigen Arbeitnehmer ausschließlich aus dieser Gruppe zusammensetzen soll. Auf der anderen Seite ist aber nicht gleich jeder, der im Rahmen der Beteiligungsrechte vom Betriebsrat eines Betriebes repräsentiert wird, gleich in die Gruppe der Betriebszugehörigen aufzunehmen[300]. Die Betriebszugehörigkeit ist – wie gezeigt[301] – keine notwendige Bedingung einer Betriebsratsbeteiligung. Andersherum kann zwar eine breite Zuständigkeit des Betriebsrates im Entleiherbetrieb das Interesse eines Arbeitnehmers, der unter das Weisungsrecht des Betriebsinhabers fällt, an einer Einbeziehung in den Kreis betriebszugehöriger Arbeitnehmer begründen. Jedoch zwingt die Betroffenheit im Rahmen der Beteiligung, soweit es um das Weisungsrecht geht, auch nicht zur Schlussfolgerung, dass deshalb notwendigerweise dieser Arbeitnehmer betriebszugehörig sein muss. Ob eine solche Einbeziehung geboten ist, muss sich anhand gesetzgeberischer Wertungen – und nicht etwa durch die Abgrenzung zu einer Theorie, die selber keinerlei zwingende gesetzliche Grundlage findet – ergeben. Der Gesetzgeber hat bei der Regelung des Betriebsverfassungsrechts einen weiten Gestaltungsspielraum[302]. Wenn es um die Festlegung und Abgrenzung von grundlegenden Begriffen wie die Betriebszugehörigkeit und deren Rechtsfolgen geht, dann darf dies nicht isoliert von den Regelungen und Wertungen geschehen, die der Gesetzgeber im Gesetz getroffen hat.

Fraglich ist damit, ob die modifizierte Zwei-Komponenten-Lehre mit den gesetzlichen Regelungen und den in ihnen enthaltenen Wertungen vereinbar ist, die der Gesetzgeber in Bezug auf die betriebsverfassungsrechtliche Stellung jener Arbeitnehmer getroffen hat, die keinen Arbeitsvertrag mit dem Betriebsinhaber

300 Anders im Ergebnis aber *Christiansen*, Zuordnung, S. 42.

301 Vgl. C.V.2.

302 *Fitting*, 28. Aufl., § 1 Rn. 4; *Wiese*, in: GK-BetrVG I, 10. Aufl., Einl. Rn. 50; Vgl. auch *Richardi*, in: Richardi, BetrVG, 15. Aufl., Einl. Rn. 44.

unterhalten. Wie oben bereits erwähnt, wird der Kreis der betriebszugehörigen Arbeitnehmer durch die modifizierte Zwei-Komponenten-Lehre sehr weit gezogen. Folgt man der modifizierten Zwei-Komponente-Lehre, so käme man zum Ergebnis, dass sämtliche Leiharbeitnehmer im Entleiherbetrieb ebenso wie die Stammbelegschaft betriebszugehörige Arbeitnehmer wären.

Ein Arbeitnehmer, der in einem Arbeitsverhältnis zum Betriebsinhaber steht (und damit nicht ein „Arbeitnehmer eines anderen Arbeitgebers" ist, vgl. § 7 S. 2 BetrVG) und eingegliedert ist, ist gem. § 7 S. 1 BetrVG aktiv und unter den Voraussetzungen des § 8 BetrVG passiv wahlberechtigt. Das aktive Wahlrecht eines Leiharbeitnehmers, der nach der modifizierten Zwei-Komponenten-Lehre auch Betriebszugehöriger im Entleiherbetrieb wäre, bestünde im Gegensatz dazu nur unter der Voraussetzung des § 7 S. 2 BetrVG, also nur dann, wenn der Leiharbeitnehmer mindestens drei Monate im Entleiherbetrieb beschäftigt werden soll. Aufgrund des § 14 II 1 AÜG stünde ihm das passive Wahlrecht nie zu. Die Wahlrechte der betriebszugehörigen Arbeitnehmer würden sich also nach der modifizierten Zwei-Komponenten-Lehre von Grund auf unterscheiden und – wenn überhaupt – nur unter zusätzlichen Voraussetzungen bestehen (vgl. § 7 S. 2 BetrVG). Der Kreis der betriebszugehörigen Arbeitnehmer würde nach der modifizierten Zwei-Komponenten-Lehre so weit gefasst, dass die Rechtsfolgen der Betriebszugehörigkeit hinsichtlich der Wahlrechte unterschiedlich wären. Es entstünden faktisch damit Betriebszugehörigkeiten unterschiedlicher Art und Güte: Die Betriebszugehörigkeit jener Arbeitnehmer, die in einem Arbeitsverhältnis zum Betriebsinhaber stehen, räumt ihnen die vollen Wahlrechte ein. Im Falle des drittbezogenen Personaleinsatzes ist dies nicht der Fall. Ergebnis dieser Ansicht ist damit zwar die formelle Integration von Leiharbeitnehmern in den Entleiherbetrieb als Betriebszugehörige. Gleichwohl ergäbe sich unter Zugrundelegung der §§ 7, 8 BetrVG und § 14 II AÜG eine faktische „Betriebszugehörigkeit zweiter Klasse". Aus dem „Arbeitnehmer zweiter Klasse", der durch § 7 S. 2 BetrVG an die Stammbelegschaft herangeführt werden sollte[303] würde nun ein „Betriebszugehöriger zweiter Klasse" werden – nämlich solchen, denen die Einflussnahme auf die innerbetriebliche Organisation „ihres" Betriebes durch Wahl verwehrt bleibt und solchen Arbeitnehmern des Betriebes, denen dies gestattet ist. Geht man von einer Einheitlichkeit der Betriebszugehörigkeit aus, dann bedeutet dies auch, dass grundsätzlich allen Betriebszugehörigen die gleichen Rechte bei der Gestaltung der innerbetrieblichen Organisation zukommen müssen.

Dies bedeutet allerdings nicht in jedem Fall, dass sich eine unterschiedliche Behandlung von betriebszugehörigen Arbeitnehmern hinsichtlich der Wahlrechte generell verbieten würde. Eine solche unterschiedliche Behandlung von betriebszugehörigen Arbeitnehmern findet sich auch im § 7 S. 1 BetrVG, soweit es um das Alter der Arbeitnehmer geht, und im § 8 I BetrVG hinsichtlich der für das passive Wahlrecht notwendige Betriebszugehörigkeit von mindestens sechs Monaten. Allerdings kann eine solche Einschränkung der Rechte der betriebszugehörigen Arbeitnehmer

303 Vgl. BT-Drucks. 14/5741 S. 28.

in Zusammenhang mit den Betriebsratswahlen höchstens dort zugelassen werden, wo zwingende Gründe dies erfordern. Dies ist etwa im Rahmen des § 8 I BetrVG hinsichtlich der Beschränkung des passiven Wahlrechts auf solche Arbeitnehmer der Fall, die bereits sechs Monate dem Betrieb angehören. Dieser Zeitraum wird als ausreichend angesehen, damit der Arbeitnehmer sich einen Überblick über die betrieblichen Verhältnisse verschaffen kann, „der für die Ausübung des Betriebsratsamtes notwendig ist“[304]. Gleiches gilt für die Beschränkung des aktiven Wahlrechts gem. § 7 S. 1 BetrVG auf Arbeitnehmer, die das 18. Lebensjahr vollendet haben, wodurch sichergestellt werden soll, dass der wahlberechtigte Arbeitnehmer die erforderliche Reife zur Ausübung seines Stimmrechtes hat.

Soweit solche Gründe für eine unterschiedliche Behandlung aber nicht gegeben sind, verbietet sich eine unterschiedliche betriebsverfassungsrechtliche Behandlung betriebszugehöriger Arbeitnehmer. Für Leiharbeitnehmer gelten im Unterschied zu (betriebszugehörigen) Stammarbeitnehmern unterschiedliche wahlrechtliche Regelungen; diese Unterschiede müssten also besondere Gründe haben, wenn gleichwohl Leiharbeitnehmer nach der modifizierten Zwei-Komponenten-Lehre betriebszugehörig sein sollen. Bestehen solche Gründe für die unterschiedlichen Wahlrechte nicht, lässt sich auch die modifizierte Zwei-Komponenten-Lehre nicht mit dem BetrVG vereinbaren: Der Ausschluss des passiven Wahlrechts nach § 14 II 1 AÜG und die Einschränkung des aktiven Wahlrechts nach § 7 S. 2 BetrVG könnte also – wenn nicht von besonderen Gründen getragen – wegen der hinter diesen beiden Normen stehenden gesetzlichen Wertungen der modifizierten Zwei-Komponenten-Lehre entgegenstehen, weil diese allen Leiharbeitnehmern die Betriebszugehörigkeit zuspricht, obwohl sie nur eingeschränkte Wahlrechte haben.

### (1) Ausschluss des passiven Wahlrechts

Es fragt sich daher, ob die Betriebszugehörigkeit aller Leiharbeitnehmer entsprechend der modifizierten Zwei-Komponenten-Lehre mit der Regelung des § 14 II 1 AÜG vereinbar wäre. Alle Leiharbeitnehmer wären nach der modifizierten Zwei-Komponenten-Lehre zwar betriebszugehörige Arbeitnehmer des Entleiherebtriebes, trotzdem aber nicht passiv wahlberechtigt. Hinsichtlich des passiven Wahlrechts gäbe es zwei unterschiedliche Gruppen betriebszugehöriger Arbeitnehmer – solche mit und solche ohne passives Wahlrecht. Fraglich ist, ob es für eine solche unterschiedliche Behandlung besondere Gründe gibt.

Das BAG beschäftigte sich wiederholt mit dem Sinn und Zweck des Ausschlusses des passiven Wahlrechts für Leiharbeitnehmer zum Betriebsrat im Entleiherbetrieb gem. § 14 II 1 AÜG[305]. Es stellte dabei fest, dass ein passives Wahlrecht von Leiharbeitnehmern im Entleiherbetrieb die Kontinuität des Betriebsrates gefährden würde, da der Entleiher die Abberufung des in den Betriebsrat gewählten

304 Vgl. BT-Drucks. VI/1786, S. 37.

305 BAG, Beschluss vom 10. März 2004 – 7 ABR 49/03 –, BAGE 110, 27–37; BAG, Beschluss vom 17. Februar 2010 – 7 ABR 51/08 –.

Leiharbeitnehmers durch den Verleiher veranlassen könnte[306]. § 14 II 1 AÜG zeige zudem, dass der Gesetzgeber typisierend von einer nur kurzen Überlassungsdauer bei Leiharbeitnehmern ausgehe; diese Typisierung sei nicht zu beanstanden[307]. Zudem sei der Ausschluss des passiven Wahlrechts darauf zurückzuführen, dass der Betriebsrat des Entleiherbetriebs in „wesentlichen Bereichen der Mitbestimmung"[308] für Leiharbeitnehmer nicht zuständig sei und deshalb auch nicht die Stammbelegschaft repräsentieren solle. Ferner werde – so das BAG – eine im Falle eines passiven Wahlrechts im Entleiherbetrieb mögliche und „mit Schwierigkeiten verbundene"[309] Doppelmitgliedschaft, sowohl im Betriebsrat des Entleiherbetriebes als auch des Verleiherbetriebes, vermieden.

Die Tatsache, dass der Betriebsrat des Entleiherbetriebes nicht auch jene Beteiligungsrechte für Leiharbeitnehmer ausübt, die an vertragliche Bande zum Betriebsinhaber anknüpfen, kann nicht überzeugend begründen, weshalb ein Ausschluss des passiven Wahlrechts der Leiharbeitnehmer geboten ist. Der Betriebsrat eines Betriebes übt sein Amt nicht etwa nur insoweit aus, wie die Betriebsratsmitglieder selber vom Beteiligungsrecht betroffen werden. Die Betriebsratsmitglieder werden in ein Gremium gewählt, dem ausdrücklich nach Gesetz Aufgaben zugewiesen sind. Leiharbeitnehmern das passive Wahlrecht deshalb vorzuenthalten, weil sie dann bei der Betriebsratsbeteiligung hinsichtlich solcher Rechte mitzuwirken hätten, die sie persönlich nicht berühren, kann kein Grund sein, ihnen das passive Wahlrecht zu verwehren. Die einzelnen Betriebsratsmitglieder werden schließlich nicht aus Eigennutz tätig, sondern in Erfüllung ihrer nach Gesetz übertragenen Aufgaben.

Auch eine etwaige „Typisierung" der Leiharbeit durch den Gesetzgeber dahingehend, dass er „von einer nur kurzen Überlassungsdauer bei Leiharbeitnehmern"[310] ausgehe, kann nicht begründen, weshalb das passive Wahlrecht für Leiharbeitnehmer ausgeschlossen ist. Dies wird insbesondere dadurch offensichtlich, dass § 8 BetrVG selber eine zeitliche Grenze enthält, die für das passive Wahlrecht maßgeblich sein soll: Das passive Wahlrecht steht nur dann den betriebszugehörigen Arbeitnehmern zu, wenn diese bereits mindestens sechs Monate betriebszugehörig waren. Es mag sein, dass der Gesetzgeber typisierend davon ausgeht, dass

---

306 BAG, Beschluss vom 17. Februar 2010 – 7 ABR 51/08 –, BAGE 133, 202–212, Rn. 28 nach juris.

307 BAG, Beschluss vom 17. Februar 2010 – 7 ABR 51/08 –, BAGE 133, 202–212, Rn. 28 nach juris; vgl. auch BAG, Beschluss vom 10. März 2004 – 7 ABR 49/03 –, BAGE 110, 27–37, Rn. 29 nach juris.

308 BAG, Beschluss vom 10. März 2004 – 7 ABR 49/03 –, BAGE 110, 27–37, Rn. 29 nach juris; BAG, Beschluss vom 17. Februar 2010 – 7 ABR 51/08 –, BAGE 133, 202–212, Rn. 28 nach juris.

309 BAG, Beschluss vom 17. Februar 2010 – 7 ABR 51/08 –, BAGE 133, 202–212, Rn. 28 nach juris.

310 BAG, Beschluss vom 17. Februar 2010 – 7 ABR 51/08 –, BAGE 133, 202–212, Rn. 28 nach juris; vgl. auch BAG, Beschluss vom 10. März 2004 – 7 ABR 49/03 –, BAGE 110, 27–37, Rn. 29 nach juris.

Leiharbeitnehmer grundsätzlich nur kurze Zeit im Betrieb beschäftigt werden. Wenn aber das passive Wahlrecht selber unter eine zeitliche Voraussetzung gestellt wird, dann dürfte nichts dagegen sprechen, wenn auch Leiharbeitnehmern das passive Wahlrecht zustünde, soweit diese eben nicht nur kurzzeitig, sondern auch längerfristig – über sechs Monate, vgl. § 8 BetrVG – eingesetzt werden.

Auch eine etwaige Doppelmitgliedschaft gebietet keine unterschiedliche Behandlung hinsichtlich des passiven Wahlrechts. Bereits die Formulierung des BAG, wonach eine „Doppelmitgliedschaft" „mit Schwierigkeiten" verbunden sei[311], weist darauf hin, dass selbst das BAG seinem Argument nicht so recht Glauben schenken will. Die vom BAG aufgezeigte Situation kann nicht als eine „Doppelmitgliedschaft" bezeichnet werden. Es besteht keine doppelte Mitgliedschaft in den Betriebsräten, sondern eine parallele Mitgliedschaft in zwei voneinander getrennten Betriebsräten mit unterschiedlichen Wirkungsbereichen. Da der Wirkungskreis eines Betriebsrates immer nur auf seinen Betrieb beschränkt ist, muss es nicht zu Interessenskollisionen im Rahmen der Betriebsratsarbeit kommen; konkret hinsichtlich der Beteiligungsrechte ist es sogar ausgeschlossen, dass sowohl der Entleiherbetriebsrat als auch der Verleiherbetriebsrat zur selben arbeitgeberischen Maßnahme beteiligte werden müssen. Es steht völlig außer Frage, dass ein Arbeitnehmer, der zwei voneinander getrennte Arbeitsverhältnisse unterhält, in der Lage ist sich in beiden Betrieben in den Betriebsrat wählen zu lassen. Die Mitgliedschaft eines Leiharbeitnehmers sowohl im Betriebsrat des Verleiherbetriebes als auch im Entleiherbetrieb muss nicht problematischer sein als dieser Fall.

Auch das BAG hat eine Doppelmitgliedschaft in zwei Gremien nicht immer als problematisch angesehen[312]. Hierbei stützte sich das BAG darauf, dass dem BetrVG, anders als noch dem Betriebsrätegesetz von 1920, eine Regelung, die die Wählbarkeit von solchen Arbeitnehmern ausschließe, die bereits einem anderen Betriebsrat angehören, fehle[313]. Hierbei habe es sich um eine bewusste Abweichung vom Betriebsrätegesetz gehandelt, was sich daraus ergebe, dass der Regierungsentwurf zum BetrVG eine Wahlberechtigung und damit die einhergehende Wählbarkeit in mehreren Betrieben ausschließen wollte, diese Bestimmung jedoch im Gesetzgebungsverfahren weggefallen ist. Dies müsse als eine bewusste Entscheidung des Gesetzgebers für eine doppelte Wählbarkeit verstanden werden.[314] Weshalb in diesem Fall die Mitgliedschaft in verschiedenen Gremien unproblematisch, im Falle einer Mitgliedschaft im Entleiherbetriebsrat und im Verleiherbetriebsrat aber Schwierigkeiten aufwerfen soll, ist nicht nachzuvollziehen.

Allerdings überzeugt das verbleibende Argument der Gefährdung der Kontinuität des Betriebsrates: Betriebsratsmitglieder genießen gem. § 15 I KSchG einen

---

311 BAG, Beschluss vom 17. Februar 2010 – 7 ABR 51/08 –, BAGE 133, 202–212, Rn. 28 nach juris.

312 Vgl. BAG, Beschluss vom 11. April 1958 – 1 ABR 2/57 –, Rn. 19f. nach juris.

313 BAG, Beschluss vom 11. April 1958 – 1 ABR 2/57 –, Rn. 20 nach juris.

314 BAG, Beschluss vom 11. April 1958 – 1 ABR 2/57 –, Rn. 20 nach juris.

besonderen Kündigungsschutz vor ordentlichen Kündigungen. Dieser ist insbesondere deshalb erforderlich, weil die notwendige Unabhängigkeit für die Ausübung des Betriebsratsamtes und die Kontinuität der Amtsführung gefährdet wäre, wenn der Arbeitgeber die Mitglieder des Betriebsrates einfach durch Kündigung sowohl aus dem Arbeitsverhältnis, als auch gem. § 24 Nr. 3 BetrVG aus dem Betriebsrat entfernen könnte[315]. Damit kann das passive Wahlrecht nur einem Arbeitnehmer zugestanden werden, wenn § 15 I KSchG dessen Arbeitsverhältnis in der Zeit der Amtszeit vor ordentlichen Kündigungen schützt.

Würde man Leiharbeitnehmern im Entleiherbetrieb das passive Wahlrecht einräumen, dann könnte der Kündigungsschutz gem. § 15 I KSchG für diesen jedoch nicht eingreifen: Da der Leiharbeitnehmer nur in einem Arbeitsverhältnis zum Verleiher steht, würde ein Kündigungsschutz vor Kündigungen des Entleihers nicht helfen – dieser ist zur Kündigung des Leiharbeitnehmers nicht berechtigt. Aber auch dann, wenn § 15 I KSchG den Verleiher – im Falle eines passiven Wahlrechts des Leiharbeitnehmers im Entleiherbetrieb und dessen Wahl – binden könnte, könnte § 15 I KSchG hierdurch seinen Zweck nicht erfüllen. Selbst wenn der Verleiher dem Leiharbeitnehmer während einer Amtszeit des Leiharbeitnehmers im Entleiherbetriebsrat nicht kündigen könnte, bestünde immer noch die Möglichkeit, diesen (ggf. in Absprache mit dem Entleiher) einfach aus dem Beschäftigungsbetrieb abzuziehen. Überdies wäre eine Bindung des Verleihers an den § 15 I KSchG im Falle einer Betriebsratsmitgliedschaft des Leiharbeitnehmers im Entleiherbetrieb hinsichtlich der Vertragsfreiheit des Verleihers problematisch. Die Mitgliedschaft im Betriebsrat eines Betriebes, dessen Inhaber nicht der Arbeitgeber ist, hätte dann unmittelbare Auswirkungen auf das bestehende Arbeitsverhältnis zum Verleiher. Auch deshalb ist eine Erstreckung des § 15 I KSchG auf den Verleiher ausgeschlossen.

Ferner kommt auch eine analoge Anwendung des § 15 I KSchG dahingehend, dass Leiharbeitnehmer, wenn sie im Entleiherbetrieb in den Betriebsrat gewählt werden, in diesem bis zum Ende der Amtszeit (und ggf. analog § 15 I 2 KSchG ebenso für das darauf folgende Jahr) fortzubeschäftigen sind, nicht in Betracht. Leiharbeit soll eine flexible Beschäftigungsform sein[316], die jedoch jegliche Flexibilität einbüßen würde, wenn ein Leiharbeitnehmer aufgrund der Betriebsratswahl im Entleiherbetrieb nun plötzlich im Entleiherbetrieb fünf weitere Jahre (Vier Jahre Amtszeit, § 21 I BetrVG zuzüglich ein Jahr Kündigungsschutz nach § 15 I 2 KSchG) einzusetzen wäre. Eine solch lange Beschäftigung ist im Übrigen auch nicht mit der neu eingefügten gesetzlichen Höchstüberlassungsdauer von 18 Monaten gem. § 1 Ib 1 AÜG unvereinbar.

Aufgrund der fehlenden vertraglichen Bindung zwischen Leiharbeitnehmer und Entleiher könnte sich ein Leiharbeitnehmer, wenn sich dieser im Entleiherbetrieb in den Betriebsrat wählen lassen könnte, als Betriebsratsmitglied nicht auf den Kündigungsschutz nach § 15 I KSchG berufen. Der durch § 15 KSchG verfolgte

315 *V. Hoyningen-Huene*, in: v. Hoyningen-Huene, u.a., KSchG, § 15 Rn. 1.
316 Vgl. *Richardi*, in: Henssler u.a., FS Wank, S. 467.

Schutz der Unabhängigkeit und der Kontinuität des Betriebsrates wäre folglich durch ein passives Wahlrecht für Leiharbeitnehmer im Entleiherbetrieb gefährdet.

Damit besteht ein berechtigter Grund, Leiharbeitnehmer selbst dann vom passiven Wahlrecht im Entleiherbetrieb auszuschließen, wenn man diese als betriebszugehörige Arbeitnehmer dieses Betriebes einordnen würde[317]. Aus dem Ausschluss des passiven Wahlrechts im Entleiherbetrieb nach § 14 II 1 AÜG lässt sich damit nicht folgern, dass Leiharbeitnehmer nicht betriebszugehörig sein können[318]. Damit widerspricht § 14 II 1 AÜG auch nicht der modifizierten Zwei-Komponenten-Lehre.

### (2) Einschränkung des aktiven Wahlrechts nach § 7 S. 2 BetrVG

Fraglich ist jedoch, ob die Betriebszugehörigkeit sämtlicher Leiharbeitnehmer entsprechend der modifizierten Zwei-Komponenten-Lehre mit der Regelung des § 7 S. 2 BetrVG vereinbar wäre. § 7 S. 2 BetrVG stellt das Wahlrecht für Leiharbeitnehmer unter die Voraussetzung eines mindestens drei Monate andauernden Einsatzes im Betrieb. Leiharbeitnehmer, die eine kürzere Zeit als drei Monate im Entleiherbetrieb beschäftigt werden, wären zwar nach der modifizierten Zwei-Komponenten-Lehre betriebszugehörige Arbeitnehmer, trotzdem gem. § 7 S. 2 BetrVG aber in diesem Betrieb nicht aktiv wahlberechtigt. Soweit man der modifizierten Zwei-Komponenten-Lehre folgen würde, würde innerhalb des § 7 S. 2 BetrVG hinsichtlich des aktiven Wahlrechts eine Unterscheidung zwischen unterschiedlichen Gruppen der betriebszugehörigen Arbeitnehmer vorgenommen: Obwohl nach der modifizierten Zwei-Komponenten-Lehre auch die kürzer als drei Monate im Entleiherbetrieb beschäftigen Leiharbeitnehmer zu den Betriebszugehörigen im Entleiherbetrieb gehören würden, wird ihnen die Ausübung des aktiven Wahlrechts in „ihrem" Entleiherbetrieb verwehrt.

Hierbei ist zunächst zu berücksichtigen, dass die Beschränkung des aktiven Wahlrechts nach § 7 S. 2 BetrVG nicht demselben Zweck dient wie die Beschränkung des passiven Wahlrechts gem. § 14 I 1 AÜG: Insbesondere die Kontinuität und der Schutz des gewählten Betriebsrates werden von einer Beschränkung des aktiven Wahlrechts nicht berührt. Dieser besteht unabhängig vom Verbleib der wahlberechtigten Arbeitnehmer im Betrieb. Auch kann der Umfang der Zuständigkeit des Betriebsrates im Rahmen seiner Mitbestimmungsrechte für Leiharbeitnehmer nicht erklären, weshalb das aktive Wahlrecht eingeschränkt sein soll. Für Leiharbeitnehmer nimmt der Betriebsrat des Entleiherbetriebes seine Beteiligungsrechte grundsätzlich unabhängig von der Einsatzdauer der Leiharbeitnehmer und deren Betriebszugehörigkeit wahr. Während es beim Ausschluss des passiven Wahlrechts nach § 14 II 1 AÜG maßgeblich darum geht, den Betriebsrat in seinem Bestand zu schützen, trägt die Einschränkung des § 7 S. 2 BetrVG Gründen Rechnung, die das

317 **A.A.** *Hamann*, NZA 2003, 526, 529f., der die Regelung des § 14 II 1 AÜG, soweit man Leiharbeitnehmer grundsätzlich als betriebszugehörige Arbeitnehmer des Entleiherbetriebes betrachtet, für verfassungswidrig hält.

318 **A.A.** *Benecke*, in: Henssler u.a., FS Wank, S. 37.

persönliche Verhältnis des Leiharbeitnehmers zum Betrieb betreffen und sich in der (geplanten oder tatsächlichen) Einsatzzeit manifestieren. Leiharbeitnehmern wird gem. § 7 S. 2 BetrVG das aktive Wahlrecht verwehrt, wenn die Funktion des zu wählenden Betriebsrates aufgrund der kurzen Einsatzzeit von unter drei Monaten nur eine überschaubare Auswirkung auf sie entfaltet und deshalb ihr Interesse an der Mitwirkung im Rahmen der Betriebsratswahlen von untergeordneter Bedeutung ist. Damit befindet sich die modifizierte Zwei-Komponenten-Lehre im Widerspruch zur Wertung des § 7 S. 2 BetrVG: Auf der einen Seite stellt § 7 S. 2 BetrVG fest, dass „Arbeitnehmer eines anderen Arbeitgebers", die weniger als drei Monate im Einsatzbetrieb beschäftigt werden sollen, keine ausreichende Nähe zum Einsatzbetrieb haben, um ihnen ein aktives Wahlrecht einzuräumen. Würde man aber die Betriebszugehörigkeit nach den Kriterien der modifizierten Zwei-Komponenten-Lehre bestimmen, so läge hierin die Aussage, dass auch diese Arbeitnehmer die erforderliche Nähe zum Betrieb haben, um zu der Betriebsgemeinschaft (und den Kreis der wahlberechtigten Arbeitnehmer dieses Betriebes) zu gehören. Insofern handelt es sich bei § 7 S. 2 BetrVG um eine Norm, die die Betriebszugehörigkeit jedenfalls für solche „Arbeitnehmer eines anderen Arbeitgebers", die nicht länger als drei Monate überlassen werden, ausschließt.

Die modifizierte Zwei-Komponenten-Lehre ist mit der Wertung des § 7 S. 2 BetrVG unvereinbar und damit abzulehnen.

## V. Die „Eingliederungstheorie" – Bestimmung der Betriebszugehörigkeit anhand tatsächlicher Kriterien

Nach einer anderen Auffassung soll sich die Betriebszugehörigkeit nicht (auch) an rechtlichen Elementen, sondern ausschließlich nach dem tatsächlichen Verhältnis zum Betrieb richten. Innerhalb dieser Ansicht wird die die Betriebszugehörigkeit begründende Voraussetzung in der Weisungsunterworfenheit[319] bzw. in der Eingliederung des Arbeitnehmers in den Betrieb gesehen[320]. Nach letzterer Auffassung sind alle Personen, die im Betrieb eingegliedert sind, um gemeinsam mit den bereits im Betrieb Beschäftigten den arbeitstechnischen Zweck des Betriebes durch weisungsgebundene Tätigkeit zu verwirklichen, als betriebsangehörig anzusehen.[321] Eine Eingliederung ist dann gegeben, wenn der Arbeitnehmer unter die Weisungen

---

319 *V. Hoyningen-Huene, in:* Farthmann u.a., FS Stahlhacke, S. 181; *Joost*, in: Richardi/Wlotzke, MüArbR III, 2. Aufl., § 304, Rn. 48.

320 *Hamann*, NZA 2003, 526, 528; *Homburg*, in: DKKW, § 7 Rn. 5; *Kaufmann*, betriebsverfassungsrechtliche Zuordnung, S. 79; *Säcker*, in: Westermann/Rosener, FS Quack, S. 428; *Säcker/Joost*, Rechtsproblem, S. 39ff; *Schneider/Trümner*, in: Däubler u.a., FS Gnade, S. 176; *Trümner*, in: DKKW, § 5 Rn. 13ff.; *Ziemann*, AuR 1990, 58, 62.

321 *Homburg*, in: DKKW, § 7 Rn. 5; *Natzel*, Betriebszugehörigkeit, S. 196; *Säcker*, in: Westermann/Rosener, FS Quack, S. 425,426; *Schneider/Trümner*, in: Däubler u.a., FS Gnade, S. 176; *Trümner*, in: DKKW, § 5 Rn. 26.

des Arbeitgebers fällt und im tatsächlichen Einverständnis mit ihm nach seinen Anordnungen arbeitet[322], wobei es nicht einmal entscheidend ist, ob die Arbeit tatsächlich aufgenommen wurde; es genügt bereits die Zuweisung eines Arbeitsbereichs[323]. Damit steht im Kern dieser Eingliederungstheorie die Frage nach der Weisungsunterworfenheit der Arbeitnehmer und wer diese ihnen gegenüber ausübt[324]. Da die Eingliederung eng mit der Ausübung des Weisungsrechts zusammen hängt (die Eingliederung erfolgt durch die Ausübung des Weisungsrechts des Betriebsinhabers und setzt die Berechtigung zu dessen Ausübung voraus), handelt es sich letztlich bei den beiden Ansichten, die a) die Betriebszugehörigkeit anhand der Eingliederung bestimmen und b) jene Stimmen, die die Abgrenzung anhand der Weisungsunterworfenheit vornehmen, um ein und dieselbe Ansicht.

Bezogen auf Leiharbeitnehmer ergibt sich nach dieser Eingliederungstheorie, dass Leiharbeitnehmer grundsätzlich[325] uneingeschränkt als Arbeitnehmer des Entleiherbetriebes anzusehen wären.

Zunächst ist dieser Ansicht aber entgegenzuhalten, dass sich jedenfalls nicht ausschließlich an tatsächlichen Kriterien bestimmen lässt, wer betriebszugehöriger *Arbeitnehmer* ist. Zwar mag es durchaus sein, dass die Betriebszugehörigkeit für sich eine an tatsächlichen Kriterien zu messende Rechtsstellung ist. Allerdings können nur solche Personen als Betriebszugehörige in Betracht kommen, für die der persönliche Anwendungsbereich des BetrVG überhaupt eröffnet ist. Dies setzt die Arbeitnehmereigenschaft gem. § 5 BetrVG und damit ein Arbeitsverhältnis mit (irgend-)*einem* Arbeitgeber voraus[326]. Insbesondere geht § 5 BetrVG nicht etwa von einem „besonderen betriebsverfassungsrechtlichen Arbeitnehmerbegriff" aus, der sich nur anhand von tatsächlichen Komponenten messen lassen würde[327]. Insofern besteht die Voraussetzung einer rechtlichen Komponente zumindest auf der – der Frage nach der Betriebszugehörigkeit vorgelagerten – Ebene im Rahmen der persönlichen Anwendbarkeit des BetrVG; nur Arbeitnehmer (nach dem allgemeinen Arbeitnehmerbegriff) kommen als betriebszugehörige Arbeitnehmer in Betracht. Die Theorien, nach der sich die Betriebszugehörigkeit allein aus tatsächlichen Elementen ergibt, gehen im Ausgangspunkt unrichtigerweise[328] von einem besonderen

---

322 Vgl. statt vieler: *Säcker*, in: Westermann/Rosener, FS Quack, S. 426 mwNw.

323 Vgl. *v. Hoyningen-Huene, in:* Farthmann u.a., FS Stahlhacke, S. 182; *Joost*, in: Richardi/Wlotzke, MüArbR III, 2. Aufl., § 304, Rn. 49; *Kaufmann*, betriebsverfassungsrechtliche Zuordnung, S. 79; *Richardi*, NZA 1987, 145, 146; *Trümner*, in: DKKW, § 5 Rn. 26.

324 Vgl. *v. Hoyningen-Huene, in:* Farthmann u.a., FS Stahlhacke, S. 181f.; *Rüthers/Bakker*, ZfA 1990, 245, 308ff.; *Säcker*, in: Westermann/Rosener, FS Quack, S. 428.

325 Soweit man nicht im § 14 I AÜG den Ausschluss der aufgrund der Eingliederung bestehenden Betriebszugehörigkeit von Leiharbeitnehmern sieht vgl. *Joost*, in: Richardi/Wlotzke, MüArbR III, 2. Aufl., § 304 Rn. 49.

326 Vgl. C.

327 Vgl. C.II.,III.

328 Vgl. C.III.

betriebsverfassungsrechtlichen Arbeitnehmerbegriff aus. Sie setzen entgegen der hier vertretenen Auffassung[329] den Arbeitnehmer i.S.d. § 5 I BetrVG mit der Betriebszugehörigkeit gleich und kommen deshalb zu der Notwendigkeit eines eigenen, betriebsverfassungsrechtlichen Arbeitnehmerbegriffs, weil sie dem allgemeinen arbeitsrechtlichen Arbeitnehmerbegriff (unzutreffend[330]) die Erforderlichkeit eines Arbeitsvertrages *mit dem jeweiligen Betriebsinhaber* unterstellen[331]. In der Abgrenzung zu diesem fälschlicherweise in den § 5 BetrVG verlagerten Kriterium einer vertraglichen Bindung zum Betriebsinhaber entstand die Auffassung, die Betriebszugehörigkeit sei eine rein nach tatsächlichen Kriterien zu bestimmender Begriff. Damit ist bereits im Ansatzpunkt die Ansicht, nach der die Betriebszugehörigkeit von Arbeitnehmern ausschließlich nach tatsächlichen Kriterien zu bestimmen sei, nicht überzeugend. Sie ist die Folge eines nicht überzeugenden Verständnisses der Bedeutung des § 5 BetrVG und der Betriebszugehörigkeit.

In der Literatur wird der Ansicht, nach der die Betriebszugehörigkeit allein anhand von tatsächlichen Kriterien zu bestimmen sei, sogar ihre Eigenständigkeit abgesprochen: Es handele sich im Kern um ein und dieselbe Ansicht wie die modifizierte Zwei-Komponenten-Lehre[332]. Soweit das arbeitsrechtliche Weisungsrecht des Betriebsinhabers zur Bestimmung der Betriebszugehörigkeit maßgeblich sein soll, könne dieses nur rechtlich vermittelt werden[333]. Damit komme auch diese Ansicht nicht ohne eine rechtliche Komponente aus, die zwischen Betriebsinhaber und Arbeitnehmer gegeben sein müsse. Das Weisungsrecht gründet zwar nicht in jedem Fall in einem Arbeitsvertrag zwischen dem Betriebsinhaber und dem Arbeitnehmer. Allerdings hat die Ausübung des Weisungsrechts durch den Betriebsinhaber immer einen Rechtsgrund (so z.B. im Falle der Leiharbeit den Arbeitnehmerüberlassungsvertrag zwischen Verleiher und Entleiher und den Leiharbeitsvertrag zwischen dem Verleiher und dem Leiharbeitnehmer). Dieser Rechtsgrund stelle eine rechtliche Komponente dar, die von den Vertretern der Ansicht, nach der die Betriebszugehörigkeit allein nach tatsächlichen Kriterien zu bestimmen sei, ignoriert werde. Damit finde auch im Rahmen der Theorie, wonach die Betriebszugehörigkeit allein nach tatsächlichen Kriterien zu beurteilen sei, das rechtliche Verhältnis zum Betriebsinhaber „in der praktischen Anwendung“[334] Berücksichtigung. Damit gebe es „im Prinzip“[335] keinen Unterschied zwischen der (scheinbaren) Anknüpfung an tatsächliche Elemente und der modifizierten Zwei-Komponenten-Lehre.

---

329 Vgl. C.V.

330 Vgl. C.III.

331 Vgl. C.I.-III.

332 Vgl. hierzu D.IV.2.

333 *Christiansen*, Zuordnung, S. 24; *Raab*, in: GK-BetrVG I, 10. Aufl., § 7 Rn. 22; *Wedemeyer*, Betriebszugehörigkeit, S. 58.

334 *Christiansen*, Zuordnung, S. 24.

335 *Wedemeyer*, Betriebszugehörigkeit, S. 58.

Zwar ist den Stimmen, die von einer Identität der Ansichten ausgehen, dahingehend Recht zu geben, dass beide Ansichten immer zu identischen Ergebnissen führen. Das arbeitsrechtliche Weisungsrecht kann nur aufgrund von rechtlichen Komponenten entstehen. Diejenigen Arbeitnehmer, die nach der modifizierten Zwei-Komponenten-Lehre als betriebszugehörige Arbeitnehmer gelten, sind im Ergebnis auch nach der Eingliederungstheorie betriebszugehörige Arbeitnehmer. Jedoch bedeuten identische Ergebnisse noch lange keine Identität der ihnen zugrunde liegenden Ansichten. Ob es sich bei diesen Ansichten tatsächlich um ein und dieselbe Theorie handelt, kann nicht nur vom Ergebnis aus betrachtet werden. Nicht zu leugnen ist nämlich, dass es einen Unterschied macht, ob zur Bestimmung der Betriebszugehörigkeit zusätzlich zu tatsächlichen auch rechtliche Kriterien relevant sein sollen. Hiervon hängt der Charakter des zu bestimmenden Begriffs ab. Soweit die Betriebszugehörigkeit sich wirklich allein aus tatsächlichen Erwägungen ergäbe, würde dies auch bedeuten, dass das Verhältnis zwischen Arbeitnehmer und Betrieb, welches durch den Begriff der Betriebszugehörigkeit zusammengefasst wird, ein rein tatsächliches Verhältnis ist. Soweit man hingegen von der modifizierten Zwei-Komponenten-Lehre ausgeht, liegt der Betriebszugehörigkeit ein Verständnis zugrunde, nach dem das Verhältnis zwischen Arbeitnehmer und Betrieb auch durch die rechtliche Verbindung zum Betriebsinhaber definiert wird. Damit führt die Tatsache, dass die Theorien immer zu den gleichen Ergebnissen gelangen, nicht zu einer Identität der Ansichten. Sie entsprechen sich zwar „in der praktischen Anwendung“[336] bzw. „im Prinzip“[337] und im Ergebnis, aber eben auch nur insoweit.

Letztlich kann es allerdings dahinstehen, ob diese Ansicht mit der modifizierten Zwei-Komponenten-Lehre identisch ist. Ihr stehen dieselben Bedenken entgegen wie der modifizierten Zwei-Komponenten-Lehre: Aus § 7 S. 2 BetrVG lässt sich jedenfalls entnehmen, dass der Kreis der betriebszugehörigen Arbeitnehmer eines Betriebes nicht so weit gezogen werden darf, wie es die Eingliederungstheorie tut, nach der sich die Betriebszugehörigkeit allein aus tatsächlichen Erwägungen ergibt[338].

## VI. Die Entwicklung der Rechtsprechung des BAG und die normzweckgebundene Auslegung

Ursprünglich hatte auch das BAG ein Verständnis von der Betriebszugehörigkeit, wonach Leiharbeitnehmer zu den Arbeitnehmern des Entleiherbetriebes (und des Verleiherbetriebes) zählen[339]. Maßgeblich sei die ausgeübte Beschäftigung und nicht

---

336 *Christiansen*, Zuordnung, S. 24.
337 *Wedemeyer*, Betriebszugehörigkeit, S. 58.
338 Vgl. D.IV.2.
339 Vgl. BAG, Beschluss vom 11. April 1958 – 1 ABR 2/57 –, Rn. 18ff. nach juris; BAG, Beschluss vom 28. April 1964 – 1 ABR 1/64 – Rn. 14 nach juris.

etwa die formale Rechtstellung[340]. In seiner Entscheidung vom 11.4.1958 nahm das BAG zwar nicht ausdrücklich Stellung zur Betriebszugehörigkeit von überlassenen Arbeitnehmern, sprach ihnen jedoch sowohl das aktive wie auch das passive Wahlrecht im Beschäftigungsbetrieb zu[341]. Dies begründete es zum einen damit, dass der Betriebsrat im Beschäftigungsbetrieb auch für überlassene Arbeitnehmer Mitbestimmungsrechte wahrnehme und deshalb ein berechtigtes Interesse für diese Arbeitnehmer bestehe, auch an den Betriebsratswahlen im Beschäftigungsbetrieb teilzunehmen; auf einen Arbeitsvertrag mit dem Inhaber des Beschäftigungsbetriebes komme es hingegen nicht an[342]. Hinsichtlich des passiven Wahlrechts sei es für diese Arbeitnehmer sogar möglich, parallel Betriebsratsmitglied in zwei Betrieben, dem des Arbeitgebers und dem des Beschäftigungsbetriebes, zu sein. Dies ergebe sich aus einem Vergleich zwischen dem BetrVG und dem Betriebsrätegesetz von 1920, in dem noch ein Ausschluss einer doppelten Mitgliedschaft enthalten war. Indem das BetrVG auf einen solchen Ausschluss verzichtet, sei sogar eine doppelte Betriebsratsmitgliedschaft möglich[343].

## 1. Zwei-Komponenten-Lehre für die „vollständige" Betriebszugehörigkeit

Erst mit dem Beschluss vom 28.11.1977[344] tauchte das Arbeitsverhältnis zum Betriebsinhaber als neben der Eingliederung stehende Voraussetzung der Betriebszugehörigkeit auf. Wenngleich das BAG sich in diesem Beschluss in erster Linie mit der Komponente der Eingliederung beschäftigt, nennt es hier gleichwohl das Arbeitsverhältnis als eine (allein ohne die Eingliederung nicht ausreichende) Voraussetzung für die betriebsverfassungsrechtlichen Wahlrechte[345]. Die Konsequenz dieser Entscheidung für die Betriebszugehörigkeit von Leiharbeitnehmern war, wie vom BAG in der Entscheidung vom 18.1.1989 zur Berücksichtigung von Leiharbeitnehmern im Rahmen des § 9 BetrVG festgestellt[346], dass es eine *„vollständige"*[347] Betriebszugehörigkeit von Leiharbeitnehmern im Entleiherbetrieb ablehnte. Leiharbeitnehmer seien also auch nicht im Rahmen des § 9 BetrVG zu berücksichtigen. Es stellte fest, dass eine „vollständige Betriebszugehörigkeit nur bei Vorliegen beider Merkmale (Bestand eines Arbeitsverhältnisses zum Betriebsinhaber und Eingliederung des Arbeitnehmers in die Betriebsorganisation) anzunehmen" sei[348]. Das BAG definierte mit der Zwei-Komponenten-Lehre ausdrücklich jene Voraussetzungen, die für eine

340 BAG, Beschluss vom 28. April 1964 – 1 ABR 1/64 – Rn. 14 nach juris.
341 Vgl. BAG, Beschluss vom 11. April 1958 – 1 ABR 2/57 –, Rn. 18f. nach juris.
342 BAG, Beschluss vom 11. April 1958 – 1 ABR 2/57 –, Rn. 18 nach juris.
343 Vgl. BAG, Beschluss vom 11. April 1958 – 1 ABR 2/57 –, Rn. 20 nach juris.
344 BAG, Beschluss vom 28. November 1977 – 1 ABR 40/76 –.
345 BAG, Beschluss vom 28. November 1977 – 1 ABR 40/76 –, Rn. 23 nach juris.
346 BAG, Beschluss vom 18. Januar 1989 – 7 ABR 21/88 – Rn. 24 nach juris.
347 Vgl. BAG, Beschluss vom 18. Januar 1989 – 7 ABR 21/88 – Rn. 24 nach juris.
348 BAG, Beschluss vom 18. Januar 1989 – 7 ABR 21/88 –, Rn. 24 nach juris.

„vollständige" Betriebszugehörigkeit maßgeblich sein sollen und wiederholte dies auch in mehreren folgenden Entscheidungen[349].

## 2. Betriebszugehörigkeit nach Normzweck

Gleichwohl hat das BAG in mehreren Entscheidungen betriebsverfassungsrechtliche Normen auf Leiharbeitnehmer angewandt: Das BAG hatte 1992 zu entscheiden, inwieweit das Mitbestimmungsrecht nach § 87 I Nr. 2 BetrVG dem Entleiherbetriebsrat auch im Hinblick auf die im Betrieb eingesetzten Leiharbeitnehmer zusteht[350]. Das BAG, welches die persönliche Anwendbarkeit des BetrVG und damit auch die Anwendbarkeit von Mitbestimmungsrechten auf einen Arbeitnehmer von der Betriebszugehörigkeit abhängig macht[351], sah sich also innerhalb dieser Entscheidung mit der Notwendigkeit einer Stellungnahme zur Betriebszugehörigkeit von Leiharbeitnehmern konfrontiert. Zunächst stellte das BAG fest, dass § 14 AÜG verschiedene Rechte und Pflichten der Leiharbeitnehmer in der Betriebsverfassung im Entleiherbetrieb enthält, allerdings sich aus dem Wortlaut des § 14 I-III AÜG keine abschließende betriebsverfassungsrechtliche Zuordnung entnehmen lasse[352]. „Ob im Übrigen Beteiligungsrechte, die – wenn überhaupt – nur vom Betriebsrat des Entleiherbetriebes wahrgenommen werden können, entfallen sollen oder insofern die Leiharbeitnehmer dem Entleiherbetrieb zugeordnet werden sollen", sei durch Auslegung des § 14 AÜG zu ermitteln[353]. Aus dieser Auslegung ergebe sich, dass Leiharbeitnehmer in einem gewissen Umfang auch dem Entleiherbetrieb zuzuordnen seien, wenn aufgrund des Normzwecks der jeweiligen Regelung und des dem Entleiher zustehenden Direktionsrechts eine betriebsverfassungsrechtliche Zuordnung der Leiharbeitnehmer zum Entleiherbetrieb erforderlich sei, um die Schutzfunktion des Betriebsverfassungsrechts zu wahren[354].

In seiner Entscheidung vom 18.10.2011 entschied das BAG, dass Leiharbeitnehmer, sofern sie wahlberechtigt sind, im Rahmen des Schwellenwertes des § 111 BetrVG mitzählen, „obwohl sie nicht in einem Arbeitsverhältnis zum Entleiher stehen"[355]. Dies begründet das BAG mit dem Normzweck des § 111 BetrVG. Dieser

349 Vgl. BAG, Beschluss vom 19. Juni 2001 – 1 ABR 43/00 –, Rn. 23 nach juris; Beschluss vom 22. Oktober 2003 – 7 ABR 3/03 –, Rn. 19 nach juris; Beschluss vom 10. März 2004 – 7 ABR 49/03, Rn. 17 nach juris; Beschluss vom 07. Mai 2008 – 7 ABR 17/07 –, Rn. 16 nach juris.

350 BAG, Beschluss vom 15. Dezember 1992 – 1 ABR 38/92 –.

351 Vgl. hierzu C., C.V.2.

352 BAG, Beschluss vom 15. Dezember 1992 – 1 ABR 38/92 –, Rn. 13 nach juris.

353 BAG, Beschluss vom 15. Dezember 1992 – 1 ABR 38/92 –, Rn. 13 nach juris.

354 BAG, Beschluss vom 15. Dezember 1992 – 1 ABR 38/92 –, Rn. 13–20 nach juris.

355 BAG, Urteil vom 18. Oktober 2011 – 1 AZR 335/10 –, Rn. 14 nach juris.

erfasse – anders als es entsprechend der damaligen Rechtsprechung beim § 9 BetrVG der Fall sei[356] – auch Leiharbeitnehmer[357].

Auch in seiner Entscheidung vom 10.10.2012[358], also noch vor der Entscheidung vom 5.12.2012[359], bestätigte das BAG, dass eine teilweise Zuordnung zum Entleiherbetrieb anhand des Normzwecks möglich ist. In dieser Entscheidung stellte das BAG fest, dass Arbeitszeiten, die ein Arbeitnehmer als Leiharbeitnehmer geleistet hat, im Rahmen der vom § 8 I 1 BetrVG geforderten sechs Monate andauernden Betriebszugehörigkeit zu berücksichtigen seien. Das BAG begründet dies damit, dass es der in § 8 BetrVG „zum Ausdruck gebrachten Wertung" widersprechen würde, wenn „die Betriebszugehörigkeit nach § 8 Abs. 1 Satz 1 BetrVG streng vertragsbezogen danach zu beurteilen" wäre, „ob das Arbeitsverhältnis für die Dauer von sechs Monaten ausschließlich zu dem betriebsführenden Arbeitgeber bestanden hat"[360]. Folglich verzichtet das BAG im Rahmen des § 8 BetrVG auf das Vorliegen eines Arbeitsverhältnisses für die in dieser Norm geforderte sechs Monate andauernde Betriebszugehörigkeit. Zwar wird zum Teil vertreten, es handele sich hierbei um einen Widerspruch zu der sonstigen Rechtsprechung des BAG, da im Rahmen dieser Entscheidung Leiharbeitnehmer als Arbeitnehmer des Betriebes angesehen werden, obwohl das BAG dies eigentlich ablehne[361]. Dies ist aber gerade nicht der Fall, da die Zwei-Komponenten-Lehre nach Ansicht des BAG nur die generelle, „vollständige" Betriebszugehörigkeit des Leiharbeitnehmers ausschließen soll und das BAG auch bereits vor dieser Entscheidung eine teilweise Zuordnung zum Entleiherbtrieb vorgenommen hat. Ein echter Widerspruch läge nur dann vor, wenn das BAG in diesen Entscheidungen erklärt hätte, dass Leiharbeitnehmer als im Entleiherbetrieb betriebszugehörig gelten. Dies ist jedoch gerade nicht der Fall; Inhalt der Entscheidungen war lediglich die Anwendbarkeit einzelner Normen. Die „vollständige" Betriebszugehörigkeit wurde vom BAG auch in diesen Entscheidungen hingegen nicht angenommen. Damit folgte das BAG mit der Entscheidung vom

---

356 BAG, Urteil vom 18. Oktober 2011 – 1 AZR 335/10 –, Rn. 18f. nach juris; vgl. zur damaligen Rspr des BAG zur Berücksichtigung von Leiharbeitnehmern im Entleiherbetrieb im Rahmen des § 9 BetrVG für die unechten Leiharbeit BAG, Beschluss vom 16. April 2003 – 7 ABR 53/02 –, BAGE 106, 64–71, Rn. 15ff. nach juris; bzw. für die nichtgewerbsmäßige Arbeitnehmerüberlassung BAG, Beschluss vom 10. März 2004 – 7 ABR 49/03 – und zur aktuellen Rechtsprechung BAG, Beschluss vom 13. März 2013 – 7 ABR 69/11 –.

357 BAG, Urteil vom 18. Oktober 2011 – 1 AZR 335/10 –, Rn. 18ff. nach juris.

358 BAG, Beschluss vom 10. Oktober 2012 – 7 ABR 53/11 –.

359 BAG, Beschluss vom 05. Dezember 2012 – 7 ABR 48/11 –; vgl. zum Inhalt dieser Entscheidung sogleich.

360 BAG, Beschluss vom 10. Oktober 2012 – 7 ABR 53/11 –, Rn. 17 nach juris.

361 *Kreutz/Raab*, in: GK-BetrVG I, 10. Aufl., § 8 Rn. 33.

10.10.2012 seiner Linie, die es in den Entscheidungen vom 28.11.1977[362] und vom 18.1.1989[363] aufgestellt hatte.

Zu einer vermeintlichen Änderung der Maßstäbe, die das BAG zur Bestimmung der Betriebszugehörigkeit von Leiharbeitnehmern anwendet, kam es jedoch in einer Entscheidung des BAG vom 5.12.2012[364]. In Bezug auf den drittbezogenen Personaleinsatz, also auch im Falle der Leiharbeit, erklärte das BAG – wie bereits oben erwähnt[365] –, dass in solchen Fällen die Zwei-Komponenten-Lehre nicht zu sachgerechten Ergebnissen führe[366]. Hingegen werde die Zwei-Komponenten-Lehre „regelmäßig ohne Weiteres der ‚Normalfall-Gestaltung' gerecht"[367]. Insofern muss das BAG dahingehend verstanden werden, dass es nach wie vor die Zwei-Komponenten-Lehre außerhalb der Fälle des drittbezogenen Personaleinsatzes anwenden will. Das BAG erklärt lediglich, dass es in den Fällen des drittbezogenen Personaleinsatzes Abstand von der Zwei-Komponenten-Lehre nehme. Damit vertritt das BAG jedenfalls im Rahmen von Normalarbeitsverhältnissen weiterhin den Standpunkt, dass sowohl ein Arbeitsverhältnis mit dem Betriebsinhaber, als auch die Eingliederung in den Betrieb gegeben sein müssen, um von einer Betriebszugehörigkeit auszugehen.

Im Falle des drittbezogenen Personaleinsatzes sei jedoch keine einheitliche Regelungskonzeption zu erkennen, sodass eine Zuordnung ebenso wenig einheitlich erfolgen könne[368]. Dies zeige bereits der Vergleich zwischen gewerbsmäßig überlassenen Leiharbeitnehmern, die grundsätzlich dem Verleiherbetrieb zugeordnet seien, und den Arbeitnehmern des öffentlichen Dienstes, die ihre Arbeit bei Privaten verrichten, die gem. § 5 I 3 BetrVG dem Betrieb zugeordnet seien, in dem sie ihre Arbeit verrichten[369]. Die betriebsverfassungsrechtlichen Regelungen zum drittbezogenen Personaleinsatz seien ein „löchriger Flickenteppich, in dem die ausdrücklichen gesetzlichen Bestimmungen die Flicken bilden und in dem die Löcher von der Rechtsprechung im Wege der Auslegung und Rechtsfortbildung zu stopfen" seien[370]. Eine Zuordnung im Falle des drittbezogenen Personaleinsatzes müsse von den vorhandenen ausdrücklichen Regelungen ausgehen (insbesondere §§ 5, 7 S. 2

362 BAG, Beschluss vom 28. November 1977 – 1 ABR 40/76 –.

363 BAG, Beschluss vom 18. Januar 1989 – 7 ABR 21/88 –.

364 BAG, Beschluss vom 05. Dezember 2012 – 7 ABR 48/11 –.

365 Vgl. C.I.

366 BAG, Beschluss vom 05. Dezember 2012 – 7 ABR 48/11 –; ebenso *Linsenmaier/Kiel*, RdA 2014, 135ff.; *Markowski/Sendelbeck*, AiB 2013, 660, 661.

367 BAG, Beschluss vom 05. Dezember 2012 – 7 ABR 48/11 –, BAGE 144, 74–84, Rn. 19 nach juris.

368 Vgl. BAG, Beschluss vom 05. Dezember 2012 – 7 ABR 48/11 – Rn. 20f. nach juris; ebenso *Linsenmaier/Kiel*, RdA 2014, 135, 137; *Markowski/Sendelbeck*, AiB 2013, 660, 661.

369 Vgl. BAG, Beschluss vom 05. Dezember 2012 – 7 ABR 48/11 –, Rn. 25 nach juris; *Linsenmaier/Kiel*, RdA 2014, 135, 137.

370 So *Linsenmaier/Kiel*, RdA 2014, 135, 137.

BetrVG und § 14 AÜG) und der Tatsache Rechnung tragen, dass das BetrVG auf „den Arbeitnehmer“ in seinen Regelungen in unterschiedlichen Kontexten und unterschiedlichen Zwecken abstelle[371]. Es sei eine differenzierte Beurteilung der Betriebszugehörigkeit in Form einer normzweckgebundenen Auslegung der jeweiligen Vorschrift geboten[372].

Danach sei ein Leiharbeitnehmer immer dann, wenn sich dies aus dem Normzweck ergibt, als betriebszugehörig im Sinne der jeweiligen Norm anzusehen. In der Literatur wird der Status, in dem sich der Leiharbeitnehmer im Entleiherbetrieb nach dieser Ansicht befindet, als „partielle“ Betriebszugehörigkeit beschrieben[373].

Vereinzelt wird die Entscheidung des BAG vom 5.12.2012 zwar so verstanden, dass nun das BAG die (vollständige) Betriebszugehörigkeit der Leiharbeitnehmer zum Entleiherbetrieb anerkenne[374]. Dieses Ergebnis ergibt sich allerdings gerade nicht aus der Entscheidung des BAG. Wären die Entscheidungen dahingehend zu interpretieren, so käme es überhaupt nicht mehr auf den Normzweck der jeweiligen Vorschrift an. Eine Anwendbarkeit der Normen des BetrVG ergäbe sich dann bereits aus der Stellung des Leiharbeitnehmers als Arbeitnehmer des Einsatzbetriebes.

In der Folgezeit – nach der Entscheidung vom 5.12.2012 – nahm das BAG Stellung zur Anwendbarkeit einzelner Normen innerhalb und außerhalb des BetrVG auf Leiharbeitnehmer im Entleiherbetrieb und damit – ausgehend von den in der Entscheidung vom 5.12.2012 aufgestellten Grundsätzen – zur Betriebszugehörigkeit von Leiharbeitnehmern im Entleiherbetrieb im Sinne der jeweiligen Norm: So erklärte es in seiner Entscheidung vom 13.3.2013[375] unter Hinweis auf die Entscheidung vom 5.12.2012 und gestützt auf den Normzweck des § 9 BetrVG, dass Leiharbeitnehmer im Entleiherbetrieb bei der Bestimmung der Größe des zu wählenden Betriebsrates grundsätzlich zu berücksichtigen seien.[376] Damit nahm es von seiner bisherigen Rechtsprechung zur Nichtberücksichtigung von Leiharbeitnehmern im Entleiherbetrieb im Rahmen dieses Schwellenwertes Abstand[377].

---

371 BAG, Beschluss vom 05. Dezember 2012 – 7 ABR 48/11 –, BAGE 144, 74–84, Rn. 25 nach juris; *Linsenmaier/Kiel,* RdA 2014, 135, 138.

372 BAG, Beschluss vom 05. Dezember 2012 – 7 ABR 48/11 –, Rn. 25 nach juris; *Linsenmaier/Kiel,* RdA 2014, 135, 138; *Markowski/Sendelbeck,* AiB 2013, 660, 661.

373 Vgl. *Barth,* Mitbestimmungs- und Beteiligungsrechte, S. 17; *Becker,* AuR 1982, 369, 371; *Becker/Wulfgramm,* AÜG, § 14 Rn. 6; zu *Dohna-Jaeger,* in: Ulber, AÜG, § 14 Rn. 11; *Düwell,* in: Leinemann, Kasseler HB II, 4.5 Rn. 466; *Erdlenbruch,* betriebsverfassungsrechtliche Stellung, S. 66; *Gick,* Neugestaltung, S. 129; *Kreutz,* in: GK-BetrVG I, 8. Aufl., § 7 Rn. 40; *Raab,* in: GK-BetrVG I, 10. Aufl., § 7 Rn. 60.

374 So *Fitting,* 28. Aufl., § 5 Rn. 265, § 7 Rn. 17f.

375 BAG, Beschluss vom 13. März 2013 – 7 ABR 69/11 –.

376 BAG, Beschluss vom 13. März 2013 – 7 ABR 69/11 –, Rn. 21 nach juris.

377 Vgl. noch BAG, Beschluss vom 16. April 2003 – 7 ABR 53/02 –; für die nicht gewerbsmäßige Arbeitnehmerüberlassung BAG, Beschluss vom 10. März 2004 – 7 ABR 49/03 –.

Auch seien Leiharbeitnehmer – außerhalb des BetrVG – nunmehr im Rahmen des Schwellenwertes des § 23 I 3 KSchG zu berücksichtigen, soweit mit ihnen ein regelmäßig vorhandener Personalbedarf abgedeckt werde[378]. Beim Schwellenwert des § 23 I 3 KSchG komme es – ausgehend von der Auslegung des Normzwecks – darauf an, ob ein Arbeitnehmer für den Betriebsinhaber weisungsgebunden tätig werde[379]. Auf die vertragliche Beziehung komme es nicht an[380]. Ebenso sind nach Auffassung des BAG Leiharbeitnehmer im Rahmen der Schwellenwerte der § 9 I, II MitbestG aufgrund des enthaltenen Normzwecks zu berücksichtigen[381].

### 3. Die beabsichtigte Stärkung der betriebsverfassungsrechtlichen Stellung der Leiharbeitnehmer durch die neue Rechtsprechung des BAG

Vergleicht man die Rechtsprechung vor und nach der Entscheidung des BAG vom 5.12.2012, so fällt zunächst auf, dass sie jedenfalls faktisch nicht zu einer Änderung jener generellen Maßstäbe geführt hat, anhand derer das BAG über die Anwendbarkeit von betriebsverfassungsrechtlichen Normen auf Leiharbeitnehmer entscheidet. Auch vor dieser Entscheidung sollten teilweise betriebsverfassungsrechtliche Normen auf Leiharbeitnehmer Anwendung finden, wenn dies der Normzweck gebietet[382]. Soweit die frühere Rechtsprechung zugunsten einer nunmehr bejahten Anwendbarkeit aufgegeben wurde, war dies nicht etwa eine Folge von anderen Voraussetzungen, unter denen eine Anwendbarkeit angenommen wird. Die Normen sind nicht etwa deshalb nun anwendbar, weil die Zwei-Komponenten-Lehre aufgegeben wurde. Der Grund liegt vielmehr in einer Neubewertung der Leiharbeit durch das BAG. Dies wird insbesondere im Vergleich der Entscheidungen des BAG zur Berücksichtigung von Leiharbeitnehmern im Entleiherbetrieb im Rahmen des Schwellenwertes des § 9 BetrVG[383] deutlich:

Zunächst stützt sich das BAG auf den systematischen Zusammenhang zwischen dem aktiven Wahlrecht nach § 7 BetrVG und dem Tatbestandsmerkmal „wahlberechtigte Arbeitnehmer" im Rahmen des § 9 S. 1 BetrVG. Wenn Leiharbeitnehmer gem. § 7 S. 2 BetrVG im Entleiherbetrieb wahlberechtigt seien, dann sei es auch nur konsequent, sie im Rahmen des § 9 S. 1 BetrVG mitzuzählen[384]. Dies hatte das BAG, worauf es in der Entscheidung vom 13.3.2013 auch ausdrücklich hinweist[385], (u.a.) in seiner Entscheidung vom 10.3.2004 noch anders gesehen: Aus der Differenzierung

---

378 BAG, Urteil vom 24. Januar 2013 – 2 AZR 140/12 –.
379 BAG, Urteil vom 24. Januar 2013 – 2 AZR 140/12 –, Rn. 11 nach juris.
380 BAG, Urteil vom 24. Januar 2013 – 2 AZR 140/12 –, Rn. 12ff. nach juris.
381 BAG, Beschluss vom 04. November 2015 – 7 ABR 42/13 –, Rn. 30ff. nach juris.
382 BAG, Beschluss vom 15. Dezember 1992 – 1 ABR 38/92 –.; Vgl. auch D.VI.2.
383 Nunmehr regelt § 14 II 4 AÜG n.F. ausdrücklich die grundsätzliche Berücksichtigung von Leiharbeitnehmern im Rahmen der Schwellenwerte.
384 BAG, Beschluss vom 13. März 2013 – 7 ABR 69/11 – Rn. 27 nach juris.
385 Vgl. BAG, Beschluss vom 13. März 2013 – 7 ABR 69/11 – Rn. 27 nach juris.

zwischen den „wahlberechtigten Arbeitnehmern“ nach § 7 S. 1 BetrVG und den „Arbeitnehmern eines anderen Arbeitgebers“ nach § 7 S. 2 ergebe sich, dass „Arbeitnehmer eines anderen Arbeitgebers“ nicht betriebszugehörig seien und damit im Rahmen des § 9 BetrVG nicht mitzählen dürfen[386]. Aber auch eine Korrektur anhand des Normzwecks hielt das BAG weder in seiner damaligen Entscheidung in Bezug auf echte Leiharbeitnehmer vom 10.3.2004[387], noch in seiner Entscheidung vom 16.4.2003[388] und vom 18.1.1989[389] bezüglich der gewerbsmäßigen Arbeitnehmerüberlassung für angebracht. Zwar sah es damals[390] wie heute[391] den Normzweck der Schwellenwerte des § 9 BetrVG darin, dass die Anzahl der Mitglieder des Betriebsrates in einem angemessenen Verhältnis zur Anzahl der Arbeitnehmer stehen soll, die vom Betriebsrat vertreten werden. Dies sei erforderlich, da sich der Arbeitsaufwand des Betriebsrates mit der Anzahl der Arbeitnehmer erhöhe[392]. Gleichwohl verneinte das BAG die Berücksichtigung von Leiharbeitnehmern im Rahmen des § 9 BetrVG. Dies begründete es damit, dass der Arbeitsaufwand durch Leiharbeitnehmer zwar gesteigert werde, jedoch keine Anhaltspunkte dafür bestünden, dass der im Vergleich zur Stammbelegschaft geringere Arbeitsaufwand für Leiharbeitnehmer die Berücksichtigung gebiete[393]:

386 BAG, Beschluss vom 10. März 2004 – 7 ABR 49/03 –, BAGE 110, 27–37, Rn. 20 nach juris.

387 „Auch Sinn und Zweck von § 9 BetrVG gebieten es nicht, Leiharbeitnehmer bei der Ermittlung der für die Größe des Betriebsrats maßgeblichen Arbeitnehmerzahl zu berücksichtigen“, BAG, Beschluss vom 10. März 2004 – 7 ABR 49/03 –, BAGE 110, 27–37, Rn. 22 nach juris.

388 Vgl. BAG, Beschluss vom 16. April 2003 – 7 ABR 53/02 –, BAGE 106, 64–71, Rn. 20 nach juris.

389 BAG, Beschluss vom 18. Januar 1989 – 7 ABR 21/88 –, BAGE 61, 7–24, Rn. 25 nach juris.

390 BAG, Beschluss vom 18. Januar 1989 – 7 ABR 21/88 –, BAGE 61, 7–24, Rn. 25 nach juris; BAG, Beschluss vom 16. April 2003 – 7 ABR 53/02 –, BAGE 106, 64–71, Rn. 20 nach juris; BAG, Beschluss vom 10. März 2004 – 7 ABR 49/03 –, BAGE 110, 27–37, Rn. 22 nach juris.

391 BAG, Beschluss vom 13. März 2013 – 7 ABR 69/11 – Rn. 29 nach juris.

392 BAG, Beschluss vom 18. Januar 1989 – 7 ABR 21/88 –, BAGE 61, 7–24, Rn. 25 nach juris; BAG, Beschluss vom 16. April 2003 – 7 ABR 53/02 –, BAGE 106, 64–71, Rn. 20 nach juris; BAG, Beschluss vom 10. März 2004 – 7 ABR 49/03 –, BAGE 110, 27–37, Rn. 22 nach juris; BAG, Beschluss vom 13. März 2013 – 7 ABR 69/11 – Rn. 29 nach juris.

393 BAG, Beschluss vom 16. April 2003 – 7 ABR 53/02 –, BAGE 106, 64–71, Rn. 20 nach juris; BAG, Beschluss vom 10. März 2004 – 7 ABR 49/03 –, BAGE 110, 27–37, Rn. 22 nach juris; „Nur betriebsangehörige Arbeitnehmer verursachen jeweils einen bei der Bemessung der Betriebsratsgröße zu beachtenden etwa gleichen Arbeitsaufwand.“ BAG, Beschluss vom 18. Januar 1989 – 7 ABR 21/88 –, BAGE 61, 7–24, Rn. 26 nach juris.

Wenngleich das BAG auch jetzt noch von demselben Normzweck im Rahmen des § 9 BetrVG ausgeht, kommt es nunmehr aber zum gegenteiligen Ergebnis; der Umfang der Betriebsratsarbeit werde durch die Beschäftigung von Leiharbeitnehmern, auch wenn diese nur partiell durch den Entleiherbetriebsrat vertreten würden, „in erheblichem Umfang beeinflusst"; dieser Zuwachs an Arbeit sei „so erheblich, dass ihr durch eine entsprechende Betriebsratsgröße Rechnung zu tragen" sei[394]. Der Entleiherbetriebsrat nehme seine Mitbestimmungsrechte im Rahmen des § 87 BetrVG in erheblichem Maße auch für Leiharbeitnehmer wahr. Hierbei führt das BAG beispielhaft die Mitbestimmungsrechte aus § 87 I Nr. 1, 2, 6, 7 und 13 BetrVG an[395]. Ferner löse der Einsatz von Leiharbeitnehmern das Mitbestimmungsrecht des § 99 BetrVG aus. Aufgrund der im Rahmen der Leiharbeit häufig auftretenden Fluktuation entstehe dem Betriebsrat bei Leiharbeit sogar eher mehr Arbeit als dies bei Stammarbeitnehmern der Fall sei[396]. Neben den Beteiligungsrechten sei der Betriebsrat des Entleiherbetriebes ebenso für andere Aufgaben in Bezug auf die in seinem Betrieb eingesetzten Leiharbeitnehmer zuständig. Hierbei stützt sich das BAG auf das Recht der Leiharbeitnehmer, die Sprechstunden des Betriebsrates aufzusuchen, an der Betriebsversammlung teilzunehmen (§ 14 II 2 AÜG) und auf die den Leiharbeitnehmern in § 14 II 3 AÜG explizit zugewiesenen betriebsverfassungsrechtlichen Individualrechte[397].

Dieser aus Sicht des BAG erhebliche und für den Normzweck des § 9 BetrVG relevante Arbeitszuwachs durch die Beschäftigung von Leiharbeitnehmern ist jedoch nicht erst die Folge der Aufgabe der Zwei-Komponenten-Lehre durch die Entscheidung vom 5.12.2012. Auch vor der Aufgabe der Zwei-Komponenten-Lehre im Rahmen des drittbezogenen Personaleinsatzes konnten sich aus Sicht des BAG – wie schon die Entscheidung vom15.12.1992 zeigte[398] – Beteiligungsrechte auf Leiharbeitnehmer beziehen, wenn der Normzweck dies erfordert. Ebenso galten die Individualrechte für Leiharbeitnehmer, die auch Zugang zur Betriebsratssprechstunde und zur Betriebsversammlung hatten. Damit lässt sich jedenfalls feststellen, dass das BAG die Berücksichtigung von Leiharbeitnehmern im Rahmen des § 9 BetrVG nicht aus der Aufgabe der Zwei-Komponenten-Lehre durch die Entscheidung vom 5.12.2012 ableitet. Vielmehr macht die Entscheidung vom 13.3.2013 deutlich, dass sich zwar nicht die Voraussetzungen für die Anwendbarkeit der Norm, sondern die generelle Einschätzung des BAG zur Erheblichkeit des Arbeitsanfalls für den Betriebsrat durch Leiharbeitnehmer verändert hat.

Die Parallele zwischen der Neubewertung des Arbeitsanfalls für den Betriebsrat im Rahmen des § 9 BetrVG und der Aufgabe der Zwei-Komponenten-Lehre beim

---

394 BAG, Beschluss vom 13. März 2013 – 7 ABR 69/11 – Rn. 30 nach juris.
395 BAG, Beschluss vom 13. März 2013 – 7 ABR 69/11 – Rn. 31 nach juris.
396 BAG, Beschluss vom 13. März 2013 – 7 ABR 69/11 – Rn. 32 nach juris.
397 BAG, Beschluss vom 13. März 2013 – 7 ABR 69/11 – Rn. 33 nach juris.
398 BAG, Beschluss vom 15. Dezember 1992 – 1 ABR 38/92 –.

drittbezogenen Personaleinsatz ist jedoch die Absicht, die betriebsverfassungsrechtliche Stellung von Leiharbeitnehmern zu stärken. Deshalb muss die Entscheidung dahingehend verstanden werden, dass sich zwar – wie gezeigt – die Voraussetzungen der Anwendbarkeit einer Norm auf Leiharbeitnehmer im Entleiherbetrieb nicht verändert haben, allerdings nunmehr auf die zuvor durch die Anwendung der Zwei-Komponenten-Lehre begründete generelle Ablehnung der Betriebszugehörigkeit von Leiharbeitnehmern verzichtet wird. In der damit nicht mehr erfolgenden Ablehnung der Betriebszugehörigkeit von Leiharbeitnehmern wäre die Stärkung der betriebsverfassungsrechtlichen Stellung zu sehen: Das BAG hielt eine partielle Zuordnung von Leiharbeitnehmern zum Entleiherbetrieb seit jeher für möglich[399], lehnte jedoch auf einer vorgelagerten Stufe die vollständige Betriebszugehörigkeit ab. Nun hält das BAG eine Entscheidung über die vollständige Betriebszugehörigkeit von Leiharbeitnehmern im Entleiherbetrieb für nicht mehr nötig bzw. nicht möglich. Plakativ kann man sagen, dass das BAG die Frage nach der Betriebszugehörigkeit eines Leiharbeitnehmers im Entleiherbetrieb nicht mehr mit einem „Nein, aber..." beantwortet, sondern diese Lösung zugunsten eines „es kommt darauf an" aufgegeben hat. Mal ist der Leiharbeitnehmer aufgrund des Normzwecks Betriebszugehöriger des Einsatzbetriebes, mal ist er es nicht. Damit schafft es jedenfalls keine Klarheit hinsichtlich der Stellung von Leiharbeitnehmern im Betrieb, sondern verstärkt die in diesem Bereich ohnehin bereits vorherrschende Unklarheit.

Nimmt man das BAG mit seiner Entscheidung vom 5.12.2012 beim Wort, würde dies zwar nicht für Leiharbeitnehmer im Entleiherbetrieb, wohl aber für mittelbar Beschäftigte im Beschäftigungsbetrieb sogar zu einer Schwächung ihres betriebsverfassungsrechtlichen Status führen: Auch bei der mittelbaren Beschäftigung handelt es sich um drittbezogenen Personaleinsatz[400]. Entsprechend würde sich auch bei dieser Beschäftigungsgruppe – ausgehend von der Entscheidung vom 5.12.2012 – ein klares „Ja" oder „Nein" in Bezug auf ihre Betriebszugehörigkeit im Entleiherbetrieb verbieten. Auch die mittelbar Beschäftigten könnten lediglich noch betriebszugehörige Arbeitnehmer im Sinne der jeweiligen betriebsverfassungsrechtlichen Norm sein. Ihnen wurde aber jedenfalls bis zur Entscheidung vom 5.12.2012 nicht nur von der herrschenden Meinung, sondern auch vom BAG die vollständige Betriebszugehörigkeit im Beschäftigungsbetrieb zugesprochen[401]. Damit würden die mittelbar Beschäftigten – dem BAG folgend – ihren Status als betriebszugehörige Arbeitnehmer verlieren. Das läuft der eigentlichen Intention des BAG, die betriebsverfassungsrechtliche Stellung zu stärken, zuwider.

Aber auch darüber hinaus stellt der Verzicht auf die Anwendung der Zwei-Komponenten-Lehre im Falle des drittbezogenen Personaleinsatzes ein Problem dar, soweit sie weiterhin im Rahmen der Normalarbeitsverhältnisse Anwendung finden soll. Diesbezüglich geben *Raab* und *Kreutz* mit Recht zu bedenken, dass sich

---

399 Vgl. D.VI.2. und 3.

400 *Kreutz*, in: Jahr, GS Schultz, S. S. 232.

401 Vgl. D.IV.1.e.

die Abgrenzungskriterien zur Beurteilung der Betriebszugehörigkeit nicht bloß im Rahmen von Normalarbeitsverhältnissen, sondern gerade auch bei den problematischen Fällen bewähren müssen[402]. Eine Theorie, die nur im Normalfall überzeugende Ergebnisse liefert, also insbesondere dann, wenn ihre Voraussetzungen erfüllt sind, allerdings in Problemfällen zur Abgrenzung unbrauchbar ist, wäre höchst fragwürdig. Auch erscheint die Aufgabe der Zwei-Komponenten-Lehre in den Fällen des drittbezogenen Personaleinsatzes kurios, wenn man sich vor Augen führt, dass das BAG die vertragliche Komponente in seiner Entscheidung vom 18.1.1989 ausdrücklich mit dem § 14 AÜG begründet hatte[403]. Das BAG hatte seine Theorie ursprünglich also aus einer Norm hergeleitet, die gerade für jene Arbeitnehmergruppe von Bedeutung ist, für die – nach der Entscheidung vom 5.12.2012 – die Zwei-Komponenten-Lehre überhaupt keine Anwendung mehr finden soll. Dies zeigt bereits die fehlende Dogmatik hinter den Überlegungen des BAG zur Betriebszugehörigkeit von Leiharbeitnehmern zum Entleiherbetrieb.

## 4. Die Betriebszugehörigkeit als nicht teilbare Rechtsposition

Ferner stellt sich die Frage, ob überhaupt eine partielle Betriebszugehörigkeit bzw. eine Betriebszugehörigkeit im Sinne der jeweiligen Norm denkbar ist. Wie bereits festgestellt[404], wird mit dem Status der Betriebszugehörigkeit die allgemeine Stellung des Arbeitnehmers zu dem Betrieb definiert. Es knüpfen sich nicht nur erhebliche, unmittelbare Rechtsfolgen an diesen Status. Gleichzeitig ist die Betriebszugehörigkeit selbst eine Rechtsstellung, die den Arbeitnehmer in den Kreis der Belegschaft des Betriebes einbezieht. Wenn das BAG also eine partielle Betriebszugehörigkeit für den Leiharbeitnehmer annimmt, erzielt es zwar eine Lösung, die die konkreten Rechtsfolgen berücksichtigt und diese auch auf den Leiharbeitnehmer erstreckt, soweit der Normzweck dies verlangt. Allerdings ist die Betriebszugehörigkeit als Rechtsposition nicht teilbar; entweder ein Arbeitnehmer ist Arbeitnehmer des Betriebes, oder er ist es nicht[405]. Es ist nicht die Betriebszugehörigkeit, die eingeschränkt werden oder partiell bestehen kann, sondern lediglich die Anwendbarkeit einzelner Normen, weil der Norm- und Schutzzweck dies erfordert[406]. Die Frage nach der Betriebszugehörigkeit eines Arbeitnehmers lässt sich eben nicht

402 *Kreutz*, in: Jahr, GS Schultz, S. 211; *Raab*, in: GK-BetrVG I, 10. Aufl., § 7 Rn. 24.

403 BAG, Beschluss vom 18. Januar 1989 – 7 ABR 21/88 – Rn. 23 nach juris, vgl. schon D.IV.1.a.

404 Vgl. D.I.

405 *Boemke*, in: Boemke/Lembke, AÜG, § 14 Rn. 59; *Boemke*, Schuldvertrag, S. 308, 586; *Christiansen*, Zuordnung, S. 119; *Hamann*, in: Schüren, AÜG, 4. Aufl., § 14 Rn. 46; *Hamann*, NZA 2003, 526, 528; *Kaufmann*, betriebsverfassungsrechtliche Zuordnung, S. 80f.; *Schneider/Trümner*, in: Däubler u.a., FS Gnade, S. 193.

406 *Boemke*, in: Boemke/Lembke, AÜG, § 14 Rn. 59; *Boekme*, Schuldvertrag, S. 586f.; *Christiansen*, Zuordnung, S. 119; *Kaufmann*, betriebsverfassungsrechtliche Zuordnung, S. 80f.

mit einem „Jein“ oder einem „mal ja, mal nein“ beantworten[407]. Die Annahme einer partiellen Betriebszugehörigkeit für einzelne Arbeitnehmergruppen würde zu einer Abkehr von einer generellen, anhand von einheitlichen Maßstäben bestimmten Betriebszugehörigkeit führen. Sofern man eine partielle Betriebszugehörigkeit für Leiharbeitnehmer annehmen würde, läge jeder Norm des BetrVG eine andere Betriebszugehörigkeit zu Grunde, die sich am jeweiligen Normzweck orientiert und nicht mehr zwingend deckungsgleich mit der Betriebszugehörigkeit im Sinne einer anderen Norm sein muss[408]. Eine differenzierte Betrachtung des betriebsverfassungsrechtlichen Status einer Arbeitnehmergruppe wie der Leiharbeitnehmer führt damit zwangsläufig dazu, dass die Betriebszugehörigkeit aller Arbeitnehmergruppen, also auch bei Arbeitnehmern im Rahmen eines Normalarbeitsverhältnisses, differenziert und im Sinne der jeweiligen Norm betrachtet werden müsste. Danach wären auch Arbeitnehmer in einem Normalarbeitsverhältnis nicht generell Teil einer Betriebsbelegschaft, sondern (lediglich) Arbeitnehmer des Betriebes im Sinne aller (oder im Sinne der meisten) Normen des BetrVG. Damit gäbe es keine einheitlich definierte Belegschaft eines Betriebes mehr. Es gäbe ausschließlich „die jeweilige Belegschaft im Sinne der jeweiligen Norm des BetrVG.“ Es würde nur noch die Frage nach der Anwendbarkeit der einzelnen Norm geprüft werden, ohne den allgemeinen betriebsverfassungsrechtlichen Status eines Arbeitnehmers zu berücksichtigen. Der Begriff der Betriebszugehörigkeit kann aber nur einheitlich bestimmt werden, und dies unabhängig vom Regelungszusammenhang der konkreten Norm[409]. Dies ergibt sich auch daraus, dass es nur einen einheitlichen und allgemeinen Betriebsbegriff gibt. Entsprechend kann auch die Betriebszugehörigkeit nur einheitlich beurteilt

---

407 Gestützt auf die Unteilbarkeit der Betriebszugehörigkeit wurde der Begriff der partiellen Betriebszugehörigkeit jedenfalls vor der Entscheidung vom BAG vom 5.12.2012 (BAG, Beschluss vom 05. Dezember 2012 – 7 ABR 48/11 –, BAGE 144, 74–84) teilweise dahingehend verstanden, dass er sich gar nicht mit der betriebsverfassungsrechtlichen Zuordnung beschäftige sondern die analoge Anwendung einzelner betriebsverfassungsrechtlicher Normen im Falle der fehlenden Betriebszugehörigkeit bezeichne (so *Boemke*, Schuldvertrag, S. 586; *Christiansen,* Zuordnung, S. 119, *Hamann*, in: Schüren, AÜG, 4. Aufl., § 14 Rn. 46; *Kaufmann*, betriebsverfassungsrechtliche Zuordnung, S. 81 ähnlich auch *Raab,* ZfA 2003, 389, 434) Jedenfalls mit der Entscheidung vom 5.12.2012 stellte das BAG allerdings ausdrücklich klar, dass es davon ausgehe, dass jeder Norm ein anderes Verständnis vom „Arbeitnehmer des Betriebes“ zugrunde liege (BAG, Beschluss vom 05. Dezember 2012 – 7 ABR 48/11 –, BAGE 144, 74–84, Rn. 25 nach juris). Damit kann zumindest dem BAG nicht weiter unterstellt werden, es gehe davon aus, dass die Betriebszugehörigkeit unteilbar sei und beschäftige sich lediglich mit der Analogiefähigkeit einzelner Normen.

408 So würde sich die Betriebszugehörigkeit im Sinne einiger Normen aus dem Weisungsrecht, bei anderen Normen aus einer vertraglichen Verbindung und wiederum bei anderen Normen aus der „ursprünglichen“ Betriebszugehörigkeit ergeben.

409 *Boemke*, Schuldvertrag, S. 308, 586.

werden[410]. Dies gilt erst recht dann, wenn man mit dem BAG und der h.M. der Ansicht ist, die Betriebszugehörigkeit bestimme den persönlichen Anwendungsbereich des BetrVG. Jemand kann vom allgemeinen persönlichen Anwendungsbereich eines Gesetzes umfasst sein oder nicht. Ist jemand nicht generell in den Anwendungsbereich eines Gesetzes einbezogen, ist das Gesetz auf diese Person nicht unmittelbar anwendbar. Es kommt in diesem Falle keine normzweckgebundene Auslegung der Betriebszugehörigkeit im Sinne der jeweiligen Norm in Betracht, sondern allenfalls eine Analogie. Der differenzierende Ansatz des BAG – mal ist der Leiharbeitnehmer betriebszugehörig, mal ist er es nicht – kann die Frage der Zugehörigkeit zur Belegschaft nicht beantworten.

Damit ist eine partielle Betriebszugehörigkeit schon begrifflich undenkbar. Leiharbeitnehmer können dem Entleiherbetrieb damit jedenfalls nicht partiell angehören. Nach alledem ist die Rechtsprechung des BAG nicht überzeugend.

## VII. Die Betriebszugehörigkeit von Leiharbeitnehmern gem. § 7 S. 2 BetrVG

Nach einer in der Literatur vertretenen Ansicht ist § 7 S. 2 BetrVG als eine Norm zu verstehen, die die Betriebszugehörigkeit von Leiharbeitnehmern zum Entleiherbetrieb begründet[411]. Zwar regelt § 7 S. 2 BetrVG unmittelbar nur das aktive

---

410 Vgl. *Boemke*, Schuldvertrag, S. 308, 586.

411 So wohl ArbG Frankfurt, Beschluss vom 22. Mai 2002 – 2 BV 148/02 –, Rn. 24 nach juris allerdings ohne ausdrücklich die Betriebszugehörigkeit der Leiharbeitnehmer nach § 7 S. 2 BetrVG festzustellen; ferner *Brors*, NZA 2003, 1380, 1381f.; *Brors*, NZA 2002, 123, 124f (allerdings *Brors* in: Düwell, BetrVG, § 7 Rn. 6 sich „uneingeschränkt" dem BAG anschließend); *Däubler*, AuR 2001, 285, 286; *Däubler* AuR 2003, 190, 191; *Däubler*, AuR 2004, 81, 81f.; *Däubler*, AiB 2001, 685, 687f.; *Klebe*, in: DKKW, § 87 Rn. 9; *Lenz*, AiB 2004, 113f.; *Ratayczak*, AiB 2003, 276, 276; *Ratayczak*, AiB 2004, 212, 213; *Reichold*, NZA 2001, 857, 861; vgl. auch *Reichold*, in: Boemke u.a., FS v. Hoyningen-Huene S. 419; *Thüsing*, in: Thüsing, AÜG, § 14 Rn. 15, 52; *Thüsing*, in: Richardi, BetrVG, 15. Aufl., § 7 Rn. 6 18, 37; *Wlotzke*, in: Oetker u.a., 50 Jahre BAG, S. 1156ff.; grundsätzlich auch Fitting, 28. Aufl., § 5 Rn. 264f., allerdings ohne die durch § 7 S. 2 vermittelte Betriebszugehörigkeit ausdrücklich auf jene Leiharbeitnehmer zu beschränken, die die Voraussetzungen des § 7 S. 2 BetrVG erfüllen. **Dagegen**: BAG, Beschluss vom 16. April 2003 – 7 ABR 53/02 –, BAGE 106, 64–71, Rn. 17ff. nach juris; BAG, Beschluss vom 22. Oktober 2003 – 7 ABR 3/03 –, BAGE 108, 185–191, Rn. 20f. nach juris; BAG, Beschluss vom 10. März 2004 – 7 ABR 49/03 –, BAGE 110, 27–37, Rn. 20f. nach juris; LAG Düsseldorf, Beschluss vom 31. Oktober 2002 – 5 TaBV 42/02 –, Rn. 54ff. nach juris; *Brose*, NZA 2005, 797, 798; *Dewender*, Betriebsfremde, S. 43f.; *Dewender*, RdA 2003, 274, 279; *Franke*, NJW, 2002, 656, 656; *Hanau*, RdA 2001, 65, 68; *Kaufmann*, betriebsverfassungsrechtliche Zuordnung, S. 69ff., S. 71; *Koch*, in: ErfKo, BetrVG § 7 Rn. 6; *Konzen*, RdA 2001, 76, 82f.; *Kreutz*, SAE 2004, 168, 170f.; *Lindemann/Simon*, NZA 2002, 365, 366f.; *Loof*, Beteiligungsrechte, S. 72f.; *Löwisch*, BB 2001, 1734, 1737; *Löwisch/Kaiser*,

Wahlrecht bestimmter Leiharbeitnehmer zum Betriebsrat, der Gesetzgeber mache damit aber gleichzeitig diese Leiharbeitnehmer konstitutiv zu Betriebsangehörigen im Entleiherbetrieb – ohne das es auf das sonst notwendige Arbeitsverhältnis zum Betriebsinhaber ankomme[412].

§ 7 S. 2 BetrVG stellt das Wahlrecht für Leiharbeitnehmer unter die Voraussetzung eines – zumindest geplanten[413] – Einsatzes von über drei Monaten. Damit wird eine zeitliche Komponente für die Gewährung des Wahlrechts herangezogen; mit der Dauer des Einsatzes von mehr als drei Monaten werden die Leiharbeitnehmer im Hinblick auf das aktive Wahlrecht zum Betriebsrat jenen Arbeitnehmern gleichgestellt, die durch einen Arbeitsvertrag an den Betriebsinhaber gebunden sind. Mit dieser Gleichstellung zwischen Leiharbeitnehmern mit einer Einsatzdauer von mehr als drei Monaten und Stammarbeitnehmern, die einen Arbeitsvertrag mit dem Betriebsinhaber haben, könnte auch die Betriebszugehörigkeit der betreffenden Leiharbeitnehmer begründet werden.

Das aktive Wahlrecht ist ein wichtiges betriebsverfassungsrechtliches Individualrecht. Indem der Gesetzgeber eine Norm geschaffen hat, die dieses Individualrecht ausdrücklich für Leiharbeitnehmer mit einer Einsatzdauer von mehr als drei Monaten regelt, trifft er unmittelbar eine Regelung, die das Verhältnis zwischen diesen Arbeitnehmern und dem Einsatzbetrieb berührt. Ein Arbeitnehmer, der gesetzlich mit dem Wahlrecht in die Lage versetzt wird, auf die Zusammensetzung des Betriebsrates und damit auf die betriebsverfassungsrechtliche Organisation eines Betriebes Einfluss zu nehmen, hat in diesem Betrieb allein schon aufgrund dieses Wahlrechts eine intensivere betriebsverfassungsrechtliche Stellung als ein Arbeitnehmer, der dieses Recht nicht hat. Das bedeutet allerdings noch nicht zwangsläufig, dass das aktive Wahlrecht automatisch auch die Betriebszugehörigkeit vermittelt.

Dass es sich bei § 7 S. 2 BetrVG – anders als bei § 14 I AÜG – nicht um eine Norm handelt, die ausdrücklich die Betriebszugehörigkeit für eine Arbeitnehmergruppe

---

BetrVG, § 7 Rn. 11; *Maschmann,* DB 2001, 2446, 2448; *Moderegger,* ArbRB 2003, 82, 82; *Raab,* ZfA 2003, 389, 433; *Raab,* in: GK-BetrVG I, 10. Aufl., § 7 Rn. 109; *Rieble,* NZA 2012, 485, 485; *Schiefer/Korte,* NZA 2002, 57, 59; *Schirmer,* in: Oetker u.a., 50 Jahre BAG, 1078f.; *Zimmerling,* Schwellenwerte, S. 346ff.; zunächst auch *Richardi,* NZA 2001, 346, 350, *Richardi,* in: Richardi, BetrVG, 13. Aufl.; § 5 Rn. 97; wobei er nunmehr feststellt, dass zumindest jene Leiharbeitnehmer, die auch das Wahlrecht im Entleiherbetrieb haben, in diesem Betrieb auch betriebszugehörig sein müssen, *Richardi,* in: *Richardi,* BetrVG, 15. Aufl. § 5 Rn. 98; *Richardi,* in: Henssler u.a., FS Wank, S. 471.

412 Vgl. ArbG Frankfurt a.M. 22.5.2002 – 2 BV 148/02, AuR 2003, 190, 190; *Brors,* NZA 2002, 123, 124f.; *Däubler,* AuR 2001, 285, 286; Fitting, 28. Aufl., § 5 Rn. 264f., § 7 Rn. 18, 37; *Nicolai,* in: Hess u.a., BetrVG, 9. Aufl., § 7 Rn. 17, 35ff.; *Ratayczak,* AiB 2003, 276, 276; *Ratayczak,* AiB 2004, 212, 213; *Thüsing,* in: Thüsing, AÜG, § 14 Rn. 15, 52; *Thüsing,* in: Richardi, BetrVG, 15. Aufl., § 7 Rn. 6.

413 Vgl. *Thüsing,* in: Richardi, BetrVG, 15. Aufl., § 7 Rn. 11; *Thüsing,* in: Thüsing, AÜG § 14 Rn. 58.

in einem Betrieb anordnet, ergibt sich schon aus dem Wortlaut: § 7 BetrVG hat ausdrücklich lediglich das aktive Wahlrecht zum Gegenstand. Aus dieser Regelung könnte aber eine grundsätzliche gesetzgeberische Wertung zum Verhältnis zwischen Leiharbeitnehmern und Einsatzbetrieb folgen: Wenn sich dem § 7 S. 2 BetrVG durch Auslegung entnehmen lässt, dass die Leiharbeitnehmer mit einer Einsatzdauer von mehr als drei Monaten generell betriebsverfassungsrechtlich jenen Stammarbeitnehmern gleichgestellt werden sollen, die ein Arbeitsverhältnis zum Betriebsinhaber haben, dann könnte sich aus dieser Wertung im Wege der Auslegung der Norm auch die Betriebszugehörigkeit von „Arbeitnehmern eines anderen Arbeitgebers" entnehmen lassen, wenn sie für mehr als drei Monate „zur Arbeitsleistung überlassen" werden.

## 1. Bedeutung der Einsatzdauer für die Stellung der Leiharbeitnehmer in der Betriebsverfassung

Fraglich ist aber, ob die Einsatzdauer der Arbeitnehmer eines anderen Arbeitgebers überhaupt eine über das Wahlrecht hinausgehende Bedeutung und einen Einfluss auf die betriebsverfassungsrechtliche Stellung der Leiharbeitnehmer im Entleiherbetrieb haben kann. Nach einigen Stimmen in der Literatur sei die Beschäftigungsdauer irrelevant für die betriebsverfassungsrechtliche Stellung von Arbeitnehmern, weil die weisungsabhängige Förderung des Betriebszwecks und die erforderliche rechtliche Beziehung, die die Betriebszugehörigkeit erst vermittle, unabhängig von zeitlichen Gesichtspunkten bestehe[414].

Diese Auffassung übersieht jedoch, dass auch dem Betriebsbegriff eine zeitliche Komponente nicht fremd ist: Ein Betrieb zeichnet sich dadurch aus, dass ein Unternehmer in Gemeinschaft mit seinen Mitarbeitern arbeitstechnische Zwecke fortgesetzt verfolgt[415]. Die Zweckverfolgung muss also fortgesetzt geschehen. Erst das fortgesetzte Betreiben verleiht die Betriebsmäßigkeit, indem es die Anforderung stellt, dass der Betrieb für eine gewisse Dauer eingerichtet sein muss. Zwar ist für die Annahme eines Betriebes grundsätzlich nicht erforderlich, dass die Organisation auf längere oder unbestimmte Dauer angelegt ist[416]. Auch verbietet es sich grundsätzlich, eine konkrete „Mindestbestandszeit" festzulegen, die erforderlich ist, um von einem Betrieb zu sprechen. Allerdings muss die Organisation zumindest von einer gewissen Dauer sein und eine fortgesetzte Tätigkeit betrieben werden[417]. Daraus lässt sich ableiten, dass solche Arbeitsstätten, die nur für kurze Zeit geschaffen

414 *Hamann,* in: Schüren, AÜG, 4. Aufl., § 14 Rn. 26; grundsätzlich auch *Jüttner,* Auswirkungen, S. 118, Fn. 328, der für Leiharbeitnehmer gleichwohl annimmt, dass diese aufgrund des § 7 S. 2 BetrVG bei einem Einsatz von mehr als drei Monaten betriebszugehörig sind (Vgl. *Jüttner,* Auswirkungen, S. 97ff.;). Hingegen für eine Bedeutung einer zeitlichen Komponente schon *Bremeier,* Reichweite, S. 266.

415 Vgl. D.IV.1.c.

416 *Fitting,* 28. Aufl., § 1 Rn. 77.

417 *Fitting,* 28. Aufl., § 1 Rn. 77; *Richardi,* in: Richardi, BetrVG, 15. Aufl., § 1 Rn. 40.

worden sind, nicht als Betrieb zu bezeichnen sind und erst eine (geplante) fortgesetzte betriebliche Tätigkeit den Betrieb begründen kann. Die Einrichtung von Arbeitsstätten mit entsandten Arbeitnehmern soll nicht zu einer Loslösung aus dem ursprünglichen Betriebsverband führen, wenn diese nur eine kurze Zeit bestehen soll, sodass der eingerichteten Arbeitsstätte kein betriebsverfassungsrechtliches Eigenleben zuerkannt werden kann[418].

Wenn also schon die Feststellung, ob man überhaupt von einem Betrieb ausgehen kann, an zeitliche Aspekte gebunden ist, dann ist es nahe liegend, auch zur Bestimmung des Verhältnisses zwischen einem Arbeitnehmer und diesem Betrieb auf eine zeitliche Komponente abzustellen.

Dem widerspricht auch nicht, dass solche Arbeitnehmer, die in einem kurzen, befristeten Arbeitsverhältnis zum Betriebsinhaber stehen und in dessen Betrieb eingegliedert sind, als Betriebszugehörige gelten. Zwar ist hier die Betriebszugehörigkeit unabhängig von einer Mindestdauer des Arbeitsverhältnisses bzw. der Eingliederung gegeben, sodass also auch solche Arbeitnehmer betriebszugehörig sind, die nur für kurze Zeit befristet eingestellt sind. Das Arbeitsverhältnis ist ein Dauerschuldverhältnis und damit – dem Willen der Parteien entsprechend – darauf ausgerichtet, nicht einen einmaligen, sondern einen fortlaufenden Leistungsaustausch vorzunehmen. Dabei stellt die fortgesetzte und weisungsabhängige Förderung des Betriebszwecks gerade eine der Hauptleistungspflichten des Arbeitnehmers gegenüber seinem Arbeitgeber dar. Damit wohnt dem Arbeitsverhältnis und den zu seiner Begründung notwendigen Willenserklärungen das Merkmal der Fortgesetztheit inne. Auch wenn es befristet ist, umfasst das Arbeitsverhältnis jedenfalls einen festgesetzten Zeitraum, in dem der Arbeitnehmer den Betriebszweck durchgehend fördern soll. Dabei kommt es nicht darauf an, für welchen Zeitraum der Arbeitnehmer im Betrieb aufgrund des Arbeitsvertrages tätig wird; es macht insofern keinen Unterschied, ob die Tätigkeit aufgrund des Arbeitsvertrages nur kurze Zeit oder mehrere Jahre ausgeübt wird. Auch bei einer Tätigkeit, die auf einen kurzen Zeitraum befristet ist, schafft der Vertragsschluss mit dem Betriebsinhaber eine Verbindung zum Betrieb, aufgrund derer der Arbeitnehmer den Betriebszweck fortgesetzt für den jeweiligen Zeitraum der Befristung verfolgt. Ähnlich wie der Betrieb nicht für eine konkrete Mindestzeit eingerichtet sein muss, um als Betrieb zu gelten, muss auch das Arbeitsverhältnis keine zeitlichen Vorgaben erfüllen, um die Fortgesetztheit zu begründen. Entscheidend ist, dass der Arbeitnehmer sich im Rahmen seiner Willenserklärung, die er beim Abschluss des Arbeitsvertrages abgibt, schuldrechtlich bindet, den Betriebszweck in seiner Arbeitsstätte fortgesetzt zu fördern.

Damit bleibt festzuhalten, dass grundsätzlich nichts gegen die Berücksichtigung einer zeitlichen Komponente zur Bestimmung der Betriebszugehörigkeit spricht. Vielmehr legt der Betriebsbegriff dies sogar nahe.

---

418 *Richardi*, in: Richardi, BetrVG, 15. Aufl., § 1 Rn. 40.

## 2. Sinn und Zweck der Einsatzdauer von drei Monaten im § 7 S. 2 BetrVG

Für eine Bedeutung des § 7 S. 2 BetrVG, die über das aktive Wahlrecht hinausgeht, sprechen Sinn und Zweck der erforderlichen Mindestüberlassungsdauer im Rahmen des § 7 S. 2 BetrVG.

Da die Regelung des § 7 S. 2 BetrVG nicht voraussetzt, dass der Arbeitnehmer drei Monate im Betrieb beschäftigt war, sondern sich mit der voraussichtlichen Einsatzdauer begnügt, kann dem § 7 S. 2 BetrVG – anders als der zeitlichen Grenze im Rahmen des § 8 BetrVG[419] – zunächst nicht unterstellt werden, dass der Zeitraum von drei Monaten dazu dienen soll, dass der Arbeitnehmer sich erst einen Überblick über die betrieblichen Verhältnisse verschaffen und so eine informierte Entscheidung bei den Betriebsratswahlen treffen kann. Andernfalls dürfte auch ein Stammarbeitnehmer, der weniger als drei Monate im Betrieb beschäftigt ist, noch kein Wahlrecht haben.

Ebensowenig kann § 7 S. 2 BetrVG unmittelbare Folge der teilweise bestehenden Zuständigkeit des Entleiherbetriebsrates im Rahmen der Beteiligungsrechte sein. Unabhängig von der Frage, unter welchen Voraussetzungen sich Beteiligungsrechte auf einen Arbeitnehmer beziehen[420], hängt der personelle Umfang eines Beteiligungsrechts jedenfalls nicht von der Einsatzdauer im Betrieb ab. Egal ob ein Leiharbeitnehmer bloß eine Woche oder ein ganzes Jahr in einem Betrieb tätig wird, treffen den Betriebsrat dieses Betriebes in Bezug auf diese Leiharbeitnehmer dieselben Beteiligungsrechte. Insofern kann man feststellen, dass auch der Umfang der Beteiligungsrechte nicht Sinn und Zweck der geforderten Einsatzdauer im Rahmen des § 7 S. 2 BetrVG begründet.

Die Einsatzdauer ist aber ein Kriterium für die Intensität der Interessen und die Betroffenheit der Leiharbeitnehmer im Zusammenhang mit der Funktion des Betriebsrates. Mit der Einsatzdauer wächst auch das Interesse der Leiharbeitnehmer an der betrieblichen Mitbestimmung und der Arbeit des Betriebsrates. Je länger ein Leiharbeitnehmer in einem bestimmten Einsatzbetrieb arbeitet, desto wichtiger sind für ihn die dort geltenden Arbeitsbedingungen. Die Wahrnehmung der Beteiligungsrechte des Betriebsrates für einen Leiharbeitnehmer hat eine größere Bedeutung und betrifft den Leiharbeitnehmer mit größerer Intensität, je länger der Einsatz dauert. Deshalb ist das Interesse des Leiharbeitnehmers an der Arbeit des Betriebsrates und seiner Zusammensetzung bei nur wenigen Einsatztagen geringer, bei einer längeren Einsatzdauer hingegen größer. Sinn und Zweck der Voraussetzung eines Einsatzes von mehr als drei Monaten für das aktive Wahlrecht ist also, dem mit der Einsatzdauer wachsenden Interesse an einer Einbeziehung in die Gemeinschaft der Wahlberechtigten Rechnung zu tragen.

---

419 Vgl. D.IV.2.b.

420 Vgl. dazu schon C.V.2. und unten F.I.

Wie bereits im Rahmen der Diskussion der strengen Zwei-Komponenten-Lehre aufgezeigt[421], kommt der gleichlaufenden, gemeinsamen Interessenbetroffenheit der Arbeitnehmer eine grundlegende Bedeutung zu, wenn es um die Betriebszugehörigkeit geht; sie ist immerhin der Grund, weshalb all jene Arbeitnehmer, die einen Arbeitsvertrag mit dem Betriebsinhaber haben und eingegliedert sind, zwingend betriebszugehörig sind[422]. Indem der Gesetzgeber die Norm des § 7 S. 2 BetrVG eingefügt hat, hat er eine konkrete Wertung zu der Interessenbetroffenheit der Leiharbeitnehmer getroffen: Die Dauer der Beschäftigung intensiviert die Interessenbetroffenheit eines Leiharbeitnehmers so sehr, dass er durch das Wahlrecht Einfluss auf die Zusammensetzung des Vertretungsorgans der Belegschaft erhält.

Sinn und Zweck sowie Folge der Gewährung des aktiven Wahlrechts in Abhängigkeit von der Einsatzdauer ist also die Einbeziehung dieser Leiharbeitnehmer in die Belegschaft des Betriebes als Gemeinschaft der gemeinsamen Interessenbetroffenen. Damit spricht Sinn und Zweck der gesetzlichen Regelung des aktiven Wahlrechts auch dafür, diese Leiharbeitnehmer mit einer Einsatzdauer von mehr als drei Monaten auch als Betriebszugehörige anzusehen.

## 3. Argumente aus der Systematik des BetrVG

Dieser Ansicht, nach der die gem. § 7 S. 2 wahlberechtigten Arbeitnehmer im Beschäftigungsbetrieb betriebszugehörig sein sollen, wird insbesondere die Systematik des BetrVG entgegengehalten: § 7 BetrVG regele das aktive Wahlrecht und nicht die Betriebszugehörigkeit[423]. Hätte der Gesetzgeber die Betriebszugehörigkeit durch eine gesetzliche Regelung auf die Leiharbeitnehmer ausdehnen wollen, so hätte sich für diese Regelung als Standort nicht der § 7 BetrVG, sondern vielmehr § 5 BetrVG angeboten, der den persönlichen Anwendungsbereich des BetrVG bestimme[424]. Dies gelte erst recht vor dem Hintergrund der Regelung im § 5 I 3 BetrVG, wonach als Arbeitnehmer auch Beamte, Soldaten und Arbeitnehmer des öffentlichen Dienstes gelten, die in Betrieben privatrechtlich organisierter Unternehmen tätig sind. Auch

---

421 Vgl. D.IV.1.g.

422 Vgl. D.IV.1.g.

423 ArbG Mönchengladbach, Beschluss vom 03. Juli 2002 – 5 (4) BV 18/02 –, Rn. 35 nach juris; ; *Dewender*, Betriebsfremde, S. 44, 46; *Dewender*, RdA 2003, 274, 277; *Hanau*, NJW 2001, 2513, 2515; *Kreutz*, SAE 2004, 168, 171; *Maschmann*, DB 2001, 2446, 2448; *Wlotzke*, in: Oetker u.a., 50 Jahre BAG, S. 1156.

424 Landesarbeitsgericht Düsseldorf, Beschluss vom 31. Oktober 2002 – 5 TaBV 42/02 –, Rn. 58 nach juris; ArbG Düsseldorf, Beschluss vom 10. Juli 2002 – 4 BV 37/02 –, Rn. 49 nach juris; ArbG Mönchengladbach, Beschluss vom 03. Juli 2002 – 5 (4) BV 18/02 –, Rn. 34ff. nach juris; *Brose*, NZA 2005, 797, 798; *Dewender*, Betriebsfremde, S. 45ff.; *Dewender*, RdA 2003, 274, 277; Loof, Beteiligungsrechte, S. 73; *Maschmann*, DB 2001, 2446, 2448; *Raab*, ZfA 2003, 389, 433; *Raab*, in: GK-BetrVG I, 10. Aufl., § 5 Rn. 10; *Schiefer*, DB 2002, 1774, 1776; *Wlotzke*, in: Oetker u.a., 50 Jahre BAG, S. 1156 und 1161; *Zimmerling*, Schwellenwerte, S. 348f.; vgl. auch *Kaufmann*, betriebsverfassungsrechtliche Zuordnung, S. 69f.

dies sind Fälle einer Arbeitnehmerüberlassung (wenngleich in jenen Fällen das AÜG keine Anwendung findet), sodass davon ausgegangen werden könne, dass der Gesetzgeber, soweit er eine konstitutive Regelung hätte erlassen wollen, aufgrund derer Leiharbeitnehmer als Arbeitnehmer des Einsatzbetriebes anzusehen sind, dieses ebenfalls im § 5 BetrVG geregelt hätte.

Einer Klarstellung im Rahmen des § 5 BetrVG hätte es aber nur dann bedurft, wenn die Betriebszugehörigkeit integraler Bestandteil des Arbeitnehmerbegriffs im Sinne des BetrVG wäre[425]. Dies ist – wie bereits festgestellt – aber gerade nicht der Fall: Weder ist die Betriebszugehörigkeit eine Voraussetzung des „Arbeitnehmers im Sinne dieses Gesetzes" gem. § 5 BetrVG, noch handelt es sich bei der Betriebszugehörigkeit um eine Voraussetzung des persönlichen Anwendungsbereichs des BetrVG[426]. Insofern hätte die Zuerkennung der Betriebszugehörigkeit für Leiharbeitnehmer nicht nur keiner Klarstellung im Rahmen des § 5 BetrVG bedurft. Sie wäre im § 5 BetrVG systematisch am völlig falschen Platz[427].

Dem wird wiederum entgegengehalten, dass selbst dann, wenn man keine Notwendigkeit darin sieht, eine die Betriebszugehörigkeit regelnde Vorschrift in den § 5 BetrVG zu verorten, jedenfalls eine Klarstellung im allgemeinen Teil des BetrVG (§§ 1–5 BetrVG) erforderlich gewesen sei und nicht im Rahmen der Wahlrechte[428]. Dies wird damit begründet, dass es sich bei der Betriebszugehörigkeit um eine Rechtsstellung handele, die allgemein das Verhältnis zwischen dem Arbeitnehmer und der Betriebsverfassung regele. Da sich § 7 BetrVG allerdings nicht im Allgemeinen Teil der Betriebsverfassung befindet, würde dies gegen eine Bedeutung des § 7 S. 2 BetrVG für die Betriebszugehörigkeit von Leiharbeitnehmern zum Einsatzbetrieb sprechen[429]. Alternativ zu einer Regelung im allgemeinen Teil des BetrVG wäre nur noch eine Regelung im Rahmen des § 14 AÜG denkbar gewesen[430]. Im Zuge der Einfügung des § 7 S. 2 BetrVG wurde auch der § 14 II 1 AÜG der veränderten

---

425 Im Ergebnis ebenso: *Jüttner*, Auswirkungen, S. 104ff., 112f. der die Betriebszugehörigkeit vom Arbeitnehmerstatus des § 5 BetrVG trennt. Dies tut er jedoch ohne den konsequenten Schluss daraus zu ziehen, dass die Betriebszugehörigkeit nicht zwingende Voraussetzung des persönlichen Anwendungsbereich des BetrVG ist, vgl. Jüttner, Auswirkungen S. 57. Soweit man mit Jüttner auf der einen Seite die Betriebszugehörigkeit als Voraussetzung des persönlichen Anwendungsbereichs des BetrVG ansieht, lässt sich die Betriebszugehörigkeit auf der anderen Seite nicht vom § 5 BetrVG trennen. Da § 5 BetrVG (jedenfalls teilweise) den persönlichen Anwendungsbereich regelt, wäre, soweit man die Betriebszugehörigkeit zu seiner Bestimmung als relevant ansieht, der § 5 BetrVG doch der geeignete Ort für eine solche Feststellung gewesen.

426 Vgl. C.

427 Vgl. *Jüttner*, Auswirkungen, S. 105, 107.

428 *Dewender*, RdA 2003, 274, 277; *Dewender*, Betriebsfremde, S. 46f.; *Zimmerling*, Schwellenwerte, S. 351.

429 *Dewender*, RdA 2003, 274, 277; *Dewender*, Betriebsfremde, S. 46.

430 *Dewender*, RdA 2003, 274, 278; *Dewender*, Betriebsfremde, S. 47.

Gesetzeslage durch die Streichung des Ausschlusses des aktiven Wahlrechts angepasst. Eine Aussage zur Betriebszugehörigkeit wurde hingegen auch im Rahmen des § 14 AÜG nicht getroffen. Damit spreche der Standort des § 7 S. 2 BetrVG gegen einen über das Wahlrecht hinausgehenden Regelungsgehalt.

Auch hiergegen lässt sich jedoch zunächst einwenden, dass die Betriebszugehörigkeit zwar durchaus ein Begriff ist, der in Teilen des BetrVG (sei es nun ausdrücklich oder konkludent) von Bedeutung ist. Er ist aber gerade keine Voraussetzung, die die grundsätzliche Anwendbarkeit des BetrVG betrifft, sondern lediglich Tatbestandsvoraussetzung einiger betriebsverfassungsrechtlicher Vorschriften. Einer Regelung im allgemeinen Teil hätte es nur dann bedurft, wenn die Betriebszugehörigkeit allgemein über die persönliche Anwendbarkeit des BetrVG entscheiden würde. Dies ist aber gerade nicht der Fall.

Auch eine Regelung im Rahmen des § 14 I AÜG wäre systematisch verfehlt und hätte einen von Grund auf anderen Inhalt, als es die Regelung des § 7 S. 2 BetrVG hat. § 7 S. 2 BetrVG erfasst nicht bloß Leiharbeitnehmer i.S.d. AÜG. Hätte der Gesetzgeber die Betriebszugehörigkeit zum Entleiherbetrieb im Rahmen des § 14 I AÜG geregelt, dann würde dies lediglich soweit gelten, wie das AÜG auch Anwendung findet. Der Gesetzgeber verfolgte aber – wie sich aus dem ausdrücklichen Wortlaut des § 7 S. 2 BetrVG ergibt – die Absicht, die Regelung des § 7 S. 2 BetrVG auf alle Fälle zu beziehen, in denen ein „Arbeitnehmer eines anderen Arbeitgebers zur Arbeitsleistung überlassen" wurde. Die Regelung sollte gerade nicht nur die unechten Leiharbeitnehmer, die in den Anwendungsbereich des AÜG fallen, erfassen. Da der Gesetzgeber den Regelungsgehalt des § 7 S. 2 BetrVG nicht auf Leiharbeitnehmer nach dem AÜG, sondern nur „insbesondere"[431] und damit nicht abschließend auf Leiharbeitnehmer nach dem AÜG beschränken wollte, wäre eine Regelung im § 14 I AÜG systematisch ungeeignet, um die Betriebszugehörigkeit von den von § 7 S. 2 BetrVG erfassten Arbeitnehmergruppen anzuordnen.

Andersherum ist § 7 BetrVG aber sogar ein geeigneter Ort, um die Betriebszugehörigkeit von Leiharbeitnehmern konstitutiv festzustellen: Das BetrVG verwendet im allgemeinen Teil weder das Wort „Betriebszugehörigkeit" noch den Begriff des „Arbeitnehmer des Betriebes". Letzterer wird im BetrVG zum ersten Mal im § 7 S. 1 BetrVG aufgegriffen und zur Tatbestandsvoraussetzung. Damit spricht die Systematik des BetrVG (und des AÜG) eher für eine Betriebszugehörigkeit von Leiharbeitnehmern zum Entleiherbetrieb aufgrund des § 7 S. 2 BetrVG, keinesfalls aber dagegen.

## 4. Argumente aus der Gesetzesbegründung zu § 7 S. 2 BetrVG

Hinweise darauf, ob der Gesetzgeber innerhalb des § 7 S. 2 BetrVG neben dem Wahlrecht auch eine konstitutive Regelung zur Zuerkennung der Betriebszugehörigkeit beabsichtigt hat, könnten sich aus der Gesetzesbegründung ergeben. Teilweise wird

431 BT-Drucks. 14/5741 S. 36.

diese für die Annahme einer Regelung der Betriebszugehörigkeit im § 7 S. 2 BetrVG bemüht[432], da die Begründung davon spricht, dass § 7 S. 2 BetrVG „für bestimmte Fälle die Betriebszugehörigkeit" von Leiharbeitnehmern zum Einsatzbetrieb anerkenne, „um der Erosion der Stammbelegschaft durch den Einsatz von Arbeitnehmern anderer Arbeitgeber entgegenzuwirken"[433]. Auf der anderen Seite wird vertreten, dass gerade die Gesetzesbegründung gegen § 7 S. 2 BetrVG als konstitutive Norm für die Betriebszugehörigkeit spreche[434], weil die Gesetzesbegründung im Allgemeinen Teil feststellt, dass die Leiharbeitnehmer durch das aktive Wahlrecht betriebsverfassungsrechtlich aus der Randbelegschaft an die Stammbelegschaft herangeführt werden sollen, ohne sie „in rechtlich unzutreffender Weise als Arbeitnehmer des Entleiherbetriebes einzustufen"[435]. Ferner weise das Wort „herangeführt" darauf hin, dass mit § 7 S. 2 BetrVG ein „behutsamer Eingriff" beabsichtigt gewesen sei. Eine Einbeziehung der Leiharbeitnehmer sei damit nicht in Einklang zu bringen[436]. Vor dem Hintergrund der Widersprüchlichkeit wird daher der Begründung des Regierungsentwurfs eine eher untergeordnete Rolle für die Bestimmung der Bedeutung des § 7 S. 2 BetrVG zugesprochen[437].

Trotz dieser Widersprüchlichkeit der Begründung des Regierungsentwurfs und unabhängig von der Frage, ob dem § 7 S. 2 BetrVG eine unmittelbare Bedeutung bei der Bestimmung der Betriebszugehörigkeit von Leiharbeitnehmern zukommt, lässt sich der Begründung des Regierungsentwurfs aber jedenfalls entnehmen, dass durch § 7 S. 2 BetrVG der „Erosion der Stammbelegschaft durch den Einsatz von Arbeitnehmern anderer Arbeitgeber" entgegengewirkt werden soll[438].

Dies ließe sich auf den ersten Blick so verstehen, dass Ziel des § 7 S. 2 BetrVG die Verhinderung einer weiteren Ausbreitung von überlassenem Fremdpersonal sein soll. Ein solcher Zweck könnte jedoch mit der Einräumung des aktiven Wahlrechts nicht erreicht werden: Denn ein Arbeitgeber würde kaum deshalb weniger Leiharbeitnehmer einsetzen, weil diese bei einem Einsatz von mehr als drei Monaten das aktive Wahlrecht zum Betriebsrat haben. Dem Gesetzgeber ging es also erkennbar nicht an sich um die Eindämmung von Leiharbeit in den Betrieben, sondern um

---

432 *Däubler,* AuR 2001, 285, 286.

433 BT-Drucks. 14/5741 S. 36.

434 *Däubler,* AuR 2001, 285, 286.

435 BT-Drucks 14/5741 S. 28.

436 *Maschmann,* DB 2001, 2446, 2448.

437 Vgl. *Blanke,* DB 2008, 1153, 1157; *Dewender,* Betriebsfremde, S. 43; *Dewender,* RdA 2003, 274, 276; *Kreutz,* SAE 2004, 168, 170f.; **a.A.:** BAG, Beschluss vom 16. April 2003 – 7 ABR 53/02 –, BAGE 106, 64–71, Rn. 18 nach juris; BAG, Beschluss vom 22. Oktober 2003 – 7 ABR 3/03 –, BAGE 108, 185–191; Rn. 21 nach juris; BAG, Beschluss vom 10. März 2004 – 7 ABR 49/03 –, BAGE 110, 27–37, Rn. 21; wonach die Widersprüchlichkeit gegen die Betriebszugehörigkeit von Leiharbeitnehmern spreche.

438 BT-Drucks 14/5741 S. 28.

die Begrenzung der Folgen, die der Einsatz von überlassenem Fremdpersonal auf betriebsverfassungsrechtlicher Ebene im Beschäftigungsbetrieb entfaltet[439].

Deshalb muss man das Ziel des Gesetzgebers, durch § 7 S. 2 BetrVG der Erosion der Stammbelegschaft entgegenzuwirken, dahin verstehen, dass zum Schutz der Betriebsverfassung die im Betrieb eingesetzten Leiharbeitnehmer mit einer Einsatzdauer von mehr als drei Monaten auch als betriebszugehörige Arbeitnehmer anzusehen sind, damit betriebsverfassungsrechtlich wieder die Zahl der in dem Betrieb eingegliederten Arbeitnehmer maßgebend ist und nicht allein die Zahl der Arbeitsverträge zwischen Betriebsinhaber und den einzelnen Arbeitnehmern[440].

Wie bereits dargestellt[441], geht das BAG in seiner Entscheidung vom 13.3.2013[442] zu Recht davon aus, dass der Einsatz von Leiharbeitnehmern zu einem erheblichen Anfall von Mehrarbeit für den Betriebsrat führt: Im Rahmen des Mitbestimmungsrechts nach § 99 BetrVG kann aufgrund der häufigeren Fluktuation der Leiharbeitnehmer sogar mehr Arbeit verursacht werden als dies bei Stammarbeitnehmern der Fall ist[443]. Wenngleich einige Mitbestimmungsrechte für Leiharbeitnehmer nicht von Relevanz sind, entstehen aber zumindest neue Aufgaben für den Betriebsrat.

Zwar hängen die Beteiligungsrechte und damit die Zuständigkeit der Betriebsräte für die Leiharbeitnehmer nicht von deren Betriebszugehörigkeit ab[444], jedoch würde sich eine Verminderung der betriebszugehörigen Belegschaft ergeben, wenn ein Arbeitgeber betriebszugehörige Stammarbeitnehmer durch Leiharbeitnehmer ersetzen und diese sämtlich nicht betriebszugehörig sind. Solange die Berücksichtigung von Leiharbeitnehmern bei den Schwellenwerten der §§ 9 und 38 BetrVG gesetzlich nicht ausdrücklich vorgeschrieben war[445] und zunächst auch durch die frühere BAG-Rechtsprechung[446] noch nicht vorgesehen war, ergab sich die Konsequenz, dass bei der Größe des Betriebsrates und der Zahl der freigestellten Betriebsräte die Zahl der eingegliederten Leiharbeitnehmer irrelevant war. Dadurch konnte die Funktionsfähigkeit eines Betriebsrates beeinträchtigt sein: Mangels Berücksichtigung bei den

---

439 So auch *Wlotzke,* in: Oetker u.a., 50 Jahre BAG, S. 1158.

440 So auch *Wlotzke,* in: Oetker u.a., 50 Jahre BAG, S. 1158.

441 Vgl. D.VI.

442 BAG, Beschluss vom 13. März 2013 – 7 ABR 69/11 –.

443 BAG, Beschluss vom 13. März 2013 – 7 ABR 69/11 – Rn. 32 nach juris.

444 Vgl. schon C.V.2.

445 Nach dem am 1.4.2017 in Kraft tretenden (vgl. BT-Drucks. 18/10064, S. 6; BR-Drucks. 627/16, S. 3) § 14 II 4 AÜG werden die Leiharbeitnehmer unabhängig von der Einsatzdauer und ihrer Betriebszugehörigkeit bei den Schwellenwerten nunmehr mitgezählt.

446 Zur Nichtberücksichtigung bei § 9 BetrVG vgl. BAG, Beschluss vom 16. April 2003 – 7 ABR 53/02, BAGE 106, 64–71, Rn. 15ff. nach juris; und zur Nichtberücksichtigung echter Leiharbeitnehmer BAG, Beschluss vom 10. März 2004 – 7 ABR 49/03 –, BAGE 110, 27–37, Rn. 16ff.; Zur Nichtberücksichtigung bei § 38 BetrVG vgl. BAG, Beschluss vom 22. Oktober 2003 – 7 ABR 3/03 –, BAGE 108, 185–191, Rn. 16ff. nach juris.

Schwellenwerten war der Betriebsrat zwar für die Leiharbeitnehmer zuständig, bei der Bestimmung seiner Größe und der Anzahl der freigestellten Betriebsratsmitglieder aber benachteiligt.

Versteht man § 7 S. 2 BetrVG als Regelung, die Leiharbeitnehmern die Betriebszugehörigkeit vermittelt, so wäre – auch vor der neuen Rechtsprechung des BAG[447] und der neuen gesetzlichen Regelung im § 14 II 4 AÜG – diese Beeinträchtigung des Betriebsrates vermieden worden, weil betriebszugehörige Leiharbeitnehmer in den §§ 9 und 38 BetrVG zu berücksichtigen waren.

Wäre die Bedeutung des § 7 S. 2 BetrVG auf das aktive Wahlrecht beschränkt, so wäre § 7 S. 2 BetrVG ungeeignet gewesen, um den durch die Erosion der Stammbelegschaft entstehenden Beeinträchtigungen entgegenzuwirken. Die Folge einer Beschränkung der Bedeutung des § 7 S. 2 BetrVG auf das aktive Wahlrecht wäre nämlich gewesen, dass sich lediglich die Anzahl jener Arbeitnehmer erhöhen würde, die den Betriebsrat wählen. Es würde die binnendemokratische Legitimierung des Betriebsrates zwar auf eine breitere Basis stellen, bliebe darüber hinaus jedoch folgenlos und würde nicht negative betriebsverfassungsrechtliche Folgen, die durch die Zunahme von überlassenen Arbeitnehmern anderer Arbeitgeber entstanden sind, auffangen oder entgegenwirken[448].

## 5. Argumente aus dem Wortlaut des § 7 S. 2 BetrVG

Gegen eine über das bloße aktive Wahlrecht hinausgehende Bedeutung des § 7 S. 2 BetrVG, insbesondere im Hinblick auf die Betriebszugehörigkeit von überlassenen Arbeitnehmern eines anderen Arbeitgebers, wird der Wortlaut des § 7 S. 2 BetrVG angeführt[449]. § 7 S. 2 BetrVG spricht die Betriebszugehörigkeit nicht ausdrücklich an, sondern formuliert nur das aktive Wahlrecht. Hätte der Gesetzgeber eine Zuordnung der Leiharbeitnehmer zum Entleiherbetrieb kraft Gesetz mit § 7 S. 2 BetrVG beabsichtigt, könnte eine unmissverständliche Zuordnung erforderlich sein[450], wie z.B. für die Betriebszugehörigkeit der Leiharbeitnehmer zum Verleiherbetrieb im Rahmen des § 14 I AÜG ausdrücklich formuliert.

---

447 Vgl. D.VI.

448 *Wlotzke,* in: Oetker u.a., 50 Jahre BAG, S. 1158, 1159.

449 *Brose,* NZA 2005, 797, 798; *Dewender,* Betriebsfremde, S. 44, 46; *Dewender,* RdA 2003, 274, 276; *Franke,* NJW 2002, 656, 656; *Kreutz,* SAE 2004, 168, 170; *Wlotzke,* in: Oetker u.a., 50 Jahre BAG, S. 1156; vgl. auch *Maschmann,* DB 2001, 2446, 2448.

450 So ArbG Düsseldorf, Beschluss vom 10. Juli 2002 – 4 BV 37/02 –, Rn. 49 nach juris; ArbG Mönchengladbach, Beschluss vom 03. Juli 2002 – 5 (4) BV 18/02 –, Rn. 34 nach juris; *Brose,* NZA 2005, 797, 798; *Kaufmann,* betriebsverfassungsrechtliche Zuordnung, S. 69; *Schiefer,* DB 2002, 1774, 1776; ebenso *Wlotzke,* der dies zwar als problematisch ansieht, gleichwohl aber von der konstitutiven Wirkung des § 7 S. 2 BetrVG für die Betriebszugehörigkeit ausgeht, *Wlotzke,* in: Oetker u.a., 50 Jahre BAG, S. 1156 und 1161; vgl. auch *Maschmann,* DB 2001, 2446, 2448.

Zwar ist dieser Ansicht in der Tat zuzugestehen, dass § 7 S. 2 BetrVG im Wortlaut nicht ausdrücklich die Betriebszugehörigkeit regelt. Auf der anderen Seite ist aber zu bedenken, dass solche ausdrücklichen Regelungen zwar vereinzelt – wie in § 14 I AÜG – vorkommen, allerdings das BetrVG überhaupt keine Norm kennt, die die Betriebszugehörigkeit ausdrücklich regelt. Insbesondere stellt § 5 BetrVG keine solche Norm dar[451]. Die Betriebszugehörigkeit ist seit jeher ein Grundbegriff der Betriebsverfassung, der nicht legaldefiniert ist, sondern sich aus den einzelnen Wertungen ergibt, die dem Gesetz zu entnehmen sind. So weist das BetrVG auch keine Norm auf, die die Betriebszugehörigkeit von Arbeitnehmern feststellt, die im Betrieb eingegliedert sind und in einem Arbeitsvertrag zum Betriebsinhaber stehen. Dass diese Arbeitnehmer gleichwohl zu den betriebszugehörigen Arbeitnehmern gehören, ergibt sich – wie gezeigt – insbesondere aus der umfassenden Zuständigkeit des Betriebsrates für diese Arbeitnehmer im Rahmen der Beteiligungsrechte und das sich daraus ergebende gleichgelagerte Interesse an der Repräsentation durch den Betriebsrat[452]. Vor diesem Hintergrund ist im BetrVG eine unmissverständliche Zuordnung im Sinne einer klaren Regelung, wie z.B. im § 14 I AÜG, tatsächlich nicht geboten und deshalb auch kein Argument gegen die Annahme einer Anerkennung der Betriebszugehörigkeit von Leiharbeitnehmern im Entleiherbetrieb aufgrund des § 7 S. 2 BetrVG.

Zum Teil wird jedoch aus der sprachlichen Differenzierung zwischen § 7 S. 1 BetrVG, der von den „Arbeitnehmern des Betriebes" spricht, und § 7 S. 2 BetrVG („Arbeitnehmer eines anderen Arbeitgebers im Betrieb") geschlussfolgert, dass Leiharbeitnehmer nicht Betriebszugehörige des Einsatzbetriebes sein können[453]. „Arbeitnehmer eines anderen Arbeitgebers" seien eben keine „Arbeitnehmer des Einsatzbetriebes"[454].

---

451 Vgl. C.I.-V.

452 Vgl. D.IV.1.g.

453 BAG, Beschluss vom 16. April 2003 – 7 ABR 53/02 –, BAGE 106, 64–71, Rn. 17 nach juris; BAG, Beschluss vom 22. Oktober 2003 – 7 ABR 3/03 –, BAGE 108, 185–191, Rn. 20 nach juris; BAG, Beschluss vom 10. März 2004 – 7 ABR 49/03 –, BAGE 110, 27–37, Rn. 20 nach juris; *Brose*, NZA 2005,797, 798; *Franke*, NJW 2002, 656, 656; *Kreutz*, SAE 2004, 168, 171; *Loof*, Beteiligungsrechte, S. 73; *Raab*, ZfA 2003, 389, 433f.; *Raab*, in: GK-BetrVG I, 10. Aufl., § 7 Rn. 23; *Schirmer*, in: Oetker u.a., 50 Jahre BAG, S. 1078; *Zimmerling*, Schwellenwerte, S. 352; grundsätzlich auch *Brors*, NZA 2003, 1380, 1381, die dies als Argument gegen die generelle Abkehr von der Erforderlichkeit einer vertraglichen Bindung durch § 7 S. 2 BetrVG heranzieht. Gleichwohl erkennt sie im § 7 S. 2 BetrVG eine Ausnahmevorschrift, die die Voraussetzungen der Betriebszugehörigkeit nicht generell neu bestimmt, allerdings die Betriebszugehörigkeit von Leiharbeitnehmer i.S.d. § 7 S. 2 BetrVG anordnet.

454 BAG, Beschluss vom 16. April 2003 – 7 ABR 53/02 –, BAGE 106, 64–71, Rn. 17 nach juris; BAG, Beschluss vom 22. Oktober 2003 – 7 ABR 3/03 –, BAGE 108, 185–191, Rn. 20 nach juris; BAG, Beschluss vom 10. März 2004 – 7 ABR 49/03 –, BAGE 110, 27–37, Rn. 20 nach juris; *Brose*, NZA 2005,797, 798; *Franke*, NJW 2002, 656, 656;

Diese Auffassung übersieht aber, dass der Wortlaut genauso gut auch die Interpretation hergibt, dass das Wahlrecht der Leiharbeitnehmer schon aus der Betriebszugehörigkeit und § 7 S. 1 BetrVG folgt und durch den S. 2 nur eingeschränkt wird, nämlich auf Leiharbeitnehmer, die länger als drei Monate eingesetzt werden. Die Formulierung „Arbeitnehmer eines anderen Arbeitgebers“ in S. 2 kann also auch als Konkretisierung einer besonderen Beschäftigtengruppe aus dem Kreis der „Arbeitnehmer des Betriebes“ i.S.d. § 7 S. 1 BetrVG angesehen werden und daher auch den Sinn haben, den Kreis jener Arbeitnehmer zu bezeichnen, deren Wahlrecht eingeschränkt werden soll[455]. Dafür spricht auch, dass man andernfalls bei genauer Anwendung der Regelung des § 7 BetrVG zu nur schwer vertretbaren Ergebnissen kommen würde:

Sofern man annimmt, dass sich das aktive Wahlrecht der Leiharbeitnehmer allein aus § 7 S. 2 BetrVG ergibt, hätte dies zur Folge, dass auch Leiharbeitnehmer unter 18 Jahren, die länger als drei Monate im Betrieb eingesetzt werden, das aktive Wahlrecht nach § 7 S. 2 BetrVG hätten[456]. Stammarbeitnehmern unter 18 Jahren wäre das aktive Wahlrecht allerdings nach § 7 S. 1 BetrVG verwehrt. Würde den Leiharbeitnehmern das Wahlrecht nicht bereits nach § 7 S. 1 BetrVG zustehen, dann würden Leiharbeitnehmer dem Ausschluss nach § 7 S. 1 BetrVG bezüglich minderjähriger Arbeitnehmer nicht unterliegen. Dass dies aber vom Gesetzgeber nicht gewollt ist, ist offenkundig: Natürlich wollte der Gesetzgeber nicht auch einem 17-jährigen Leiharbeitnehmer, der für mehr als drei Monate beim Entleiher eingesetzt werden soll, das aktive Wahlrecht einräumen, während einem 17-jährigern Stammarbeitnehmer dieses Wahlrecht nicht zusteht. Das ergibt schon eine verfassungskonforme Auslegung: Andernfalls würde § 7 BetrVG diese gegen Art. 3 GG verstoßende Ungleichbehandlung zur Folge haben. Ein solches Ergebnis lässt sich aber nur vermeiden, wenn man § 7 S. 2 BetrVG als Einschränkung eines sich bereits aus § 7 S. 1 BetrVG ergebenden Wahlrechts ansieht bzw. die Bedingung des § 7 S. 1 BetrVG – mindestens 18 Jahre alt – auf § 7 S. 2 BetrVG erstreckt. Folglich setzt eine widerspruchsfreie, verfassungskonforme Anwendung des § 7 BetrVG voraus, dass Leiharbeitnehmer zumindest grundsätzlich und unter bestimmten Bedingungen auch zu den „Arbeitnehmern des Betriebes“ (§ 7 S. 1 BetrVG) gehören können.

Der Wortlaut spricht damit jedenfalls nicht gegen die Betriebszugehörigkeit der gem. § 7 S. 2 BetrVG wahlberechtigten Leiharbeitnehmer im Entleiherbetrieb.

---

*Kreutz*, SAE 2004, 168, 169; *Loof*, Beteiligungsrechte, S. 73; *Raab*, ZfA 2003, 389, 433f.; *Raab*, in: GK-BetrVG I, 10. Aufl., § 7 Rn. 23; *Schirmer*, in: Oetker u.a., 50 Jahre BAG, S. 1078.

455 Ähnlich: *Jüttner*, Auswirkungen, S. 103.

456 *Jüttner*, Auswirkungen, S. 103.

## 6. Die betriebsverfassungsrechtliche Gleichstellung der Leiharbeitnehmer nach § 7 S. 2 BetrVG

Die Auslegung des § 7 S. 2 BetrVG hat bisher gezeigt, dass die Einsatzdauer für die Stellung der Leiharbeitnehmer in der Betriebsverfassung eine über das Wahlrecht hinausgehende Bedeutung haben kann. Sinn und Zweck der Regelung, die Gesetzesbegründung, Wortlaut und Systematik des BetrVG sprechen dafür, den gem. § 7 S. 2 BetrVG wahlberechtigten Leiharbeitnehmer auch als betriebszugehörigen Arbeitnehmer des Entleiherbetriebes anzusehen.

### *a. Keine Gleichstellung aller Leiharbeitnehmer unabhängig von der Einsatzdauer*

Es fragt sich aber, ob über diese gem. § 7 S. 2 BetrVG wahlberechtigten Leiharbeitnehmer hinaus nicht sogar alle im Entleiherbetrieb eingesetzten Leiharbeitnehmer unabhängig von der Einsatzdauer Betriebszugehörige des Entleiherbetriebes sind.

Nach dem am 1.4.2017 in Kraft tretenden[457] § 14 II 4 AÜG sind alle Leiharbeitnehmer auch im Entleiherbetrieb zu berücksichtigen, soweit Bestimmungen des Betriebsverfassungsgesetzes mit Ausnahme des § 112a BetrVG einen bestimmten Anteil von Arbeitnehmern voraussetzen. Mit diesem neuen § 14 II 4 AÜG sollen also grundsätzlich alle Leiharbeitnehmer künftig bei den Schwellenwerten des BetrVG im Entleiherbetrieb berücksichtigt werden. Dahinter könnte die gesetzgeberische Wertung stehen, alle Leiharbeitnehmer damit auch als dem Entleiherbetrieb zugehörig zu betrachten.

Dabei muss aber berücksichtigt werden, dass sich aus der Einbeziehung von Leiharbeitnehmern bei den Schwellenwerten keine individuellen Rechte für den einzelnen Arbeitnehmer ableiten. Das aktive Wahlrecht gem. § 7 S. 2 BetrVG ist demgegenüber ein betriebsverfassungsrechtliches Individualrecht. Wenn es um die individuelle Stellung des Arbeitnehmers zum Betrieb geht, kann daher einer organisatorischen Norm, die die Berücksichtigung sämtlicher Leiharbeitnehmer bei den Schwellenwerten anordnet, schon im Ausgangspunkt nur eine geringere Bedeutung beigemessen werden. Im Übrigen besteht im BetrVG nicht die Gleichung, dass alle betriebszugehörigen Arbeitnehmer auch bei den Schwellenwerten zu berücksichtigen sind. So stellt § 9 BetrVG und andere Schwellenwerte auf die Zahl der „in der Regel" beschäftigten Arbeitnehmer ab. Es verbietet sich also, die betriebszugehörigen Arbeitnehmer grundsätzlich und ausnahmslos auch bei den Schwellenwerten zu berücksichtigen. So kann die Zahl der betriebszugehörigen Arbeitnehmer lediglich den Ausgangspunkt der Bestimmung der relevanten Beschäftigungszahl im Rahmen des § 9 BetrVG darstellen[458]. Der Wahlvorstand hat einen Beurteilungsspielraum bei

457 Vgl. BT-Drucks. 18/10064, S. 6; BR-Drucks. 627/16, S. 3.
458 *Thüsing*, in: Richardi, BetrVG, 15. Aufl., § 9 Rn. 11.

der Festlegung der Anzahl der regelmäßig beschäftigten Arbeitnehmer[459], die damit immer nur eine Rahmenfeststellung sein kann[460]. Die Zahl der bei den Schwellenwerten zu berücksichtigenden Arbeitnehmer muss also nicht mit der jeweiligen Zahl der betriebszugehörigen Arbeitnehmer identisch sein[461].

Auch aus der Gesetzesbegründung zum § 14 II 4 AÜG ergibt sich nichts, was dafür sprechen würde, wegen der Berücksichtigung aller Leiharbeitnehmer bei den betriebsverfassungsrechtlichen Schwellenwerten diese auch unabhängig von der Einsatzdauer alle als betriebszugehörige Arbeitnehmer anzusehen. In der Begründung wird darauf hingewiesen, dass mit § 14 II 4 AÜG nur die Rechtsprechung des BAG aufgegriffen werde. Danach soll die neue gesetzliche Regelung nur die vom BAG aufgestellten Grundsätze nachzeichnen[462]. Ein Mitzählen der Leiharbeitnehmer soll „für jeden Schwellenwert gesondert anhand dessen Zwecksetzung zu prüfen" sein; ausdrücklich wird in der Begründung dargestellt, dass die Wirkung des § 14 II 3 AÜG auf die Berücksichtigung der Leiharbeitnehmer bei den Schwellenwerten beschränkt wird: Sie „fingiert nicht das Vorliegen der in der jeweiligen Norm enthaltenen Voraussetzungen wie z.B. die Wahlberechtigung"[463].

Dieser Hinweis aus der Begründung führt zu dem entscheidenden Aspekt, warum die Berücksichtigung aller Leiharbeitnehmer bei den Schwellenwerten – unabhängig von der Einsatzdauer – nicht dazu führen kann, auch alle Leiharbeitnehmer als betriebszugehörige Arbeitnehmer des Entleiherbetriebes zu betrachten: § 7 S. 2 BetrVG schließt die generelle Betriebszugehörigkeit aller Leiharbeitnehmer unabhängig von der Einsatzdauer vielmehr aus: Denn Leiharbeitnehmer sollen das aktive Wahlrecht nach § 7 S. 2 BetrVG nur bei einer Einsatzdauer von mehr als drei Monaten haben. Wären auch jene Leiharbeitnehmer betriebszugehörig, die eine geringere Einsatzdauer haben, dann müssten sie als betriebszugehörige Arbeitnehmer ebenfalls das aktive Wahlrecht nach § 7 S. 1 BetrVG haben. Die im Rahmen des § 7 S. 2 BetrVG getroffene Differenzierung zwischen Leiharbeitnehmern mit kürzeren Einsätzen und solchen mit einem Einsatz von mindestens drei Monaten verbietet also eine Auslegung, nach der alle Leiharbeitnehmer betriebszugehörig wären[464]. Vielmehr ergibt sich mithin unmittelbar aus § 7 S. 2 BetrVG, dass Leiharbeitnehmer,

---

459 BAG, Beschluss vom 12. Oktober 1976 – 1 ABR 1/76 –, BAGE 28, 203–212, Rn. 30 nach juris; LAG Hamburg, Beschluss vom 26. April 2006 – 6 TaBV 6/06 –, Rn. 21 nach juris; LAG München, Beschluss vom 24. Juli 2007 – 6 TaBV 3/07 –, Rn. 33 nach juris; *Fitting*, 28. Aufl., § 9 Rn. 11; *Kreutz/Jacobs*, in: GK-BetrVG I, 10. Aufl. § 9 Rn. 15; *Thüsing*, in: Richardi, BetrVG, 15. Aufl., § 9 Rn. 11; **a.A.:** *Nipperdey*, DB 1977, 1093, 1094f.

460 *Thüsing*, in: Richardi, BetrVG, 15. Aufl., § 9 Rn. 11.

461 Vgl. LAG Hamburg, Beschluss vom 26. April 2006 – 6 TaBV 6/06 –, Rn. 22 nach juris; LAG München, Beschluss vom 24. Juli 2007 – 6 TaBV 3/07 –, Rn. 34f. nach juris.

462 Vgl. BT-Drucks. 18/9232, S. 27.

463 So BT-Drucks. 18/9232, S. 27.

464 Vgl. D.IV.2.b.; D.V.

die nicht länger als drei Monate im Entleiherbetrieb eingesetzt werden, nicht Betriebszugehörige des Entleiherbetriebes sein können.

### *b. Gleichstellung der Leiharbeitnehmer mit einer Einsatzdauer von mehr als drei Monaten und Betriebszugehörigkeit*

Da nicht alle Leiharbeitnehmer unabhängig von ihrer Einsatzdauer Betriebszugehörige des Einsatzbetriebes sein können, spricht die Auslegung des § 7 S. 2 BetrVG – wie dargelegt – für die Betriebszugehörigkeit jedenfalls jener Leiharbeitnehmer, die länger als drei Monate im Entleiherbetrieb eingesetzt sind. Diese Auslegung spiegelt auch wider, was ein Vergleich der betriebsverfassungsrechtlichen Stellung eines Stammarbeitnehmers mit einem Arbeitsverhältnis zum Betriebsinhaber auf der einen Seite und eines Leiharbeitnehmers mit einer Einsatzdauer von mehr als drei Monaten auf der anderen Seite ergibt: Ein Leiharbeitnehmer, der die Voraussetzungen des § 7 S. 2 BetrVG erfüllt, hat mit einer Ausnahme die gleiche betriebsverfassungsrechtliche Stellung wie der Stammarbeitnehmer mit einem Arbeitsverhältnis zum Betriebsinhaber: Wie alle Leiharbeitnehmer wird er nach der hier vertretenen Auffassung ebenso wie ein Stammarbeitnehmer bereits unabhängig von seiner Betriebszugehörigkeit zum Entleiherbetrieb durch den Betriebsrat im Rahmen der Beteiligungsrechte mitrepräsentiert, soweit das jeweils in Frage stehende Beteiligungsrecht an einen Tatbestand anknüpft, der sich auch auf Leiharbeitnehmer auswirken kann. Dies ist insbesondere bei jenen Beteiligungsrechten der Fall, die das arbeitsrechtliche Weisungsrecht zum Gegenstand haben. Ebenso kann er seine betriebsverfassungsrechtlichen Individualrechte auch im Entleiherbetrieb gegenüber dem Entleiher geltend machen. Und schließlich hat der Leiharbeitnehmer mit einer Einsatzdauer von mehr als drei Monaten auch das aktive Wahlrecht zum Betriebsrat.

Bei den wesentlichen betriebsverfassungsrechtlichen Rechten bleibt der Leiharbeitnehmer mit einer mehr als dreimonatigen Einsatzdauer damit lediglich in einem Punkt hinter den Stammarbeitnehmern zurück, nämlich im Rahmen des passiven Wahlrechts. § 14 II 1 AÜG schließt die Wahl eines Leiharbeitnehmers in die betriebsverfassungsrechtlichen Arbeitnehmervertretungen im Entleiherbetrieb aus. Dass Leiharbeitnehmern das passive Wahlrecht verwehrt ist, ist jedoch – wie oben dargelegt[465] – bereits aufgrund des dem Betriebsrat notwendigerweise zu gewährenden Kontinuitätsschutzes zwingend. Das passive Wahlrecht wird dem Leiharbeitnehmer nicht verwehrt, weil er zur Erfüllung der Betriebsratsaufgaben im Entleiherbetrieb nicht geeignet oder ein Fremdkörper im Betriebsrat des Entleiherbetriebes wäre. Könnte sich ein Leiharbeitnehmer in den Betriebsrat des Entleiherbetriebes wählen lassen, wäre es dem Entleiher möglich, durch Vereinbarung mit dem Verleiher den Einsatz dieses Betriebsratsmitgliedes im Entleiherbetrieb zu beenden und auf diesem Wege Einfluss auf die personelle Zusammensetzung des Betriebsrates nehmen. Der Grund für den Ausschluss des passiven Wahlrechts liegt also nicht im Verhältnis

---

465 Vgl. D.IV.2.b.

zwischen Leiharbeitnehmer und Entleiherbetrieb, sondern in der Gefährdung der Unabhängigkeit und des Bestands- und Kontinuitätsschutzes des Betriebsrates[466]. Der § 14 II 1 AÜG ist zum Schutz der Unabhängigkeit des Betriebsrates gegenüber dem Arbeitgeber erforderlich.

Im Übrigen widerspricht es auch nicht der Annahme der Betriebszugehörigkeit eines Arbeitnehmers, wenn diesem das passive Wahlrecht verwehrt bleibt[467]. Das passive Wahlrecht ist weder unmittelbare Folge noch Voraussetzung der Betriebszugehörigkeit: Nach den §§ 8 I und 7 S. 1 BetrVG sind auch die betriebszugehörigen Arbeitnehmer unter 18 Jahren nicht wählbar. Ebenso sind gem. § 8 I 3 BetrVG auch betriebszugehörige Arbeitnehmer nicht wählbar, die infolge strafgerichtlicher Verurteilung die Fähigkeit, Rechte aus öffentlich Wahlen zu erlangen, nicht besitzen. Diese Beispiele belegen, dass passives Wahlrecht und Betriebszugehörigkeit sich nicht gegenseitig bedingen. Dass Leiharbeitnehmer – auch bei einem Einsatz von mehr als drei Monaten – kein passives Wahlrecht haben, ist deshalb auch kein Argument gegen ihre Betriebszugehörigkeit, zumal die Regelung des § 14 II 1 AÜG dem Schutz des Betriebsrates dient.

Vor diesem Hintergrund besteht der Unterschied in der betriebsverfassungsrechtlichen Stellung zwischen Leiharbeitnehmern mit einem Einsatz von mehr als drei Monaten und Stammarbeitnehmern mit einem Arbeitsverhältnis zum Betriebsinhaber lediglich in einem Punkt, der für die Betriebszugehörigkeit nicht maßgeblich ist. Es gibt jedoch keinen Unterschied zwischen Leiharbeitnehmern nach § 7 S. 2 BetrVG und Stammarbeitnehmern, der seinen Ursprung in einer fehlenden Nähe zum Einsatzbetrieb hätte. Versteht man die Betriebszugehörigkeit richtigerweise als Ausdruck des Näheverhältnisses zwischen Arbeitnehmer und Betrieb, und die Belegschaft als die Gemeinschaft der gleichermaßen Interessenbetroffenen, so muss auch unter diesem Gesichtspunkt die Betriebszugehörigkeit eines Leiharbeitnehmers mit einer Einsatzdauer von mehr als drei Monaten bejaht werden.

Die grundsätzliche betriebsverfassungsrechtliche Gleichstellung der Leiharbeitnehmer mit einer Einsatzdauer von mehr als drei Monaten mit Stammarbeitnehmern des Einsatzbetriebes, die einen Vertrag mit dem Betriebsinhaber haben, ist dem § 7 S. 2 BetrVG zu entnehmen, weil mit dem aktiven Wahlrecht das entscheidende Element der Betriebszugehörigkeit verliehen wird. Die Regelung ist Ausdruck der Wertung des Gesetzgebers, dass wahlberechtigte Arbeitnehmer eine gemeinsame Interessenbetroffenheit haben, wenn es um die Mitwirkung bei der Zusammensetzung des Betriebsrates geht. Deshalb müssen grundsätzlich alle betriebszugehörigen Arbeitnehmer immer das aktive Wahlrecht zum Betriebsrat gem. § 7 S. 1 BetrVG haben, wenn sie mindestens 18 Jahre alt sind. Mit dem § 7 S. 2 BetrVG gibt der

466 Vgl. D.IV.2.b.

467 Anders aber *Benecke*, in: Henssler u.a., FS Wank, S. 37, die – ohne dies genauer zu begründen – im Ausschluss des passiven Wahlrechts im Entleiherbetrieb gem. § 14 II 1 AÜG den Grund dafür sieht, Leiharbeitnehmer nicht dem Entleiherbetrieb zuzuordnen.

Gesetzgeber den Leiharbeitnehmern mit einem Einsatz von mehr als drei Monaten die Möglichkeit, auf die Zusammensetzung des Betriebsrates als Vertretungsorgan der Betriebsbelegschaft Einfluss zu nehmen. Ein solcher Einfluss kann aber nur Personen zustehen, die selbst der Belegschaft angehören[468]. Das aktive Wahlrecht ist Ausdruck der gesetzgeberischen Wertung, dass es sich bei den wahlberechtigten Arbeitnehmern um Betriebszugehörige handelt. Leiharbeitnehmer mit einer Einsatzdauer von mehr als drei Monaten sind deshalb gem. § 7 S. 2 BetrVG auch Betriebszugehörige des Einsatzbetriebes.

Dass umgekehrt (noch) nicht wahlberechtigte Arbeitnehmer gleichwohl auch Betriebszugehörige sein können, belegt § 7 S. 1 BetrVG für die minderjährigen Arbeitnehmer. Soweit ein Arbeitnehmer des Betriebes, der durch Vertrag mit dem Betriebsinhaber verbunden ist, das 18. Lebensjahr noch nicht vollendet hat, ist er gem. § 7 S. 1 BetrVG zwar nicht wahlberechtigt, aber gleichwohl Betriebszugehöriger. Das gilt damit auch für den noch nicht 18-jährigen und nicht wahlberechtigten Leiharbeitnehmer mit drei Monate Einsatzdauer.

Folglich sind alle Leiharbeitnehmer mit einer Einsatzdauer von mehr als drei Monaten Betriebszugehörige des Einsatzbetriebes.

---

468 So auch *Wlotzke*, in: Oetker u.a., 50 Jahre BAG, S. 1159.

# E. Befugnis zur Normsetzung der Betriebsparteien im Entleiherbetrieb durch Betriebsvereinbarungen

Betriebsvereinbarungen sind ein wichtiges Instrument der Betriebsverfassung. Es stellt sich die Frage, ob und inwieweit Betriebsvereinbarungen auch für Leiharbeitnehmer im Entleiherbetrieb unmittelbare Wirkung i.S.d. § 77 IV 1 BetrVG entfalten. Diese Frage wird in der Literatur und insbesondere in der Kommentierung zum AÜG und zum BetrVG vielfach auf die Feststellung reduziert, dass auch Leiharbeitnehmer unter Betriebsvereinbarungen im Entleiherbetrieb fallen können, soweit sich dies aus der Auslegung der Betriebsvereinbarung ergibt und der Regelungsgegenstand auf Leiharbeitnehmer übertragbar ist[469]. Der dadurch angelegte Maßstab zur Überprüfung, ob die Betriebsvereinbarung auch auf Leiharbeitnehmer anwendbar ist, wäre danach identisch mit den Voraussetzungen für die Wahrnehmung eines Mitbestimmungsrechts durch den Entleiherbetriebsrat: Jedenfalls dann, wenn sich ein Mitbestimmungsrecht auf Leiharbeitnehmer erstreckt, gilt die Betriebsvereinbarung, mit der dieses Recht ausgeübt wird, auch für Leiharbeitnehmer. Diesem Ergebnis liegt die Überlegung zu Grunde, dass anderenfalls die auch für den Leiharbeitnehmer wahrgenommene Beteiligung des Betriebsrates leerliefe, wenn sie durch Betriebsvereinbarung im Entleiherbetrieb ausgeübt wird[470]. Allerdings wird diese Argumentation ausschließlich vom gewünschten Ergebnis aus geführt; sie klärt nicht den maßgeblichen Kern der Frage, was die Einbeziehung von Leiharbeitnehmern in den Geltungsbereich einer Betriebsvereinbarung im Entleiherbetrieb legitimiert. Betriebsvereinbarungen wirken nach h.M. gem. § 77 IV 1 BetrVG normativ[471] und stellen materielles Recht dar[472]. Die Betriebsvereinbarung gilt unabhängig von einem Unterwerfungsakt des Arbeitnehmers, sodass sie jedenfalls im Hinblick auf ihre Wirkung für die Adressaten einem Akt privater Normsetzung gleich

469 Vgl. *Boemke*, in: Boemke/Lembke, AÜG, § 14 Rn. 88; *Dewender*, Betriebsfremde, S. 141f.; *zu Dohna-Jaeger*, in: Ulber, AÜG, § 14 Rn. 177; *Erdlenbruch*, betriebsverfassungsrechtliche Stellung, S. 226; *Fitting*, 28. Aufl., § 77 Rn. 35; *Germakowski*, in: Urban-Crell u.a., AÜG, § 14 Rn. 80; *Kreutz*, in: GK-BetrVG II, 10. Aufl., § 77 Rn. 195; *Richardi*, in: Richardi, BetrVG, 15. Aufl., § 77 Rn. 80; *Zimmerling*, Schwellenwerte, 225; *Loof*, Beteiligungsrechte, verzichtet vollständig auf eine Thematisierung der Frage nach Betriebsvereinbarungen im Entleiherbetrieb.

470 Ausdrücklich argumentiert so *Müllner*, Arbeitgeberstellung, S. 87.

471 Statt vieler: *Linsenmaier*, RdA 2008, 1, 3 mwNw.; **a.A:** *Rieble*, Arbeitsmarkt, S. 427, Rn. 1419; vgl. E.IV.

472 Vgl. *Waltermann*, RdA 2007, 257, 261.

kommt[473]. Der damit fremdbestimmende Charakter der Betriebsvereinbarung setzt voraus, dass die Betriebsparteien zur innerbetrieblichen Normsetzung legitimiert sind[474]. Der persönliche Geltungsbereich von Betriebsvereinbarungen muss sich also danach richten, auf wen sich die Legitimierung von Betriebsvereinbarungen bezieht. Eine Einbeziehung von Leiharbeitnehmern in den Geltungsbereich einer Betriebsvereinbarung im Entleiherbetrieb setzt folglich voraus, dass der Betriebsrat des Entleiherbetriebes legitimiert ist, auch für die Leiharbeitnehmer Betriebsvereinbarungen zu schließen.

Worin aber die Legitimierung der Betriebspartner zur Normsetzung besteht, ist umstritten und hängt maßgeblich vom Grundverständnis der Betriebsverfassung ab[475]. Im Folgenden sollen daher die unterschiedlichen Ansätze zur Legitimierung der Normsetzungsbefugnis dahingehend untersucht werden, ob sie auch Leiharbeitnehmer erfassen.

## I. Legitimation durch Wahlrecht

Grundsätzlich geht das BAG davon aus, dass sich die Legitimation der Betriebspartner zur Normsetzung maßgeblich aus der Wahlberechtigung ergebe[476]. Aus diesem Grunde könne sich eine Betriebsvereinbarung grundsätzlich nicht mit normativer Wirkung auf Betriebsrentner[477] und leitende Angestellte[478] beziehen. Lediglich der Inhalt einer Betriebsvereinbarung könne sich, soweit diese begünstigend ist, auf nicht wahlberechtigte Dritte in der Form eines Vertrages zugunsten Dritter[479] erstrecken oder sich daraus ergeben, dass das Angebot des Arbeitgebers

473 BAG, Urteil vom 12. Dezember 2006 – 1 AZR 96/06 –, Rn. 16 nach juris; *Lisenmaier*, RdA 2008, 1, 3; **a.A.:** *Rieble*, Arbeitsmarkt, S. 427, Rn. 1419, vgl. E.IV.

474 Vgl. BAG BAG, Urteil vom 12. Dezember 2006 – 1 AZR 96/06 –, Rn. 16 nach juris.

475 Vgl. nur die Auffassung von *Waltermann*, der die Normsetzungsbefugnis allein schon durch die Betriebsverfassung legitimiert sieht, *Waltermann*, NZA 1996, 357, 365 und *Rieble*, der die Betriebsratsbeteiligung und auch den Abschluss von Betriebsvereinbarungen vollständig in die Sphäre des Arbeitgebers verordnet und damit keinerlei Anforderungen an die Legitimierung stellt, *Rieble*, Arbeitsmarkt, S. 427, Rn. 1419.

476 Vgl. BAG, Beschluss vom 16. März 1956 – GS 1/55 –, Rn. 22 nach juris; BAG, Urteil vom 31. Januar 1979 – 5 AZR 454/77 –, Rn. 44 nach juris; BAG, Urteil vom 25. Oktober 1988 – 3 AZR 483/86 –, Rn. 20 nach juris; in neuerer Zeit lässt das BAG jedoch offen, ob es an dieser Rechtsprechung festhält, vgl. BAG, Urteil vom 28. Juli 1998 – 3 AZR 357/97 –, Rn. 36 nach juris; BAG, Urteil vom 19. Februar 2008 – 3 AZR 61/06 –, Rn. 31 nach juris; BAG, Urteil vom 18. September 2012 – 3 AZR 431/10 –, Rn. 28 nach juris.

477 BAG, Beschluss vom 16. März 1956 – GS 1/55 –, Rn. 20ff. nach juris.

478 BAG, Urteil vom 31. Januar 1979 – 5 AZR 454/77 –, Rn. 44 nach juris.

479 BAG, Beschluss vom 16. März 1956 – GS 1/55 –, BAGE 3, 1, Rn. 26; BAG, Urteil vom 31. Januar 1979 – 5 AZR 454/77 –, BAGE 31, 266–282, Rn. 47 nach juris;

ausdrücklich oder stillschweigend vom betroffenen Dritten angenommen wird[480]. Eine unmittelbare normative Wirkung i.S.d. § 77 IV 1 BetrVG sei aufgrund der fehlenden Legitimation jedoch ausgeschlossen.

Bereits bevor Leiharbeitnehmern das aktive Wahlrecht durch § 7 S. 2 BetrVG n.F. zugesprochen wurde, ging das BAG in seiner Entscheidung vom 15.12.1992[481] allerdings davon aus, dass Leiharbeitnehmer von Betriebsvereinbarungen im Entleiherbetrieb erfasst sein können. Das BAG stellte dies in seiner Entscheidung zwar nicht ausdrücklich, aber mittelbar fest, denn es ging um eine Betriebsvereinbarung, mit der die Mitbestimmung nach § 87 I Nr. 2 BetrVG auch für Leiharbeitnehmer geregelt wurde[482]. Dieses Ergebnis erscheint überraschend, bedenkt man, dass Leiharbeitnehmer zum Zeitpunkt der Entscheidung vom 15.12.1992[483] im Entleiherbetrieb nicht wahlberechtigt waren und folglich – nach der grundsätzlichen Auffassung des BAG – die Betriebsparteien nicht zum Abschluss von für sie normativ geltenden Betriebsvereinbarungen (auch) für Leiharbeitnehmer legitimiert wären. Bei konsequenter Anwendung der früher aufgestellten Grundsätze zur persönlichen Anwendbarkeit von Betriebsvereinbarungen hätte zum damaligen Zeitpunkt der Entscheidung jedenfalls eine unmittelbare Geltung für Leiharbeitnehmer abgelehnt werden müssen.

Auch die Annahme einer mittelbaren Geltung der Betriebsvereinbarung für Leiharbeitnehmer, indem die Betriebsvereinbarung als Vertrag zugunsten Dritter (nämlich der Leiharbeitnehmer) angesehen wird, konnte dem BAG nicht unterstellt werden: Bei der Betriebsvereinbarung ging es in der fraglichen Entscheidung des BAG vom 15.12.1992 um eine Betriebsvereinbarung über Beginn und Ende der täglichen Arbeitszeit; es handelte sich also um eine jedenfalls nicht ausschließlich (die Leiharbeitnehmer) begünstigende Regelung. Das BAG begründet in dieser Entscheidung nicht ausdrücklich, warum der Betriebsrat hier legitimiert gewesen ist, auch für (nicht wahlberechtigte) Leiharbeitnehmer – abweichend von dem Grundsatz der BAG-Rechtsprechung, das Wahlrecht legitimiere zur Normsetzung – eine solche Betriebsvereinbarung zu schließen. Das BAG folgte offenbar in diesem Falle vom Ergebnis her der Auffassung, dass Betriebsvereinbarungen gem. § 77 IV 1 BetrVG unmittelbar normativ für Leiharbeitnehmer wirken, wenn der Normzweck bzw. der Inhalt der Betriebsvereinbarung dies erfordern.

In der Literatur wird vereinzelt ebenfalls zur Legitimation der normativen Wirkung der Betriebsvereinbarungen auf das Wahlrecht abgestellt[484]. *Barth*[485] vertrat

---

**a.A.:** *Kreutz*, in GK-BetrVG II, 10. Aufl., § 77 Rn. 187, der den Betriebsparteien die Befugnis abspricht, schuldrechtliche Beziehungen zu begründen.

480 Diese Möglichkeit sah das BAG zumindest noch in seinem Beschluss vom 16. März 1956 – GS 1/55 –, BAGE 3, 1, Rn. 26 nach juris.

481 BAG, Beschluss vom 15. Dezember 1992 – 1 ABR 38/92 –.

482 BAG, Beschluss vom 15. Dezember 1992 – 1 ABR 38/92 –, Rn. 1 nach juris.

483 BAG, Beschluss vom 15. Dezember 1992 – 1 ABR 38/92 –.

484 Vgl. *Barth*, Mitbestimmungs- und Beteiligungsrechte, S. 102; *Kaufmann*, betriebsverfassungsrechtliche Zuordnung, S. 113f.

485 *Barth*, Mitbestimmungs- und Beteiligungsrechte, S. 99ff.

diese Auffassung noch bevor das aktive Wahlrecht für Leiharbeitnehmer gem. § 7 S. 2 BetrVG eingefügt wurde. Auch wenn nach dieser Auffassung eine normative Wirkung von Betriebsvereinbarungen für Leiharbeitnehmer vom Wahlrecht abhängt, erstreckt *Barth* den Inhalt der Betriebsvereinbarungen durch schuldrechtliche Bindung auf die nicht wahlberechtigten Leiharbeitnehmer[486]: Dies geschehe – anknüpfend an die Rechtsprechung des BAG zur Einbeziehung von leitenden Angestellten in einen Sozialplan[487] – durch die Annahme eines Vertrages zugunsten Dritter, soweit dem Leiharbeitnehmer nach dem Inhalt der Betriebsvereinbarung begünstigende Rechte zugebilligt werden[488].

## II. Legitimation durch Wahlrecht und Arbeitsvertrag

Teilweise wird in der Literatur die Auffassung vertreten, dass sich die Legitimation der normativen Wirkung einer Betriebsvereinbarung aus dem Arbeitsvertrag und dem Wahlrecht ergibt[489]. Die Legitimation leite sich zum einen aus dem Arbeitsvertrag ab, soweit die Betriebsvereinbarung auf jenen Rechtskreis des Arbeitnehmers einwirke, der durch den Arbeitsvertrag begründet werde[490]; es gehe dabei um die Gestaltung arbeitsvertraglicher Beziehungen und damit gerade nicht um die Einwirkung auf die tatsächliche Stellung der Arbeitnehmer und die Beschränkung des Direktionsrechts des Arbeitgebers, sondern um die Gestaltung arbeitsvertraglicher Beziehungen[491]. Auch auf Seiten des Arbeitgebers stelle die Tatsache, dass er selbst Partei des Arbeitsvertrages ist, die sachliche Basis für die Normsetzungsbefugnis dar[492]. Neben dem Vertrag sei zudem das Wahlrecht erforderlich, um die Normsetzung durch die Betriebsparteien zu legitimieren[493]. Dies ergebe sich maßgeblich daraus, dass den Betriebsparteien weitergehende Regelungsbefugnisse zustehen, als „nur" im Lager des Arbeitgebers sein Direktionsrecht mit zu gestalten[494]. So hätten die Betriebspartner z.B. die Möglichkeit, Kurzarbeit gem. § 87 I Nr. 3 BetrVG durch Betriebsvereinbarung zu regeln, was nicht vom Weisungsrecht des Arbeitgebers umfasst ist[495]. Auch können die Betriebspartner Auswahlrichtlinien gem. § 95 BetrVG aufstellen, die die Chancen eines gekündigten Arbeitnehmers im Prozess

---

486 *Barth*, Mitbestimmungs- und Beteiligungsrechte, S. 100, 102.

487 Vgl. BAG, Urteil vom 31. Januar 1979 – 5 AZR 454/77 –.

488 *Barth*, Mitbestimmungs- und Beteiligungsrechte, S. 102.

489 *Hänlein*, RdA 2003, 26, 30; *Kraft*, in: Hofmann u.a., FS Pleyer, S. 397ff.; vgl. *Franzen*, NZA-Beil 3/2006, 107, 108.

490 *Kraft*, in: Hofmann u.a., FS Pleyer, S. 398.

491 *Kraft*, in: Hofmann u.a., FS Pleyer, S. 398.

492 *Kraft*, in: Hofmann u.a., FS Pleyer, S. 398.

493 *Hänlein*, RdA 2003, 26, 30; *Kraft*, in: Hofmann u.a., FS Pleyer, S. 397ff.; vgl. *Franzen*, NZA-Beil 3/2006, 107, 108.

494 *Hänlein*, RdA 2003, 26, 30; vgl. *Franzen*, NZA-Beil 3/2006, 107, 108.

495 *Hänlein*, RdA 2003, 26, 30.

verschlechtern können[496]. Dem Betriebsrat kommt nach dieser Ansicht aufgrund der über das Weisungsrecht des Arbeitgebers hinausgehenden Befugnisse eine eigenständige Machtposition gegenüber den Arbeitnehmern zu, sodass sich die Legitimation nicht ausschließlich aus dem Vertrag ergeben könne[497].

Wenngleich damit die Legitimation der Normsetzung nach dieser Ansicht sowohl einen Arbeitsvertrag mit dem Betriebsinhaber als auch das Wahlrecht voraussetzt, gelangen die Vertreter dieser Ansicht hinsichtlich der im Entleiherbetrieb eingesetzten Leiharbeitnehmer zu unterschiedlichen Ergebnissen:

Nach *Hänlein* lasse sich aus dem aktiven Wahlrecht für Leiharbeitnehmer gem. § 7 S. 2 BetrVG ableiten, dass das Wahlrecht zur Legitimation der innerbetrieblichen Normsetzung allgemein erforderlich sei: Der Gesetzgeber habe mit § 7 S. 2 BetrVG ein zuvor bestehendes Legitimationsdefizit beseitigt[498]. Auf das auch nach seiner Ansicht grundsätzlich erforderliche Arbeitsverhältnis zwischen Leiharbeitnehmer und Entleiher geht er hingegen nicht ein[499]. Möglicherweise lässt *Hänlein* im Hinblick auf das Erfordernis einer vertraglichen Beziehung – ähnlich *Kreutz*[500] – das aus dem Leiharbeitsverhältnis abgeleitete Weisungsrecht des Entleihers genügen. Im Ergebnis stellt *Hänlein* die normative Wirkung von Betriebsvereinbarungen für Leiharbeitnehmer jedenfalls nicht in Frage[501].

Hingegen hält *Kraft* streng an den von ihm aufgestellten Kriterien zur Legitimation der Normsetzung – Wahlrecht und Arbeitsvertrag – fest und schließt die Anwendbarkeit von Betriebsvereinbarungen für Leiharbeitnehmer aus. Unabhängig vom nunmehr geltenden aktiven Wahlrecht der Leiharbeitnehmer im Entleiherbetrieb gem. § 7 S. 2 BetrVG fehle es Leiharbeitnehmern nach wie vor an dem von *Kraft*[502] geforderten Arbeitsvertrag zwischen Entleiher und Leiharbeitnehmer. Insofern scheidet nach dieser Ansicht auch nach der jetzigen Gesetzeslage eine unmittelbare normative Wirkung von Betriebsvereinbarungen für Leiharbeitnehmer im Entleiherbetrieb aus[503]. Wenngleich sich nach *Kraft* die normative Wirkung der Betriebsvereinbarungen des Entleiherbetriebes damit nicht auf die dort eingesetzten Leiharbeitnehmer bezieht, könne der Inhalt dieser Betriebsvereinbarungen gleichwohl für Leiharbeitnehmer aufgrund einer schuldrechtlichen Bindung des Leiharbeitnehmers gelten[504]: Leiharbeitnehmer sind aufgrund ihres Leiharbeitsvertrages mit dem Verleiher dazu verpflichtet, den Weisungen des jeweiligen Entleihers zu folgen. Das Einverständnis des Leiharbeitnehmers zum Einsatz im Entleiherbetrieb könne als eine stillschweigende Inbezugnahme der geltenden

496 *Franzen*, NZA-Beil 3/2006, 107, 108; *Hänlein*, RdA 2003, 26, 30.
497 *Hänlein*, RdA 2003, 26, 30; vgl. *Franzen*, NZA-Beil 3/2006, 107, 108.
498 *Hänlein*, RdA 2003, 26, 31.
499 Vgl. *Hänlein*, RdA 2003, 26, 31.
500 Vgl. *Kreutz*, ZfA 2003, 361, 382ff.
501 Vgl. *Hänlein*, RdA 2003, 26, 31.
502 *Kraft*, in: Hofmann u.a., FS Pleyer, S. 397f.
503 Vgl. *Kraft*, in: Hofmann u.a., FS Pleyer, S. 398.
504 *Kraft*, in: Hofmann u.a., FS Pleyer, S. 399.

Betriebsvereinbarungen im Entleiherbetrieb verstanden werden[505]. Eine solche komme jedoch nur bei Betriebsvereinbarungen in Betracht, die die betriebliche Ordnung, die Regelung von Beginn und Ende der täglichen Arbeitszeit, die Anordnung von Überstunden, die Einrichtung technischer Kontrolleinrichtungen oder die Aufstellung des Urlaubsplans zum Gegenstand haben und sei insbesondere in solchen Fragen ausgeschlossen, die die materielle Stellung gegenüber dem Verleiher (wie etwa Entgeltfragen) betreffen[506]. Hingegen scheide eine analoge Anwendung, wie *Kraft* sie in Bezug auf die Mitbestimmungsrechte des Betriebsrates vertritt[507], aus, da die Rechtssetzungsbefugnis Privater über Dritte engen Grenzen unterliege[508].

## III. Legitimation durch das Weisungsrecht des Entleihers

Nach einer anderen Ansicht in der Literatur kann die unmittelbare Wirkung der Betriebsvereinbarung auf Leiharbeitnehmer aus dem Weisungsrecht des Entleihers folgen[509]: Danach sei zwar grundsätzlich ein Arbeitsverhältnis zum Betriebsinhaber Voraussetzung für die Einbeziehung von Arbeitnehmern in die Betriebsvereinbarung[510], allerdings stelle das bei Leiharbeitnehmern durch den Betriebsinhaber ausgeübte Weisungsrecht einen ausreichenden Bezug her[511]; maßgeblich sei, ob der Betriebsinhaber auf die rechtliche Stellung des Arbeitnehmers einwirken kann[512]. Selbst wenn die Betriebsparteien hinsichtlich einiger Personengruppen nicht unmittelbar legitimiert sein sollten, könne eine "inhaltliche Bindung" zum Betrieb diese fehlende Legitimierung sachlich kompensieren[513]. In Bezug auf Leiharbeitnehmer sei relevant, dass die betriebliche Ordnung, unter die auch Leiharbeitnehmer im Entleiherbetrieb zwangsläufig fallen müssten, weitgehend durch Betriebsvereinbarungen gestaltet wird[514]. Daraus sei zu entnehmen, dass Betriebsvereinbarungen

505 *Kraft*, in: Hofmann u.a., FS Pleyer, S. 399.
506 *Kraft*, in: Hofmann u.a., FS Pleyer, S. 399.
507 Vgl. *Kraft*, in: Hofmann u.a., FS Pleyer, S. 388ff.
508 *Kraft*, in: Hofmann u.a., FS Pleyer, S. 399.
509 *Konzen/Jacobs*, in: Hanau u.a., FS Dieterich, S. 317; *Kreutz*, ZfA 2003, 361, 387; *Säcker/Joost*, Rechtsproblem, S. 44f.
510 Vgl. *Konzen/Jacobs*, in: Hanau u.a., FS Dieterich, S. 316f.; *Säcker*, Gruppenautonomie, S. 341, 363; *Säcker/Joost*, Rechtsproblem, S. 45; auch *Kreutz*, ZfA 2003, 361, 382ff.; wobei *Kreutz* generell die Legitimierung des Betriebsrates zur Wahrnehmung der betriebsverfassungsrechtlichen Aufgaben – ähnlich *Waltermann*, vgl. E.V. – im BetrVG sieht, vgl. *Kreutz*, in: Hönn u.a., FS Kraft, S. 328; *Kreitz*, ZfA 2003, 361, 363f.
511 *Kreutz*, ZfA 2003, 361, 383f., 387; auch *Konzen/Jacobs*, in: Hanau u.a., FS Dieterich, S. 317, die allerdings die normative Wirkung für Leiharbeitnehmer nicht aufgrund einer Legitimierung annehmen, sondern als „Ausnahme" bezeichnen.
512 *Säcker/Joost*, Rechtsproblem, S. 45; *Säcker*, Gruppenautonomie, S. 365.
513 So zumindest *Säcker*, Gruppenautonomie, S. 365, zu der Anwendbarkeit von Betriebsvereinbarungen auf Ruheständler.
514 *Säcker/Joost*, Rechtsproblem, S. 45.

auf Leiharbeitnehmer in der gleichen Weise wirken müssen wie auf Stammarbeitnehmer[515]. Inwieweit die Betriebsvereinbarung konkret auch Leiharbeitnehmer mit unmittelbarer Wirkung erfasst, hängt demnach von einer einzelfallbezogenen Auslegung des jeweiligen Inhaltes der Betriebsvereinbarung ab[516].

## IV. Legitimation durch Arbeitsvertragsakzessorietät

Demgegenüber folgen *Reichold* und *Rieble*, die von einer Arbeitsvertragsakzessorietät der Betriebsverfassung ausgehen, einem generell anderen Ansatz zur Aufgabe und Stellung des Betriebsrates: Sie sehen in dessen Funktion eine privatrechtliche; der Betriebsrat sei als ein Vertragshelfer anzusehen. Seine Aufgabe sei es, den Arbeitnehmern einen Schutz vor der überlegenen Stellung des Arbeitgebers zu geben, indem er Einfluss auf dessen Entscheidungen einräume[517]. Hierzu sei er grundsätzlich aufgrund des Arbeitsvertrages berechtigt[518].

Hierbei geht *Rieble* einen Schritt weiter als *Reichold* und vertritt die Auffassung, der Betriebsrat begrenze lediglich intern die Entscheidungsmacht des Arbeitgebers und sei in seine Willensbildung eingebunden, sodass er gänzlich im Lager des Arbeitgebers stehe[519]. Dementsprechend sieht er auch den Regelungsumfang der Betriebsparteien auf das beschränkt, was der Arbeitgeber bereits aufgrund des Arbeitsvertrages darf[520]. Damit stelle die Betriebsvereinbarung keine Fremdbestimmung dar[521]; es handele sich bei der Betriebsvereinbarung folglich auch nicht um Normsetzung, sondern um einen (Quasi-) Vertrag[522]. Nach dieser Ansicht stellt sich kein Legitimationsproblem, da es sich nicht um Normsetzung handelt. Der Betriebsrat und seine Tätigkeiten seien demnach dem Lager des Arbeitgebers zuzuordnen. Auch im Hinblick auf Leiharbeitskräfte sei der Betriebsrat damit so weit in die Entscheidungen des Arbeitgebers eingebunden, wie dieser Entscheidungen treffen kann, die den Leiharbeitnehmer betreffen. Auch wenn kein Arbeitsvertrag zwischen Leiharbeitnehmer und Entleiher besteht, so ist ihm gleichwohl das Weisungsrecht

---

515 *Säcker/Joost*, Rechtsproblem, S. 45, 53.

516 Vgl. *Konzen/Jacobs*, in: Hanau u.a., FS Dieterich, S. 316f.; *Kreutz*, ZfA 2003, 361, 383; *Kreutz*, in: Hönn u.a., FS Kraft, S. 329; *Säcker/Joost*, Rechtsproblem, S. 44f.

517 *Reichold*, Sozialprivatrecht, S. 545; *Rieble*, Arbeitsmarkt, S. 427, Rn. 1418 ff; ähnlich *Herschel*, in: Dieterich u.a., FS Hilger und Stumpf, S. 313.

518 *Reichold*, Sozialprivatrecht, S. 545; *Rieble*, Arbeitsmarkt, S. 427, Rn. 1418ff.

519 *Rieble*, Arbeitsmarkt, S. 428 Rn. 1422.

520 *Rieble*, Arbeitsmarkt, S. 428, Rn. 1423.

521 *Rieble*, Arbeitsmarkt, S. 428, Rn. 1423.

522 *Rieble*, Arbeitsmarkt, S. 427, Rn. 1419 unter Verweis auf *Reichold*, Sozialprivatrecht, S. 545, der allerdings der Betriebsvereinbarung nicht gänzlich Normenqualität abspricht: „Die Betriebsvereinbarung ist deshalb weniger Quasi-Norm als Quasi-Vertrag, weil sie den qualitativen Sprung von der vertraglichen Einheitsregelung zur betrieblichen Norm nur aus Gründen materialer Vertraglichkeit (und rechtstechnischer Vereinfachung) wagt“.

übertragen. Im Rahmen der Ausübung dieses Weisungsrechts sei der Betriebsrat aufgrund der Betriebsverfassung daher mit einzubeziehen.

Diese Ansicht kann schon deshalb nicht überzeugen, weil sich die normative Wirkung der Betriebsvereinbarung aus § 77 IV 1 BetrVG ergibt[523]. Zwar enthält der Wortlaut nicht die ausdrückliche Feststellung, dass Betriebsvereinbarungen Normqualität besitzen, aber sie gelten „unmittelbar und zwingend". Wenn es sich bei der Betriebsvereinbarung um die Ausübung des Direktionsrechts handeln würde, bedürfte es dieser gesetzlichen Regelung des § 77 IV 1 BetrVG nicht, denn an die Weisungen des Arbeitgebers ist der Arbeitnehmer bereits aufgrund schuldrechtlicher Verpflichtung unmittelbar und zwingend gebunden.

Einen ähnlichen Ansatz wie *Rieble* vertrat zuvor schon *Herschel*[524]: Der Betriebsrat sei kein Repräsentationsorgan der Belegschaft[525]. Auf eine Legitimierung durch die Belegschaft komme es nicht an, wobei *Herschel* nicht auf die Normqualität von Betriebsvereinbarungen eingeht[526].

Nach *Reichold* ist der Betriebsrat Vertragshelfer für betriebliche Angelegenheiten[527] zugunsten der Arbeitnehmer und die Betriebsvereinbarung sei zumindest formal innerbetriebliche Rechtssetzung[528]. Deshalb spricht *Reichold* der Betriebsvereinbarung, trotz der von ihm vertretenen Arbeitsvertragsakzessorietät, nicht gänzlich ihre Normqualität ab[529].

Die dementsprechend erforderliche und für sich allein bereits ausreichende Legitimation für den Abschluss einer Betriebsvereinbarung mit Normwirkung sieht er im Arbeitsvertrag[530]. Da Leiharbeitnehmer keinen Arbeitsvertrag mit dem Entleiher unterhalten, ließe sich daraus folgern, dass der Betriebsrat nicht legitimiert sei, Betriebsvereinbarungen für Leiharbeitnehmer abzuschließen. Es bestünde grundsätzlich keine Normsetzungsbefugnis der Betriebsparteien im Entleiherbetrieb für Leiharbeitnehmer.

Auf der einen Seite kann sich die Legitimierung zwar nicht aus einem Vertrag zwischen Leiharbeitnehmer und Entleiher ergeben. Andererseits ist der Leiharbeitsvertrag zwischen dem Verleiher und dem Leiharbeitnehmer aber ein Vertrag

---

523 BVerfG, Beschluss vom 23. April 1986 – 2 BvR 487/80 –, BVerfGE 73, 261–280, Rn. 24 nach juris; BAG, Urteil vom 17. November 2015 – 1 AZR 881/13 –, Rn. 13 nach juris; *Kreutz*, in: GK-BetrVG II, 10. Aufl., § 770 Rn. 180.

524 *Herschel*, in: Dieterich u.a., FS Hilger und Stumpf, S. 313.

525 Soweit man das Wesen des Betriebsrates als Repräsentationsorgan der Belegschaft verstehe, würde dies noch die aus den Ursprüngen des Arbeitsrechts stammenden „Eierschalen einer klassenkämpferischen Konzeption des Betriebsrates" tragen. So *Herschel*, in: Dieterich u.a., FS Hilger und Stumpf, S. 313.

526 Vgl. *Herschel*, in: Dieterich u.a., FS Hilger und Stumpf, S. 313.

527 *Reichold*, Sozialprivatrecht, S. 499, 549.

528 *Reichold*, Sozialprivatrecht, S. 545.

529 Vgl. *Reichold*, Sozialprivatrecht, S. 545.

530 *Reichold*, Sozialprivatrecht, S. 542.

zugunsten des Entleihers[531] und durch den Arbeitnehmerüberlassungsvertrag wird dem Entleiher das Weisungsrecht übertragen. Wenn der Arbeitsvertrag von Stammarbeitnehmern die Betriebspartner zur Normsetzung legitimiert, um so die vertraglichen Rechte und Pflichten zu konkretisieren, dann besteht das selbe Bedürfnis, die Rechte und Pflichten zwischen Entleiher und Leiharbeitnehmer zu konkretisieren. Dass diese Rechte und Pflichten zwischen Leiharbeitnehmer und Entleiher weniger umfangreich sind als diejenigen zwischen Arbeitgeber und Arbeitnehmer, ändert daran nichts. Auch das Verhältnis zwischen Entleiher und Leiharbeitnehmer bedarf der Konkretisierung.

Folglich stellt nach *Reicholds* Ansatz der Leiharbeitsvertrag in Verbindung mit dem Arbeitnehmerüberlassungsvertrag und der darin enthaltenen Zuweisung des Weisungsrechts an den Entleiher eine ausreichende Legitimierung für die Normsetzungsbefugnis der Betriebsparteien im Entleiherbetrieb dar.

## V. Legitimation durch gesetzliche Regelung

Die bisher dargestellten unterschiedlichen Ansichten für die Legitimierung der unmittelbaren normativen Wirkung von Betriebsvereinbarungen für Leiharbeitnehmer knüpfen an unterschiedliche Aspekte an – Wahlrecht, Arbeitsvertrag, Weisungsrecht, gesetzliche Regelung. Alle Aspekte haben plausible Anknüpfungspunkte, für sich allein aber keine hinreichend dogmatische Begründung:

Betriebsvereinbarungen gelten gem. § 77 IV BetrVG unmittelbar und zwingend und begründen für die Normadressaten Rechte und Pflichten. Die Begründung unmittelbarer Rechte und Pflichten ist grundsätzlich nur durch schuldrechtliche Vereinbarung und durch oder aufgrund einer gesetzlichen Regelung möglich. Eine andere Möglichkeit zur Begründung von Rechten und Pflichten kennt die Rechtsordnung nicht. Schuldrechtlich kann auch eine Ermächtigung bzw. Bevollmächtigung vereinbart werden, aufgrund derer Dritte Rechte und Pflichten begründen können. Durch gesetzliche Regelungen können im Rahmen der Verfassung unmittelbar Rechte und Pflichten geschaffen werden. Aber auch mittelbar können durch gesetzliche Übertragung einer Normsetzungsbefugnis Dritte ermächtigt werden, Rechte und Pflichten zu begründen. Die unterschiedlichen Ansatzpunkte für eine Legitimation der Normsetzungsbefugnis der Betriebsparteien müssen daher daraufhin untersucht werden, ob und inwieweit sie schuldrechtliche Vereinbarungen und/oder gesetzliche Regelungen darstellen, die eine Normsetzung auch für Leiharbeitnehmer legitimieren.

Das Wahlrecht zum Betriebsrat ist gesetzlich in den §§ 7ff. BetrVG geregelt. Aber die gesetzliche Regelung beinhaltet nur die Zusammensetzung und Wahl des Betriebsrates, nicht aber eine Ermächtigung zum Abschluss von Betriebsvereinbarungen und damit zur Normsetzung. Das Wahlrecht stellt eine „binnendemokratische

531 Vgl. B.III.2.

Legitimation"[532] für den Betriebsrat dar, indem es bestimmt, wer wählen darf, wer gewählt werden kann und wie der Betriebsrat sich zusammensetzt. Aber das Wahlrecht besagt nichts darüber, was der Betriebsrat darf. Insbesondere enthält das Wahlrecht keine gesetzliche Ermächtigung zum Abschluss einer normativ wirkenden Betriebsvereinbarung. Das bedeutet nicht, dass die gesetzliche Regelung des Wahlrechts für die Legitimation zur Normsetzung irrelevant ist. Die binnendemokratische Legitimation kann im Zusammenhang mit anderen gesetzlichen Regelungen, in denen die Befugnisse des Betriebsrates geregelt werden, von Bedeutung sein. Nur das Wahlrecht allein legitimiert nicht die Normsetzungsbefugnis.

Auch die Kombination von Wahlrecht und Arbeitsvertrag schafft diese Legitimation nicht. Zwar kann per Vertrag eine Vollmacht erteilt werden, durch die Dritte ermächtigt werden, Rechte und Pflichten für den Vertretenen zu schaffen. Ein Arbeitsvertrag beinhaltet eine Vollmacht für die Betriebspartner aber nicht: Er regelt die Rechte und Pflichten zwischen den Parteien, also zwischen Arbeitnehmer und Arbeitgeber. Zwar können Arbeitnehmer und Arbeitgeber wissen, dass das BetrVG dem Betriebsrat die Befugnis gibt, Betriebsvereinbarungen mit unmittelbarer Wirkung für sie zu treffen. Das aber ist Folge der gesetzlichen Regelung im § 77 BetrVG und der Betriebsrat handelt dabei nicht aufgrund einer privatrechtlichen Vollmacht des Arbeitnehmers[533]. Der Arbeitsvertrag eines Stammarbeitnehmers mit dem Betriebsinhaber enthält eine solche Vollmacht an den Betriebsrat nicht. Das gilt erst Recht für den Arbeitsvertrag eines Leiharbeitnehmers mit dem Verleiher, der damit nicht den Betriebsrat des Entleihers ermächtigt, zumal er weder den Betriebsinhaber des Entleiherbetriebes, noch dessen Betriebsrat bei Vertragsschluss in jedem Falle kennt. Hier zu unterstellen, der Leiharbeitnehmer erteile durch den Arbeitsvertrag eine Vollmacht, entbehrt jeder Grundlage. Während die Normsetzung mittels Tarifvertrag auf der rechtsgeschäftlich begründeten Mitgliedschaft in den Tarifparteien gründet und Normwirkung auch nur zwischen den Mitgliedern der Tarifparteien entfaltet, erfolgt bei der Normsetzung durch die Betriebsparteien mittels Betriebsvereinbarung keine solche Bevollmächtigung durch rechtsgeschäftlichen Akt.

Der Arbeitsvertrag – gleich ob der des Stammarbeitnehmers oder Leiharbeitnehmers – kann zwar eine Bedeutung für eine Betriebsvereinbarung haben, weil sie sich auf die Rechte und Pflichten des Arbeitsvertrages auswirken kann, legitimiert aber ebenso wie das Wahlrecht allein keine Normsetzungsbefugnis.

Das Weisungsrecht des Entleihers gegenüber dem Leiharbeitnehmer legitimiert ebenfalls allein keine normative Wirkung von Betriebsvereinbarungen. Das Weisungsrecht beruht auf dem Arbeitnehmerüberlassungsvertrag zwischen Verleiher und Entleiher und dem Leiharbeitsvertrag zwischen dem Leiharbeitnehmer und dem Verleiher. Da diese Verträge keine Bevollmächtigung an die Betriebsparteien enthalten (vgl.o.), kann auch das aus ihnen folgende Weisungsrecht eine solche Bevollmächtigung nicht enthalten. Zwar kann auch eine Verknüpfung zwischen

532 *Waltermann*, NZA 1996, 357, 365; *Waltermann*, NZA 1998, 505, 508.
533 Vgl. *Kreutz*, Betriebsautonomie, S. 65ff.

der Betriebsvereinbarung und dem Weisungsrecht bestehen, da das Weisungsrecht durch die Betriebsvereinbarung eingeschränkt bzw. ausgestaltet werden kann; eine Legitimation der Betriebspartner zur Normsetzung kann aber aus dem Weisungsrecht allein nicht gefolgert werden.

Nachdem keiner der schuldrechtlichen Ansätze zur Legitimation der Normsetzungsbefugnis der Betriebsparteien führt, bleibt nur die Frage nach einer gesetzlichen Legitimierung. Weitgehend beantwortet § 77 BetrVG diese Frage: Danach ist der Betriebsrat durch gesetzliche Regelung ermächtigt, Vereinbarungen mit dem Arbeitgeber zu treffen, die unmittelbar und zwingend, also normativ[534], gelten.

Auch nach *Waltermann* erstreckt sich die normative Wirkung von Betriebsvereinbarungen generell auf Leiharbeitnehmer[535], wobei sich die persönliche Reichweite der Anwendbarkeit eines Beteiligungsrechts aus der Auslegung der jeweiligen Norm ergebe[536]. Für die normative Wirkung von Betriebsvereinbarungen auf Leiharbeitnehmer sei allein entscheidend, dass das BetrVG die Regelungsbefugnis legitimiere[537]. Es komme daher für die Legitimierung der normativen Wirkung der Betriebsvereinbarung in erster Linie weder auf die Legitimierung des Betriebsrates durch Wahl, noch auf eine vertragliche Bindung zum Betriebsinhaber an[538].

Anders als das BAG in seiner Entscheidung vom 15.12. 1992[539] differenziert *Waltermann* scharf zwischen der Zuständigkeit des Betriebsrates zur Wahrnehmung eines Beteiligungsrechts und – dieser Frage vorgelagert – der Regelungsbefugnis der Betriebsparteien, durch Betriebsvereinbarung mit normativer Wirkung in die Rechte und Pflichten Dritter einzugreifen[540]. Zwar treffe das BetrVG keine Aussage darüber, auf wen sich die normative Wirkung des § 77 IV 1 BetrVG bezieht und auf wen nicht[541]. Allerdings orientiere sich das BetrVG erkennbar an Sachzusammenhängen und sei immer auf den Betrieb bezogen[542]. Entscheidend für den persönlichen Anwendungsbereich einer Betriebsvereinbarung sei damit allein, dass der Adressat mit dem Betrieb rechtlich oder tatsächlich in Berührung kommt[543]. Ein Legitimationsproblem gebe es nicht, da die Befugnis zur Normsetzung durch

534 Vgl. BVerfG, Beschluss vom 23. April 1986 – 2 BvR 487/80 –, BVerfGE 73, 261–280, Rn. 24 nach juris; BAG, Urteil vom 17. November 2015 – 1 AZR 881/13 –, Rn. 13 nach juris; *Kreutz*, in: GK-BetrVG II, 10. Aufl., § 770 Rn. 180.

535 *Waltermann*, Rechtsetzung, S. 225ff.; *Waltermann*, NZA 1996, 357, 365.

536 *Waltermann*, Rechtsetzung, S. 226.

537 *Waltermann*, Rechtsetzung, S. 227.

538 *Waltermann*, Rechtsetzung, S. 227.

539 Vgl. BAG, Beschluss vom 15. Dezember 1992 – 1 ABR 38/92 –.

540 Vgl. *Waltermann*, NZA 1996, 357, 364; *Waltermann*, RdA 2007, 257, 261; *Waltermann*, Rechtsetzung, S. 196.

541 *Waltermann*, NZA 1996, 357, 364.

542 Vgl. *Waltermann*, NZA 1996, 357, 364; *Waltermann*, Rechtsetzung, S. 201.

543 Vgl. *Waltermann*, Rechtsetzung, S. 208ff., 209; *Waltermann*, NZA 1998, 505, 508.

Betriebsvereinbarung bereits durch das BetrVG legitimiert sei[544]. Zwar sei die Legitimation zur Rechtsetzung nicht ausschließlich dem Staat vorbehalten, allerdings habe der Staat im Falle der Rechtsetzung durch Private ein Anerkennungsmonopol[545]. Dieses sei durch das Betriebsverfassungsgesetz ausgeübt: Das BetrVG gebe Auskunft über die Aufgaben, Zuständigkeiten und Befugnisse des Betriebsrates und schaffe so die notwendige Legitimation der Betriebspartner durch Gesetz bzw. durch den Gesetzgeber und werde damit letztlich vom Staatsvolk abgeleitet[546].

Die Wahl des Betriebsrates erfülle hingegen (nur) eine „binnendemokratische Legitimation“[547] und sei eine „demokratische Selbstverständlichkeit“[548], auf die es jedoch nicht maßgeblich ankomme[549]. Die Normunterworfenen sind nicht zwingend mit den Wahlberechtigten identisch[550], was z.B. auch schon die Beschränkung des Wahlrechts auf über 18-jährige Arbeitnehmer zeige[551]. Den Gestaltungsspielraum hinsichtlich der binnendemokratischen Legitimation habe der Gesetzgeber in den Wahlvorschriften des BetrVG genutzt und rechtskonform den Kreis derer, die durch ihre Stimme dem Betriebsrat ihre personelle Legitimation erteilen, abgegrenzt[552].

Die unterschiedlichen Ansichten für die Legitimation der unmittelbaren normativen Wirkung von Betriebsvereinbarungen für Leiharbeitnehmer entsprechen strukturell – keineswegs zufällig – zumindest teilweise den Ansichten zur Betriebszugehörigkeit der Leiharbeitnehmer:

Wer die Zwei-Komponenten-Lehre vertritt, kommt zu dem Ergebnis, dass Leiharbeitnehmer nicht dem Entleiherbetrieb angehören, da ihnen das Arbeitsvertragsverhältnis zum Entleiher fehlt[553]. Dementsprechend wird in der Literatur der Ansatz vertreten, dass mangels Arbeitsverhältnis zum Entleiher auch die in dessen Betrieb geltenden Betriebsvereinbarungen nicht unmittelbar normativ für Leiharbeitnehmer wirken[554].

---

544 *Linsenmaier*, RdA 2008, 1, 4ff; *Linsenmaier/Kiel*, RdA 2014, 135, 149; *Waltermann*, NZA 1996, 357, 365; eine Legitimierung der Betriebspartner durch das BetrVG sehen auch *Konzen/Jacobs*, in: Hanau u.a., FS Dieterich, S. 304.

545 *Waltermann*, Rechtsetzung, S. 144; vgl. *Waltermann*, SAE 2013, 94.

546 *Waltermann*, NZA 1996, 357, 365; *Waltermann*, Rechtsetzung, S. 203f.

547 *Waltermann*, Rechtsetzung, S. 205; *Waltermann*, NZA 1996, 357, 365; *Waltermann*, NZA 1998, 505, 508; ähnlich auch *Konzen/Jacobs*, in: Hanau u.a., FS Dieterich, S. 304.

548 *Waltermann*, NZA 1996, 357, 365; *Waltermann*, NZA 1998, 505, 508; vgl. *Waltermann*, Rechtsetzung, S. 205.

549 *Waltermann*, NZA 1998, 505, 508.

550 *Waltermann*, Rechtsetzung, S. 206, 207.

551 *Waltermann*, Rechtsetzung, S. 207.

552 Vgl. *Waltermann*, NZA 1996, 357, 365; *Waltermann*, NZA 1998, 505, 508.

553 Vgl. D.IV.1.

554 *Kraft*, in: Hofmann u.a., FS Pleyer, S. 397.

Wer der Eingliederungstheorie folgt, gelangt zu dem Ergebnis, dass auch Leiharbeitnehmer im Entleiherbetrieb betriebszugehörig sind[555]. Dem entspricht die Auffassung in der Literatur, dass allein das durch den Entleiher ausgeübte Weisungsrecht eine ausreichende Legitimation für die Wirkung der Betriebsvereinbarung auch für den Leiharbeitnehmer darstellt[556].

Wer die Ansicht vertritt, dass die Betriebszugehörigkeit für Leiharbeitnehmer konstitutiv aus § 7 S. 2 BetrVG folgt, gelangt zum Ergebnis, dass Leiharbeitnehmer dann, wenn sie mindestens drei Monate im Entleiherbetrieb eingesetzt werden sollen, auch dem Entleiherbetrieb angehören[557]. Entsprechend wird die Auffassung vertreten, die normative Geltung von Betriebsvereinbarungen finde ihre Legitimation in dem Wahlrecht[558].

Die Parallelität zwischen den jeweils angelegten Voraussetzungen für die Bestimmung der Betriebszugehörigkeit und der Geltung von Betriebsvereinbarungen erscheint auf dem ersten Blick plausibel, soweit man mit der h.M. annimmt, dass die Betriebszugehörigkeit generelle Voraussetzung des persönlichen Anwendungsbereichs des BetrVG ist. Dies ist jedoch – wie oben gezeigt – nicht der Fall, da sich insbesondere die Zuständigkeit des Betriebsrates im Rahmen der Beteiligungsrechte nicht auf betriebszugehörige Arbeitnehmer beschränkt. Die Legitimierung für die Ausübung der Beteiligungsrechte zieht der Betriebsrat vielmehr unmittelbar aus den Beteiligungsrechten des BetrVG. Diese Normen erteilen dem Betriebsrat den nicht auf betriebszugehörige Arbeitnehmer beschränkten Auftrag, im gesetzlich festgesetzten Rahmen mitzuwirken. Vor diesem Hintergrund kann auch die Norm des § 77 IV 1 BetrVG nicht anders verstanden werden. Dies ergibt sich nicht nur daraus, dass die Betriebsvereinbarung ein Werkzeug der Betriebsratsbeteiligung sein kann und häufig auch ist. Ebenso wie das einzelne Beteiligungsrecht grundsätzlich auch solche Arbeitnehmer betreffen kann, die nicht wahlberechtigt sind (wie z.B. die Gruppe der unter 18-Jährigen, vgl. § 7 S. 1 BetrVG) oder dem Betrieb nicht angehören, spricht auch nichts dagegen, eine zu den Anwendbarkeitsvoraussetzungen des Beteiligungsrechts parallel verlaufende Wertung für den § 77 IV 1 BetrVG vorzunehmen. Der Betriebsrat ist danach zu Betriebsvereinbarungen und damit zur Normsetzung gesetzlich ermächtigt und damit auch legitimiert, soweit die gesetzlichen Regelungen reichen. Damit erstreckt sich die Legitimation zur Normsetzung für Leiharbeitnehmer in Abhängigkeit zu den gesetzlichen Regelungen des jeweiligen Beteiligungsrechts, das durch Betriebsvereinbarung ausgestaltet wird.

Die Legitimation zur Normsetzung folgt also aus Gesetz gemäß § 77 IV 1 BetrVG in Verbindung mit der jeweiligen gesetzlichen Regelung, die der Betriebsvereinbarung zugrunde liegt.

---

555 Vgl. D.V.

556 *Konzen/Jacobs*, in: Hanau u.a., FS Dieterich, S. 317; *Kreutz*, ZfA 2003, 361, 383f.

557 Vgl. D.VII.

558 Vgl.o.; *Barth*, Mitbestimmungs- und Beteiligungsrechte, S. 99ff.

# F. Zuständigkeiten des Entleiherbetriebsrates im Rahmen der Beteiligungsrechte

## I. Allgemeine Kriterien

Aus den unterschiedlichen Auffassungen zum persönlichen Anwendungsbereich des BetrVG und zur Betriebszugehörigkeit ergeben sich unterschiedliche Begründungen und Schlussfolgerungen für die Mitbestimmungs- und Beteiligungsrechte des Entleiherbetriebsrates für die Leiharbeitnehmer.

### 1. Normzweck und Auswirkung auf den Leiharbeitnehmer

Nach der hier vertretenen Auffassung ist die Betriebszugehörigkeit weder generell Voraussetzung für den persönlichen Anwendungsbereich des BetrVG, noch speziell Voraussetzung für die Anwendbarkeit von Mitbestimmungsrechten[559]. Die Zuständigkeit des Betriebsrates ist nicht auf die betriebszugehörigen Arbeitnehmer beschränkt, sondern kann sämtliche Arbeitnehmer *im* Betrieb umfassen. Wie dargelegt, ergibt sich in sachlicher Hinsicht unmittelbar aus den jeweiligen Regelungen des BetrVG, wann ein Betriebsrat zu beteiligen ist[560]. Wenn der Betriebsinhaber eine Maßnahme umzusetzen gedenkt, die nach dem BetrVG eine Betriebsratsbeteiligung erfordert, dann ist der Betriebsrat zu beteiligen – und zwar nicht etwa nur für betriebszugehörige Arbeitnehmer, sondern für alle Arbeitnehmer im Betrieb, soweit sich die Maßnahme des Betriebsinhabers unmittelbar auf die Arbeitnehmer auswirken kann. Diese Auswirkung auf den Arbeitnehmer und die mit der Betriebsratsbeteiligung einhergehende Beschränkung der Befugnisse des Arbeitgebers ist gerade das, was mit der Betriebsratsbeteiligung beabsichtigt ist: Jeder Arbeitnehmer, für den die beteiligungspflichtige Anordnung Wirkung entfaltet, soll auch unter den Schutz der Betriebsratsbeteiligung fallen. Dieser Grundsatz gilt für Leiharbeitnehmer sowohl im Verleiher- wie auch im Entleiherbetrieb, da Leiharbeitnehmer in beiden Betrieben Arbeitnehmer im Sinne des § 5 BetrVG sind[561]. Hinsichtlich der Anwendbarkeit von Beteiligungsrechten auf Leiharbeitnehmer im Entleiherbetrieb kommt es nach der hier vertretenen Auffassung damit darauf an, ob der Regelungsgegenstand eines Beteiligungsrechtes sich auch für Leiharbeitnehmer im Entleiherbetrieb auswirkt. Immer dann, wenn der Entleiher gegenüber dem Leiharbeitnehmer berechtigt ist, eine Anordnung zu treffen, die die Beteiligung des Betriebsrates voraussetzt, begründet das BetrVG eine Zuständigkeit des Entleiherbetriebsrates auch für die Leiharbeitnehmer im Entleiherbetrieb.

---

559 Vgl. C.V.
560 Vgl. C.V.2.
561 Vgl. C.

## 2. Die Anwendbarkeit von Beteiligungsrechten und Betriebszugehörigkeit

Soweit man dagegen mit der herrschenden Meinung annimmt, dass die Anwendbarkeit der Beteiligungsrechte in einem Betrieb von der Zugehörigkeit des Arbeitnehmers zum Betrieb abhängt, kann eine unmittelbare Anwendbarkeit von Beteiligungsrechten grundsätzlich nur soweit bestehen, wie der jeweilige Arbeitnehmer betriebszugehörig ist. Zunächst ist damit die Betriebszugehörigkeit von Leiharbeitnehmern im Entleiherbetrieb dafür entscheidend, ob ein Leiharbeitnehmer in den persönlichen Anwendungsbereich eines Beteiligungsrechts fällt. Da – wie oben ausgeführt[562] – die Betriebszugehörigkeit von Leiharbeitnehmern im Entleiherbetrieb umstritten und anhand unterschiedlicher Theorien bewertet wird, gelangt man auch unter Zugrundelegung der verschiedenen Ansichten zur Betriebszugehörigkeit von Leiharbeitnehmern zu unterschiedlichen Ergebnissen hinsichtlich der grundsätzlichen Anwendbarkeit von Beteiligungsrechten im Entleiherbetrieb:

### *a. Beteiligungsrechte für betriebszugehörige Arbeitnehmer nach Eingliederungstheorie, modifizierter Zwei-Komponenten-Lehre und § 7 S. 2 BetrVG*

Nach jenen Theorien, die im Rahmen der Betriebszugehörigkeit maßgeblich auf die Eingliederung von Leiharbeitnehmern abstellen und diese (auch) als Arbeitnehmer des Einsatzbetriebes ansehen, ist der Entleiherbetriebsrat bereits aufgrund der Betriebszugehörigkeit von Leiharbeitnehmern für diese im Rahmen seiner Aufgaben zuständig.

Gleiches gilt für Leiharbeitnehmer, die mindestens drei Monate im Entleiherbetrieb eingesetzt werden sollen, soweit vertreten wird, dass jene Leiharbeitnehmer dem Entleiherbetrieb angehören, die die Voraussetzungen des § 7 S. 2 BetrVG erfüllen und damit das aktive Wahlrecht im Betrieb haben. Auch für diese (betriebszugehörigen) Leiharbeitnehmer ergibt sich die Zuständigkeit des Entleiherbetriebsrates unmittelbar aus ihrer Betriebszugehörigkeit. Damit sind auch die im BetrVG vorgesehenen Beteiligungsrechte des Betriebsrates im Entleiherbetrieb grundsätzlich auf die dort betriebszugehörigen Leiharbeitnehmer anzuwenden.

Zwar ist es denkbar, dass einige betriebsverfassungsrechtliche Beteiligungsrechte des Entleiherbetriebsrates für den betriebszugehörigen Leiharbeitnehmer inhaltlich keine Rolle spielen, da sich die Wahrnehmung dieser Beteiligungsrechte für ihn schlicht nicht auswirkt. Dies ist regelmäßig dann der Fall, wenn ein Beteiligungsrecht an den Arbeitsvertrag anknüpft, der lediglich mit dem Verleiher besteht. Dies ändert jedoch nichts an der grundsätzlichen Anwendbarkeit der Beteiligungsrechte

---

562 Vgl. D.II.

des Entleiherbetriebsrates für die Leiharbeitnehmer[563]: Der dem Entleiherbetrieb zugehörige Leiharbeitnehmer steht diesbezüglich nicht anders da als die Stammarbeitnehmer des Entleiherbetriebes. Die dem Entleiherbetrieb zugehörigen Leiharbeitnehmer sind voll in die Betriebsverfassung im Entleiherbetrieb einbezogen[564], soweit nicht gesetzliche Regelungen ausdrücklich Leiharbeitnehmer ausschließen, wie z.B. beim passiven Wahlrecht zum Betriebsrat gem. § 14 II 1 AÜG.

Danach besteht also zunächst eine vollumfängliche Zuständigkeit des Entleiherbetriebsrates für die in seinem Betrieb eingegliederten und betriebszugehörigen Leiharbeitnehmer, die sich jedoch nur soweit auswirkt, wie die Gegenstände der Mitbestimmungsrechte sich auch auf die Leiharbeitnehmer beziehen können. Maßgeblich für die Frage, ob ein konkretes Mitbestimmungsrecht in personeller Hinsicht Leiharbeitnehmer erfasst, ist damit, ob der Inhaber des Entleiherbetriebes auch gegenüber dem Leiharbeitnehmer die mitbestimmungspflichtige Maßnahme anordnet.

### *b. Beteiligungsrechte für nicht betriebszugehörige Leiharbeitnehmer nach der strengen Zwei-Komponenten-Lehre und nicht wahlberechtigte Leiharbeitnehmer*

Soweit man mit der strengen Zwei-Komponenten-Lehre die Ansicht vertritt, dass sämtliche Leiharbeitnehmer dem Entleiherbetrieb aufgrund des fehlenden Arbeitsverhältnisses mit dem Entleiher bzw. aufgrund des § 14 I AÜG nicht angehören, käme man grundsätzlich zum Ergebnis, dass keine Zuständigkeit des Entleiherbetriebsrates für Leiharbeitnehmer bestehen kann, sondern ausschließlich der Betriebsrat im Verleiherbetrieb zuständig wäre.

Soweit vertreten wird, dass nur jene Leiharbeitnehmer dem Entleiherbetrieb angehören, die die Voraussetzungen des § 7 S. 2 BetrVG erfüllen, wären Leiharbeitnehmer, die lediglich bis zu drei Monate im Entleiherbtrieb eingesetzt werden sollen, ebenfalls nicht betriebszugehörige Arbeitnehmer des Einsatzbetriebes[565]. Für diese Leiharbeitnehmer käme man grundsätzlich – sofern man die Betriebszugehörigkeit für die Anwendbarkeit von Mitbestimmungsrechten für maßgeblich erachtet – ebenfalls zum Ergebnis, dass der Entleiherbetriebsrat für sie keine Beteiligungsrechte wahrnehmen könnte. Leiharbeitnehmer mit einem Einsatz von unter drei Monaten wären nicht dem Entleiherbetrieb zuzuordnen und damit würde sich die Zuständigkeit des Entleiherbetriebsrates grundsätzlich nicht auf sie erstrecken.

---

563 Vgl. *Hamann*, in: Schüren, AÜG, 4. Aufl., § 14 Rn. 218; *Jüttner*, Auswirkungen, S. 157.

564 Anders aber *Linsenmaier/Kiel*, RdA 2014, 135, 139, die in der Nichtanwendbarkeit von Beteiligungsrechten auf Leiharbeitnehmer, wenn diese als betriebszugehörige Arbeitnehmer des Entleiherbetriebes eingeordnet werden, eine „Relativierung des Arbeitnehmerbegriffs" sehen. Insofern spreche dies gegen eine einheitlich bestimmbare Betriebszugehörigkeit von Leiharbeitnehmern.

565 Vgl. D.VII.

Gleichwohl wenden Vertreter der Ansichten, nach denen (zumindest Teile der) Leiharbeitnehmer nicht Arbeitnehmer des Entleiherbetriebes sind, Beteiligungsrechte auch auf diese Leiharbeitnehmer im Entleiherbetrieb an. Andernfalls bestünden Schutzlücken für den Leiharbeitnehmer, in denen die aufgespaltene Arbeitgeberstellung ihnen den betriebsverfassungsrechtlichen Schutz entzöge[566]. Die nach dieser Ansicht fehlende Betriebszugehörigkeit von Leiharbeitnehmern werde über § 14 AÜG überbrückt: Nach § 14 III 1 AÜG steht dem Betriebsrat des Entleiherbetriebes vor der Übernahme des Leiharbeitnehmers das Beteiligungsrecht nach § 99 BetrVG zu. Die Norm enthalte eine nicht abschließende Zuweisung von Beteiligungsrechten an den Entleiherbetriebsrat[567]. Da danach der Verleiherbetriebsrat aufgrund der Betriebszugehörigkeit des Leiharbeitnehmers zum Verleiherbetrieb primär zuständig ist, könnte man die Zuständigkeit des Entleiherbetriebsrates über § 14 III 1 AÜG auch als eine bloße „Hilfszuständigkeit" [568] bezeichnen[569].

### c. *Beteiligungsrechte des Entleiherbetriebsrates nach der normzweckgebundenen Auslegung*

Das BAG verzichtet – wie dargelegt[570] – nunmehr gänzlich auf eine generelle Bestimmung der Betriebszugehörigkeit von Leiharbeitnehmern im Entleiherbetrieb und bestimmt die Betriebszugehörigkeit bzw. den Begriff des „Arbeitnehmers des

---

566 *Fröhlich*, ArbRB 2008, 212, 213; *Rost*, NZA 1999, 112, 118; *Schaub*, Arbeitnehmerüberlassung S. 363.

567 *Zu Dohna-Jaeger*, in: Ulber, AÜG, § 14 Rn. 95; *Fröhlich*, ArbRB 2008, 212, 213; *Thüsing*, in: Thüsing, AÜG, § 14 Rn. 99; jeweils mwNw.

568 So *Dewender*, Betriebsfremde, S. 105.

569 Die Herleitung der Zuständigkeit des Entleiherbetriebsrates für nicht betriebszugehörige Leiharbeitnehmer über die Norm des § 14 III 1 AÜG ist allerdings nicht überzeugend. § 14 III 1 AÜG verweist auf die Einstellung im Rahmen des § 99 BetrVG und damit auf ein Mitbestimmungsrecht, das zum Schutze der bereits vorhandenen Stammbelegschaft, allerdings nicht *für* den Bewerber bzw. den einzustellenden Leiharbeitnehmer ausgeübt wird; zum Zeitpunkt der Beteiligung im Rahmen des § 99 gehören diese jedenfalls noch nicht zum vom Betriebsrat repräsentierten Personenkreis (so BAG, Urteil vom 05. April 2001 – 2 AZR 580/99 –, BAGE 97, 276–294, Rn. 37 nach juris; *Rieble*, in: Rieble u.a., Zukunft der Leiharbeit, S. 90; *Thüsing*, in: Richardi, BetrVG, 15. Aufl., § 99 Rn. 29; vgl. auch speziell bezogen auf Leiharbeitnehmer *Raab*, ZfA 2003, 389, 440; **a.A.**, wonach das Mitbestimmungsrecht des § 99 BetrVG im Rahmen der Einstellung auch den Bewerber schützen soll: *Fitting* 28. Aufl.; § 99 Rn. 3; wohl auch *Bachner*, in: DKKW, § 99 Rn. 4; vgl. auch *Heinze*, Personalplanung S. 126, Rn. 322; *Otto*, Personale Freiheit und soziale Bindung, S. 22). Insofern ließe sich hinterfragen, ob man tatsächlich eine Norm, die ausdrücklich keinen Schutz für Leiharbeitnehmer begründen kann, sondern eher die Stammbelegschaft „vor ihnen schützen" soll, als normative Grundlage einer Zuständigkeitszuweisung für den Entleiherbetriebsrat *für* Leiharbeitnehmer heranziehen kann.

570 Vgl. D.VI.

Betriebes“ anhand des Normzwecks unterschiedlich nach der jeweiligen Norm des BetrVG. Wenn diese den Schutz und die Einbeziehung von Leiharbeitnehmern in den Schutzbereich des Beteiligungsrechts voraussetzt, ist der Leiharbeitnehmer „Arbeitnehmer des Betriebes“ im Sinne der jeweiligen Norm.

Hierbei ist jedoch zu beachten, dass bei den Beteiligungsrechten ein solches Schutzbedürfnis im Entleiherbetrieb immer nur dann vorliegen kann, wenn die Maßnahme, die unter die Mitbestimmung fällt, den Leiharbeitnehmern gegenüber Wirkung entfalten kann. Andernfalls, also dann, wenn die mitbestimmungspflichtige Maßnahme aufgrund der aufgespaltenen Arbeitgeberfunktion überhaupt keine Auswirkungen auf Leiharbeitnehmer hat, sind diese auch nicht schutzbedürftig. Insofern steht die Frage nach dem Schutzzweck der jeweiligen Norm und die damit einhergehende Schutzbedürftigkeit des Leiharbeitnehmers in einem unmittelbaren Zusammenhang zur Entscheidungskompetenz. Die Schutzbedürftigkeit des Leiharbeitnehmers im Entleiherbetrieb kann nur soweit entstehen, wie der Entleiher gegenüber dem Leiharbeitnehmer zur Anordnung einer Maßnahme berechtigt ist. Im Ergebnis bedeutet dies, dass auch nach dieser Ansicht der Schutzzweck der jeweiligen betriebsverfassungsrechtlichen Norm und die Reichweite der Befugnisse des Entleihers über die Anwendbarkeit eines Beteiligungsrechts auf Leiharbeitnehmer entscheidet[571].

### *d. Zwischenergebnis*

Auch die h.M., die grundsätzlich die Betriebszugehörigkeit eines Arbeitnehmers für primär maßgeblich hält, um zu einer Zuständigkeit des Betriebsrates für diesen Arbeitnehmer im Rahmen der Beteiligungsrechte zu gelangen, bestimmt letztlich die personelle Reichweite der Betriebsratszuständigkeit danach, ob der Normzweck des jeweiligen Beteiligungsrechts eine Einbeziehung des (Leih-)Arbeitnehmers gebietet und die mitbestimmungspflichtige Maßnahme sich unmittelbar auf den (Leih-)Arbeitnehmer auswirkt[572]. Für die Frage, ob der Betriebsrat des Entleiherbetriebes also auch für eingesetzte Leiharbeitnehmer seine Beteiligungsrechte wahrnimmt, kommt es nach allen Ansichten maßgeblich darauf an, wie weit die Befugnisse des Entleihers gegenüber dem Leiharbeitnehmer reichen und ob die jeweilige Maßnahme, die sich unmittelbar auf den Leiharbeitnehmer auswirkt, mitbestimmungspflichtig ist.

571 Auch dieses Ergebnis zeigt, dass es – wie bereits unter C.V. dargelegt – keine unmittelbare Verbindung zwischen Betriebszugehörigkeit auf der einen Seite und der Zuständigkeit des Betriebsrates besteht.

572 Insofern geht auch die Kritik von *Stepan*, AiB 2015, Nr. 12, S. 28 fehl, der ein angebliches Fehlen von Mitbestimmungsrechten für Betriebsräte im Falle der Leiharbeit bemängelt.

## 3. Zuständigkeitsaufteilung zwischen Entleiher- und Verleiherbetriebsrat

Nach alldem nimmt also sowohl der Betriebsrat des Verleiherbetriebes als auch der Betriebsrat des Entleiherbetriebes Beteiligungsrechte für den Leiharbeitnehmer wahr. Diese doppelte Zuständigkeit darf allerdings nicht zu einer „Verdoppelung" der Beteiligungsrechte, also der Beteiligung zweier Betriebsräte zu ein und derselben Maßnahme führen. Andernfalls würde aus der Aufspaltung der Arbeitgeberbefugnisse im Rahmen der Leiharbeit eine Privilegierung der Leiharbeitnehmer im Vergleich zu den sonstigen Beschäftigten entstehen, die vom Betriebsverfassungsgesetz nicht vorgesehen ist[573]. Um eine solche Doppelung zu vermeiden, ist eine Abgrenzung zwischen den Zuständigkeiten des Verleiher- und des Entleiherbetriebsrates unentbehrlich[574]. Eine solche Abgrenzung kann in sinnvoller Weise nur danach vorgenommen werden, ob der Betriebsinhaber des Entleiher- oder Verleiherbetriebes die mitbestimmungspflichtige Entscheidung trifft[575]. Entscheidend ist also, wo die jeweilige Arbeitgeberfunktion, um die es konkret geht, ausgeübt wird[576]. Wie oben gezeigt, ist es gerade die Kompetenz des jeweiligen Betriebsinhabers zur Anordnung einer Maßnahme, die das Schutzbedürfnis des Leiharbeitnehmers schafft und damit – soweit die Maßnahme einer Beteiligungspflicht unterliegt – die Zuständigkeit des Betriebsrates begründet. Da die Kriterien der Zuständigkeitsverteilung in den gesetzlichen Voraussetzungen zur Anwendbarkeit eines Mitbestimmungsrechts enthalten sind, ist eine Doppelung von Beteiligungsrechten ausgeschlossen und stellt jedenfalls kein zusätzliches Problem im Rahmen der Zuständigkeit der Betriebsräte dar.

## 4. Auswirkungen des Gleichstellungsgebotes auf die Zuständigkeit von Entleiher- und Verleiherbetriebsrat

Wie dargestellt, muss zur Beantwortung der Frage, welcher Betriebsrat bei welcher mitbestimmungsrechtlich relevanten Maßnahme für Leiharbeitnehmer zuständig ist, auf die Entscheidungskompetenz und den Entscheidungsträger abgestellt werden: Es ist immer derjenige Betriebsrat zuständig, dessen Betriebsinhaber die

---

573 Vgl. *Kraft*, in: Hofmann u.a., FS Pleyer, S. 392; *Thüsing*, in: Thüsing, AÜG, § 14 Rn. 100; **a.A.** hingegen zu Dohna-Jager, in: Ulber, AÜG § 14 Rn. 96, die kein Problem in einer Doppelzuständigkeit sieht, allerdings auch nicht aufzeigt wo eine solche tatsächlich bestehen bzw. entstehen soll.

574 Vgl. auch *Thüsing*, in: Thüsing, AÜG, § 14 Rn. 100.

575 Vgl. BAG, Beschluss vom 02. November 1993 – 1 ABR 36/93 –, BAGE 75, 24–49, Rn. 31 nach juris; BAG, Beschluss vom 19. Juni 2001 – 1 ABR 43/00 –, Rn. 27, 32; *Koch*, in: Schaub, ArbR-HB, § 120 Rn. 94; *Loof*, Beteiligungsrechte, S. 132; *Richardi*, in: Richardi, BetrVG, 15. Aufl., § 87 Rn. 330; *Schirmer*, in: Oetker u.a., 50 Jahre BAG, S. 1067; *Thüsing*, in: Thüsing, AÜG, § 14 Rn. 100.

576 *Thüsing*, in: Thüsing, AÜG, § 14 Rn. 100.

Maßnahme tatsächlich anordnet. Dies hat zur Folge, dass nur solche Entscheidungen, die der Entleiher in seinem Betrieb trifft und den Leiharbeitnehmer unmittelbar berühren, die Zuständigkeit des Entleiherbetriebsrates für die Leiharbeitnehmer begründen. Sofern sich eine Entscheidung des Entleihers hingegen nur mittelbar auf den Leiharbeitnehmer auswirkt oder den Verleiher bloß in seiner Entscheidungskompetenz beeinflusst, kann dies keine Zuständigkeit des Entleiherbetriebsrates für Leiharbeitnehmer begründen. Es kommt allenfalls eine Mitbestimmung im Verleiherbetrieb in Betracht. Fraglich ist allerdings, ob dies auch gilt, wenn der Verleiher durch das Gleichstellungsgebot (§§ 3 I Nr. 3, 8, 9 Nr. 2 AÜG) verpflichtet ist, die Arbeitsbedingungen des vergleichbaren Stammarbeitnehmers zu gewährleisten.

Das Gleichstellungsgebot, §§ 3 I Nr. 3, 8, 9 Nr. 2, 10 IV AÜG, wurde durch das Erste Gesetz für moderne Dienstleistungen am Arbeitsmarkt vom 23.12.2002[577] eingefügt und durch die gesetzliche Neuregelung in 2016 durch denen § 8 AÜG neu ausgestaltet und bewirkt, soweit es Anwendung findet, unter anderem gem. § 9 Nr. 2 AÜG die Unwirksamkeit von Vereinbarungen im Leiharbeitsvertrag, die zu Lasten des Leiharbeitnehmers von den wesentlichen Arbeitsbedingungen des vergleichbaren Stammarbeitnehmers abweichen. Auf diese im Entleiherbetrieb geltenden wesentlichen Arbeitsbedingungen hat der Leiharbeitnehmer gem. § 10 IV AÜG einen gesetzlichen Anspruch, der ihm gegen den Verleiher zusteht[578]. Damit ist der Verleiher grundsätzlich verpflichtet, dem Leiharbeitnehmer während seines Einsatzes mindestens die wesentlichen Arbeitsbedingungen zu gewähren, die im Entleiherbetrieb gelten. Etwas anderes gilt nur dann, wenn ein Tarifvertrag abweichende Regelungen zulässt (§ 3 I Nr. 3, 8 und § 9 Nr. 2 AÜG), was in der Praxis zwar der Regelfall[579], allerdings nicht zwingend ist.

Nach einer in der Literatur vertretenen Ansicht sei im Falle der Anwendbarkeit des Gleichstellungsgebotes der Betriebsrat des Entleiherbetriebes im Interesse der dort eingesetzten Leiharbeitnehmer zu beteiligen[580]. Durch das Gleichstellungsgebot gem. § 10 IV AÜG ist der Verleiher dazu verpflichtet wird, eine im Entleiherbetrieb geltende oder neu beschlossene wesentliche Arbeitsbedingung, zu denen z.B. aufgrund tarifvertraglicher Öffnungsklausel (§ 77 III 2 BetrVG) auch Entgeltregelungen gehören können, seinen in diesem Betrieb eingesetzten Leiharbeitnehmern zu gewähren. Damit werde durch das Gleichstellungsgebot das Ergebnis der Beteiligung des Entleiherbetriebsrates mittelbar auf Leiharbeitnehmer erstreckt, was die Beteiligung des Entleiherbetriebsrates auch im Interesse der Leiharbeitnehmer rechtfertige[581]. Teilweise wird sogar vertreten, dass das Gleichstellungsgebot zu

577 BGBl. I S. 4607.

578 *Mengel*, in: Thüsing, AÜG, § 9 Rn. 50.

579 BT-Drucks. 18/673, S. 13.

580 *Zu Dohna-Jaeger*, in: Ulber, AÜG, § 14 Rn. 171; *Grimm/Brock*, DB 2003, 1113, 1115f.; *Klebe*, in: DKKW, § 87 Rn. 9; *Loof*, Beteiligungsrechte, S. 82, 158ff., 173; *Urban-Crell/Schulz*, Arbeitsvermittlung, Rn. 981.

581 *Zu Dohna-Jaeger*, in: Ulber, AÜG, § 14 Rn. 171; *Klebe*, in: DKKW, § 87 Rn. 9; vgl. auch *Grimm/Brock*, DB 2003, 1113, 1115.

einer unmittelbaren Geltung der Regelungen des Entleiherbetriebes für den Leiharbeitnehmer im Verhältnis zum Verleiher führe[582]. Diese gelte z.B. auch für Entgeltvereinbarungen im Entleiherbetrieb, die – soweit das Gleichstellungsgebot eingreift – „in vollem Umfang“[583] Geltung erlangen, soweit diese günstiger für den Leiharbeitnehmer seien. Deshalb sei der Betriebsrat des Entleiherbetriebes z.B. im Rahmen des § 87 I Nr. 10 BetrVG auch im Interesse der im Betrieb eingesetzten Leiharbeitnehmer zu beteiligen, soweit der Equal-Pay-Grundsatz für die Leiharbeitnehmer Wirkung entfalte[584]. Zwar bleibe der Verleiher Schuldner des Lohnanspruchs[585]. Da jedoch Voraussetzung einer Mitbestimmung die „Regelungsgewalt“[586] sei und diese aufgrund des Equal-Pay-Grundsatzes dem Verleiher entzogen sei[587], sei der Entleiherbetriebsrat (und nicht der Verleiherbetriebsrat) z.B. auch für Fragen der Lohngestaltung nach § 87 I Nr. 10 BetrVG zuständig, soweit der Equal-Pay-Grundsatz greife[588].

Diese Auffassung kann jedoch nicht überzeugen: Die Zuständigkeit des Betriebsrates ist beschränkt auf den Betrieb, für den er gebildet wurde[589]. Es kann daher nicht zu den Aufgaben des Entleiherbetriebsrates gehören, den Inhalt von Arbeitsverträgen, die der Leiharbeitnehmer allein mit dem Verleiher unterhält, mitzubestimmen[590]. Der Entleiherbetriebsrat kann nur bei Entscheidungen und Maßnahmen mitbestimmen, die der Entleiher trifft. Dazu gehört aber nicht der Arbeitsvertrag des Leiharbeitnehmers mit dem Verleiher.

Dass sich die Mitbestimmung des Entleiherbetriebsrates zu Arbeitsbedingungen der Stammarbeitnehmer auf den Leiharbeitnehmer mittelbar auswirken können, ist eine gesetzliche Folge des Gleichstellungsgebotes (§ 10 IV AÜG). Sie führt aber nicht dazu, dass der Entleiherbetriebsrat dabei auch die Interessen der Leiharbeitnehmer zu berücksichtigen hat. Vielmehr bleibt das Mitbestimmungsrecht z.B. für alle Fragen in Zusammenhang mit der Entlohnung allein auf die Stammbelegschaft ausgerichtet; lediglich das Ergebnis dieser Mitbestimmung kann sich auf den Leiharbeitnehmer aufgrund des gesetzlichen Gleichstellungsgebotes auswirken[591]. Ob es sich auswirkt, liegt keineswegs in der Entscheidungsgewalt des Entleihers: Gilt das Gleichstellungsgebot aufgrund tarifvertraglicher Regelung und entsprechend der neuen gesetzlichen Regelung gem. § 8 IV AÜG[592] erst nach neun Monaten, so könnte der Verleiher unter Umständen den Leiharbeitnehmer vorher durch

582 Vgl. *Loof*, Beteiligungsrechte, S. 82, 158ff., 173.
583 *Loof*, Beteiligungsrechte, S. 158.
584 *Loof*, Beteiligungsrechte, S. 158.
585 So auch *Loof*, Beteiligungsrechte, S. 159.
586 *Loof*, Beteiligungsrechte, S. 160.
587 *Loof*, Beteiligungsrechte, S. 161.
588 *Loof*, Beteiligungsrechte, S. 160.
589 *Thüsing*, in: Thüsing, AÜG, § 14 Rn. 135.
590 *Hamann*, NZA 2003, 526, 533.
591 Vgl. *Hamann*, in: Schüren, AÜG, 4. Aufl., § 14 Rn. 223.
592 Vgl. BT-Drucks. 18/9232, S. 22.

einen anderen Arbeitnehmer ersetzen. Er kann eventuell auch einen Branchenzuschlagstarifvertrag gem. § 8 IV 2 AÜG[593] anwenden. Eventuell gewährt der Verleiher dem Leiharbeitnehmer aufgrund des Leiharbeitsvertrages ohnehin bessere Arbeitsbedingungen. Die Entscheidung, ob der Leiharbeitnehmer so gestellt wird wie ein vergleichbarer Arbeitnehmer im Entleiherbetrieb, obliegt also im Rahmen der gesetzlichen Bestimmungen allein dem Verleiher.

Zudem ist die Schutzbedürftigkeit des Leiharbeitnehmers im Falle der Anwendung des Gleichstellungsgebotes eine gänzlich andere als die von Stammarbeitnehmern: Bei Leiharbeitnehmern geht es gem. § 10 IV AÜG nur um einen gesetzlichen Anspruch auf die besseren Arbeitsbedingungen des vergleichbaren Stammarbeitnehmers. Diesen gesetzlichen Anspruch hat der Leiharbeitnehmer völlig unabhängig von den Mitbestimmungsrechten des Entleiherbetriebsrates. Insofern besteht keine betriebsverfassungsrechtliche Schutzbedürftigkeit der Leiharbeitnehmer im Entleiherbetrieb. Das Schutzinteresse des Stammarbeitnehmers ist dagegen grundlegend anders: Hier werden unmittelbar die Arbeitsbedingungen der Arbeitnehmer gestaltet und mitbestimmt. Dieser Gestaltung und Mitbestimmung durch den Betriebsrat kann sich der Arbeitgeber (des Einsatzbetriebes gegenüber seinen Stammarbeitnehmern) nicht entziehen und das Ergebnis gilt verbindlich für Arbeitnehmer und Arbeitgeber. Insofern besteht kein Grund, von der grundsätzlichen Konzeption abzuweichen, nach der der Betriebsrat mitzubestimmen hat, dessen Betriebsinhaber die jeweilige Maßnahme anordnet. Es ergeben sich folglich keine Mitbestimmungsrechte des Entleiherbetriebsrates aufgrund des Gleichstellungsgebotes gem. §§ 3 I, 8, 9 Nr. 2 AÜG[594].

## II. Allgemeine Aufgaben des Entleiherbetriebsrates

### 1. Anwendbarkeit der Grundsätze des § 75 BetrVG auf die Leiharbeitnehmer

§ 75 BetrVG regelt wesentliche Grundsätze für die betriebsverfassungsrechtliche Arbeit des Betriebsrates und des Betriebsinhabers: Während Abs. 1 sowohl den Betriebsinhaber wie auch den Betriebsrat dazu verpflichtet, die Belegschaft nach Recht und Billigkeit zu behandeln, enthält Abs. 2 die Verpflichtung, die freie Entfaltung der Persönlichkeit der Mitarbeiter zu schützen und zu fördern. Dabei kommt § 75 BetrVG nicht bloß die Bedeutung eines unverbindlichen Programmsatzes zu; vielmehr entfaltet § 75 BetrVG unmittelbare materielle Bedeutung[595], indem er elementare Grundsätze zum Umgang mit der Belegschaft aufstellt[596]. Diese Grundsätze sind auch auf die Leiharbeitnehmer im Einsatzbetrieb anzuwenden:

593 Vgl. in der Begründung des Gesetzes zu § 8 IV 2 AÜG BT-Drucks. 18/9232, S. 22.
594 Vgl auch *Linsenmaier/Kiel*, RdA 2014, 135, 150.
595 *Fitting*, 28. Aufl., § 75 Rn. 4.
596 *Berg*, in: DKKW, § 75 Rn. 1.

Gem. § 75 I BetrVG haben Arbeitgeber und Betriebsrat insbesondere darüber zu wachen, „dass jede Benachteiligung von Personen aus Gründen ihrer Rasse oder wegen ihrer ethnischen Herkunft, ihrer Abstammung oder sonstiger Herkunft, ihrer Nationalität, ihrer Religion oder Weltanschauung, ihrer Behinderung, ihres Alters, ihrer politischen oder gewerkschaftlichen Betätigung oder Einstellung oder wegen ihres Geschlechts oder ihrer sexuellen Identität unterbleibt". Dieser Grundsatz entspricht schon einem allgemein gültigen arbeitsrechtlichen Prinzip[597] und dient der Umsetzung des arbeitsrechtlichen Gleichbehandlungsgrundsatzes[598].

§ 75 II 1 BetrVG überträgt das Recht auf freie Entfaltung der Persönlichkeit gem. Art. 2 I GG in den Betrieb. Danach hat der Arbeitgeber und der Betriebsrat dieses Recht nicht bloß zu schützen, sondern auch zu fördern[599], wobei der Schwerpunkt auf der Abwehr von rechtswidrigen Eingriffen in die Persönlichkeitsrechte liegt[600]. Auch der in § 75 II BetrVG normierte Schutz der freien Entfaltung der Persönlichkeit wird den im Betrieb eingesetzten Leiharbeitnehmer gewährt[601]. Dies ergibt sich daraus, dass selbstverständlich auch Leiharbeitnehmer das Persönlichkeitsrecht aus Art. 2 I GG haben und insofern in derselben Situation sind wie die Stammarbeitnehmer des Betriebes.

Teilweise wird zwar vertreten, dass sich § 75 BetrVG nur auf betriebszugehörige Arbeitnehmer beziehe[602]. Dies ergebe sich aus der Überschrift des § 75 BetrVG, in der von den Grundsätzen für die Behandlung von „Betriebsangehörigen" die Rede ist[603]. Allerdings kann diese Ansicht nicht überzeugen: Es widerspricht dem Wortlaut des § 75 I BetrVG, der sogar „alle im Betrieb tätigen Personen" einschließt[604]. Ferner wird im § 6 II 2 AGG festgelegt, dass auch der Entleiher als Arbeitgeber im Sinne des AGG gilt. Da sich die Regelungsgegenstände des § 75 I BetrVG und des AGG überschneiden, ist es auch nur konsequent, wenn der § 75 I BetrVG auch für Leiharbeitnehmer – unabhängig von ihrer Betriebszugehörigkeit im Entleiherbetrieb – gilt[605]. Zudem muss berücksichtigt werden, dass der Betriebsrat generell auch für Leiharbeitnehmer zuständig sein kann; dies gilt selbst dann, wenn man entgegen der hier vertretenen Ansicht davon ausgeht, dass die Betriebszugehörigkeit grundsätzlich Voraussetzung der Anwendbarkeit von Mitbestimmungsrechten

597 *Berg*, in: DKKW, § 75 Rn. 7.

598 *Hamann*, in: Schüren, AÜG, 4. Aufl., § 14, 220.

599 *Kreutz*, in: GK-BetrVG I, 10. Aufl., § 75 Rn. 102; *Worzalla*, in: Hess u.a., BetrVG, 9. Aufl., § 75 Rn. 32.

600 *Berg*, in: DKKW, § 75 Rn. 115; *Kreutz*, in: GK-BetrVG I, 10. Aufl., § 75 Rn. 106.

601 *Boemke*, in: Boemke/Lembke, AÜG, § 14 Rn. 87; *Boemke*, Schuldvertrag S. 590f.; *Erdlenbruch*, betriebsverfassungsrechtliche Stellung, S. 222; vgl. *Thüsing*, in: Thüsing, AÜG, § 14 Rn. 102.

602 *Kreutz*, in: GK-BetrVG II, 10. Aufl., § 75 Rn. 13.

603 *Kreutz*, in: GK-BetrVG II, 10. Aufl. § 75 Rn. 13.

604 Vgl. *Fitting*, 28. Aufl., § 75 Rn. 12f.; *Thüsing*, in: Thüsing, AÜG, § 14 Rn. 102; *Worzalla*, in: Hess u.a., BetrVG, 9. Aufl., § 75 Rn. 2.

605 Vgl. *Hamann*, in: Schüren, AÜG, 4. Aufl., § 14 Rn. 219f.

ist[606]. § 75 I BetrVG ordnet einen Grundsatz an, der sich auf die gesamte Arbeit des Betriebsrates und folglich auch auf die Aufgaben des Betriebsrates bezieht, die er im Interesse der Leiharbeitnehmer erfüllt[607]. § 75 I BetrVG ist Voraussetzung dafür, dass der Entleiherbetriebsrat überhaupt den Schutz der Betriebsverfassung für Leiharbeitnehmer sicherstellen kann. Soweit also eine Zuständigkeit des Entleiherbetriebsrates für Leiharbeitnehmer angenommen wird, muss sich auch § 75 BetrVG als eine hierfür erforderliche Vorbedingung auf Leiharbeitnehmer beziehen. § 75 BetrVG ist folglich auf Leiharbeitnehmer auch im Entleiherbetrieb anwendbar[608].

## 2. Allgemeine Aufgaben des Betriebsrates gem. § 80 BetrVG

§ 80 BetrVG weist dem Betriebsrat allgemeine Aufgaben zu, die die Mitbestimmung des Betriebsrates ergänzen. Der Katalog der nicht abschließenden Regelbeispiele[609] des § 80 I Nr. 1–9 BetrVG deckt sowohl den sozialen und personellen, als auch den wirtschaftlichen Bereich ab[610]. Zwar erwächst aus ihnen weder ein Mitbestimmungsrecht des Betriebsrates, noch ein Anspruch gegen den Betriebsinhaber[611]. Über den Grundsatz der vertrauensvollen Zusammenarbeit wird der Arbeitgeber allerdings verpflichtet, sich mit den Anliegen des Betriebsrates zumindest ernsthaft auseinanderzusetzen[612]. Im Folgenden sollen die Regelbeispiele des § 80 I BetrVG im Einzelnen auf ihre Anwendbarkeit bezüglich der im Entleiherbetrieb eingesetzten Leiharbeitnehmer beleuchtet werden.

### *a. Überwachungspflicht des Betriebsrates gem. § 80 I Nr. 1 BetrVG*

Gemäß § 80 I Nr. 1 BetrVG hat der Betriebsrat darüber zu wachen, dass die zugunsten der Arbeitnehmer geltenden Gesetze, Verordnungen, Unfallverhütungsvorschriften, Tarifverträge und Betriebsvereinbarungen umgesetzt werden. Dies stellt wohl die wichtigste Aufgabe im Rahmen des § 80 BetrVG dar[613]. § 80 I Nr. 1 BetrVG enthält eine grundlegende Überwachungsaufgabe des Betriebsrates hinsichtlich der

---

606 Vgl. C.

607 Vgl. *Richardi/Maschmann*, in: Richardi., BetrVG, 15. Aufl., § 75 Rn. 7.

608 BAG, Beschluss vom 14. Mai 1974 – 1 ABR 40/73 –, BAGE 26, 149–156, Rn. 15 nach juris; *Becker/Wulfgramm*, AÜG, § 14 Rn. 108; *Benecke*, in: Henssler u.a., FS Wank, S. 31; *Düwell/Dahl*, NZA-RR 2011, 1,7; *Germakowski*, in: Urban-Crell u.a., AÜG, § 14 Rn. 75; *Gick*, Neugestaltung, S. 135; *Halbach*, DB 1980, 2389, 2390; *Hamann*, in: Schüren, AÜG, 4. Aufl., § 4 Rn. 219; *Kadel/Koppert*, BB 1990 2331,2332; *Körner*, NZA 2006, 573, 578; *Linsenmaier/Kiel*, RdA 2014, 135, 150; *Thüsing*, in: Thüsing, AÜG, § 14 Rn. 102; *Zimmerling*, Schwellenwerte, 240ff.

609 *Weber*, in: GK-BetrVG II, § 80 Rn. 7 mwNw.

610 *Fitting*, 28. Aufl., § 80 Rn. 4.

611 BAG, Beschluss vom 10. Juni 1986 – 1 ABR 59/84 –, Rn. 30 nach juris; *Nicolai*, in: Hess u.a., BetrVG, 9. Aufl., § 80 Rn. 9f.; *Weber*, in GK-BetrVG II, 10. Aufl., § 80 Rn. 9.

612 *Weber*, in GK-BetrVG II, 10. Aufl., § 80 Rn. 9.

613 *Germakowski*, in: Urban-Crell u.a., AÜG, § 14 Rn. 78.

Einhaltung sämtlicher Normen, die den Arbeitnehmer schützen[614]. Da der Betriebsrat nicht aufgrund des § 80 I Nr. 1 BetrVG die Einhaltung der jeweiligen Schutzvorschrift erzwingen kann, beschränkt sich die Betriebsratsaufgabe im Bereich des § 80 I Nr. 1 BetrVG darauf, auf Rechtsverstöße hinzuweisen und auf eine Abhilfe in Kooperation mit dem Betriebsinhaber hinzuwirken[615].

Der Betriebsrat des Entleiherbetriebes nimmt immer dann seine Überwachungsaufgabe auch für die im Entleiherbetrieb eingesetzten Leiharbeitnehmer wahr, soweit diese Aufgabe an Gefahren anknüpft, die aufgrund der Eingliederung dem Leiharbeitnehmer ebenso wie dem Stammarbeitnehmer drohen[616]. Dies ist z.B. immer dann der Fall, wenn es um die Überwachung der Einhaltung der öffentlich-rechtlichen Vorschriften zum Arbeitsschutz geht[617]. Dies ergibt sich auf der einen Seite schon daraus, dass der Arbeitsschutz effektiv nur dort gestaltet werden kann, wo die Arbeit erbracht wird; Anknüpfungspunkt ist damit bereits die Eingliederung im Entleiherbetrieb. Zudem stellt diesbezüglich § 11 VI 1 Hs. 2 AÜG klar, dass die Pflichten des Arbeitgebers zum Arbeitsschutz unbeschadet der Pflichten des Verleihers dem Entleiher zufallen. Ebenso hat der Betriebsrat die Einhaltung von Schutzvorschriften z.B. aus dem Jugendarbeitsschutzgesetz[618] oder aus dem Mutterschutzgesetz[619] auch für Leiharbeitnehmer zu überwachen. Gleiches gilt für die Überwachung von Kollektivvereinbarungen, soweit diese auch für die Leiharbeitnehmer gelten[620]. Ein Schutz der Leiharbeitnehmer nach § 80 I Nr. 1 BetrVG ist dort erforderlich, wo sich die zu überwachenden Schutzvorschriften im Entleiherbetrieb

---

614 *Fitting*, 28. Aufl., § 80 Rn. 5.

615 Vgl. BAG, Beschluss vom 24. Februar 1987 – 1 ABR 73/84 –, Rn. 14, 18 nach juris; *Nicolai*, in: Hess u.a., BetrVG, 9. Aufl., § 80 Rn. 24.

616 Vgl. schon BAG, Beschluss vom 14. Mai 1974 – 1 ABR 40/73 –, BAGE 26, 149–156 Rn. 15 nach juris; BAG, Beschluss vom 31. Januar 1989 – 1 ABR 72/87 –, Rn. 12 nach juris; *Dewender*, Betriebsfremde, S. 147; *Erdlenbruch*, betriebsverfassungsrechtliche Stellung, S. 118; *Körner*, NZA 2006, 573, 578; *Thüsing*, in: Thüsing, AÜG, § 14 Rn. 104.

617 *Dewender*, Betriebsfremde, S. 147; *zu Dohna-Jaeger, in: Ulber* § 14 Rn. 97; *Erdlenbruch*, betriebsverfassungsrechtliche Stellung, S. 118; *Germakowski*, in: Urban-Crell u.a., AÜG, § 14 Rn. 78; *Jüttner*, Auswirkungen, S. 225; *Kaufmann*, betriebsverfassungsrechtliche Zuordnung, S. 120; *Loof*, Beteiligungsrechte, S. 174f.

618 *Erdlenbruch*, betriebsverfassungsrechtliche Stellung, S. 118; *Germakowski*, in: Urban-Crell u.a., AÜG, § 14 Rn. 78.

619 *Barth*, Mitbestimmungs- und Beteiligungsrechte, S. 72; *Erdlenbruch*, betriebsverfassungsrechtliche Stellung, S. 118.

620 *Barth*, Mitbestimmungs- und Beteiligungsrechte, S. 72; *zu Dohna-Jaeger*, in: Ulber, AÜG, § 14 Rn. 97; *Erdlenbruch*, betriebsverfassungsrechtliche Stellung, S. 118f.; *Germakowski*, in: Urban-Crell u.a., AÜG, § 14 Rn. 80; *Hamann*, in: Schüren, AÜG, 4. Aufl., § 14 Rn. 224; *Jüttner*, Auswirkungen, S. 225; *Kaufmann*, betriebsverfassungsrechtliche Zuordnung, S. 118, 120; *Loof*, Beteiligungsrechte, S. 174; *Thüsing*, in: Thüsing, AÜG, § 14 Rn. 104.

für den Leiharbeitnehmer auswirken[621]. Insofern ist auch innerhalb des § 80 I Nr. 1 BetrVG auf jene allgemeinen Kriterien zurückzugreifen, die generell für die Anwendbarkeit eines Beteiligungsrechts auf Leiharbeitnehmer gelten. Insbesondere solche Schutzvorschriften, die an das arbeitsrechtliche Grundverhältnis anknüpfen, wie z.B. das KSchG, spielen für Leiharbeitnehmer im Entleiherbetrieb dagegen keine Rolle, sodass die diesbezügliche Überwachungsaufgabe nicht durch den Entleiherbetriebsrat erfolgen kann.

Auf der anderen Seite verpflichtet § 80 I Nr. 1 BetrVG den Betriebsrat des Entleiherbetriebes auch zur Kontrolle solcher Schutzvorschriften, die ausschließlich für Leiharbeitnehmer gelten (§§ 1 I 1 i.V.m. 12 I 2, 3, 11 V-VII AÜG)[622]. In diesem Rahmen obliegt es dem Betriebsrat des Entleiherbetriebes insbesondere darüber zu wachen, ob der Verleiher die erforderliche Überlassungserlaubnis besitzt[623]. Gem. § 12 I 2 AÜG gehört die diesbezügliche Erklärung des Verleihers zu den notwendigen Informationen, die im Arbeitnehmerüberlassungsvertrages anzugeben sind. § 14 III 3 AÜG enthält in diesem Zusammenhang die Verpflichtung des Entleihers, seinen Betriebsrat darüber zu informieren, wenn der Verleiher nach § 12 II AÜG Mitteilung über den Wegfall der Erlaubnis macht.

Jedoch trifft den Betriebsrat des Entleiherbetriebes keine Überwachungsaufgabe hinsichtlich der Einhaltung des Arbeitnehmerüberlassungsvertrages. Dies ergibt sich zunächst daraus, dass Verträge (abgesehen von kollektiven Regelungen) nicht unter den Katalog des § 80 I Nr. 1 BetrVG fallen. Zudem ist es nicht die Aufgabe des Betriebsrates, die Vertragstreue des Entleihers bzw. des Betriebsinhabers gegenüber seinen Vertragspartnern, wie dem Verleiher, zu überwachen[624]. Ebenfalls hat der Betriebsrat nicht die Überwachung des Gleichstellungsgebotes (§ 3 I Nr. 3, § 9 Nr. 2 AÜG) zu gewährleisten[625]. Dieses richtet sich nicht an den Entleiher, sondern ausschließlich an den Verleiher[626].

Auf der anderen Seite ist es möglich, dass der Einsatz von Leiharbeitnehmern *Anlass* zur Wahrnehmung von Überwachungsaufgaben im Interesse der übrigen (Stamm-)Belegschaft ist. Zu denken ist in diesem Rahmen insbesondere an die Überwachung kollektivrechtlicher Verbote, auf bestimmten Arbeitsplätzen keine

---

621 *Jüttner*, Auswirkungen, S. 225.

622 Vgl. *Barth*, Mitbestimmungs- und Beteiligungsrechte, S. 72; *Becker/Wulfgramm*, AÜG § 14 Rn. 108; *Boemke*, in: Boemke/Lembke, AÜG, § 14 Rn. 89; *Dewender*, Betriebsfremde, S. 147f.; *zu Dohna-Jaeger, in:* Ulber AÜG, § 14 Rn. 97; *Erdlenbruch*, betriebsverfassungsrechtliche Stellung, S. 116; *Halbach*, DB 1980, 2389, 2390f.; *Hamann*, in: Schüren, AÜG, 4. Aufl., § 14 Rn. 223; Jüttner, Auswirkungen, S. 225; *Kaufmann*, betriebsverfassungsrechtliche Zuordnung, S. 119; *Thüsing*, in: Thüsing, AÜG, § 14 Rn. 104.

623 *Germakowski*, in: Urban-Crell u.a., AÜG, § 14 Rn. 79.

624 *Jüttner*, Auswirkungen, S. 225.

625 *Hamann*, in: Schüren, AÜG, 4. Aufl., § 14 Rn. 223.

626 Vgl. F.I.d.4.

Leiharbeitnehmer einzusetzen[627]. In diesem Falle kann aber keine Rede davon sein, dass der Betriebsrat die Überwachung dieser Regelung *für* die im Betrieb eingesetzten Leiharbeitnehmer bzw. für die Leiharbeitnehmer, die im Betrieb eingesetzt werden sollen, wahrnimmt. Soweit Leiharbeitnehmer entgegen einer Regelung im Betrieb eingesetzt werden sollen (und es noch nicht sind), fehlt jegliche Verbindung zwischen dem Betrieb und den Leiharbeitnehmern; sie sind noch nicht Arbeitnehmer *im* Entleiherbetrieb und sind an diesen lediglich durch die Absichten von Verleiher und Entleiher gebunden. Aber selbst dann, wenn Leiharbeitnehmer bereits im Entleiherbetrieb – entgegen der kollektiven Regelung – eingegliedert sind, bezieht sich der Schutzzweck einer solchen Regelung gerade nicht auf Leiharbeitnehmer. Der Zweck besteht gerade darin, die Belegschaft vor einem Leiharbeitnehmereinsatz zu „schützen".

### *b. Dem Betrieb und der Belegschaft dienliche Maßnahmen gem. § 80 I Nr. 2 BetrVG*

Der Betriebsrat ist gem. § 80 I Nr. 2 BetrVG berechtigt, Maßnahmen zu beantragen, die der Belegschaft und dem Betrieb dienen. Dieses bezieht sich sowohl auf soziale und personelle, als auch auf wirtschaftliche Angelegenheiten[628].

Jedenfalls der betriebszugehörige Leiharbeitnehmer ist Teil der Belegschaft. Insofern können vorgeschlagene Maßnahmen, die der Belegschaft dienen, grundsätzlich auch dem betriebszugehörigen Leiharbeitnehmer dienen. Soweit sich die Maßnahme allerdings nicht für den Leiharbeitnehmer auswirkt, besteht auch hier kein Schutzbedürfnis des Leiharbeitnehmers[629].

Vereinzelt wird vertreten, dass das Antragsrecht nach § 80 I Nr. 2 BetrVG nicht auch Leiharbeitnehmern dient, sondern sich ausschließlich auf den Schutz der Stammbelegschaft erstreckt[630]. So seien zwar „Initiativen des Entleiherbetriebsrates im Hinblick auf unechte Leiharbeitnehmer" nicht ausgeschlossen. Dies ergebe sich jedoch daraus, dass z.B. Initiativen, die der Integration der Leiharbeitnehmer förderlich sind, dem Entleiherbetrieb und der Stammbelegschaft dienlich seien[631].

Aber auch wenn der Wortlaut des § 80 I Nr. 2 BetrVG auf „die Belegschaft" abstellt, gibt es keinen Grund, diese Norm dahingehend zu verstehen, dass der

---

627 *Barth*, Mitbestimmungs- und Beteiligungsrechte, S. 73; *Jüttner*, Auswirkungen, S. 225.

628 *Fitting*, 28. Aufl., § 80 Rn. 19.

629 Vgl. *Barth*, Mitbestimmungs- und Beteiligungsrechte, S. 73f.; *Erdlenbruch*, betriebsverfassungsrechtliche Stellung, S. 120; *Jüttner*, Auswirkungen, S. 226.

630 *Dewender*, Betriebsfremde, S. 148f.

631 *Dewender*, Betriebsfremde, S. 148f. Entsprechend lehnt *Dewender*, der die Beteiligungsrechte des Betriebsrates im Interesse der Leiharbeitnehmer grundsätzlich nur unter Zuziehung einer Analogie annimmt, eine Analogie im Rahmen des § 80 I Nr. 2 BetrVG ab und befürwortet eine direkte Anwendung der Norm im Interesse der Stammbelegschaft und des Beschäftigungsbetriebes.

Betriebsrat nicht dazu berechtigt wäre, Maßnahmen vorzuschlagen, die allen im Betrieb tätigen Arbeitnehmern zugutekommen. Wie oben festgestellt, ist der Betriebsrat gerade nicht ausschließlich für betriebszugehörige Arbeitnehmer zuständig, sondern auch für Arbeitnehmer *im* Betrieb[632]. Vor diesem Hintergrund darf die Norm nicht als ein Verbot an den Betriebsrat aufgefasst werden, sich nicht für Maßnahmen einzusetzen, die den betriebsfremden Arbeitnehmern *im* Betrieb dienen. § 80 I Nr. 2 BetrVG eröffnet einen weiten Anwendungsbereich, in dem keine Veranlassung für eine enge Auslegung besteht[633]. Insofern ist der Begriff der „Belegschaft" im Sinne des § 80 I Nr. 2 BetrVG weit auszulegen, sodass das Vorschlagsrecht auch darauf abzielen kann, Arbeitnehmern *im* Betrieb, die nicht zur Belegschaft gehören, zu dienen.

Inhaltlich können sowohl solche Maßnahmen unter § 80 I Nr. 2 BetrVG fallen, die an die Eingliederung und an den konkreten Arbeitseinsatz ansetzen, als auch solche, die sich auf den Bestand eines Arbeitsvertrages beziehen. So ist es denkbar, dass der Betriebsrat sich im Rahmen des § 80 I Nr. 2 BetrVG auch für Lohnerhöhungen einsetzt[634]. In einem solchen Fall wäre Anknüpfungspunkt das Arbeitsverhältnis und eine Anwendbarkeit hinsichtlich der eingesetzten Leiharbeitnehmer abzulehnen. Soweit Anknüpfungspunkt aber die tatsächliche Arbeitserbringung und damit die Eingliederung ist, fällt auch der Leiharbeitnehmer im Entleiherbetrieb in den Anwendungsbereich der Vorschrift[635].

### *c. Gleichstellung von Mann und Frau gem. § 80 I Nr. 2a BetrVG*

Gem. § 80 I Nr. 2a BetrVG hat der Betriebsrat die tatsächliche Gleichstellung von Mann und Frau zu fördern. Bei dieser Norm handelt es sich lediglich um eine Konkretisierung[636] bzw. Klarstellung[637] der §§ 80 I Nr. 1 und 2 BetrVG. So ist die Gleichstellung bereits aufgrund des § 80 I Nr. 1 BetrVG i.V.m. dem AGG zu fördern und der Betriebsrat kann aufgrund des § 80 I Nr. 2 BetrVG der Gleichstellung dienliche Maßnahmen beantragen.

Bereits durch die Eingliederung in den Entleiherbetrieb kann dort die Gefahr einer Benachteiligung entstehen[638]. Insofern ist Anknüpfungspunkt des Mitbestimmungsrechts nicht bloß der Arbeitsvertrag, sondern auch die Integration

632 Vgl. C.V.2.

633 *Kaufmann*, betriebsverfassungsrechtliche Zuordnung, S. 121; *Weber*, in GK-BetrVG II, 10. Aufl, § 80 Rn. 33.

634 *Fitting*, 27. Aufl., § 80 Rn. 20.

635 *Barth*, Mitbestimmungs- und Beteiligungsrechte, S. 73; *Erdlenbruch*, betriebsverfassungsrechtliche Stellung, S. 120; *Jüttner*, Auswirkungen, S. 226f.; *Kaufmann*, betriebsverfassungsrechtliche Zuordnung, S. 121; *Loof*, Beteiligungsrechte, S. 177.

636 *Thüsing*, in: Richardi, BetrVG, 15. Aufl., § 80, Rn. 29.

637 *Fitting*, 28. Aufl., § 80 Rn. 34; *Hamann*, in: Schüren, AÜG, 4. Aufl., § 14 Rn. 226.

638 *Thüsing*, in: Thüsing, AÜG, § 14 Rn. 106.

im Entleiherbetrieb[639]. Damit ist eine Anwendbarkeit des § 80 I Nr. 2a BetrVG auf Leiharbeitnehmer gegeben[640].

Vereinzelt wird vertreten, dass § 80 I Nr. 2a BetrVG keine Zuständigkeit für den Entleiherbetriebsrat zugunsten der Leiharbeitnehmer enthält[641]. Dies wird damit begründet, dass sich die vom § 80 I Nr. 2a BetrVG erfassten Benachteiligungen „ganz überwiegend“[642] nicht an die Erbringung der Arbeit anknüpfen, sondern das vertragliche Band betreffen. Soweit der Entleiher Gefahren herbeiführt, die an die Arbeitserbringung anknüpfen, sei indes nicht § 80 I Nr. 2 BetrVG, sondern § 75 I BetrVG anwendbar. Jedoch gibt es keinen Anlass, den Schutzwecke des § 80 I Nr. 2a BetrVG auf die Förderung der Gleichstellung hinsichtlich der im Arbeitsvertrag geregelten Elemente zu beschränken. Die Förderung der Gleichstellung von Mann und Frau kann ebenso an die Arbeitserbringung anknüpfen. In einem solchen Falle macht es keinerlei Unterschied, ob es sich um einen Stammarbeitnehmer oder Leiharbeitnehmer handelt. Soweit vertreten wird, dass in einem solchen Falle für die Stammbelegschaft der § 80 I Nr. 2, für Leiharbeitnehmer jedoch § 75 BetrVG anwendbar sei, kann dies daher nicht überzeugen. Auch im Falle von Stammarbeitnehmern handelt es sich beim § 80 I Nr. 2a BetrVG um eine Konkretisierung und Ergänzung des Grundsatzes des § 75 BetrVG[643]. Insofern ist § 80 I Nr. 2a auch auf Leiharbeitnehmer im Entleiherbetrieb anzuwenden.

### *d. Förderung der Vereinbarkeit von Beruf und Familie gem. § 80 I Nr. 2b BetrVG*

Gem. § 80 I Nr. 2b BetrVG besteht für den Betriebsrat die Aufgabe, die Vereinbarkeit von Beruf und Familie zu fördern. Dies soll durch eine familienfreundliche Gestaltung der betrieblichen Arbeitszeiten[644] oder durch Maßnahmen wie z.B. die Einrichtung eines Betriebskindergartens[645] erreicht werden. Da die Vereinbarkeit von Beruf und Familie maßgeblich davon abhängt, wie die konkrete Ausübung der Tätigkeit gestaltet ist, ist der Anknüpfungspunkt für die Förderungspflicht nach § 80 I Nr. 2b BetrVG die Eingliederung im Entleiherbetrieb[646]. Soweit es um Einrichtungen wie einen Betriebskindergarten geht, sind diese Leiharbeitnehmern auch aufgrund

639 *Thüsing*, in: Thüsing, AÜG, § 14 Rn. 106.

640 *Boemke*, in: Boemke/Lembke, AÜG, § 14 Rn. 91; *Hamann*, in: Schüren, AÜG, 4. Aufl., § 14 Rn. 226; *Jüttner*, Auswirkungen, S. 227; *Loof*, Beteiligungsrechte, S. 178; *Thüsing*, in: Thüsing, AÜG, § 14 Rn. 106; *Zimmerling*, Schwellenwerte, S. 250f.

641 *Dewender*, Betriebsfremde, S. 149.

642 *Dewender*, Betriebsfremde, S. 149.

643 Vgl. *Weber*, in: GK-BetrVG II, § 80 Rn. 34.

644 *Nicolai*, in: Hess u.a., BetrVG, 9. Aufl., § 80 Rn. 30.

645 *Engels/Trebinger/Löhr-Steinhaus*, DB 01, 532, 542; *Fitting*, 28. Aufl., § 80 Rn. 40; *Hamann*, in: Schüren, AÜG, 4. Aufl., § 14, Rn. 227.

646 *Thüsing*, in: Thüsing, AÜG, § 14 Rn. 106.

des § 13b AÜG zugänglich zu machen. Darüber hinaus ist eine Einbeziehung von Leiharbeitnehmern erst recht dann geboten, wenn man mit einer in der Literatur vertretenen Auffassung[647] die Grundlage der Förderungspflicht des § 80 I Nr. 2b BetrVG nicht bloß in der Sicherung der Förderung zugunsten des einzelnen Arbeitnehmers erkennt, sondern den Förderungspflichten eine darüberhinausgehende, gesamtgesellschaftliche Bedeutung einräumt. Damit ist § 80 I Nr. 2b BetrVG auch auf Leiharbeitnehmer anwendbar[648].

### e. *Entgegennahme von Anregungen gem. § 80 I Nr. 3 BetrVG*

Gem. § 80 I Nr. 3 BetrVG hat der Betriebsrat Anregungen von Arbeitnehmern und der Jugend- und Auszubildendenvertretung entgegenzunehmen und auf eine Erledigung hinzuwirken. Indem durch § 80 I Nr. 3 BetrVG die Arbeitskräfte des Betriebes über den Betriebsrat Anregungen einbringen können, ergänzt § 80 I Nr. 3 BetrVG das Initiativrecht nach § 80 I Nr. 2 BetrVG, wonach der Betriebsrat Maßnahmen, die dem Betrieb und der Belegschaft dienen, beantragen kann[649]. § 80 I Nr. 3 BetrVG dient der Verbesserung der Kommunikation zwischen Arbeitnehmerschaft und Betriebsrat[650]. Als Anregung i.S.d. Norm gelten Beanstandungen und Vorschläge[651]. Sowohl Beanstandungen als auch Vorschläge können aus der tatsächlichen Tätigkeit im Betrieb entstehen und können danach ihre Grundlage (zumindest auch) in der Eingliederung im Betrieb finden. Gerade Leiharbeitnehmer, die bereits zuvor in verschiedenen Betrieben tätig wurden, können in der Lage sein, Erfahrungen aus anderen Betrieben durch ihre Vorschläge in den aktuellen Entleiherbetrieb einzubringen[652]. Insofern können die Hinweise von Leiharbeitnehmern sogar eine besondere Bedeutung für den Betrieb haben. Eine Anwendbarkeit des § 80 I Nr. 3 BetrVG ergibt sich zudem daraus, dass Nr. 3 die Initiativrechte des Betriebsrates

---

647 Vgl. *Fitting*, 28. Aufl., § 80 Rn. 33; *Jüttner*, Auswirkungen, S. 227.

648 *Boemke*, in: Boemke/Lembke, AÜG, § 14 Rn. 91; *Hamann*, in: Schüren, AÜG, 4. Aufl., § 14 Rn. 227; *Jüttner*, Auswirkungen, S. 227; Loof, Beteiligungsrechte, S. 178; *Thüsing*, in: Thüsing, AÜG, § 14 Rn. 106; *Zimmerling*, Schwellenwerte, S. 251; widersprüchlich: *Dewender*, Betriebsfremde, S. 150, der zwar feststellt, dass der Betriebsrat Leiharbeitnehmer nicht im Sinne des § 80 I Nr. 2b BetrVG fördern könne, gleichwohl aber eine Förderungspflicht so weit annimmt wie der Entleiher befugt ist, Beginn und Ende der täglichen Arbeitszeit „aus Gründen der Integration in die Arbeitsorganisation" festzulegen, vgl. *Dewender*, Betriebsfremde, S. 150.

649 *Buschmann*, in: DKKW, § 80 Rn. 47; *Thüsing*, in: Richardi, BetrVG, 15. Aufl., § 80 Rn. 33.

650 *Buschmann*, in: DKKW, § 80 Rn. 47.

651 *Buschmann*, in: DKKW, § 80 Rn. 48; *Thüsing*, in: Richardi, BetrVG, 15. Aufl., § 80 Rn. 34.

652 *Boemke*, in: Boemke/Lembke, AÜG, § 14 Rn. 92; *Hamann*, in: Schüren, AÜG, 4. Aufl., § 14 Rn. 228.

flankiert. Damit sind Leiharbeitnehmer berechtigt, Beanstandungen dem Entleiherbetriebsrat vorzutragen und Verbesserungsvorschläge einzubringen[653].

### *f. Förderung der Eingliederung Behinderter und anderer besonders schutzbedürftiger Personen und der Beschäftigung älterer Arbeitnehmer im Betrieb gem. § 80 I Nr. 4, 6 BetrVG*

Gem. § 80 I Nr. 4 BetrVG hat der Betriebsrat die Eingliederung Schwerbehinderter und sonstiger besonders schutzbedürftiger Personen zu fördern. Der Anwendungsbereich beschränkt sich dabei nicht auf schwerbehinderte Menschen, da die Anwendbarkeit nicht von der formellen Anerkennung der Schwerbehinderung nach § 69 SGB IX abhängen soll; vielmehr werden alle Einschränkungen erfasst, die zu Anpassungsschwierigkeiten führen können[654]. Der Auftrag an den Betriebsrat beinhaltet dabei insbesondere, beim Arbeitgeber und den übrigen Arbeitnehmern ein Verständnis zu wecken[655], indem z.B. Barrieren, die bei der Eingliederung der jeweiligen Gruppe bestehen, abgebaut[656] und/oder die Integration in die Belegschaft unterstützt werden[657]. Der Betriebsrat spielt hierbei also eine nicht bloß passive, sondern aktive Rolle.[658] Gem. § 80 I Nr. 6 BetrVG hat der Betriebsrat die Beschäftigung älterer Arbeitnehmer zu fördern. Eine Beschäftigungsförderung in diesem Sinne bedeutet nicht bloß die Förderung von Neueinstellungen oder Schutz des Bestandes der Arbeitsverhältnisse dieser Arbeitnehmergruppe, sondern umfasst auch deren berufliche Weiterentwicklung und die Anpassung an veränderte wirtschaftliche oder technische Gegebenheiten[659]. Inwieweit auch besonders schutzbedürftige und ältere Leiharbeitnehmer unter diese Normen fallen, ist umstritten. Nach einer Ansicht sei die Eingliederung schwerbehinderter Leiharbeitnehmer bzw. die Förderung der Beschäftigung älterer Leiharbeitnehmer nicht eine Aufgabe des Entleihers[660]. Der Entleiher, der einen Anspruch auf Überlassung einer geeigneten

---

653 i.E. ebenso: *Barth*, Mitbestimmungs- und Beteiligungsrechte, S. 74; *Becker/Wulfgramm*, AÜG, § 14 Rn. 108; *Boemke*, in: Boemke/Lembke, AÜG, § 14 Rn. 92; *Dewender*, Betriebsfremde, S. 150f.; *Erdlenbruch*, betriebsverfassungsrechtliche Stellung, S. 120f.; Gick, Neugestaltung, S. 135; *Hamann*, in: Schüren, AÜG, 4. Aufl., § 14 Rn. 228; *Jüttner*, Auswirkungen, S. 228; *Kaufmann*, betriebsverfassungsrechtliche Zuordnung, S. 122; *Thüsing*, in: Thüsing, AÜG, § 14 Rn. 107.; *Zimmerling*, Schwellenwerte, S. 247f.

654 *Thüsing*, in: Richardi, BetrVG, 15, Aufl., § 80 Rn. 40.

655 *Fitting*, 28. Aufl., § 80 Rn. 28; *Nicolai*, in: Hess u.a., BetrVG, 9. Aufl., § 80 Rn. 36.

656 *Buschmann*, in: DKKW, § 80 Rn. 52.

657 *Buschmann*, in: DKKW, § 80 Rn. 52.

658 *Thüsing*, in: Richardi, BetrVG, 15. Aufl., § 80 Rn. 39.

659 *Fitting*, 28. Aufl., § 80 Rn. 31.

660 *Boemke*, in: Boemke/Lembke, AÜG, § 14 Rn. 93; *Dewender*, Betriebsfremde, S. 151 bzgl. Nr. 4 und 152f. bzgl. Nr. 6; ähnlich *Hamann*, in: Schüren, AÜG, 4. Aufl., 14 Rn. 229, 231, der jedoch den Entleiherbetriebsrat nicht für „primär zuständig“ hält

Arbeitskraft hat, habe nicht darauf zu achten, dass schwerbehinderte und ältere Leiharbeitnehmer bevorzugt berücksichtigt würden[661]. Der Verleiher habe diese Aufgabe schon bei der Auswahl des Einsatzbetriebes zu berücksichtigen[662]. Diese Ansicht kann allerdings nicht überzeugen: Auch Leiharbeitnehmer können – unabhängig davon, ob für sie eine Betriebszugehörigkeit zum Entleiherbetrieb besteht – zu den schutzbedürftigen Gruppen gehören. Auch schwerbehinderte oder ältere Leiharbeitnehmer können geeignet zur Erfüllung der Arbeitsleistung sein. Dies gilt erst recht, wenn die Behinderung oder das Alter für die Tätigkeit irrelevant ist[663]. Soweit behinderte Leiharbeitnehmer eingesetzt werden, muss der Betriebsrat auf die Integration dieser Leiharbeitnehmer ebenso hinwirken, wie er es bei behinderten Stammarbeitnehmern tut[664]. Für dieses Ergebnis spricht auch, dass sich bereits aus den allgemeinen Grundsätzen des § 75 I BetrVG eine Schutzpflicht hinsichtlich der behinderten und älteren Leiharbeitnehmer ergibt[665]. Zudem begrenzt die obige Ansicht die Integration behinderter Leiharbeitnehmer i.S.d. § 80 I Nr. 4 BetrVG und die Beschäftigungsförderung älterer Arbeitnehmer i.S.d. § 80 I Nr. 6 BetrVG auf die Auswahlentscheidung vor Einsatz des Leiharbeitnehmers bzw. auf die Übernahme solcher Leiharbeitnehmer in ein (ordentliches) Arbeitsverhältnis zum Verleiher. Jedoch regelt § 80 I Nr. 4 BetrVG nicht bloß die Eingliederung im Sinne einer Einstellung bzw. einer Übernahme, sondern soll allgemein das Verständnis für behinderte Menschen fördern[666]. Ebenso beschränkt sich § 80 I Nr. 6 BetrVG nicht bloß auf die Sicherung von Arbeitsplätzen oder den Abschluss von Arbeitsverträgen mit älteren Arbeitnehmern, sondern soll auch die älteren Arbeitnehmer durch Anpassungen unterstützen[667]. Insofern handelt es sich bei der Integration von Behinderten und der Beschäftigungsförderung älterer Arbeitnehmer um eine Aufgabe, die auch die tatsächliche Art und Weise der Arbeitserbringung, also damit die Eingliederung und das soziale Umfeld im Betrieb betrifft; damit können auch Leiharbeitnehmer betroffen sein.

Die Anwendbarkeit der §§ 80 I Nr. 4 und 6 BetrVG auf die eingesetzten Leiharbeitnehmer ergibt sich ebenfalls daraus, dass § 12 AGG dem Arbeitgeber eine

---

und *Loof*, Beteiligungsrechte, S. 179, nach der § 80 I Nr. 4 BetrVG „regelmäßig nicht von Bedeutung" sei. Sie geht sogar so weit und zieht die generelle Eignung von schwerbehinderten Menschen zur Leistung von Leiharbeit in Frage. Dass dies auf einer groben Verallgemeinerung von Behinderungen beruht, ist evident.

661 *Boemke*, in: Boemke/Lembke, AÜG, § 14 Rn. 93; *Dewender*, Betriebsfremde, S. 151; *Hamann*, in: Schüren, AÜG, 4. Aufl., 14 Rn. 229, 231.

662 *Boemke*, in: Boemke/Lembke, AÜG, § 14 Rn. 93.

663 *Thüsing*, in: Thüsing, AÜG, § 14 Rn. 108; 110.

664 *Thüsing*, in: Thüsing, AÜG, § 14 Rn. 108, 110; *zu Dohna-Jaeger*, in: Ulber, AÜG, § 14 Rn. 101.

665 *Zu Dohna Jaeger*, in: Ulber, AÜG, § 14 Rn. 101.

666 *Buschmann*, in: DKKW, § 80 Rn. 52; *Nicolai*, in: Hess u.a., BetrVG, 9. Aufl., § 80 Rn. 36.

667 Vgl. *Fitting*, 28. Aufl., § 80 Rn. 31; *Nicolai*, in: Hess u.a., BetrVG, 9. Aufl., § 80 Rn. 41.

umfassende Organisationspflicht auferlegt, um Benachteiligungen aufgrund einer Behinderung auszuschließen. Als Arbeitgeber im Sinne des § 12 AGG gilt gem. § 6 II 2 AGG auch der Entleiher, sodass der Entleiher gegenüber den bei ihm eingesetzten Leiharbeitnehmern eine Organisationspflicht hat, um Benachteiligungen wegen Behinderung und Alter zu vermeiden. Da damit der Ausschluss von Benachteiligungen auch Aufgabe des Entleihers ist, obliegen dessen Betriebsrat auch bezüglich Leiharbeitnehmern die Förderungsaufgaben der § 80 I Nr. 4, 6 BetrVG. Folglich sind die Beteiligungsrechte der § 80 I Nr. 4, 6 BetrVG auch auf Leiharbeitnehmer anwendbar[668].

### g. *Förderung der Integration ausländischer Arbeitnehmer gem. § 80 I Nr. 7 BetrVG*

Gem. § 80 I Nr. 7 BetrVG hat der Betriebsrat die Integration ausländischer Arbeitnehmer zu fördern. Die Förderungspflicht knüpft nicht etwa an einen Arbeitsvertrag an, sondern bereits an die Eingliederung im Betrieb. Auch ausländische Leiharbeitnehmer dürfen im Entleiherbetrieb nicht diskriminiert werden, sodass der Betriebsrat auch in deren Interesse die Integration zu fördern hat[669].

### h. *Jugend- und Auszubildendenvertretung gem. § 80 I Nr. 5 BetrVG*

Gem. § 80 I Nr. 5 BetrVG hat der Betriebsrat die Wahl zur Jugend- und Auszubildendenvertretung vorzubereiten und durchzuführen und zusammen mit dieser zur Förderung der Belange der in § 60 I BetrVG genannten Personen zusammenzuarbeiten.

Ob der Betriebsrat diese Aufgabe auch für jugendliche Leiharbeitnehmer wahrnimmt, hängt davon ab, ob Leiharbeitnehmer im Entleiherbetrieb zu den in § 60 I BetrVG genannten Arbeitnehmern gehören können. Nach dem Wortlaut des § 60 I, II BetrVG nehmen die Jugend- und Auszubildendenvertretungen die besonderen Belange der Arbeitnehmer, die das 18. Lebensjahr noch nicht vollendet haben, in den Betrieben wahr. Es ist durchaus möglich, dass auch Leiharbeitnehmer unter 18 Jahre alt sind; es gibt kein gesetzliches Verbot zur Beschäftigung Jugendlicher als Leiharbeitnehmer. Insofern können – ausgehend vom Wortlaut – auch Leiharbeitnehmer unter die in § 60 I BetrVG genannte Personengruppe fallen.

---

668 *Zu Dohna-Jaeger*, in: Ulber, AÜG, § 14 Rn. 101; *Jüttner*, Auswirkungen, S. 226f.; *Kaufmann*, betriebsverfassungsrechtliche Zuordnung, S. 122; *Thüsing*, in: Thüsing, AÜG, § 14 Rn. 108; 110; *Zimmerling*, Schwellenwerte, 249f.

669 *Barth*, Mitbestimmungs- und Beteiligungsrechte, S. 74; *Becker/Wulfgramm*, AÜG, § 14 Rn. 108; *Boemke*, in: Boemke/Lembke, AÜG, § 14 Rn. 94; *Erdlenbruch*, betriebsverfassungsrechtliche Stellung, S. 121; *Gick*, Neugestaltung, S. 135; *Jüttner*, Auswirkungen, S. 226f.; *Kaufmann*, betriebsverfassungsrechtliche Zuordnung, S. 122; *Loof*, Beteiligungsrechte, S. 177; *Thüsing*, in: Thüsing, AÜG, § 14 Rn. 111; *Zimmerling*, Schwellenwerte, S. 250.

Für eine zwingende Einbeziehung jugendlicher Leiharbeitnehmer in den Anwendungsbereich des § 60 I BetrVG spricht insbesondere der Umstand, dass diese eine weitestgehend identische Betroffenheit aufweisen wie andere jugendliche Arbeitnehmer des Entleihers; die Schutzbedürftigkeit jugendlicher Arbeitnehmer folgt nicht erst aus dem vertraglichen Verhältnis zum Betriebsinhaber. Dies verdeutlicht der Katalog allgemeiner Aufgaben der Jugend- und Auszubildendenvertretung gem. § 70 I BetrVG: Die dort genannten Aufgaben haben grundsätzlich allesamt die tatsächliche Arbeitserbringung zum Gegenstand, die jugendliche Leiharbeitnehmer genauso betreffen wie jugendliche Arbeitnehmer des Entleihers. Die Einbeziehung von Leiharbeitnehmern in den Kreis der Arbeitnehmer i.S.d. § 60 I BetrVG wird letztlich sogar in zweifacher Hinsicht durch § 14 II AÜG bestätigt: Zum einen wird (jugendlichen) Leiharbeitnehmern gem. § 14 II 2 BetrVG das Recht eingeräumt, an Sprechstunden der Jugend- und Auszubildendenvertretung und an der Jugend- und Auszubildendenversammlung im Entleiherbetrieb teilzunehmen. Eine solche Berechtigung würde keinen Sinn machen, wenn Leiharbeitnehmer nicht auch zu den Arbeitnehmern i.S.d. § 60 I BetrVG gehören können. Auch durch den am 1.4.2017 in Kraft tretenden[670] § 14 II 4 AÜG wird die Einbeziehung jugendlicher Leiharbeitnehmer in den Kreis der Arbeitnehmer i.S.d. § 60 I BetrVG insofern bestätigt, als dass Leiharbeitnehmer (unter 18 Jahren, vgl. § 60 I BetrVG) beim Schwellenwert des § 60 I BetrVG zu berücksichtigen sind. Die gesetzliche Regelung zu den betriebsverfassungsrechtlichen Schwellenwerten in § 14 II 4 AÜG führt dazu, dass Leiharbeitnehmer unter 18 Jahre im Rahmen des § 60 I BetrVG aufgrund der ausdrücklichen Regelung zu berücksichtigen sind. Damit ist es sogar möglich, dass eine Jugend- und Auszubildendenvertretung *ausschließlich* für jugendliche Leiharbeitnehmer in einem Entleiherbetrieb zu bilden ist, in dem keine jugendlichen Stammarbeitnehmer oder Auszubildenden beschäftigt sind, aber regelmäßig mindestens fünf jugendliche Leiharbeitnehmer eingesetzt werden[671].

Da damit die Jugend- und Auszubildendenvertretung jedenfalls auch die Belange der Leiharbeitnehmer unter 18 Jahre zu fördern hat, handelt es sich bei der Betriebsratsaufgabe nach § 80 I Nr. 5 BetrVG um eine solche, die auch für die jugendlichen Leiharbeitnehmer wahrgenommen wird[672].

---

670 Vgl. BT-Drucks. 18/10064, S. 6; BR-Drucks. 627/16, S. 3.

671 Zwar dürfte in einer solchen Konstellation die Jugend- und Auszubildendenvertretung nicht von jugendlichen Leiharbeitnehmern besetzt werden, da ihnen gem. § 14 II 1 AÜG das passive Wahlrecht fehlt (vgl. hierzu H.). Jedoch könnten volljährige Stammarbeitnehmer des Entleiherbetriebes unter 25 Jahren (vgl. § 61 II 1 BetrVG) sich zur Wahl zur Jugend- und Auszubildendenvertretung stellen.

672 I.E. ebenso: *Hamann*, in: Schüren, AÜG, 4. Aufl., § 14 Rn. 230; *Thüsing*, in: Thüsing, AÜG, § 14 Rn. 109; *Zimmerling*, Schwellenwerte, 253.

### *i. Förderung und Sicherung der Beschäftigung im Betrieb gem. § 80 I Nr. 8 BetrVG*

Nach § 80 I Nr. 8 BetrVG gehört zu den allgemeinen Aufgaben des Betriebsrates, die Beschäftigung im Betrieb zu fördern und zu sichern. Fraglich ist, ob der Entleiherbetriebsrat diese Aufgabe auch für die im Entleiherbetrieb beschäftigten Leiharbeitnehmer wahrnimmt. Der Betriebsrat soll sich gem. § 80 I Nr. 8 BetrVG dafür einsetzen, dass die Arbeitnehmer nicht ihren Arbeitsplatz und damit ihre Lebensgrundlage verlieren[673]. Die Beschäftigungssicherung betrifft den Erhalt der im Betrieb vorhandenen Arbeitsplätze, die Beschäftigungsförderung die Ausweitung der Arbeitsplätze im Betrieb[674].

Im Hinblick auf die im Entleiherbetrieb eingesetzten Leiharbeitnehmer ist im Rahmen der Beschäftigungssicherung gem. § 80 I Nr. 8 BetrVG zu berücksichtigen, dass der Leiharbeitnehmer ein Arbeitsverhältnis allein mit dem Verleiher hat. Sein Arbeitsverhältnis wäre also selbst durch den Wegfall des Arbeitsplatzes, auf dem er im Entleiherbetrieb eingesetzt wird, nicht gefährdet, denn das Arbeitsverhältnis mit seinem Arbeitgeber ist davon nicht abhängig. Dies spricht dafür, § 80 I Nr. 8 BetrVG grundsätzlich nicht auf die Leiharbeitnehmer im Entleiherbetrieb anzuwenden[675]. Die Entscheidungen, Arbeitsplätze für Leiharbeitnehmer zu erhalten oder zu schaffen, kann nur der Verleiher wahrnehmen; in der Literatur wird deshalb überwiegend die Auffassung vertreten, dass Sicherung und Schaffung von Arbeitsplätzen für Leiharbeitnehmer auch nur die Aufgabe des Verleiherbetriebsrates sein könne[676].

§ 80 I Nr. 8 BetrVG ist allerdings im Zusammenhang mit § 92a BetrVG zu sehen: Beide Vorschriften sind mit dem Betriebsverfassungs-Reformgesetz vom 23.7.2001 eingeführt worden. § 80 I Nr. 8 BetrVG meint mit der Beschäftigungssicherung als Aufgabe des Betriebsrates solche Maßnahmen, wie sie in § 92a BetrVG aufgeführt sind[677]. Schon nach dem Wortlaut des § 92a I 2 BetrVG sind die im Gesetz aufgeführten Maßnahmen nicht abschließend, sondern nur beispielhaft genannt („insbesondere", § 92 I 2 BetrVG). Ausdrücklich aufgeführt werden als mögliche Maßnahmen der Beschäftigungssicherung „Alternativen zur Ausgliederung von Arbeit oder ihrer Vergabe an andere Unternehmen". Als Alternative zur Vergabe von Arbeit an andere Unternehmen ist u.a. die Alternative zum Einsatz von Drittpersonal

---

673 BT-Drucks. 14/5741 S. 46; *Fitting*, 28. Aufl., § 80 Rn. 42; *Thüsing*, in: Richardi, BetrVG, 15. Aufl. § 80 Rn. 46.

674 *Konzen*, RdA 2001, 76; *Nicolai*, in: Hess u.a., BetrVG, 9. Aufl., § 80 Rn. 45; *Thüsing*, in: Richardi, BetrVG, 15. Aufl. § 80 Rn. 46.

675 *Boemke*, in: Boemke/Lembke, AÜG, § 14 Rn. 95; *Zimmerling*, Schwellenwerte, S. 252.

676 *Boemke*, in: Boemke/Lembke, AÜG, § 14 Rn. 95; *Hamann*, in: Schüren, AÜG, 4. Aufl., § 14 Rn. 233; *Loof*, Beteiligungsrechte, S. 180; *Zimmerling*, Schwellenwerte, S. 252.

677 LAG Berlin, Beschluss v. 8.2.2008 – 22 TaBV 1900/07 -; Rn. 36 nach juris; vgl. auch *Thüsing*, in: Richardi, BetrVG, 15. Aufl. § 80 Rn. 46.

gemeint, also z.B. die Einstellung von Stammarbeitnehmern anstelle des Einsatzes von Leiharbeitnehmern: In § 92a I 2 BetrVG werden ausdrücklich als beispielhafte Maßnahmen, die ein Betriebsrat zur Beschäftigungssicherung und/oder Beschäftigungsförderung vorschlagen kann, „Alternativen zur Ausgliederung von Arbeit oder ihrer Vergabe an andere Unternehmen" aufgeführt. Auch wenn damit in erster Linie Alternativen zur Vergabe von Werk- und Dienstverträge oder Zulieferungen von anderen Unternehmen gemeint sind, kann man im weiteren Sinne unter „Vergabe von Arbeit an andere Unternehmen" auch einen Arbeitnehmerüberlassungsvertrag mit einem Verleiherunternehmen verstehen: Die angeführten Maßnahmen in § 92a I 2 BetrVG sind nur beispielhaft („insbesondere", § 92I 2 BetrVG) und nicht abschließender Natur. Unter Vergabe von Arbeit an andere Unternehmen kann deshalb jeder Einsatz von Drittpersonal verstanden werden, sodass ein Vorschlag im Sinne des § 92a I 2 BetrVG auch die Einstellung von Stammarbeitnehmern anstelle von Leiharbeitnehmern umfassen kann[678].

Im Rahmen der Beschäftigungssicherung und Beschäftigungsförderung kann es deshalb durchaus naheliegend sein, dass sich ein Betriebsrat insofern für einen Leiharbeitnehmer einsetzt, als er beim Inhaber des Entleiherbetriebes für die Übernahme des Leiharbeitnehmers in ein Stammarbeitsverhältnis plädiert. Wird ein Leiharbeitnehmer z.B. vorübergehend auf einem noch nicht dauerhaften Arbeitsplatz vom Entleiher eingesetzt, könnte der Betriebsrat mit Vorschlägen zur Beschäftigungsförderung und Beschäftigungssicherung dazu beitragen, dass dieser Arbeitsplatz dauerhaft im Betrieb erhalten wird und damit zugleich den Vorschlag verbinden, den Leiharbeitnehmer als Stammarbeitnehmer zu übernehmen. Es darf als naheliegend angesehen werden, dass im Zweifel der Betriebsrat sich eher für die Übernahme des Leiharbeitnehmers als Stammarbeitnehmer einsetzt als für die Rekrutierung eines neuen Stammarbeitnehmers außerhalb des Betriebes: Wenn schon ein bewährter Leiharbeitnehmer auf dem Arbeitsplatz eingesetzt ist, könnte aus Sicht des Betriebsrates viel dafür sprechen, diesen Leiharbeitnehmer als Stammarbeitnehmer zu übernehmen, statt einen bisher fremden Arbeitnehmer einzustellen.

Die in § 92a I 2 BetrVG genannte Maßnahme zur Beschäftigungssicherung durch Alternativen zur Vergabe von Arbeit an andere Unternehmen kann deshalb auch eine mögliche Maßnahme *für* Leiharbeitnehmer sein: Setzt sich der Betriebsrat – im Sinne einer Alternative zur Vergabe von Arbeit an andere Unternehmen – dafür ein, den Einsatz von Fremdpersonal im Betrieb zu verringern oder zu beenden und stattdessen Stammpersonal zu rekrutieren, so wäre diese Maßnahme zur Beschäftigungssicherung bzw. -förderung immer mit der Möglichkeit der Übernahme eines bereits eingegliederten Leiharbeitnehmers in ein Stammarbeitsverhältnis verbunden. Dass sich der Betriebsrat für die Übernahme des Leiharbeitnehmers als Stammarbeitnehmer einsetzt, entspricht mithin dieser in § 92a I 2 BetrVG vorgesehenen Maßnahme.

678 Vgl. *Fitting*, 28. Aufl., § 92a Rn. 8; *Hamann*, in: Schüren, AÜG, 4. Aufl., § 14 Rn. 309.

In der Praxis wird es durchaus häufig vorkommen, dass sich ein Betriebsrat für die Übernahme eines Leiharbeitnehmers als Stammarbeitnehmer ausspricht[679].

In der Literatur wird dagegen vereinzelt die Auffassung vertreten, dass der Entleiherbetriebsrat nicht als Vertreter zweier gegenläufiger Interessen agieren könne und die Interessen von Stamm- und Leiharbeitnehmer seien gegenläufig[680]. Diese Argumentation kann jedoch nicht überzeugen. Zum einen hat ein Betriebsrat häufig gegenläufige Interessen z.B. unterschiedlicher Stammarbeitnehmer zu berücksichtigen und einen Ausgleich unterschiedlicher Interessen zu suchen. Es ist auch bei dem dargelegten Beispiel keineswegs so, dass die Interessen der Leiharbeitnehmer und der Stammarbeitnehmer kollidieren: Gerade der Fall, dass ein bisher von einem Leiharbeitnehmer besetzter Arbeitsplatz dauerhaft mit einem Stammarbeitnehmer besetzt werden soll, zeigt, dass sogar das Gegenteil der Fall sein kann. Das Interesse des Leiharbeitnehmers, Stammarbeitnehmer zu werden und das Bestreben des Betriebsrates, den betroffenen Arbeitsplatz mit einem Stammarbeitnehmer zu besetzen, kann dazu führen, dass eine Interessenidentität entsteht, aus der heraus der Entleiherbetriebsrat sich für den Leiharbeitnehmer als künftigen Stammarbeitnehmer einsetzt. Nach alledem ist durchaus möglich, dass § 80 I Nr. 8 BetrVG nach Sinn und Zweck vom Entleiherbetriebsrat auch *für* einen Leiharbeitnehmer wahrgenommen wird, wenn er sich für die Übernahme des Leiharbeitnehmers als Stammarbeitnehmer im Entleiherbetrieb einsetzt.

### *j. Förderung des Arbeitsschutzes gem. § 80 I Nr. 9 BetrVG und andere Beteiligungsrechte im Zusammenhang mit dem Arbeitsschutz*

Nicht nur im Rahmen des § 80 I Nr. 9 BetrVG, sondern auch in den §§ 88 Nr. 1, 80 I Nr. 1, 91, 89 BetrVG und insbesondere im § 87 I Nr. 7 BetrVG, enthält das BetrVG für den Arbeitsschutz relevante Beteiligungsrechte des Betriebsrates. Gem. § 80 I Nr. 9 BetrVG obliegt dem Betriebsrat eine allgemeine Förderungspflicht bezüglich des Arbeitsschutzes. Im Rahmen der Mitbestimmung gem. § 87 I Nr. 7 BetrVG soll der Betriebsrat bei Regelungen über die Verhütung von Arbeitsunfällen und Berufskrankheiten sowie über den Gesundheitsschutz im Rahmen der gesetzlichen Bestimmungen und der Unfallverhütungsvorschriften beteiligt werden. § 87 I Nr. 7 BetrVG regelt ein Mitbestimmungsrecht des Betriebsrates bei der Umsetzung von Rahmenvorschriften: Solche Vorschriften zeichnen sich dadurch aus, dass die umzusetzende Vorschrift dem Arbeitgeber einen Handlungsspielraum lässt, um das normierte Ziel zu erreichen[681]. Liegt hingegen kein Handlungsspielraum für den Arbeitgeber vor, ist seine Entscheidung also gesetzlich vorgegeben, ist der

---

679 Vgl. *Hamann*, in: Schüren, AÜG, 4. Aufl., § 14 Rn. 309.

680 *Loof*, Beteiligungsrechte, S. 180; vgl. auch *Boemke*, in: Boemke/Lembke, AÜG, § 14 Rn. 89; *Hamann*, in: Schüren, AÜG, 4. Aufl., § 14 Rn. 225.

681 Landesarbeitsgericht Hamburg, Beschluss vom 09. April 2014 – 5 TaBV 15/13 –, Rn. 31 nach juris; *Richardi*, in: Richardi, BetrVG 15. Aufl., § 87 Rn. 549, 551; *Wlotzke*, in: Kohte u.a., FS Wissmann, S. 432.

Anwendungsbereich des § 87 I Nr. 7 BetrVG nicht eröffnet[682]. In diesem Fall beschränkt sich die Beteiligung auf die Überwachung der Umsetzung der notwendigen Maßnahme nach § 80 I Nr. 1 BetrVG. § 80 I Nr. 1 BetrVG normiert die allgemeine Überwachungsaufgabe des Betriebsrates. Diese Überwachungsaufgabe wird durch § 89 BetrVG bestärkt[683]. § 89 BetrVG betrifft die Sicherstellung der tatsächlichen Durchführung des Arbeitsschutzes im Betrieb[684], unabhängig davon, ob er sich aus Gesetz, Betriebsvereinbarung oder Tarifvertrag ergibt[685].

Von der Umsetzung von Vorschriften über den Arbeitsschutz ist der autonome Arbeitsschutz[686] zu unterscheiden, an dem der Betriebsrat gem. § 91 BetrVG beteiligt ist. § 91 BetrVG ist dann einschlägig, wenn Arbeitnehmer durch Änderungen der Arbeitsplätze, des Arbeitsablaufs oder der Arbeitsumgebung, die den gesicherten arbeitswissenschaftlichen Erkenntnissen über die menschengerechte Gestaltung der Arbeit offensichtlich widersprechen, in besonderer Weise belastet werden. In diesem Falle kann der Betriebsrat angemessene Maßnahmen zur Abwendung, Milderung oder zum Ausgleich dieser Belastung verlangen. Der autonome Arbeitsschutz soll dazu beitragen, die Arbeit nach den Bedürfnissen der Arbeitnehmer zu gestalten[687]. Soweit nicht beabsichtigt wird, eine Arbeitsschutzvorschrift umzusetzen, sondern einen Schutz zu gewähren, der über den gesetzlich geforderten Standard hinausgeht, so ergibt sich kein Fall der Mitbestimmung im Rahmen des § 87 I Nr. 7 BetrVG[688]. Jedoch können Betriebsinhaber und Betriebsrat eine solche Maßnahme durch freiwillige Betriebsvereinbarung regeln, § 88 Nr. 1 BetrVG. In diesem Falle kann der Betriebsrat die gewünschte Maßnahme folglich nicht über einen Spruch der Einigungsstelle erzwingen[689]. Schutzzweck der Beteiligung im Rahmen des Arbeitsschutzes ist der Schutz der körperlichen Unversehrtheit und des Lebens der Arbeitnehmer[690]. Dabei soll der Arbeitsschutz möglichst effizient gestalten werden, indem die Arbeitnehmervertretung in den Prozess einbezogen wird[691]. Gem. § 11 VI 1 2. Hs. AÜG obliegt dem Entleiher die Nebenpflicht gegenüber dem Leiharbeitnehmer, jene Pflichten hinsichtlich der öffentlich-rechtlichen Vorschriften des Arbeitsschutzes zu erfüllen. Mit dieser Norm hat der Gesetzgeber ausdrücklich klargestellt, dass der Schutz des Leiharbeitnehmers während des Einsatzes

682 *Richardi*, in: Richardi, BetrVG 15. Aufl., § 87 Rn. 549, 551; *Wlotzke*, in: Kohte u.a., FS Wissmann, S. 432.
683 *Annuß*, in: Richardi, BetrVG, 15. Aufl., § 89 Rn. 4.
684 *Fitting*, 28. Aufl., § 89 Rn. 1.
685 *Annuß*, in: Richardi, BetrVG, 15. Aufl., § 89, Rn. 4.
686 Vgl. hierzu *Matthes*, in: Richardi/Wlotzke, MüArbR II, 3. Aufl., § 254 Rn. 4.
687 *Matthes*, in: Richardi/Wlotzke, MüArbR II, 3. Aufl., § 255 Rn. 1.
688 *Matthes*, in: Richardi/Wlotzke, MüArbR II, 3. Aufl., § 254 Rn. 8.
689 Vgl. BAG, Beschluss vom 24. März 1981 – 1 ABR 32/78 –, Rn. 57 nach juris.
690 Vgl. *Fitting* 28. Aufl., § 87, Rn. 257; *Wlotzke*, in: Kohte u.a., FS Wissmann, S. 427.
691 Vgl. *Fitting*, 28. Aufl., § 87, Rn. 257; *Wlotzke*, in: Kohte u.a., FS Wissmann, S. 427.

in die Sphäre des Entleiherbetriebes fällt[692]. Zudem hat ein Leiharbeitnehmer das selbe Bedürfnis hinsichtlich des Arbeitsschutzes wie ein Stammarbeitnehmer. Entsprechend beziehen sich die Beteiligungen des Betriebsrates im Entleiherbetrieb hinsichtlich des Arbeitsschutzes grundsätzlich auch auf Leiharbeitnehmer[693].

### k. Betrieblicher Umweltschutz gem. § 80 I Nr. 9 BetrVG

Für die Betriebsratsbeteiligung sind im Rahmen des betrieblichen Umweltschutzes insbesondere die §§ 88 Nr. 1a, 80 I Nr. 9 und 89 BetrVG relevant. § 89 III BetrVG enthält eine Legaldefinition für den betrieblichen Umweltschutz, nach der als betrieblicher Umweltschutz alle personellen und organisatorischen Maßnahmen sowie alle betrieblichen Bauten, Räume, technische Anlagen, Arbeitsverfahren, Arbeitsabläufe und Arbeitsplätze zu verstehen sind, die dem Umweltschutz dienen. Gem. § 80 I Nr. 9 BetrVG bezieht sich die allgemeine Förderungspflicht des Betriebsrates auch auf den betrieblichen Umweltschutz. Gem. § 88 Nr. 1a BetrVG können durch freiwillige Betriebsvereinbarungen „insbesondere" (vgl. § 88 1. Hs. BetrVG) Maßnahmen des betrieblichen Umweltschutzes geregelt werden. Der betriebliche Umweltschutz nach dem BetrVG führt jedoch nicht zu einem allgemeinen umweltpolitischen Mandat[694]. Das Fehlen eines solchen allgemeinen umweltpolitischen Mandates bedeutet allerdings nicht, dass es im Rahmen des betrieblichen Umweltschutzes nur um die „betriebliche Umwelt" geht; vielmehr ist auch die vom Betrieb beeinflusste Umwelt erfasst[695].

---

692 *Boemke*, in: Boemke/Lembke, AÜG, § 14 Rn. 130; *Zu Dohna-Jaeger*, in: Ulber, AÜG, § 14 Rn. 185; *Thüsing*, in: Thüsing, AÜG, § 14 Rn. 127.

693 *Vgl.* BAG, Beschluss vom 13. März 2013 – 7 ABR 69/11 –, BAGE 144, 340–350, Rn. 31 nach juris; Landesarbeitsgericht Hamburg, Beschluss vom 09. April 2014 – 5 TaBV 15/13 –, Rn. 37 nach juris; *Becker*, AuR 1982, 369, 376; Becker/Wulfgramm, AÜG, § 14 Rn. 108; *Benecke*, in: Henssler u.a., FS Wank, S. 31; *Boemke*, Schuldvertrag S. 596f.; *Boemke*, in: Boemke/Lembke, AÜG, § 14 Rn. 130; Boemke, jurisPR-ArbR 34/2014 Anm. 4; *Dewender*, Betriebsfremde, für § 87 I Nr. 7 BetrVG: S. 133f., für § 89: S. 143; *Zu Dohna-Jaeger*, in: Ulber, AÜG, § 14 Rn. 185; *Germakowski*, in: Urban-Crell u.a., AÜG, § 14 Rn. 91; *Hamann*, in: Schüren, AÜG, 4. Aufl., § 14 Rn. 273; *Igel*, ZBVR online 2014, 31, 35 für § 87 I Nr. 7 BetrVG; *Körner*, NZA 2006, 573, 578; *Kraft*, in: Hofmann u.a., FS Pleyer, S. 393; *Linsenmaier/Kiel*, RdA 2014, 135, 150; *Loof*, Beteiligungsrechte, für § 87 I Nr. 7 S: 149f., für § 89 BetrVG S. 169; für § 80 I Nr. 9 S. 181; *Rieble*, in: Rieble u.a., Zukunft der Leiharbeit, für § 87 I Nr. 7: S. 87; *Richter*, ArbRAktuell 2009, 231, 231; *Rost*, NZA 1999, 113, 118; *Schirmer*, in: Oetker u.a., 50 Jahre BAG, S. 1070f.; *Schneider/Trümner*, in: Däubler u.a., FS Gnade, S. 175ff., 177; *Thüsing*, in: Thüsing, AÜG, § 14 Rn. 127, 145; *Zimmerling*, Schwellenwerte, S. 214f. für § 87 I Nr. 7, S. 226f. für §§ 89–91, S. 253 für § 80 I Nr. 9.

694 *Annuß*, in: *Richardi*, BetrVG, 15. Aufl., § 89 Rn. 31; *Thüsing*, in: Richardi, BetrVG, 15. Aufl., § 80 Rn. 47.

695 Thüsing, in: Richardi, BetrVG, 15. Aufl., § 80 Rn. 47.

Die Regelungsmaterien des Arbeits- und des Umweltschutzes weisen vielfach Schnittmengen auf, da die Verhinderung von Umweltbeeinträchtigungen häufig auch einen Schutz der körperlichen Unversehrtheit der Arbeitnehmer bewirken sollen[696]. Aufgrund dieser Schnittmengen besteht eine Wechselwirkung zwischen Arbeits- und betrieblichen Umweltschutz[697], der auch in vielen gesetzlichen Regelungen Rechnung getragen wird; als Beispiele hierfür können das ChemG (§§ 1, 19) und die GefStoffV (§ 1) dienen, die sowohl Umwelt- wie auch Arbeitsschutzvorschriften enthalten[698].

Soweit es um die Umsetzung einer Maßnahme geht, die sowohl dem Arbeits- wie auch dem Umweltschutz dient, gilt für die Anwendbarkeit des Beteiligungsrechts im Hinblick auf Leiharbeitnehmer das zum Arbeitsschutz Ausgeführte entsprechend.

Fraglich ist jedoch, ob eine Zuständigkeit für Leiharbeitnehmer auch dann besteht, wenn die Maßnahme ausschließlich dem betrieblichen Umweltschutz dienen soll. Es ist umstritten, ob es im Bereich des betrieblichen Umweltschutzes überhaupt einen Personenbezug gibt[699] oder ein solcher fehlt[700]. Soweit ein Personenbezug im betrieblichen Umweltschutz bejaht wird, wird dies damit begründet, dass die Belegschaft ein besonderes Interesse an der Umweltrelevanz ihrer Arbeit habe[701]. Unabhängig davon, ob man dem betrieblichen Umweltschutz einen Personenbezug zuspricht oder nicht, stehen Leiharbeitnehmer aber jedenfalls diesbezüglich nicht anders dar als die Stammarbeitskräfte. Dies gilt insbesondere dann, wenn eine positive Umweltbilanz der eigenen Arbeit den Personenbezug begründen soll. Die Umweltbilanz der eigenen Arbeit knüpft an die Arbeitserbringung an und damit nicht etwa an die vertragliche Ausgestaltung. Soweit der (isolierte) betriebliche Umweltschutz damit überhaupt einen Personenbezug aufweist, sind Leiharbeitnehmer jedenfalls ebenso wie die Stammbelegschaft betroffen.

### *l. Der Informationsanspruch des § 80 II BetrVG*

§ 80 II BetrVG normiert ein Informationsrecht, welches sich nicht bloß auf Informationen bezieht, die zur Aufgabenerfüllung im Rahmen des § 80 BetrVG notwendig sind, sondern all solche Informationen betrifft, die „zur Durchführung seiner Aufgaben nach diesem Gesetz", also des BetrVG, erforderlich sind. Damit bezieht sich der Informationsanspruch auf sämtliche Informationen, die zur Erfüllung der

---

696 *Kohte*, in: Düwell, BetrVG § 89 Rn. 23.

697 Vgl. BAG, Beschluss vom 11. Oktober 1995 – 7 ABR 42/94 –, BAGE 81, 157–167, Rn. 32 nach juris; *Wiese*, in: GK-BetrVG II, § 88 Rn. 19; *Worzalla*, in: Hess u.a., BetrVG, 9. Aufl., § 87 Rn. 1.

698 *Fitting*, 28. Aufl., § 89 Rn. 4.

699 Vgl. *Buschmann*, in: DKKW, § 89 Rn. 58.

700 So *Boemke*, in: Boemke/Lembke, AÜG, § 14 Rn. 96; *Zimmerling*, Schwellenwerte, S. 253; i.E. auch *Thüsing*, in: Thüsing, AÜG, § 14 Rn. 112.

701 *Buschmann*, in: DKKW, § 89 Rn. 58.

Aufgaben des Betriebsrates von Relevanz sind[702]. Gem. § 80 II 2 BetrVG steht dem Betriebsrat zudem ein Anspruch auf Vorlage von jenen Unterlagen zu, die zur Erfüllung der Aufgaben erforderlich sind.

Gem. dem am 1.4.2017 in Kraft tretenden[703] § 80 III 3 BetrVG ist nunmehr klargestellt, dass dazu auch die Verträge gehören, die der Beschäftigung der Person zugrunde liegen, die in einem Arbeitsverhältnis zu einem anderen Arbeitgeber stehen – also auch der eingesetzten Leiharbeitnehmer[704]. Der Informationsanspruch gem. § 80 II 1 BetrVG umfasst nach der gesetzlichen Ergänzung dieser Regelung im Jahre 2017 ausdrücklich „insbesondere den zeitlichen Umfang des Einsatzes, den Einsatzort und die Arbeitsaufgaben" des Leiharbeitnehmers. Ob dieser Informationsanspruch letztlich dazu dient, die Beteiligung *für* Leiharbeitnehmer in deren Interesse oder *wegen* Leiharbeitnehmer im Interesse der Stammbelegschaft auszuüben, hängt nicht vom Informationsanspruch, sondern von den jeweiligen Beteiligungsrechten ab, denen der Informationsanspruch dienen soll. Jedenfalls bezieht sich die Informationspflicht des Arbeitgebers im Hinblick auf die Beschäftigung von Leiharbeitnehmern gem. § 80 II 1 2. Hs. BetrVG auf die Daten der eingesetzten Leiharbeitnehmer, deren Anzahl, die Dauer des beabsichtigten Einsatzes, ihre Qualifikation und die konkrete Art und Weise, wie der Leiharbeitnehmer im Entleiherbetrieb eingesetzt wird[705]. Ferner ist dem Betriebsrat Einsicht in jene Listen zu gewähren, aus denen sich sowohl die Tage, an denen die Leiharbeitnehmer ihre Arbeitsleistung erbracht haben, als auch die jeweiligen Einsatzzeiten ergeben[706].

Wie oben festgestellt weist § 80 I Nr. 1 BetrVG dem Betriebsrat des Entleiherbetriebes u.a. die Aufgabe zur Überwachung von Schutzvorschriften nach dem AÜG zu, die nur für Leiharbeitnehmer gelten. Parallel hierzu bezieht sich die Informationspflicht nach § 80 II BetrVG auch auf solche Informationen und Unterlagen, die zur Wahrnehmung dieser sich speziell auf die eingesetzten Leiharbeitnehmer beziehenden Aufgabe erforderlich sind[707]. Dazu gehört gem. § 80 II 2 BetrVG in

---

702 *Barth*, Mitbestimmungs- und Beteiligungsrechte, S. 75.

703 Vgl. BT-Drucks. 18/10064, S. 6; BR-Drucks. 627/16, S. 3.

704 *Körner*, NZA 2006, 573, 578; *Thüsing*, in: Thüsing, AÜG, § 14 Rn. 113.

705 So schon im Hinblick auf die alte Fassung des § 80 II BetrVG *Barth*, Mitbestimmungs- und Beteiligungsrechte, S. 70; *Erdlenbruch*, betriebsverfassungsrechtliche Stellung, S. 185f.; *Halbach*, DB 1980, 2389, 2391; *Hamann*, in: Schüren, AÜG, 4. Aufl., § 14 Rn. 236 *Loof*, Beteiligungsrechte, S. 176; *Thüsing*, in: Thüsing, AÜG, § 80 Rn. 113.

706 So schon vor der zum 1.4.2017 erfolgten Ergänzung des § 80 II 1, 2 BetrVG auch BAG, Beschluss vom 31. Januar 1989 – 1 ABR 72/87 –; *Barth*, Mitbestimmungs- und Beteiligungsrechte, S. 70; *Hamann*, in: Schüren, AÜG, 4. Aufl., § 14 Rn. 237.

707 Ebenfalls schon vor der Neufassung des ergänzten § 80 II 1, 2 BetrVG *Boemke*, in: Boemke/Lembke, AÜG, § 14 Rn. 97; *Hamann*, in: Schüren, AÜG, 4. Aufl., § 14 Rn. 236, *Körner*, NZA 2006, 573, 578.

der Fassung 2017 auch der Arbeitnehmerüberlassungsvertrag[708]. Bis zur 2016 beschlossenen und zum 1.4.2017 in Kraft tretenden[709] Ergänzung des § 80 II BetrVG durch den neuen S. 2 war umstritten, ob sich der Anspruch auf Vorlage des Arbeitnehmerüberlassungsvertrages aus § 80 II BetrVG[710] oder (lediglich) aus dem Informationsanspruch des § 99 I 1 ergibt[711]. Letztere Ansicht wurde damit begründet, dass es nur schwer vorstellbar sei, dass die Kenntnis des Arbeitnehmerüberlassungsvertrages notwendig werden könne, damit der Betriebsrat die Mitbestimmung in den sozialen und wirtschaftlichen Angelegenheiten ausüben kann[712]. Dieser Streit ist durch die Neufassung des § 80 II 1, 2 BetrVG erledigt. Der Betriebsrat ist zwar nicht dazu verpflichtet und berechtigt, die Vertragstreue seines Arbeitgebers zu kontrollieren, allerdings hat er die Einhaltung der speziellen Leiharbeitnehmerschutzvorschriften des AÜG zu überwachen[713]. Wie oben festgestellt gehört es zu den Pflichten des Entleiherbetriebsrates aus § 80 I Nr. 1 BetrVG, zu überwachen, ob der Verleiher die erforderliche Erlaubnis besitzt[714]. Hierfür benötigt er den Arbeitnehmerüberlassungsvertrag, da dieser die Erklärung des Verleihers zu dessen Erlaubnis enthält (§ 12 I 2 AÜG). Ausdrücklich regelt § 14 III 2 AÜG, dass diese Erlaubnis dem Betriebsrat des Entleiherbetriebes vorzulegen ist.

Ebenfalls gewinnt der Arbeitnehmerüberlassungsvertrag Bedeutung für den Betriebsrat bei der Einschätzung des betriebsverfassungsrechtlichen Status des Leiharbeitnehmers: Er vermittelt dem Betriebsrat einen Eindruck über die wesentlichen Aspekte der jeweiligen Überlassung[715]. Die Betriebszugehörigkeit von Leiharbeitnehmern hängt maßgeblich von der geplanten Dauer des Einsatzes ab[716]. Regelmäßig ergibt sich diese Dauer gerade aus dem Arbeitnehmerüberlassungsvertrag, sodass dieser zur Bestimmung der Gruppe der betriebszugehörigen Leiharbeitnehmer von Relevanz ist. Zudem hängt die Wahlberechtigung des Leiharbeitnehmers von dessen Beschäftigungsdauer im Entleiherbetrieb ab. Damit kann der Kreis der wahlberechtigten Arbeitnehmer nur anhand der Arbeitnehmerüberlassungsverträge bestimmt

---

708 So bereits vor der zum 1.4.2017 erfolgenden klarstellenden Ergänzung durch den neuen § 80 II 2 BetrVG BAG, Beschluss vom 31. Januar 1989 – 1 ABR 72/87 –, juris; *Erdlenbruch*, betriebsverfassungsrechtliche Stellung, S. 117; *Jüttner*, Auswirkungen, S. 225; *Kaufmann*, betriebsverfassungsrechtliche Zuordnung, S. 119f.; *Loof*, Beteiligungsrechte, S. 175; Schaub, Arbeitnehmerüberlassung S. 362.

709 Vgl. BT-Drucks. 18/10064, S. 6; BR-Drucks. 627/16, S. 3.

710 So BAG, Beschluss vom 31. Januar 1989 – 1 ABR 72/87 –; *Erdlenbruch*, betriebsverfassungsrechtliche Stellung, S. 117; *Jüttner*, Auswirkungen, S. 225; *Kaufmann*, betriebsverfassungsrechtliche Zuordnung, S. 119f.; *Loof*, Beteiligungsrechte, S. 175.

711 So *Barth*, Mitbestimmungs- und Beteiligungsrechte, S. 78.

712 Vgl. *Barth*, Mitbestimmungs- und Beteiligungsrechte, S. 78.

713 Vgl. F.II.2.a.

714 Vgl. F.II.2.a.

715 *Jüttner*, Auswirkungen, S. 225.

716 Vgl.o. D.VII.

werden. Deshalb ist jetzt durch § 80 II 2 BetrVG auch klargestellt[717], dass zu den erforderlichen Unterlagen auch die Verträge gehören, die der Beschäftigung von Personen, die nicht in einem Arbeitsverhältnis zum Arbeitgeber stehen, zugrunde liegen. Der Arbeitnehmerüberlassungsvertrag bildet die Grundlage der Beschäftigung von Leiharbeitnehmern im Entleiherbetrieb. Folglich hat der Betriebsrat einen Anspruch auf Vorlage der Arbeitnehmerüberlassungsverträge gem. § 80 II 2 BetrVG[718].

## III. Die Mitbestimmung des Entleiherbetriebsrates in sozialen Angelegenheiten

§ 87 BetrVG regelt einen Kernbereich der betriebsverfassungsrechtlichen Mitbestimmung[719] und betrifft dabei in erster Linie nicht die arbeitsvertraglichen Beziehungen, sondern die Ordnung des Betriebes[720]. Bei der Beteiligung im Rahmen des § 87 BetrVG handelt es sich um Mitbestimmung im engeren Sinne, die sogenannte echte Mitbestimmung[721]. Diese stellt die „stärkste" Form der Mitbestimmung dar[722]; die Zustimmung des Betriebsrates zu einer Maßnahme i.S.d. § 87 I BetrVG ist eine zwingende Wirksamkeitsvoraussetzung[723] und kann – anders als z.B. in den Fällen der Zustimmungsverweigerungsrechte[724] – nicht durch eine gerichtliche Entscheidung ersetzt werden. Kann keine Einigung zwischen Betriebsrat und Betriebsinhaber erzielt werden, kann sie durch den Spruch der Einigungsstelle ersetzt werden (vgl. §§ 87 II, 94 I 2, 95 I 2, 112 IV BetrVG)[725].

### 1. Fragen der Ordnung des Betriebes und des Verhaltens der Arbeitnehmer gem. § 87 I Nr. 1 BetrVG

§ 87 I Nr. 1 BetrVG regelt die Mitbestimmung zu Fragen der allgemeinen Ordnung des Betriebes, des Verhaltens einzelner Arbeitnehmer und des Verhaltens von Arbeitnehmergruppen im Betrieb. Sinn und Zweck des Mitbestimmungsrechts nach Nr. 1 ist eine gleichberechtigte Beteiligung der Arbeitnehmer an der Gestaltung

---

717 Vgl. BT-Drucks. 18/9232, S. 30.

718 Vgl. auch BAG, Beschluss vom 31. Januar 1989 – 1 ABR 72/87 –, zur Herausgabe von Verträgen mit Drittfirmen.

719 *Kania*, in: ErfKo, BetrVG, § 87 Rn. 1; *Worzalla*, in: Hess u.a., BetrVG, 9. Aufl., § 87 Rn. 1.

720 *Wiese*, in: GK-BetrVG II, 10. Aufl., § 87 Rn. 1.

721 *Dütz/Thüsing*, Arbeitsrecht, Rn. 893.

722 *Richardi*, in: Richardi, BetrVG, 15. Aufl., § 87 Rn. 6; vgl. *Dütz/Thüsing*, Arbeitsrecht, Rn. 893.

723 *Wiese*, in: GK-BetrVG II, 10. Aufl., § 87 Rn. 98.

724 Vgl. *Dütz/Thüsing*, Arbeitsrecht, Rn. 897.

725 *Dütz/Thüsing*, Arbeitsrecht, Rn. 893.

des betrieblichen Zusammenlebens[726]. § 87 I Nr. 1 BetrVG betrifft das Verhalten des Arbeitnehmers und einen Bereich, der an die tatsächliche Tätigkeit innerhalb des Entleiherbetriebes und damit an die Eingliederung der Arbeitnehmer anknüpft[727]. Soweit die Ordnung des Betriebes betroffen ist, darf es nicht zwei Klassen von Arbeitnehmern geben[728]. Der Betriebsrat ist damit im Rahmen des § 87 I Nr. 1 BetrVG ebenfalls für Leiharbeitnehmer zuständig[729].

## 2. Lage der Arbeitszeit gem. § 87 I Nr. 2 BetrVG

Das Mitbestimmungsrecht des Betriebsrates aus § 87 I Nr. 2 BetrVG betrifft die Lage der Arbeitszeit. Lage der Arbeitszeit im Sinne des § 87 I Nr. 2 BetrVG ist neben der Frage nach Beginn und Ende der täglichen Arbeitszeit ebenfalls die Verteilung der Arbeitszeit auf die Arbeitswoche, und generell das Aufstellen von Arbeitszeitplänen (Dienstplänen) sowie das Abweichen von diesen Plänen[730]. Nicht vom Regelungsgehalt erfasst ist hingegen das Arbeitsvolumen[731]. Mit § 87 I Nr. 2 BetrVG soll dem Interesse der Beschäftigten Rechnung getragen werden, Einfluss auf die Lage ihrer Arbeitszeit und auf diesem Wege gleichzeitig Einfluss auf die Lage ihrer Freizeit zur Gestaltung ihres Privatlebens zu nehmen[732]. Auch dient das Mitbestimmungsrecht

---

726 *Fitting*, 28. Aufl., § 87 Rn. 63; *Schirmer*, in: Oetker u.a., 50 Jahre BAG, S. 1068; *Wiese*, in: GK-BetrVG II, 10. Aufl., § 87 Rn. 170.

727 Vgl. *Gick*, Neugestaltung, S. 135; *Loof*, Beteiligungsrechte, S. 136f.; *Schirmer*, in: Oetker u.a., 50 Jahre BAG, S. 1069; *Thüsing*, in: Thüsing, AÜG, § 14 Rn. 118.

728 BAG, Beschluss vom 14. Mai 1974 – 1 ABR 40/73 –, BAGE 26, 149–156, Rn. 15 nach juris; *Halbach*, DB 1980, 2389, 2390; *Zimmerling*, Schwellenwerte, S. 206.

729 BAG, Beschluss vom 13. März 2013 – 7 ABR 69/11 –, BAGE 144, 340–350, Rn. 31 nach juris; *Becker*, AuR 1982, 369, 376; Becker/Wulfgramm, AÜG, § 14 Rn. 108; *Benecke*, in: Henssler u.a., FS Wank, S. 31; *Boemke*, Schuldvertrag S. 596; *Germakowski*, in: Urban-Crell u.a., AÜG, § 14 Rn. 84; Gick, Neugestaltung, S. 136; *v. Hoyningen-Huene, in:* Farthmann u.a., FS Stahlhacke, S. 183; *v. Hoyningen-Huene*, SAE 1994, 112, 113; *Igel*, ZBVR online 2014, 31, 35; *Kraft*, in: Hofmann u.a., FS Pleyer, S. 393; *Loof*, Beteiligungsrechte, S. 136f.; *Linsenmaier/Kiel*, RdA 2014, 135, 138, 150; *Raab*, ZfA 2003, 389, 439f.; *Rieble*, in: Rieble u.a., Zukunft der Leiharbeit, S. 87; *Richter*, ArbRAktuell 2009, 231, 231; *Schirmer*, in: Oetker u.a., 50 Jahre BAG, S. 1069; *Schneider/Trümner*, in: Däubler u.a., FS Gnade, S. 175ff., 177; *Stück*, MDR 2013, 829, 833; *Thüsing*, in: Thüsing, AÜG, § 14 Rn. 118; *Wißmann*, NZA 2001, 409, 412; *Zimmerling*, Schwellenwerte, S. 206.

730 BAG, Beschluss vom 25. September 2012 – 1 ABR 49/11 –, Rn. 19 nach juris.

731 BAG, Beschluss vom 25. Februar 1997 – 1 ABR 69/96 –, Rn. 18 nach juris; *Kohte*, in: Düwell, BetrVG, § 87, Rn. 42; *Rieble*, in: Rieble u.a., Zukunft der Leiharbeit, S. 85; *Wittenberg*, ZBVR online 2015, 30, 30.

732 BAG, Beschluss vom 15. Dezember 1992 – 1 ABR 38/92 –, BAGE 72, 107–114, Rn. 19; BAG, Beschluss vom 28. Mai 2002 – 1 ABR 40/01 –, Rn. 30 nach juris; *Klebe*, in: DKKW, § 87 Rn. 81; *Richardi*, in: Richardi, BetrVG, 15. Aufl., § 87 Rn. 255; *Schirmer*, in: Oetker u.a., 50 Jahre BAG S. 1069; *Thüsing*, in: Thüsing, AÜG, § 14 Rn. 119; *Wittenberg*, ZBVR online 2015, 30, 31f.

dem Schutz der Arbeitnehmer vor besonderen Belastungen, die sich aus der Lage der Arbeitszeit, z.B. bei Nachtschichten, ergeben können[733]. Die Lage der Arbeitszeit kann nur insoweit durch die Direktionsbefugnis des Arbeitgebers beeinflusst werden, wie der Arbeitsvertrag dies erlaubt; regelt der Arbeitsvertrag die Lage der Arbeitszeit, so ist sie der Einflussnahme des Arbeitgebers durch einseitige Änderung entzogen[734]. Ist sie hingegen nicht geregelt, kann sie einseitig durch den Arbeitgeber, selbstverständlich in den Grenzen billigen Ermessens[735], geregelt werden[736].

Um dem Entleiher eine Einbindung der Leiharbeitskraft in die organisatorischen Gegebenheiten zu ermöglichen, ist es erforderlich, dass der Arbeitnehmerüberlassungsvertrag dem Entleiher einen Entscheidungsspielraum bezüglich der Lage der Arbeitszeit einräumt[737]. Zwar sind auch vertragliche Konstellationen denkbar, in denen der Arbeitnehmerüberlassungsvertrag zwischen Verleiher und Entleiher vorsieht, dass das Weisungsrecht in Bezug auf die Lage der Arbeitszeit vom Verleiher ausgeübt werden soll. In diesem Falle wäre grundsätzlich nicht der Betriebsrat des Entleihers, sondern des Verleihers zu beteiligen[738]. Eine solche Regelung ist aber praktisch die Ausnahme[739]. Im Regelfall erfolgt die Festlegung der Lage der Arbeitszeit durch den Entleiher[740]. Insofern ist der Leiharbeitnehmer hinsichtlich der Lage der Arbeitszeit nicht anders gestellt als die Stammbelegschaft[741]. Folglich erfasst der Regelungsgegenstand des § 87 I Nr. 2 BetrVG auch die Leiharbeitnehmer im Entleiherbetrieb[742].

---

733 *Klebe*, in: DKKW, § 87 Rn. 81.

734 Landesarbeitsgericht Berlin, Urteil vom 26. Juli 1993 – 9 Sa 52/93 –.

735 Vgl. *Preis*, in: ErfKo, GewO, § 106 Rn. 6.

736 BAG, Urteil vom 11. Februar 1998 – 5 AZR 472/97 –, Rn. 14ff. nach juris.

737 Vgl. *Hamann*, AuR 2002, 322, 325; *Schaub*, Arbeitnehmerüberlassung S. 363; *Schirmer*, in: Oetker u.a., 50 Jahre BAG, S. 1069; *Thüsing*, in: Thüsing, AÜG, § 14 Rn. 119.

738 *Loof*, Beteiligungsrechte, S. 139.

739 Vgl. *Kaufmann*, betriebsverfassungsrechtliche Zuordnung, S. 150; *Schirmer*, in: Oetker u.a., 50 Jahre BAG, S. 1069.

740 Boemke, Schuldvertrag S. 593; *Germakowski*, in: Urban-Crell u.a., AÜG, § 14 Rn. 86; *v. Hoyningen-Huene, in:* Farthmann u.a., FS Stahlhacke, S. 183; *Kaufmann*, betriebsverfassungsrechtliche Zuordnung, S. 150; *Schaub*, Arbeitnehmerüberlassung S. 363; *Schirmer*, in: Oetker u.a., 50 Jahre BAG, S. 1069; *Zimmerling*, Schwellenwerte, S. 205.

741 BAG, Beschluss vom 15. Dezember 1992 – 1 ABR 38/92 –, Rn. 19 nach juris; *Hamann*, AuR 2002, 322, 325; *Schirmer*, in: Oetker u.a., 50 Jahre BAG, S. 1069; *Worzalla*, in: Hess u.a., BetrVG, 9. Aufl., § 87 Rn. 188; *Zimmerling*, Schwellenwerte, S. 207.

742 BAG, Beschluss vom 15. Dezember 1992 – 1 ABR 38/92 –, BAGE 72, 107–114; BAG, Beschluss vom 13. März 2013 – 7 ABR 69/11 –, BAGE 144, 340–350, Rn. 31 nach juris; *Becker*, AuR 1982, 369, 376; *Becker/Wulfgramm*, AÜG, § 14 Rn. 108; *Benecke*, in: Henssler u.a., FS Wank, S. 31; *Boemke*, Schuldvertrag S. 593; *Germakowski*, in: Urban-Crell u.a., AÜG, § 14 Rn. 86; *Gick*, Neugestaltung, S. 136; *Hamann*, AuR 2002, 322, 325; *v. Hoyningen-Huene, in:* Farthmann u.a., FS Stahlhacke, S. 183; *v.*

## 3. Einführung von Kurz- oder Mehrarbeit gem. 87 I Nr. 3 BetrVG

Durch die Mitbestimmung im Rahmen des § 87 I Nr. 3 BetrVG soll dem Betriebsrat ein Einfluss zur Frage eingeräumt werden, wie der vorübergehende zusätzliche oder geringere Arbeitsbedarf bewältigt werden und welche Arbeitnehmer in welchem Umfang von diesen Maßnahmen erfasst sein sollen[743]. Dabei dient das Mitbestimmungsrecht – ähnlich dem Mitbestimmungsrecht aus Nr. 2 – der Sicherstellung einer gerechten Verteilung der mit einer vorübergehenden Änderung der Arbeitszeit einhergehenden Belastungen und Vorteile für die Belegschaft[744]. Betriebsübliche Arbeitszeiten im Sinne des § 87 I Nr. 3 BetrVG müssen in einem Betrieb grundsätzlich nicht einheitlich sein; maßgeblich sind vielmehr die individualrechtlich vereinbarten und damit geschuldeten Arbeitszeiten[745]. Danach bestimmt also auch das im Leiharbeitsvertrag geregelte Stundenkontingent die betriebsübliche Arbeitszeit des Verleiherbetriebes[746].

Der generellen Anwendbarkeit des Mitbestimmungsrechts aus § 87 I Nr. 3 BetrVG im Falle der Entsendung von Leiharbeitnehmern (unabhängig von der Frage welcher Betriebsrat zuständig ist) kann nicht entgegengehalten werden, dass der Wechsel des Einsatzbetriebes und damit einhergehend unterschiedliche Arbeitszeiten typisch

---

*Hoyningen-Huene*, SAE 1994, 112, 113; *Igel*, ZBVR online 2014, 31, 35; *Kraft*, in: Hofmann u.a., FS Pleyer, 393; *Linsenmaier/Kiel*, RdA 2014, 135, 150; *Loof*, Beteiligungsrechte, S. 139f.; *Raab*, ZfA 2003, 389, 439; *Richter*, ArbRAktuell 2009, 231, 231; *Rieble*, in: Rieble u.a., Zukunft der Leiharbeit, S. 85; Schaub, Arbeitnehmerüberlassung S. 363f.; *Schirmer*, in: Oetker u.a., 50 Jahre BAG, S. 1069; *Schneider/Trümner*, in: Däubler u.a., FS Gnade, S. 175ff., 177; *Stück*, MDR 2013, 829, 833; *Thüsing*, in: Thüsing, AÜG, § 14 Rn. 119; *Zimmerling*, Schwellenwerte, S. 207.

743 BAG, Beschluss v. 19.6.2001, – 1 ABR 43/00 – Rn. 29 nach juris; BAG, Beschluss vom 03. Mai 2006 – 1 ABR 14/05 –, Rn. 18 nach juris; *Schirmer*, in: Oetker u.a., 50 Jahre BAG, S. 1069.

744 BAG, Beschluss v. 19.6.2001, – 1 ABR 43/00 – Rn. 29 nach juris; BAG, Beschluss vom 01. Juli 2003 – 1 ABR 22/02 –, BAGE 107, 9–18, Rn. 31 nach juris; BAG, Beschluss vom 03. Mai 2006 – 1 ABR 14/05 –, Rn. 18 nach juris; *Wiese*, in: GK-BetrVG II, 10. Aufl., § 87 Rn. 362.

745 BAG, Beschluss vom 23. Juli 1996 – 1 ABR 13/96 –, Rn. 19 nach juris; BAG, Beschluss v. 19.6.2001, – 1 ABR 43/00 – Rn. 30 nach juris; *Hamann*, Anm. zu BAG v. 19.6.2001, EzA § 87 BetrVG 1972 Arbeitszeit Nr. 63, S. 11, 17; *Loof*, Beteiligungsrechte, S. 140; *Schirmer*, in: Oetker u.a., 50 Jahre BAG, S. 1069; *Wittenberg*, ZBVR online 2015, 30, 32.

746 BAG, Beschluss v. 19.6.2001, – 1 ABR 43/00 – Rn. 30 nach juris; *Ankersen*, BB 2001, 2585, 2586; *Hamann*, AuR 2002, 322, 326f; *Hamann*, Anm. zu BAG v. 19.6.2001, EzA § 87 BetrVG 1972 Arbeitszeit Nr. 63, S. 11, 17; *Jüttner*, Auswirkungen, S. 182; *Loof*, Beteiligungsrechte, S. 141.

für Leiharbeitnehmer ist[747]: Zwar ist richtig, dass § 87 I Nr. 3 BetrVG nicht den Schutz von Leiharbeitnehmern vor diesen typischen Auswirkungen dient[748]. Jedoch soll § 87 I Nr. 3 BetrVG den Belastungen Rechnung tragen, die für die private Lebensführung dadurch entstehen, dass ein Arbeitnehmer mehr als die vertraglich geschuldete Arbeitsleistung erbringen soll. Eine Anordnung, die dazu führt, soll nicht ohne die Beteiligung des Betriebsrates allein durch den Betriebsinhaber erfolgen[749]. Vor diesem Hintergrund stellt sich die Situation der Anordnung von Mehrarbeit für den Leiharbeitnehmer nicht anders dar als für Stammarbeitnehmer[750].

Die Frage nach dem Mitbestimmungsrecht nach § 87 I Nr. 3 BetrVG im Entleiherbetrieb stellt sich hinsichtlich der Leiharbeitnehmer insbesondere in jenem Fall, in dem ein Leiharbeitnehmer an einen Betrieb überlassen wird, in dem er eine längere Arbeitszeit erfüllen soll, als er grundsätzlich vertraglich verpflichtet wäre. Ausgehend von der vertraglich geschuldeten Arbeitszeit als die betriebsübliche Arbeitszeit des Verleiherbetriebes bedeutet eine längere Arbeitszeit im Entleiherbetrieb „Mehrarbeit" im Sinne des § 87 I Nr. 3 BetrVG[751]. Fraglich ist jedoch, ob dies zu einem Mitbestimmungsrecht des Verleiherbetriebsrates oder des Entleiherbetriebsrates führt. Anknüpfend an die allgemeinen Grundsätze, nach denen der Betriebsrat zu beteiligen ist, dessen Betriebsinhaber die jeweilige Maßnahme anordnet[752], ist zu differenzieren, ob die Mehrarbeit im Entleiher- oder Verleiherbetrieb angeordnet wird:

**a.** Steht bereits bei Überlassung an den Entleiher fest, dass der Leiharbeitnehmer im Entleiherbetrieb Mehrarbeit zu leisten hat, dann stellt die Entscheidung zur Entsendung gleichzeitig die Anordnung von Mehrarbeit dar. Es stellt sich bereits im Verleiherbetrieb die Frage, wie der Mehrbedarf an Arbeit zu bewältigen ist; es ist der Verleiher, der von seinem Leiharbeitnehmer ein „Freizeitopfer"[753] verlangt und damit die Schutzbedürftigkeit im Sinne des Normzwecks begründet. Der Verleiher trifft mithin die Anordnung zur Leistung von Mehrarbeit, sodass in diesem Fall ausschließlich der Verleiherbetriebsrat zu beteiligen ist[754]. Dabei ist jedoch zu

747 So aber *Kraft,* SAE 2002 45, 46, soweit es um die Zuständigkeit des Verleiherbetriebsrates bei Entsendung in Betriebe geht, in denen eine längere Arbeitszeit als grundsätzlich vom Leiharbeitnehmer arbeitsvertraglich geschuldet, besteht.

748 BAG, Beschluss v. 19.6.2001, – 1 ABR 43/00 – Rn. 34 nach juris.

749 BAG, Beschluss v. 19.6.2001, – 1 ABR 43/00 – Rn. 34 nach juris.

750 *Loof,* Beteiligungsrechte, S. 142.

751 BAG, Beschluss v. 19.6.2001, – 1 ABR 43/00 – Rn. 30f. nach juris.

752 Vgl. F.I.

753 *Hamann,* AuR 2002, 322, 327.

754 BAG, Beschluss v. 19.6.2001, – 1 ABR 43/00 – Rn. 31 nach juris; *Ankersen,* BB 2001, 2585f.; Bepler NZA-Beil. 2006, 45, 54; *Boemke,* Schuldvertrag S. 595; *Germakowski,* in: Urban-Crell u.a., AÜG, § 14 Rn. 86; *Hamann,* in: Schüren, AÜG, 4. Aufl., § 14 Rn. 262; *Hamann,* AuR 2002, 322, 327; *Jüttner,* Auswirkungen, S. 181; *Kaufmann,* betriebsverfassungsrechtliche Zuordnung, S. 153; *Linsenmaier/Kiel,* RdA 2014, 135, 150; *Loof,* Beteiligungsrechte, S. 142; *Richter,* ArbRAktuell 2009, 231, 231; *Rieble,* in:

beachten, dass nicht etwa der Abschluss des Arbeitnehmerüberlassungsvertrages mit dem Entleiher die mitbestimmungspflichtige Entscheidung ist[755], sondern erst die Entsendeentscheidung, die gegenüber dem Leiharbeitnehmer gefällt wird[756].

Nach einer anderen Ansicht habe der Verleiherbetriebsrat jedoch nie nach § 87 I Nr. 3 BetrVG mitzubestimmen: Die im Leiharbeitsvertrag festgelegte Arbeitszeit diene nicht dazu, das Arbeitsvolumen zu bestimmen, sondern lediglich das Entgeltrisiko des Verleihers innerhalb der verleihfreien Zeit festzulegen[757]. Die betriebsübliche Arbeitszeit setze „eine tatsächlich ausgeübte Arbeitszeit und nicht lediglich ein vertraglich vereinbartes Stundenkontingent" voraus[758]. Damit werde der Umfang der Arbeitszeit nicht schon durch den Arbeitsvertrag des Leiharbeitnehmers, sondern vielmehr erst durch die jeweilige übliche Arbeitszeit im Entleiherbetrieb bestimmt[759]. Es existiere im Verleiherbetrieb regelmäßig überhaupt keine übliche Arbeitszeit[760]. Da eine solche nicht existiere, kann danach der Verleiher auch nicht im Verhältnis zur Arbeitszeit im Entleiherbetrieb Mehrarbeit anordnen. Zwar gehe es im Normalfall des 87 I Nr. 3 BetrVG darum, ob ein Mehrbedarf an Arbeit durch die vorübergehende Erhöhung der Arbeitszeit aufgefangen werden soll, oder z.B. durch Neueinstellungen, durch drittbezogenen Personaleinsatz oder andere Formen der Beauftragung von Fremdfirmen ausgeglichen werden soll. Beim Verleiher sei dies jedoch anders, was letztlich daran liege, dass die vom Leiharbeitnehmer geschuldete Arbeitsleistung Gegenstand der Dienstleistung ist, die vom Verleiher am Markt angeboten wird[761]. Da er den Leiharbeitnehmer nur beim konkreten Entleiher einsetzen könne, habe der Verleiher im Falle einer Zustimmungsverweigerung keine Beschäftigungsmöglichkeit für den Leiharbeitnehmer. Daher sei die Geltung der Arbeitsbedingungen des Entleiherbetriebes eine Vorbedingung dafür, dass sich der Verleiher überhaupt als solcher am Markt betätigen kann[762]. Andernfalls bekäme

---

Rieble u.a., Zukunft der Leiharbeit, S. 86; *Schirmer*, in: Oetker u.a., 50 Jahre BAG, S. 1069f.; *Thüsing*, in: Thüsing, AÜG § 14 Rn. 28; 122; *Wißmann* NZA 2003, 1, 3f.; *Zimmerling*, Schwellenwerte, S. 208f.; **a.A.** wonach – ohne näher zu begründen – in der oben aufgezeigten Konstellation der Entleiherbetriebsrat zuständig sei: *Benecke*, in: Henssler u.a., FS Wank, S. 31.

755 So aber *Ankersen*, BB 2001, 2585f.

756 Vgl. hierzu *Hamann*, AuR 2002, 322, 327.

757 *Raab*, ZfA 2003, 389, 443.

758 Landesarbeitsgericht Köln, Beschluss vom 06. Juni 2000 – 13 TaBV 30/00 –, Rn. 31 nach juris.

759 *Raab*, ZfA 2003, 389, 444.

760 Landesarbeitsgericht Köln, Beschluss vom 06. Juni 2000 – 13 TaBV 30/00 – Rn. 29ff. nach juris; *Dewender*, Betriebsfremde, S. 67; *Erdlenbruch*, betriebsverfassungsrechtliche Stellung, S. 131; Kraft, SAE 2002, 45, 46; *Raab*, ZfA 2003, 389, 444; so noch *Schüren*, AÜG, 1. Aufl., § 14 Rn. 294, nunmehr aber anders: *Hamann*, in: Schüren, AÜG, 4. Aufl. § 14 Rn. 261ff.

761 *Erdlenbruch*, betriebsverfassungsrechtliche Stellung, S. 131; *Kraft*, SAE 2002, 45, 46; *Raab*, ZfA 2003, 389, 443.

762 *Raab*, ZfA 2003, 389, 443.

der Betriebsrat die Möglichkeit, in die unternehmerische Entscheidungsmöglichkeit derart einzugreifen, dass er über jene Konditionen, mit denen sich der Verleiher am Markt betätigt, mitbestimmen könnte. Dies gehe jedoch deutlich über den Schutzzweck des § 87 I Nr. 3 BetrVG hinaus[763]. Daher könne – wenn überhaupt – nur der Betriebsrat des Entleiherbetriebes im Rahmen des § 87 I Nr. 3 BetrVG mitbestimmen. Dies komme aber nur in Betracht, wenn dem Entleiher eine entsprechende Befugnis eingeräumt werde[764].

Diese Ansicht kann nicht überzeugen: Dem Verleiher wird seine unternehmerische Entscheidung durch das Mitbestimmungsrecht seines Betriebsrates keineswegs so beschränkt, dass ihm verwehrt wäre, sich am Markt zu betätigen. Wenn ein Entleiher am Markt Arbeit in einem zeitlichen Umfang nachfragt, der über das regelmäßig von einzelnen Leiharbeitnehmern arbeitsvertraglich vereinbarte Maß hinausgeht, so kann der Verleiher mit unterschiedlichen Maßnahmen reagieren: Er könnte Mehrarbeit im Rahmen der Entsendung seiner Leiharbeitnehmer anordnen, eventuell aber auch neue Leiharbeitnehmer mit längeren Arbeitszeiten einstellen, unter Umständen sogar Leiharbeitnehmer von anderen Verleihern ausleihen oder im Einzelfall ausnahmsweise – wenn der Entleiher hiermit einverstanden ist und die Arbeitsabläufe das ermöglichen – die Zahl der zu entsendenden Leiharbeitnehmer entsprechend dem Arbeitsvolumen erhöhen, die dann mit ihren Arbeitsleistungen zusammen das vom Entleiher gewünschte Maß an Arbeit erfüllen. Die Optionen für den am Markt agierenden Entleiher sind insofern vergleichbar mit den Optionen eines Betriebsinhabers, Auftragsspitzen z.B. durch Neueinstellungen, Leiharbeit oder Mehrarbeit zu bewältigen. Die Interessen der Leiharbeitnehmer in einem Verleiherbetrieb sind bei Anordnung von Mehrarbeit im Rahmen der Entsendeentscheidung eines Leiharbeitnehmers ebenso betroffen wie bei einem Arbeitnehmer im Rahmen eines Normalarbeitsverhältnisses: Bei der Entscheidung, ob Mehrarbeit angeordnet wird und welche Arbeitnehmer Mehrarbeit leisten sollen oder ob Neueinstellungen erfolgen oder Fremdpersonaleinsatz vorgesehen wird, soll der Betriebsrat mitbestimmen, um die Verteilungsgerechtigkeit sicherzustellen.

Auch das Argument, es gebe im Verleiherbetrieb keine betriebsübliche Arbeitszeit, kann nicht überzeugen. Die Festlegung der Arbeitszeit im Rahmen des Arbeitsvertrages dient keineswegs nur dazu, das Entgeltrisiko des Verleihers innerhalb der beschäftigungsfreien Zeit festzulegen. Vielmehr bestimmt die im Leiharbeitsvertrag festgesetzte Arbeitszeit die Leistungspflicht des Leiharbeitnehmers. Ohne eine solche Regelung läge ein (offener) Einigungsmangel vor und der Leiharbeitsvertrag wäre mangels Bestimmung der Leistungspflicht des Leiharbeitnehmers gar nicht zustande gekommen[765]. Schon deshalb kann die Meinung, die vertraglich vereinbarte Arbeitszeit im Leiharbeitsvertrag habe lediglich die Funktion der Regelung

763 *Raab,* ZfA 2003, 389, 443.
764 Vgl. *Dewender,* Betriebsfremde, S. 67; *Kraft,* SAE 2002, 45, 45f.; *Raab,* ZfA 2003, 389, 439.
765 Vgl. *Hamann,* AuR 2002, 322, 325.

des Entgeltrisikos des Verleihers in verleihfreien Zeiten, nicht überzeugen. Deshalb ist auch der Auffassung, nach der es in Verleiherbetrieben keine betriebsüblichen Arbeitszeiten geben könne, nicht überzeugend. Auch im Verleiherbetrieb sind die arbeitsvertraglich vereinbarten und damit geschuldeten Arbeitszeiten die betriebsüblichen Arbeitszeiten. Der Auffassung, dass dem Verleiherbetriebsrat nie ein Mitbestimmungsrecht gem. § 87 I Nr. 3 BetrVG zustehen könne, kann daher nicht gefolgt werden. Zumindest in dem Fall, in dem bereits bei Überlassung des Leiharbeitnehmers an den Entleiherbetrieb festgelegt werden soll, dass der Leiharbeitnehmer im Entleiherbetrieb Mehrarbeit zu leisten hat, steht das Mitbestimmungsrecht des § 87 I Nr. 3 BetrVG dem Verleiherbetrieb zu.

**b.** Soll die Arbeitszeit dagegen erst während einer bereits erfolgten Überlassung erhöht werden, so *kann* der Entleiherbetrieb zuständig sein. Dies setzt jedoch voraus, dass der Entleiher überhaupt dazu berechtigt ist, Mehrarbeit gegenüber dem Leiharbeitnehmer anzuordnen.

Dazu bedarf es nicht nur einer vertraglichen Grundlage im Rahmen des Leiharbeitsvertrages zur Anordnung von Mehrarbeit[766], sondern ebenso einer Übertragung dieser Berechtigung auf den Entleiher durch den Arbeitnehmerüberlassungsvertrag[767]. Soweit beide Voraussetzungen vorliegen und der Entleiher eine solche Anordnung treffen möchte, würde diese Anordnung nicht etwa zu einer Mehrarbeit hinsichtlich der betriebsüblichen Arbeitszeit im Verleiherbetrieb führen, sondern es würde die betriebsübliche Arbeitszeit im Entleiherbetrieb berühren. Entsprechend wäre der Entleiherbetriebsrat gem. § 87 I Nr. 3 BetrVG zu beteiligen[768].

---

766 *Boemke,* Schuldvertrag, S. 594; *Kaufmann,* betriebsverfassungsrechtliche Zuordnung, S. 154; *Schaub,* Arbeitnehmerüberlassung S. 364; *Zimmerling,* Schwellenwerte, S. 209.

767 BAG, Beschluss v. 19.6.2001, – 1 ABR 43/00 – Rn. 31 nach juris; *Boemke,* Schuldvertrag S. 594; *Erdlenbruch,* betriebsverfassungsrechtliche Stellung, S. 133; *Hamann,* AuR 2002, 322, 328; *Kaufmann,* betriebsverfassungsrechtliche Zuordnung, S. 154; *Jüttner,* Auswirkungen, S. 183; *Raab,* ZfA 2003, 389, 439; *Schaub,* Arbeitnehmerüberlassung S. 364; *Schirmer,* in: Oetker u.a., 50 Jahre BAG, S. 1069; *Zimmerling,* Schwellenwerte, S. 209; auch *Dewender,* Betriebsfremde, S. 129f., der einer solchen Regelung im Arbeitnehmerüberlassungsvertrag allerdings einen Ausnahmecharakter zuzusprechen scheint und damit zum Ergebnis kommt, dass es grundsätzlich nicht zu einem Mitbestimmungsrecht des § 87 I Nr. 3 durch den Entleiherbetriebsrat kommen könne. Da es sich jedoch beim Arbeitnehmerüberlassungsvertrag um einen Vertrag zugunsten Dritter handelt aufgrund dessen der Entleiher gegenüber dem Leiharbeitnehmer berechtigt wird (vgl. B.III.2), ist auch die Übertragung der Anordnungsbefugnis für Mehrarbeit durch den Arbeitnehmerüberlassungsvertrag der Regelfall, vgl. *Hamann,* AuR 2002, 322, 328.

768 BAG, Beschluss v. 19.6.2001, – 1 ABR 43/00 – Rn. 32 nach juris; *Ankersen,* BB 2001, 2585; *Barth,* Mitbestimmungs- und Beteiligungsrechte, S. 87; *Boemke,* Schuldvertrag S. 594f.; *Boemke,* in: Boemke/Lembke, AÜG, § 14 Rn. 126; *Erdlenbruch,* betriebsverfassungsrechtliche Stellung, S. 133; *Germakowski,* in: Urban-Crell u.a., AÜG, § 14 Rn. 86; *Hamann,* in: Schüren, AÜG, 4. Aufl., § 14 Rn. 262; *Hamann,* AuR

**c.** Es wäre aber ebenso die Konstellation denkbar, dass der Verleiher sich das Direktionsrecht über die Verlängerung der Arbeitszeit auch während des Einsatzes des Leiharbeitnehmers vorbehält und dieses nicht durch den Arbeitnehmerüberlassungsvertrag auf den Entleiher überträgt. Übt der Verleiher dann auf Bitten des Entleihers dieses Recht aus, so wird die Entscheidung durch den Verleiher getroffen und dessen Betriebsrat wäre zuständig[769].

Fraglich ist jedoch, wie mit dem Fall umzugehen ist, in dem der Leiharbeitnehmer an einen Betrieb überlassen wird, in dem es keinen Betriebsrat gibt. Würde man streng an obige Grundsätze festhalten, dann könnte sich in einem solchen Fall der Verleiher der Mitbestimmung nach § 87 I Nr. 3 BetrVG entziehen, indem er den Leiharbeitnehmer im Rahmen der leiharbeitsvertraglich geschuldeten Arbeitszeit überlässt und dem Entleiher die Befugnis zur Anordnung von Mehrarbeit überträgt. Soweit in einem solchen Fall nun der Entleiher Mehrarbeit anordnet, unterläge diese Anordnung grundsätzlich nicht der Mitbestimmung im Verleiherbetrieb.

In diesem Rahmen ist zu differenzieren: Steht für Verleiher und Entleiher schon bei der Überlassung fest, dass der Leiharbeitnehmer Mehrarbeit leisten soll, dann begründet dies bereits die Zuständigkeit des Verleiherbetriebsrates. Dem Leiharbeitnehmer kann der Schutz der Mitbestimmung im Verleiherbetrieb nicht einfach durch die Übertragung der Anordnungsbefugnis entzogen werden, indem der Verleiher es dem Entleiher überlässt, die Mehrarbeit bis zur Höhe der im Entleiherbetrieb üblichen Arbeitszeit anzuordnen[770]. Soweit jedoch Verleiher und Entleiher zunächst tatsächlich den Leiharbeitnehmer bloß im Rahmen der im Verleiherbetrieb üblichen Arbeitszeit überlassen wollen und sich der Bedarf des Entleihers an Arbeit nachträglich ändert, besteht kein Grund, dem Verleiherbetriebsrat ein Mitbestimmungsrecht einzuräumen. Zum einen trifft in diesem Falle der Entleiher die Anordnung nicht bloß zum „Schein", sondern auch tatsächlich. Da die Entscheidung also nicht bloß pro forma im Entleiherbetrieb getroffen wird, scheidet eine Zuständigkeit des Verleiherbetriebsrates bereits deswegen aus. Zum anderen gibt es in diesem Falle

---

2002, 322, 328; *Jüttner,* Auswirkungen, S. 183; *Kaufmann,* betriebsverfassungsrechtliche Zuordnung, S. 154; *Klebe,* in: DKKW, § 87 Rn. 9; *Kraft,* SAE 2002, 45, 45; *Linsenmaier/Kiel,* RdA 2014, 135, 150; *Loof,* Beteiligungsrechte, S. 145; *Raab,* ZfA 2003, 389, 439.; *Rieble,* in: Rieble u.a., Zukunft der Leiharbeit, S. 86; *Richter,* ArbR-Aktuell, 2009, 231, 231; *Schirmer,* in: Oetker u.a., 50 Jahre BAG, S. 1069; *Thüsing,* in: Thüsing, AÜG § 14 Rn. 29, 122; *Wißmann,* NZA 2003, 1, 3f.; Pauschal für eine Zuständigkeit des Entleiherbetriebsrates und ohne näher zu differenzieren: Bepler, NZA-Beil. 2006, 45, 54; *Becker,* AuR 1982, 369, 376; *Gick,* Neugestaltung, S. 136; *v. Hoyningen-Huene, in:* Farthmann u.a., FS Stahlhacke, S. 183; *v. Hoyningen-Huene,* SAE 1994, 112, 113; *Kraft,* in: Hofmann u.a., FS Pleyer, S. 393; *Rost,* NZA 1999, 113, 118.

769 *Boemke,* Schuldvertrag S. 595; *Kaufmann,* betriebsverfassungsrechtliche Zuordnung, S. 155.

770 Vgl. BAG, Beschluss v. 19.6.2001, – 1 ABR 43/00 – Rn. 31 nach juris; *Thüsing,* in: Thüsing, AÜG, § 14 Rn. 28.

auch keinen Unterschied zwischen den Stammarbeitnehmern im betriebsratslosen Entleiherbetrieb und den Leiharbeitnehmern, die dort eingesetzt werden.

**d.** Vereinzelt wird vertreten, dass bereits die Übertragung der leiharbeitsvertraglichen Anordnungsbefugnis vom Verleiher auf den Entleiher im Rahmen des Überlassungsvertrages das Mitbestimmungsrecht des Verleiherbetriebsrates auslöse, also auch dann bestehe, wenn nach dem Überlassungsvertrag zunächst noch keine Mehrarbeit vorgesehen ist[771]. Danach wäre zum einen im Rahmen der Überlassung allein aufgrund der dem Entleiher eingeräumten Möglichkeit zur Anordnung von Mehrarbeit eine Beteiligung des Verleiherbetriebsrates gem. § 87 I Nr. 3 BetrVG vorzunehmen und – sofern der Entleiher hiervon Gebrauch macht – bei Anordnung durch den Entleiher der Entleiherbetriebsrat zu beteiligen[772].

Hiergegen spricht zunächst, dass im Falle der Entsendung mit der Übertragung des Anordnungsrechts auf den Entleiher noch keine Entscheidung erfolgt, die Mehrarbeit festlegt. Insofern ist der Fall schon nicht einmal vom Wortlaut des § 87 I Nr. 3 BetrVG gedeckt. Zudem löst die Absicht eines Arbeitgebers, der mit einem Arbeitnehmer einen Arbeitsvertrag abschließen möchte, in dem er sich die Möglichkeit zur Anordnung von Mehrarbeit vorbehält, auch keine Beteiligung seines Betriebsrates nach § 87 I Nr. 3 BetrVG aus. Auch für Stammarbeitnehmer kommt es erst bei der tatsächlichen Anordnung von Mehrarbeit zur Mitbestimmung und nicht schon dann, wenn der Arbeitgeber sich eine solche vertragliche Option für die Zukunft schafft. Weshalb dies beim Leiharbeitnehmer anders sein soll, ist nicht nachzuvollziehen.

Außerdem könnte es dann nur zu einer Anordnung von Mehrarbeit durch den Entleiher kommen, wenn sowohl eine Zustimmung durch den Verleiherbetriebsrat nach § 87 I Nr. 3 BetrVG als auch eine solche des Entleiherbetriebsrates erfolgen würde. Es käme zu einem doppelten Mitbestimmungsverfahren und doppelten Schutz der Leiharbeitnehmer sowie möglichen Konflikten zwischen beiden Verfahren. Der Leiharbeitnehmer würde bessergestellt als die Stammbelegschaft des Entleiherbetriebes. Dafür besteht aber kein Grund. Damit ist diese Ansicht abzulehnen.

Im Ergebnis kann damit – je nach Sachverhalt – entweder dem Verleiher- oder dem Entleiherbetriebsrat ein Mitbestimmungsrecht nach § 87 I Nr. 3 BetrVG zustehen. Dabei ist der Entleiherbetriebsrat in dem Fall zu beteiligen, in dem der Leiharbeitsvertrag zum Verleiher eine Anordnungsbefugnis für Mehrarbeit enthält, diese durch den Überlassungsvertrag vom Verleiher auf den Entleiher übertragen wird und der Entleiher während der Überlassung hiervon Gebrauch macht. Der Verleiherbetriebsrat hat das Mitbestimmungsrecht, wenn bei Überlassung an den

771 *Kaufmann,* betriebsverfassungsrechtliche Zuordnung, S. 153; vgl. auch *Ankersen,* BB 2001, 2585, 2586, der mit dieser Begründung zumindest das Mitbestimmungsrecht hinsichtlich der Lage der Arbeitszeit gem. § 87 I Nr. 2 BetrVG auf den Verleiherbetrieb „vorverlagert".

772 Vgl. *Kaufmann,* betriebsverfassungsrechtliche Zuordnung, S. 153, 155.

Entleiher bereits feststeht, dass der Leiharbeitnehmer im Entleiherbetrieb Mehrarbeit zu leisten hat.

## 4. Mitbestimmungsrecht gem. § 87 I Nr. 4 BetrVG

Nach § 87 I Nr. 4 BetrVG besteht ein Mitbestimmungsrecht bei Fragen bezüglich der Zeit, des Ortes und der Art der Auszahlung des Entgeltes. Da der Leiharbeitnehmer grundsätzlich nicht vom Entleiher entlohnt wird, übt der Betriebsrat sein Mitbestimmungsrecht des § 87 I Nr. 4 BetrVG grundsätzlich nicht für den Leiharbeitnehmer aus[773]. Etwas anderes muss allerdings auch im Rahmen des § 87 I Nr. 4 BetrVG gelten, soweit Leiharbeitnehmern ausnahmsweise Leistungen direkt durch den Entleiher zugewandt werden[774]. Das kann z.B. der Fall sein, wenn aufgrund einer Betriebsvereinbarung eine Erschwerniszulage ausdrücklich auch den Leiharbeitnehmern durch Zahlung des Entleihers zugutekommen soll.

## 5. Planung und Verteilung des Urlaubs gem. § 87 I Nr. 5 BetrVG

Sinn und Zweck des § 87 I Nr. 5 BetrVG ist die Beteiligung des Betriebsrates bei der Aufstellung der Urlaubspläne und allgemeinen Grundsätzen für die Verteilung des Urlaubes. Eine Zuständigkeit des Betriebsrates für die Leiharbeitnehmer nach § 87 I Nr. 5 BetrVG würde zunächst dann bestehen, wenn der Entleiher Schuldner des Urlaubsanspruches wäre. Schuldner des Urlaubsanspruchs ist allerdings nicht der Entleiher, sondern der Verleiher als Arbeitgeber des Leiharbeitnehmers. Gleichwohl könnte man annehmen, dass eine Beteiligung des Entleiherbetriebsrates gem. § 87 I Nr. 5 BetrVG im Interesse der Leiharbeitnehmer vorzunehmen ist, da der Urlaub der Leiharbeitnehmer und der Stammarbeitnehmer auf einander abgestimmt werden muss, z.B. bei Betriebsferien und Schließung des Betriebes in diesem Zeitraum. Es ließe sich vertreten, dass der Urlaub der eingesetzten Leiharbeitnehmer so weit in die Planungen des Entleiherbetriebes einfließen muss, dass der Entleiherbetriebsrat auch die Interessen der Leiharbeitnehmer zu berücksichtigen hätte. Eine solche Betroffenheit könnte insbesondere in jenen Fällen bestehen, in denen der Entleiher ein Interesse daran hat, einen bestimmten Leiharbeitnehmer für längere Zeit in seinen

773 Vgl. BAG, Beschluss vom 15. Dezember 1992 – 1 ABR 38/92 –, Rn. 21 nach juris; *Becker/Wulfgramm*, AÜG, § 14 Rn. 108; *Boemke*, Schuldvertrag S. 579f.; *Germakowski*, in: Urban-Crell u.a., AÜG, § 14 Rn. 87; *Gick*, Neugestaltung, S. 136; *Hamann*, in: Schüren, AÜG, 4. Aufl., § 14 Rn. 269; *Linsenmaier/Kiel*, RdA 2014, 135, 150; *Loof*, Beteiligungsrechte, S. 146; *Schaub*, Arbeitnehmerüberlassung S. 364; *Schirmer*, in: Oetker u.a., 50 Jahre BAG, S. 1070; *Thüsing*, in: Thüsing, AÜG, § 14 Rn. 124; *Zimmerling*, Schwellenwerte, S. 211.

774 *Boemke*, Schuldvertrag S. 598; *Erdlenbruch*, betriebsverfassungsrechtliche Stellung, S. 135; *Hamann*, in: Schüren, AÜG, 4. Aufl., § 14 Rn. 269; *Loof*, Beteiligungsrechte, S. 146; *Thüsing*, in: Thüsing, AÜG, § 14 Rn. 124; *Zimmerling*, Schwellenwerte, S. 211f.

Betrieb einzusetzen. Dies könnte zu einer Anwendbarkeit des Mitbestimmungsrechts aus § 87 I Nr. 5 BetrVG in Bezug auf Leiharbeitnehmer im Entleiherbetrieb führen[775].

Allerdings ist es dem Entleiher grundsätzlich unmöglich, die im Rahmen des § 87 I Nr. 5 BetrVG aufgestellten Urlaubsgrundsätze hinsichtlich der Leiharbeitnehmer einzuhalten, wenn er nicht derjenige ist, der den Urlaub auch gewährt[776]. Zudem bleibt dem Verleiher bezüglich der Urlaubsplanung seiner Leiharbeitnehmer trotz eines gewissen Anpassungsdrucks an die Planung des Entleiherbetriebes ein Entscheidungsspielraum[777]. So bliebe ihm unter anderem die Möglichkeit, einen anderen geeigneten Leiharbeitnehmer in den Entleiherbetrieb zu entsenden und damit den Leiharbeitnehmereinsatz völlig gelöst von der Urlaubsplanung im Entleiherbetrieb vorzunehmen[778]. Das Mitbestimmungsrecht des § 87 I Nr. 5 BetrVG erstreckt sich daher grundsätzlich nicht auf Leiharbeitnehmer im Entleiherbetrieb[779].

Jedoch ist es – insbesondere vor dem Hintergrund längerer Einsätze – denkbar, dass die Parteien eine Vereinbarung schließen, nach der der Entleiher die Lage des Urlaubes des Leiharbeitnehmers bestimmen soll; in diesem Fall würde sich das Mitbestimmungsrecht des Entleiherbetriebsrates auch auf die Leiharbeitnehmer beziehen[780]. Insofern ist eine Betriebsratsbeteiligung im Interesse der Leiharbeitnehmer im Rahmen des § 87 I Nr. 5 BetrVG zumindest ausnahmsweise möglich.

### 6. Technische Überwachungseinrichtungen gem. § 87 I Nr. 6 BetrVG

Der Betriebsrat hat gem. § 87 I Nr. 6 BetrVG ein Mitbestimmungsrecht bei der Einführung und Anwendung technischer Einrichtungen zur Überwachung des Verhaltens oder der Leistung der Arbeitnehmer. Durch das Mitbestimmungsrecht

---

775 Im Ergebnis ebenso, allerdings ohne eingehende Begründung der Anwendbarkeit des § 87 I Nr. 5: *v. Hoyningen-Huene, in:* Farthmann u.a., FS Stahlhacke, S. 183; *v. Hoyningen-Huene*, SAE 1994, 112, 113; *Kraft*, in: Hofmann u.a., FS Pleyer, S. 393.

776 Vgl. *Thüsing*, in: Thüsing, AÜG, § 14 Rn. 125.

777 Vgl. *zu Dohna-Jaeger*, in: Ulber, AÜG, § 14 Rn. 57.

778 Vgl. *Thüsing*, in: Thüsing, AÜG, § 14 Rn. 125.

779 *Becker/Wulfgramm*, AÜG, § 14 Rn. 108; *Germakowski*, in: Urban-Crell u.a., AÜG, § 14 Rn. 89; *Gick*, Neugestaltung, S. 136; *Linsenmaier/Kiel*, RdA 2014, 135, 151; *Loof*, Beteiligungsrechte, S. 147; *Richter*, ArbRAktuell 2009, 231, 231; *Schaub*, Arbeitnehmerüberlassung S. 364; *Schirmer*, in: Oetker u.a., 50 Jahre BAG, S. 1070; *Thüsing*, in: Thüsing, AÜG, § 14 Rn. 125; *Zimmerling*, Schwellenwerte, S. 212.

780 *Boemke*, in: Boemke/Lembke, AÜG, § 14 Rn. 128; *Boemke*, Schuldvertrag S. 595f.; *Germakowski*, in: Urban-Crell u.a., AÜG, § 14 Rn. 89; *Kraft*, in: Hofmann u.a., FS Pleyer, S. 393; *Linsenmaier/Kiel*, RdA 2014, 135, 151; *Loof*, Beteiligungsrechte, S. 147f.; *Thüsing*, in: Thüsing, AÜG, § 14 Rn. 125; *Zimmerling*, Schwellenwerte, S. 212f.; *Schirmer* schlägt in Oetker u.a., 50 Jahre BAG, S. 1070 vor, dass der Entleiherbetriebsrat jedenfalls dann zu beteiligen wäre, wenn ein Leiharbeitnehmer über ein gesamtes Kalenderjahr im Entleiherbetrieb beschäftigt wird und es im Rahmen der Urlaubsplanung zu einem Konflikt mit dem Urlaub von Stammarbeitnehmern kommt.

soll der einzelne Arbeitnehmer vor den erheblichen Eingriffen, die sich aus einer technischen Überwachung ergeben können, geschützt werden[781]. Leiharbeitnehmer verfügen über die gleichen Persönlichkeitsrechte wie die Stammbelegschaft. Sie sind auch ebenso betroffen wie die Stammbelegschaft. Insbesondere kann der Arbeitgeber auch ein Interesse an der Überwachung der Leiharbeitnehmer haben, sodass nicht bloß eine mittelbare Betroffenheit vorliegt. Soweit technische Überwachungseinrichtungen zur Anwendung kommen, liegt eine Betroffenheit schon aufgrund der betrieblichen Eingliederung vor, da hierdurch die Leiharbeitnehmer in den überwachten Bereich gelangen[782]. Dies gilt faktisch insbesondere für Videoüberwachung, Zeiterfassungssysteme und IT-Kontrolleinrichtungen[783]. Da sich der Schutzzweck des § 87 I Nr. 6 BetrVG somit auch auf Leiharbeitnehmer bezieht, nimmt der Entleiherbetriebsrat dieses Mitbestimmungsrecht auch für die Leiharbeitnehmer wahr[784].

## 7. Sozialeinrichtungen gem. § 87 I Nr. 8 BetrVG

Das Mitbestimmungsrecht des § 87 I Nr. 8 BetrVG ist einschlägig, wenn Entscheidungen zu Sozialeinrichtungen getroffen werden. Soweit der Arbeitgeber den berechtigten Personenkreis anhand allgemeiner Merkmale bestimmt, ist er grundsätzlich auch frei in seiner Entscheidung, ob und für wen er Sozialeinrichtungen schafft[785]. Dabei ist er jedoch bei der Aufstellung dieser allgemeinen Merkmale an die Grundsätze des § 75 BetrVG und des AGG gebunden[786]. Gemäß § 13b AÜG sind Leiharbeitnehmer bei der Nutzung von betrieblichen Gemeinschaftseinrichtungen

781 *Fitting*, 28. Aufl., § 87 Rn. 215.

782 *Schirmer*, in: Oetker u.a., 50 Jahre BAG, S. 1070; *Thüsing*, in: Thüsing, AÜG, § 14 Rn. 126.

783 *Germakowski*, in: Urban-Crell u.a., AÜG, § 14 Rn. 90.

784 BAG, Beschluss vom 13. März 2013 – 7 ABR 69/11 –, BAGE 144, 340–350, Rn. 31 nach juris; *Becker*, AuR 1982, 369, 376; *Becker/Wulfgramm*, AÜG, § 14 Rn. 108; *Benecke*, in: Henssler u.a., FS Wank, S. 31; *Boemke*, Schuldvertrag S. 596; *Germakowski*, in: Urban-Crell u.a., AÜG, § 14 Rn. 90; *Gick*, Neugestaltung, S. 136f.; *Hamann*, in Schüren, AÜG, 4. Aufl., § 14 Rn. 272; *v. Hoyningen-Huene*, SAE 1994, 112, 113; *Igel*, ZBVR online 2014, 31, 35; *Kraft*, in: Hofmann u.a., FS Pleyer, S. 393; *Körner*, NZA 2006, 573, 578; *Linsenmaier/Kiel*, RdA 2014, 135, 139, 150; ; *Loof*, Beteiligungsrechte, S. 149; *Rieble*, in: Rieble u.a., Zukunft der Leiharbeit, S. 87; *Richter*, ArbRAktuell 2009, 231, 231; *Rost*, NZA 1999, 113, 118; *Schirmer*, in: Oetker u.a., 50 Jahre BAG, S. 1070; *Schneider/Trümner*, in: Däubler u.a., FS Gnade, S. 175ff., 177; *Stück*, MDR 2013, 829, 833; *Thüsing*, in: Thüsing, AÜG, § 14 Rn. 126; *Zimmerling*, Schwellenwerte, S. 213f.

785 *Germakowski*, in: Urban-Crell u.a., AÜG, § 14 Rn. 92; *Körner*, NZA 2006, 573, 578; *Loof*, Beteiligungsrechte, S. 151; *Schirmer*, in: Oetker u.a., 50 Jahre BAG, S. 1071.

786 *Germakowski*, in: Urban-Crell u.a., AÜG, § 14 Rn. 92; *Hamann*, RdA 2011, 321, 336; *Körner*, NZA 2006, 573, 578; *Loof*, Beteiligungsrechte, S. 151; *Schirmer*, in: Oetker u.a., 50 Jahre BAG, S. 1071; *Thüsing*, in: Thüsing, AÜG, § 14 Rn. 129.

grundsätzlich gleich zu behandeln. Ihnen steht ein Recht auf Teilhabe zu[787]. Eine Abweichung hiervon und ein damit einhergehender Ausschluss der Leiharbeitnehmer von der Benutzung ist nur dann möglich, wenn eine solche unterschiedliche Behandlung der Leiharbeitnehmer sachlich gerechtfertigt ist[788]. An einer solchen sachlichen Rechtfertigung fehlt es jedenfalls dann, wenn der Belegschaft Nutzungsrechte eingeräumt werden, die unabhängig von der Dauer der Betriebszugehörigkeit bestehen[789]. Der Begriff der Gemeinschaftseinrichtung wird im § 13b AÜG nicht definiert; im Einzelnen ist es umstritten, inwieweit die Begriffe des § 13b AÜG und des § 87 I Nr. 8 BetrVG deckungsgleich sind[790]. So setzt eine „Gemeinschaftseinrichtung" nach h.M. die Verwendung von beweglichen oder unbeweglichen Sachen voraus[791], sodass insbesondere reine Geldleistungen nicht davon erfasst werden und damit die betriebliche Altersvorsorge nicht unter § 13b AÜG fällt[792]. Jedenfalls bestehen aber Schnittmengen zwischen diesen beiden Vorschriften: Nach S. 2 fallen „insbesondere" unter Gemeinschaftseinrichtungen Kinderbetreuungseinrichtungen und Beförderungsmittel. Soweit der Zugang zu einer Sozialeinrichtung im Sinne des § 87 I Nr. 8 BetrVG auch den Leiharbeitnehmern gem. § 13b AÜG offen steht, übt der Betriebsrat das Mitbestimmungsrecht des § 87 I Nr. 8 BetrVG auch für Leiharbeitnehmer aus. Damit kann sich § 87 I Nr. 8 BetrVG grundsätzlich auch auf Leiharbeitnehmer im Entleiherbetrieb beziehen[793].

## 8. Werkmietwohnungen gem. § 87 I Nr. 9 BetrVG

Das Mitbestimmungsrecht des § 87 I Nr. 9 BetrVG ist einschlägig, soweit es um die Zuweisung, Kündigung oder die Festlegung der Nutzungsbedingungen von Wohnräumen geht, die mit Rücksicht auf das Arbeitsverhältnis an den Arbeitnehmer vermietet werden[794]. Da nach dem Wortlaut des Gesetzes erforderlich ist, dass der Wohnraum „mit Rücksicht auf das Bestehen eines Arbeitsverhältnisses" an den Arbeitnehmer vermietet wird, könnte man schlussfolgern, dass Anknüpfungspunkt

787 *Zu Dohna-Jaeger*, in: Ulber, AÜG, § 14 Rn. 166; *Zimmerling*, Schwellenwerte, S. 216.

788 Vgl. den Wortlaut des § 13b S. 1 AÜG.

789 *Zu Dohna-Jaeger*, in: Ulber, AÜG, § 14 Rn. 166.

790 Vgl. hierzu *Hamann*, RdA 2011, 321, 337; *Ulber*, AiB 2011, 351, 356.

791 *Hamann*, RdA 2011, 321, 337; Lembke, NZA 2011, 319, 323.

792 *Hamann*, RdA 2011, 321, 337; *Lembke*, NZA 2011, 319, 323f.; hingegen sollen vom § 13b AÜG nach *Ulber*, AiB 2011, 351, 356 grundsätzlich alle der Mitbestimmung nach § 87 I Nr. 8, 9 BetrVG unterliegenden Sozialeinrichtungen erfasst sein.

793 *Boemke*, Schuldvertrag S. 598; *Gick*, Neugestaltung, S. 137; *Kraft*, in: Hofmann u.a., FS Pleyer, S. 393; *Linsenmaier/Kiel*, RdA 2014, 135, 150; *Schneider/Trümner*, in: Däubler u.a., FS Gnade, S. 177; *Zimmerling*, Schwellenwerte, 215ff.; pauschal die Zuständigkeit bejahend: *Becker*, AuR 1982, 369, 376; *Becker/Wulfgramm*, AÜG, § 14 Rn. 108; *v. Hoyningen-Huene*, SAE 1994, 112, 113; *Richter*, ArbRAktuell 2009, 231, 231; *Stück*, MDR 2013, 829, 833.

794 *Zu Dohna-Jaeger*, in: Ulber, AÜG, § 14 Rn. 167; *Worzalla*, in: Hess u.a., BetrVG, 9. Aufl., § 87 Rn. 503.

des Mitbestimmungsrechts das Vertragsverhältnis und nicht bloß die Eingliederung sein soll[795]. Auf der anderen Seite dient die Einschränkung auf das Arbeitsverhältnis, wie es der Wortlaut des § 87 I Nr. 9 BetrVG vorsieht, lediglich der Abgrenzung zu Personen, die nur durch einen Mietvertrag, nicht aber durch ihre Arbeit an den Arbeitgeber des Entleiherbetriebes gebunden sind und auch keine Arbeitsleistung im Rahmen des Betriebes erbringen[796]. Entscheidend ist, dass es sich grundsätzlich um einen Sonderfall des § 87 I Nr. 8 BetrVG handelt und auch die Werkmietwohnung grundsätzlich von dem Gleichstellungsanspruch des Leiharbeitnehmers nach § 13b AÜG berührt wird[797]. Insofern stehen auch betriebsfremde Leiharbeitnehmer nicht anders dar als die Stammbelegschaft. Das Mitbestimmungsrecht des § 87 I Nr. 9 BetrVG bezieht sich auch auf Leiharbeitnehmer[798].

## 9. Mitbestimmung gem. § 87 I Nr. 10 und 11 BetrVG

§ 87 I BetrVG sieht in Nr. 10 und 11 Mitbestimmungsrechte bezogen auf die Entlohnung der Arbeitnehmer vor. Dazu gehören Fragen der betrieblichen Lohngestaltung, insbesondere die Aufstellung von Entlohnungsgrundsätzen und die Einführung und Änderung von Entlohnungsmethoden. § 87 I Nr. 11 BetrVG gibt dem Betriebsrat ein Mitbestimmungsrecht bei der Festsetzung der Akkord- und Prämiensätze. Insbesondere § 87 I Nr. 10 BetrVG enthält ein für nahezu alle Fragen der Lohngestaltung einschlägiges Mitbestimmungsrecht, weshalb § 87 I Nr. 10 BetrVG den Charakter einer Generalklausel hat[799]. Diesbezüglich handelt es sich beim Regelungsgegenstand des § 87 I Nr. 11 BetrVG um einen besonderen, aus § 87 I Nr. 10 BetrVG herausgehobenen Fall[800]. § 87 I Nr. 10 BetrVG und § 87 I Nr. 11 BetrVG dienen dem Schutz der innerbetrieblichen Lohn- und Verteilungsgerechtigkeit und sollen der Entlohnung die notwendige Transparenz geben[801]. Gleichzeitig soll das Mitbestimmungsrecht nach § 87 I Nr. 11 BetrVG die Arbeitnehmerschaft vor einer Überforderung oder

795 So *Becker*, AuR 1982, 369, 376; *Becker/Wulfgramm*, AÜG, § 14 Rn. 109; *Loof*, Beteiligungsrechte, S. 157; *Schirmer*, in: Oetker u.a., 50 Jahre BAG, S. 1072.

796 *zu Dohna-Jaeger*, in: Ulber, AÜG, § 14 Rn. 167; *Linsenmaier/Kiel*, RdA 2014, 135, 150; *Thüsing*, in: Thüsing, AÜG, § 14 Rn. 132; nun auch *Hamann*, in: Schüren, AÜG, 4. Aufl., § 14 Rn. 278.

797 Vgl. *zu Dohna-Jaeger*, in: Ulber, AÜG, § 14 Rn. 167; Lembke NZA 2011, 319, 324; *Zimmerling*, Schwellenwerte, S. 219.

798 *Boemke*, Schuldvertrag S. 598; *zu Dohna-Jaeger*, in: Ulber, AÜG, § 14 Rn. 167; *Gick*, Neugestaltung, S. 137; *Hamann*, in: Schüren, AÜG, 4. Aufl., § 14 Rn. 278; *v. Hoyningen-Huene*, SAE 1994, 112, 113.; *Kraft*, in: Hofmann u.a., FS Pleyer, S. 393; *Linsenmaier/Kiel*, RdA 2014, 135, 150; ; *Rost*, NZA 1999, 113, 118; *Thüsing*, in: Thüsing, AÜG, § 14 Rn. 132; *Zimmerling*, Schwellenwerte, S. 218f.

799 *Fitting*, 28. Aufl., § 87 Rn. 409; *Wiese*, in: GK-BetrVG II, 10. Aufl., § 87 Rn. 812.

800 *Fitting*, 28. Aufl., § 87 Rn. 497.

801 *Fitting*, 28. Aufl., § 87 Rn. 407; *Rieble*, in: Rieble u.a., Zukunft der Leiharbeit, S. 86.

ähnlichen Belastungen schützen, die durch die Beziehung zwischen Leistung und Entlohnung entstehen[802].

Grundsätzlich wird der Leiharbeitnehmer ausschließlich aufgrund seines Leiharbeitsvertrages mit dem Verleiher entlohnt. Insbesondere bestehen keine vertraglichen Ansprüche des Leiharbeitnehmers gegen den Entleiher. Insofern ist der Leiharbeitnehmer von der Lohngerechtigkeit im Entleiherunternehmen grundsätzlich nicht abhängig. Vielmehr wird der Leiharbeitnehmer bei Fragen seiner Entlohnung grundsätzlich vom Betriebsrat des Verleiherbetriebes gegenüber seinem Schuldner des Lohnanspruchs, also gegenüber dem Verleiher, vertreten. Der Betriebsrat des Entleiherbetriebes nimmt hingegen die Mitbestimmungsrechte, die die Entlohnung betreffen, grundsätzlich nicht für die Leiharbeitnehmer wahr[803]. Allerdings können ausnahmsweise Nebenleistungen wie z.B. Essensgeld-, Fahrgeldzuschüsse oder Prämien wegen geringem Materialverbrauch dem Leiharbeitnehmer vom Entleiher gewährt werden. In diesem Ausnahmefall würde eine Mitbestimmung im Entleiherbetrieb für die Leiharbeitnehmer bestehen[804]. Insofern kann sich die Mitbestimmung innerhalb der aufgezeigten Grenzen auch auf Leiharbeitnehmer beziehen.

## 10. Betriebliches Vorschlagswesen gem. § 87 I Nr. 12 BetrVG

Die Mitbestimmung nach § 87 I Nr. 12 BetrVG hat das Aufstellen von Grundsätzen über das betriebliche Vorschlagswesen zum Gegenstand. Sinn und Zweck dieser Beteiligung ist, den Arbeitnehmer an dem Betriebsgeschehen mitwirken zu lassen und so auch zum Betriebserfolg beitragen zu können[805] und dient damit letztlich der freien Entfaltung der Persönlichkeit der Arbeitnehmer im Betrieb[806]. Um eine Berücksichtigung dieser Vorschläge und eine gerechte Bewertung sicherzustellen,

---

802 *Klebe*, in: DKKW, § 87 Rn. 340.

803 *Becker*, AuR 1982, 369, 376; *Becker/Wulfgramm*, AÜG, § 14 Rn. 108; *Boemke*, Schuldvertrag S. 597; *Erdlenbruch*, betriebsverfassungsrechtliche Stellung, S. 152f.; *Germakowski*, in: Urban-Crell u.a., AÜG, § 14 Rn. 93; Gick, Neugestaltung, S. 137; *v. Hoyningen-Huene*, in: Farthmann u.a., FS Stahlhacke, S. 182; *Linsenmaier/Kiel*, RdA 2014, 135, 150; *Richter*, ArbRAktuell 2009, 231, 231; *Rieble*, in: Rieble u.a., Zukunft der Leiharbeit, S. 86f.; *Rost*, NZA 1999, 113, 118; *Schaub*, Arbeitnehmerüberlassung S. 364; *Thüsing, in: Thüsing*, AÜG, § 14 Rn. 134, 137; *Zimmerling*, Schwellenwerte, S. 220 **a.A.** *Loof*, Beteiligungsrechte, S. 158f., soweit der „equal pay" Grundsatz eingreift, vgl. hierzu schon oben F.I.4. Für eine eingeschränkte Anwendbarkeit des § 87 I Nr. 10 auch *Schirmer*, in: Oetker u.a., 50 Jahre BAG, S. 1072ff.

804 *Boemke*, in: Boemke/Lembke, AÜG, § 14 Rn. 132; *Boemke*, Schuldvertrag S. 597; *Erdlenbruch*, betriebsverfassungsrechtliche Stellung, S. 154; *Hamann*, in: Schüren, AÜG, 4. Aufl., § 14 Rn. 281; Loof, Beteiligungsrechte, S. 160; *Rieble*, in: Rieble u.a., Zukunft der Leiharbeit, S. 87; *Zimmerling*, Schwellenwerte, S. 220f.

805 *Richardi*, in: Richardi, BetrVG, 15. Aufl., § 87 Rn. 925.

806 BAG, Beschluss vom 28. April 1981 – 1 ABR 21/78 –, Rn. 19 nach juris.

soll der Betriebsrat am Prozess beteiligt werden. Zugleich soll das betriebliche Vorschlagswesen unmittelbar dem Wohle des Betriebes zugutekommen[807].

Ebenso wie der Stammarbeitnehmer hat auch ein Leiharbeitnehmer das Recht, die freie Entfaltung seiner Persönlichkeit im Entleiherbetrieb zu beanspruchen. Dieses Recht gewinnt bereits durch die Eingliederung im Betrieb an Relevanz. Dies entspricht auch dem Interesse aller Beteiligten, insbesondere aber auch dem des Entleihers. Der Leiharbeitnehmer, der seine Erfahrung in verschiedenen Betrieben gesammelt hat, wird häufig in der Lage sein, produktive Vorschläge einzubringen, sodass es im allseitigen Interesse der Beteiligten ist, dem Leiharbeitnehmer das Einbringen von Vorschlägen zu ermöglichen. Das Wohl des Betriebes durch Vorschläge zu fördern, setzt jedenfalls kein Arbeitsverhältnis mit dem Entleiher voraus[808]. Konsequenz hiervon ist, dass der Leiharbeitnehmer hinsichtlich der Mitbestimmung bei Grundsätzen des Vorschlagswesens so behandelt werden muss wie der Stammarbeitnehmer. Dieses Ergebnis wird auch durch § 11 VII AÜG gestützt, wonach der Entleiher als Arbeitgeber des Leiharbeitnehmers i.S.d. Gesetzes über Arbeitnehmererfindungen gilt, soweit er während der Dauer seiner Tätigkeit einen technischen Verbesserungsvorschlag gemacht hat. Hieraus lässt sich entnehmen, dass der Gesetzgeber den Leiharbeitnehmer mit dem Stammarbeitnehmer, soweit es um das Einbringen von Verbesserungsvorschlägen geht, gleichstellen will[809]. Folglich ist der Entleiherbetriebsrat im Rahmen des § 87 I Nr. 12 BetrVG – korrespondierend zu § 11 VII AÜG – auch für Leiharbeitnehmer zuständig[810].

## 11. Gruppenarbeit gem. § 87 I Nr. 13 BetrVG

§ 87 I Nr. 13 BetrVG gibt dem Betriebsrat ein Mitbestimmungsrecht bei der Aufstellung von Grundsätzen über die Durchführung von Gruppenarbeit. Das Mitbestimmungsrecht aus § 87 I Nr. 13 BetrVG dient verschiedenen Zwecken: Auf der einen Seite soll u.a. sichergestellt werden, dass leistungsschwache Arbeitnehmer nicht ausgegrenzt werden sollen[811]. Auf der anderen Seite dient das Mitbestimmungsrecht aber auch der Beteiligung der Arbeitnehmerschaft an der oft mit der

807 Vgl. *Thüsing*, in: Thüsing, AÜG, § 14 Rn. 138.
808 *Thüsing*, in: Thüsing, AÜG, § 14 Rn. 138.
809 *Zu Dohna-Jaeger*, in: Ulber, AÜG, § 14 Rn. 64; *Schirmer*, in: Oetker u.a., 50 Jahre BAG, S. 1074; *Zimmerling*, Schwellenwerte, S. 222.
810 *Becker*, AuR 1982, 369, 376; *Becker/Wulfgramm*, AÜG, § 14 Rn. 108; *Boemke*, Schuldvertrag S. 598; *Germakowski*, in: Urban-Crell u.a., AÜG, § 14 Rn. 94; *Gick*, Neugestaltung, S. 138; *Kraft*, in: Hofmann u.a., FS Pleyer, S. 393; *Linsenmaier/Kiel*, RdA 2014, 135, 150; *Loof*, Beteiligungsrechte, S. 163; *Richter*, ArbRAktuell 2009, 231, 231; *Schirmer*, in: Oetker u.a., 50 Jahre BAG, S. 1074; *Stück*, MDR 2013, 829, 833; *Thüsing*, in: Thüsing, AÜG, § 14 Rn. 138; *Zimmerling*, Schwellenwerte, 222.
811 *Fitting* 28. Aufl., § 87 Rn. 564; *Klebe*, in: DKKW, § 87 Rn. 374.

Einführung von Gruppenarbeit verbundenen Veränderung des Entlohnungssystems hin zu einer ergebnisorientierten Lohngestaltung[812].

Der Entleiher übt während des Einsatzes das Direktionsrecht gegenüber dem Leiharbeitnehmer so aus, wie er es auch gegenüber seiner Stammbelegschaft tut. Insofern ist die Einteilung in bestehende – oder ggf. auch originär für die Leiharbeitnehmer geschaffene – Gruppen häufig Teil der Eingliederung des Leiharbeitnehmers im Entleiherbetrieb. Die Stellung des Leiharbeitnehmers unterscheidet sich insofern nicht von den Stammarbeitnehmern. Eine Gleichstellung hinsichtlich der Gruppenarbeit im Entleiherbetrieb begründet die Zuständigkeit des Entleiherbetriebsrates für die Leiharbeitnehmer auch im Rahmen des § 87 I Nr. 13 BetrVG[813].

Jedoch ist hierbei zu bedenken, dass die unterschiedlichen Zwecke des Nr. 13 die Zuständigkeit des Entleiherbetriebsrates für die bei ihm eingesetzten Leiharbeitnehmer einschränken: Soweit das Mitbestimmungsrecht z.B. sicher stellen soll, dass insbesondere leistungsschwache Arbeitnehmer durch Gruppenarbeit nicht ausgegrenzt werden sollen, sind selbstverständlich auch Leiharbeitnehmer in derselben Weise wie Arbeitnehmer des Betriebsinhabers betroffen[814]. Soweit es aber um die mit der Einführung von Gruppenarbeit regelmäßig verbundene Einführung ergebnisorientierter Entlohnungssysteme geht, hat das Mitbestimmungsrecht des § 87 I Nr. 13 für Leiharbeitnehmer keine Relevanz[815]. Grundsätzlich besteht aber eine Zuständigkeit des Betriebsrates des Entleiherbetriebes für Leiharbeitnehmer gem. § 87 I Nr. 13 BetrVG, weil Gruppenarbeit die Eingliederung der Arbeitnehmer im Betrieb betrifft.

## IV. Die Mitbestimmung des Entleiherbetriebsrates in personellen Angelegenheiten

Die §§ 92–95 BetrVG gewähren dem Betriebsrat verschiedene Beteiligungsrechte in allgemeinen personellen Angelegenheiten, § 99 BetrVG Beteiligungsrechte im Hinblick auf personelle Einzelmaßnahmen. Inwieweit der Entleiherbetriebsrat dabei auch für die Leiharbeitnehmer im Entleiherbetrieb tätig wird und zuständig ist, wird nachfolgend erörtert.

---

812 *Germakowski*, in: Urban-Crell u.a., AÜG, § 14 Rn. 95.

813 BAG, Beschluss vom 13. März 2013 – 7 ABR 69/11 –, BAGE 144, 340–350, Rn. 31 nach juris; *Germakowski*, in: Urban-Crell u.a., AÜG, § 14 Rn. 95; *Igel*, ZBVR online 2014, 31, 35; *Linsenmaier/Kiel*, RdA 2014, 135, 150; *Loof*, Beteiligungsrechte, S. 166; *Richter*, ArbRAktuell 2009, 231, 231; *Schirmer*, in: Oetker u.a., 50 Jahre BAG, S. 1074; *Thüsing*, in: Thüsing, AÜG, § 14 Rn. 139; *Zimmerling*, Schwellenwerte, S. 223.

814 *Germakowski*, in: Urban-Crell u.a., AÜG, § 14 Rn. 95.

815 *Germakowski*, in: Urban-Crell u.a., AÜG, § 14 Rn. 95.

## 1. Personalplanung gem. § 92 BetrVG

Die Informations-, Beratungs- und Vorschlagsrechte des Betriebsrates gem. § 92 BetrVG betreffen die Personalplanung. Dazu gehören die Planung des gegenwärtigen und zukünftigen Personalbedarfs und die sich daraus ergebenden personellen Maßnahmen (§ 92 I 1 BetrVG).

Der Entleiherbetriebsrat hat deshalb die Mitwirkungsrechte des § 92 BetrVG auch im Hinblick auf einen geplanten Einsatz von Leiharbeitnehmern im Entleiherbetrieb, weil damit der geplante Personalbedarf ebenso betroffen ist wie die Planung zur Deckung des Bedarfs und die Einsatzplanung[816]. Mit der Neufassung des § 92 I 1 BetrVG ist dies nun ausdrücklich gesetzlich klargestellt. Die geplante Beschäftigung von Leiharbeitnehmern ist Anlass und Auslöser der Beteiligungsrechte des Entleiherbetriebsrates gem. § 92 BetrVG, betrifft aber (noch) nicht die Personalplanung der im Entleiherbetrieb bereits eingegliederten Leiharbeitnehmer[817]. Aber auch für die schon eingestellten Leiharbeitnehmer wird der Betriebsrat im Rahmen der Mitwirkungsrechte des § 92 BetrVG tätig: Gegenstand der Personalplanung ist auch die Planung des Personaleinsatzes, also welche Arbeitnehmer wo und wie eingesetzt werden[818]. Es betrifft aufgrund der Eingliederung die Leiharbeitnehmer genauso wie Stammarbeitnehmer, in welchem Betriebsteil und für welche Arbeiten sie z.B. eingesetzt werden. Auch die Personalentwicklung kann Leiharbeitnehmer im Einsatzbetrieb genauso wie Stammarbeitnehmer betreffen, soweit es z.B. um Versetzungen oder Weiterbildung im Rahmen der Personalentwicklung geht. Denkbar ist auch, dass Leiharbeitnehmer in Maßnahmen der Berufsbildung gem. § 92 I 1 BetrVG einbezogen werden. Die Personalplanung kann auch die Übernahme von Leiharbeitnehmern als Stammarbeitnehmer betreffen. Der Entleiherbetriebsrat könnte z.B. diesbezüglich von seinem Vorschlagsrecht gem. § 92 II BetrVG Gebrauch machen[819], wenn er dem Betriebsinhaber Vorschläge zur Einführung einer Personalplanung macht oder mit dem Betriebsinhaber entsprechende Maßnahmen gem. § 92 I 2 BetrVG berät[820]. Das Informationsrecht des Betriebsrates gem. § 92 I 1 BetrVG

---

816 Vgl. bereits vor der 2017 erfolgenden, klarstellenden Ergänzung im § 92 I 1 BetrVG: BAG, Beschluss vom 31. Januar 1989 – 1 ABR 72/87 –, Rn. 22 nach juris; *Becker,* AuR 1982, 369, 375; *Dewender,* Betriebsfremde, S. 119; *Erdlenbruch,* betriebsverfassungsrechtliche Stellung, S. 165f.; *Gick,* Neugestaltung, S. 138f.; *Hamann,* in: Schüren, AÜG, 4. Aufl., § 14 Rn. 307; *Hunold,* NZA-RR 2008, 281, 281; *Hunold,* DB 1989, 1334, 1335; *Loof,* Beteiligungsrechte, S. 93; *Rieble,* in: Rieble u.a., Zukunft der Leiharbeit, S. 88; *Schaub,* Arbeitnehmerüberlassung S. 363; *Takkaci-Gros,* AiB 2015, Nr. 7–8, S. 14, 16f.; *Thüsing,* in: Thüsing, AÜG, § 14 Rn. 148; *Windbichler,* DB 1975, 739, 742; *Zimmerling,* Schwellenwerte, S. 188f.

817 Vgl. *Dewender,* Betriebsfremde, S. 119; *Erdlenbruch,* betriebsverfassungsrechtliche Stellung, S. 166; *Hamann,* in: Schüren, AÜG, 4. Aufl., § 14 Rn. 307.

818 Vgl. *Hamann,* in: Schüren, AÜG, 4. Aufl., § 14 Rn. 307.

819 Zu Dohna-Jaeger, in: Ulber, AÜG, § 14 Rn. 116; *Hamann,* in: Schüren, AÜG, 4. Aufl., § 14 Rn. 309; *Thüsing,* in: Thüsing, AÜG, § 14 Rn. 149.

820 Vgl. *zu Dohna-Jaeger,* in: Ulber, AÜG, § 14 Rn. 117.

verpflichtet den Betriebsinhaber, dem Entleiherbetriebsrat Unterlagen zur Personalplanung vorzulegen. Dies hat er von sich aus und nicht bloß auf Verlangen des Betriebsrates zu tun[821]. Hierzu gehören auch – wie im § 80 II 3 BetrVG nunmehr ausdrücklich geregelt – bereits abgeschlossene Arbeitnehmerüberlassungsverträge[822]. Nicht nur der geplante Einsatz von Leiharbeitnehmern, sondern auch Personalplanungen, die die bereits eingegliederten Leiharbeitnehmer unmittelbar betreffen, können folglich Gegenstand der Informations-, Beratungs- und Vorschlagsrechte des Entleiherbetriebsrates gem. § 92 BetrVG sein.

## 2. Vorschlagsrecht zur Beschäftigungssicherung der Leiharbeitnehmer gem. § 92a BetrVG

Nach § 92a I 1 BetrVG kann der Betriebsrat Vorschläge zur Beschäftigungssicherung und -förderung machen. Wie bereits im Zusammenhang mit der Sicherung und Förderung der Beschäftigung im Betrieb gem. § 80 I Nr. 8 BetrVG dargelegt[823], geht es im Rahmen des § 92a BetrVG um die Sicherung der im Betrieb vorhandenen Arbeitsplätze[824] bzw. um die Förderung und Schaffung neuer, zusätzlicher Arbeitsplätze im Betrieb[825].

Zur Beschäftigungssicherung der Stammarbeitnehmer oder zur Beschäftigungsförderung kann der Entleiherbetriebsrat z.B. die Umwandlung von Leiharbeitsplätzen in Stammarbeitsplätze oder die Verminderung bzw. den Abbau von Leiharbeit im Betrieb vorschlagen[826]. § 92a I 2 BetrVG nennt ausdrücklich als mögliche Vorschläge der Beschäftigungssicherung und/oder -förderung „Alternativen zur Ausgliederung von Arbeit oder ihrer Vergabe an andere Unternehmen". Damit sind zwar primär Alternativen zur Vergabe von Werk- und Dienstverträgen gemeint. Schon nach dem Wortlaut des § 92a I 2 BetrVG sind aber die möglichen Vorschläge lediglich beispielhaft („insbesondere") und damit nicht abschließend aufgeführt. Als Alternative zur Vergabe von Arbeit an andere Unternehmen kann deshalb unter anderem auch die Alternative zum Einsatz von Drittpersonal gemeint sein, also

---

821 *Hamann*, in: Schüren, AÜG, 4. Aufl., § 14 Rn. 308.

822 *Zu Dohna-Jaeger*, in: Ulber, AÜG, § 14 Rn. 117, *Hamann*, in: Schüren, AÜG, 4. Aufl., § 14 Rn. 308; vgl. auch die Gesetzesbegründung zu § 80 II 3 BetrVG in BT-Drucks 18/9232, S. 30.

823 Vgl. F.II.2.i.

824 *Fitting*, 28. Aufl., § 92a Rn. 7; vgl. auch *Thüsing*, in: Richardi, BetrVG, 15. Aufl., § 80 Rn. 46.

825 Vgl. *Konzen*, RdA 2001, 76; *Nicolai*, in: Hess u.a., BetrVG, 9. Aufl., § 80 Rn. 45; *Thüsing*, in: Richardi, BetrVG, 15. Aufl. § 80 Rn. 46.

826 *Zu Dohna-Jaeger*, in: Ulber, AÜG, § 14 Rn. 117; *Fitting*, 28. Aufl., § 92a Rn. 7; *Rieble*, in: Rieble u.a., Zukunft der Leiharbeit, S. 88; *Thüsing*, in: Thüsing, AÜG, § 14 Rn. 149; *Zimmerling*, Schwellenwerte, S. 190.

auch die Einstellung von Stammarbeitnehmern anstelle von Leiharbeitnehmern umfassen[827].

Derartige Vorschläge des Entleiherbetriebsrates im Rahmen des § 92a BetrVG sind aber keine Vorschläge zur Beschäftigungssicherung oder -förderung der Leiharbeitnehmer. Das Arbeitsverhältnis der Leiharbeitnehmer besteht mit dem Verleiher und ist nicht abhängig von dem Einsatz im Entleiherbetrieb. Selbst wenn also der Einsatzplatz des Leiharbeitnehmers im Entleiherbetrieb wegfiele und der betroffene Leiharbeitnehmer durch einen anderen (neuen) Stammarbeitnehmer ersetzt werden würde, wäre der Leiharbeitnehmer nicht unmittelbar betroffen. Das spricht dafür, § 92a BetrVG nicht auf die Leiharbeitnehmer im Entleiherbetrieb anzuwenden und die Vorschlagsrechte zur Beschäftigungssicherung der Leiharbeitnehmer allein als Aufgabe des Verleiherbetriebsrates anzusehen[828]. Selbst wenn der Entleiherbetriebsrat sich ausnahmsweise dafür einsetzen würde, neue Arbeitsplätze z.B. zunächst mit Leiharbeitnehmern zu besetzen[829], weil z.B. andere geeignete Bewerber als Stammarbeitnehmer nicht vorhanden sind oder nicht gefunden werden, so würde sich das nicht auf die Beschäftigungssicherung oder -förderung der Leiharbeitnehmer beziehen.

Etwas anderes muss aber dann gelten, wenn der Entleiherbetriebsrat dem Betriebsinhaber vorschlägt, im Entleiherbetrieb eingesetzte Leiharbeitnehmer in ein Arbeitsverhältnis als Stammarbeitnehmer zu übernehmen. Das wäre ein Vorschlag des Entleiherbetriebsrates gem. § 92a BetrVG, der die Leiharbeitnehmer unmittelbar betrifft und in ihrem Interesse sein kann[830]. Dieser Fall ist von erheblicher praktischer Relevanz, da häufig Vorschläge des Entleiherbetriebsrates im Rahmen des § 92a BetrVG zur Umwandlung von Leiharbeitsplätzen in Stammarbeitsplätze[831] mit dem Vorschlag zur Einstellung eines bisherigen Leiharbeitnehmers als Stammarbeitnehmer verbunden sein können.

## 3. Ausschreibung von Arbeitsplätzen gem. § 93 BetrVG

Der Betriebsrat kann gem. § 93 BetrVG die Ausschreibung von Arbeitsplätzen verlangen, die im Betrieb besetzt werden sollen. Dies dient der Belebung eines

827 *Fitting* 28. Aufl., § 92a Rn. 8; vgl. auch *Boemke*, in: Boemke/Lembke, AÜG, § 14 Rn. 134; *Thüsing*, in: Thüsing, AÜG, § 14 Rn. 149.

828 *Boemke*, in: Boemke/Lembke, AÜG, § 14 Rn. 89, 95; *Hamann*, in: Schüren, AÜG, 4. Aufl., § 14 Rn. 225; *Loof*, Beteiligungsrechte, S. 180.

829 Vgl. *Hamann*, in: Schüren, AÜG, 4. Aufl., § 14 Rn. 309: Der Entleiherbetriebsrat werde „regelmäßig" nicht den Einsatz von Leiharbeitnehmern anregen, weil er naturgemäß ein Interesse daran habe, Arbeitsplätze mit eigenen Arbeitnehmern zu besetzen.

830 *Zimmerling*, Schwellenwerte, S. 190f.; *Hamann*, in: Schüren, AÜG, 4. Aufl., § 14 Rn. 309.

831 Vgl. *Thüsing*, in: Thüsing, AÜG, Rn. 149.

innerbetrieblichen Arbeitsmarktes[832]. Zudem soll Unverständnis unter den Arbeitnehmern vermieden werden, wenn neue Arbeitskräfte eingestellt werden, um Arbeitsplätze zu besetzen, die auch von bereits vorhandenen qualifizierten Kräften erfüllt werden können[833].

Zunächst besteht grundsätzlich auch dann eine Berechtigung des Betriebsrates, eine interne Ausschreibung zu verlangen, wenn die freien Arbeitsplätze mit Leiharbeitnehmern besetzt werden sollen[834]. Gegen jene Ansichten, die die Anwendbarkeit des § 93 BetrVG im Falle eines geplanten Leiharbeitnehmereinsatzes ablehnen, ist einzuwenden, dass eine solche Beteiligung dem Schutzzweck des § 93 BetrVG entspricht: Zunächst kann eine interne Ausschreibung im Falle des geplanten Einsatzes von Leiharbeitskräften dazu führen, dass dem Betriebsinhaber seine im Betrieb vorhandenen Arbeitsressourcen vor Augen geführt werden. Insofern kann auch dann, wenn der Arbeitsbedarf mit Leiharbeit aufgefangen werden soll, die Ausschreibung zu einer Belebung des innerbetrieblichen Arbeitsmarktes führen. Zudem dient die Ausschreibung im Falle der geplanten Überlassung der innerbetrieblichen Befriedungsfunktion: Die Akzeptanz innerhalb der Belegschaft in Bezug auf die Überlassung wird gesteigert, wenn eine Ausschreibung nach § 93 BetrVG erfolgt ist und die Belegschaft damit dem Betriebsinhaber mögliche Alternativen zur Besetzung des Arbeitsplatzes mit Leiharbeitnehmern vor Augen führen konnte[835]. Damit ist der herrschenden Meinung zu folgen und der Betriebsrat ist grundsätzlich berechtigt, auch im Falle einer geplanten Überlassung eine interne Ausschreibung nach § 93 BetrVG zu verlangen.

Umstritten ist jedoch, ob dies auch gilt, wenn bestimmte Arbeitsplätze dauerhaft mit Leiharbeitnehmern besetzt werden sollen: Nach einer Ansicht stellt eine interne Ausschreibung in diesem Falle einen überflüssigen Formalismus dar, da der

---

832 BAG, Beschluss vom 01. Februar 2011 – 1 ABR 79/09 –, BAGE 137, 106–112, Rn. 19 nach juris; *Dewender*, Betriebsfremde, S. 120.

833 BAG, Beschluss vom 01. Februar 2011 – 1 ABR 79/09 –, BAGE 137, 106–112, Rn. 19 nach juris; *Dewender*, Betriebsfremde, S. 120.

834 BAG, Beschluss vom 01. Februar 2011 – 1 ABR 79/09 –, BAGE 137, 106–112, Rn. 14 nach juris; BAG, Beschluss vom 15. Oktober 2013 – 1 ABR 25/12 –, Rn. 17ff. nach juris; *Becker*, AuR 1982, 369, 375; *Dewender*, Betriebsfremde, S. 120; *Erdlenbruch*, betriebsverfassungsrechtliche Stellung, S. 169; *Gick*, Neugestaltung, S. 139; *Hamann*, in: Schüren, AÜG, 4. Aufl., § 14 Rn. 310; *Loof*, Beteiligungsrechte, S. 95ff.; *Mumot*, Beschäftigung, S. 139f.; *Rieble*, in: Rieble u.a., Zukunft der Leiharbeit, S. 89; *Thüsing*, in: Thüsing, AÜG, § 14 Rn. 150; vgl. auch *Kraft*, in: Hofmann u.a., FS Pleyer, S. 394; **a.A.**, die sich maßgeblich auf die früher geltende kurze Höchstüberlassungsdauer stützt: *Halbach*, DB 1980, 2389, 2391; *Hunold*, BB 1976, 648, 650; *Müllner*, Arbeitgeberstellung, S. 88; *Windbichler*, DB 1975, 739, 741.

835 Vgl. *Erdlenbruch*, betriebsverfassungsrechtliche Stellung, S. 169; *Rieble*, in: Rieble u.a., Zukunft der Leiharbeit, S. 89.

zu besetzende Arbeitsplatz bereits aufgrund der unternehmerischen Entscheidung dauerhaft dem innerbetrieblichen Arbeitsmarkt entzogen sei[836].

Nach einer anderen Ansicht, die maßgeblich auf die Verbindung zwischen § 93 und §99 BetrVG abstellt, stünde dem Betriebsrat auch in diesem Falle ein Recht zu, eine interne Ausschreibung zu verlangen[837]. Das BetrVG räume dem Betriebsrat immer dann eine Beteiligung ein, wenn eine „Einstellung" im Sinne des § 99 BetrVG geplant sei und dies sei nun mal auch bei der Übernahme von Leiharbeitnehmern der Fall. Zudem erfülle die interne Ausschreibung auch dann seinen Zweck, wenn feststeht, dass Leiharbeitnehmer auf den Arbeitsplätzen eingesetzt werden sollen: Die interne Ausschreibung informiere in diesem Falle die Stammarbeitnehmer des Entleihers darüber, dass sie sich beim Verleiher um ein Leiharbeitsverhältnis bewerben könnten und so „unter Umständen als Leiharbeitnehmer bei ihrem jetzigen Arbeitgeber zum Einsatz kommen"[838]. Dies sei insbesondere für jene Arbeitnehmer interessant, die befristet beschäftigt werden und deren Befristung ausläuft. Ob von dieser Möglichkeit Gebrauch gemacht werde, sei für die Pflicht zur Ausschreibung irrelevant, da es darum gehe, den Arbeitnehmern alternative Perspektiven aufzuzeigen[839].

Letztere Ansicht ist jedoch nicht überzeugend: Zunächst führt eine interne Stellenausschreibung nicht zwingend dazu, dass ein befristet Beschäftigter sich durch die Bewerbung bei einem Verleiher seine (tatsächliche) Beschäftigung sichern könnte. Selbst dann, wenn eine Ausschreibungspflicht nach § 93 BetrVG bestünde, wäre der Entleiher nicht dazu verpflichtet, Angaben über das Verleiherunternehmen zu machen, mit dem Arbeitnehmerüberlassungsverträge abgeschlossen werden sollen. Auch ist es dem Entleiher unbenommen, das Verleiherunternehmen zu wechseln. Zudem trifft grundsätzlich der Verleiher die Entscheidung darüber, welche seiner Leiharbeitnehmer im Betrieb des Entleihers tätig werden sollen. Damit wäre selbst dann, wenn ein Arbeitnehmer mit dem Verleiher einen Leiharbeitsvertrag und der ehemalige Arbeitgeber mit dem Verleiher einen Arbeitnehmerüberlassungsvertrag geschlossen hat, keinesfalls die Tätigkeit des Leiharbeitnehmers in „seinem" alten Betrieb sichergestellt.

Aber selbst wenn man zugunsten dieser Ansicht unterstellen würde, dass für den befristet Beschäftigten aufgrund der Ausschreibung nach § 93 BetrVG die Möglichkeit bestünde, sich beim Verleiher, der zukünftig Leiharbeitnehmer in den Entleiherbetrieb entsendet, zu bewerben und so auch weiterhin im Entleiherbetrieb (bzw. im Betrieb seiner ehemaligen befristeten Beschäftigung) tätig zu bleiben, wäre dies nicht mehr vom Sinn und Zweck des § 93 BetrVG umfasst: § 93 BetrVG

---

836 Landesarbeitsgericht Niedersachsen, Beschluss vom 09. August 2006 – 15 TaBV 53/05 –, Rn. 152 nach juris; *Hunold*, NZA-RR 2008, 281, 285; *Seel*, MDR 2012, 813, 816; *Thüsing*, in: Thüsing, AÜG, § 14 Rn. 150.

837 BAG, Beschluss vom 01. Februar 2011 – 1 ABR 79/09 –, BAGE 137, 106–112, Rn. 14 nach juris; *Hamann*, in: Schüren, AÜG, 4. Aufl., § 14 Rn. 310; wohl auch *Sieweke*, NZA 2012, 426, 428.

838 *Hamann*, in: Schüren, AÜG, 4. Aufl., § 14 Rn. 310.

839 *Hamann*, in: Schüren, AÜG, 4. Aufl., § 14 Rn. 310.

dient dem *innerbetrieblichen* Stellenmarkt. Die aufgezeigte Konstellation würde diesen erweitern und auf andere Unternehmen ausdehnen. Damit mag eine interne Stellenausschreibung nach § 93 BetrVG, wenn die Arbeitsplätze dauerhaft mit Leiharbeitnehmern besetzt werden sollen, zwar Auskunft über diese konkrete Personalplanung geben. Jedoch kann kein Arbeitnehmer – und auch nicht der befristet Beschäftigte, dessen Arbeitsverhältnis ausläuft – zuverlässig aufgrund der Ausschreibung durch eine Einstellung beim Verleiher auf eine fortgesetzte Tätigkeit im Entleiherbetrieb hinwirken.

Soweit eingewandt wird, dass auch jene Stellen, die dauerhaft mit Leiharbeitnehmern besetzt werden sollen, dem innerbetrieblichen Arbeitsmarkt nicht entzogen werden, weil der Betriebsinhaber in seiner unternehmerischen Entscheidung nicht uneingeschränkt frei sei[840], kann dies nicht überzeugen. Es ist zwar richtig, dass z.B. ein schwerbehinderter Arbeitnehmer unter den Voraussetzungen des § 81 IV 1 Nr. 1 SGB IX vom Arbeitgeber verlangen kann, eine anderweitige Beschäftigung zugewiesen zu bekommen. Hierbei ist auch denkbar, dass es gerade ein solcher geeigneter Arbeitsplatz ist, der dauerhaft mit Leiharbeitnehmern besetzt werden soll. Allerdings ist dies kein Problem einer innerbetrieblichen Stellenausschreibung: Es handelt sich um einen Anspruch des einzelnen Arbeitnehmers gegen seinen Arbeitgeber, der – soweit seine Voraussetzungen vorliegen – jederzeit gegenüber dem Arbeitgeber geltend gemacht werden kann.

Auch das Argument, wonach die Verbindung zwischen §§ 93 und 99 BetrVG zur Notwendigkeit einer internen Ausschreibung im Falle der geplanten dauerhaften Besetzung des Arbeitsplatzes mit Leiharbeitnehmern führe, kann nicht überzeugen. Zwar ist richtig, dass über § 14 III 1 AÜG die Übernahme von Leiharbeitnehmern grundsätzlich der Einstellung nach § 99 BetrVG gleichstellt und letztere insbesondere nicht die Begründung eines Arbeitsverhältnisses voraussetzt. Die Verbindung zwischen § 93 und § 99 BetrVG vermag deshalb durchaus zu begründen, weshalb grundsätzlich auch die geplante Beschäftigung von Leiharbeitnehmern auf einen freien Arbeitsplatz die Ausschreibungspflicht nach § 93 BetrVG begründet. Dies ändert jedoch nichts daran, dass eine Ausschreibung von Arbeitsplätzen, die von vorneherein aufgrund einer legitimen unternehmerischen Entscheidung des Betriebsinhabers dem internen Stellenmarkt entzogen sind, keinem beschäftigten Arbeitnehmer echte alternative Beschäftigungsmöglichkeiten eröffnet und damit gänzlich folgenlos für die Arbeitnehmer im Betrieb bleiben muss.

Auf der anderen Seite steht Leiharbeitnehmern, die bereits im Entleiherbetrieb beschäftigt sind, die Möglichkeit offen, sich auch auf eine interne Stellenausschreibung zu bewerben und so die Übernahme in ein (Stamm-)Arbeitsverhältnis mit dem Entleiher anzustreben[841]. Gem. § 13a AÜG hat der Entleiher die bei ihm eingesetzten Leiharbeitnehmer über freie Arbeitsplätze, die besetzt werden sollen, zu

840 So BAG, Beschluss vom 01. Februar 2011 – 1 ABR 79/09 –, BAGE 137, 106–112, Rn. 22f. nach juris.

841 *Hamann*, in: Schüren, AÜG, 4. Aufl., § 14 Rn. 311.

informieren. Diese Informationspflicht, die den Entleiher in Bezug auf den Leiharbeitnehmer trifft, ist – im Gegensatz zur Ausschreibung von Arbeitsplätzen nach § 93 BetrVG – unabhängig davon, ob der Betriebsrat diese verlangt, vom Entleiher durchzuführen.

## 4. Personalfragebogen gem. § 94 BetrVG

§ 94 BetrVG räumt dem Betriebsrat ein Beteiligungsrecht bei der Einführung von Personalfragebögen, bei der Aufstellung von allgemeinen Beurteilungsgrundsätzen und bei der Aufnahme von persönlichen Angaben in Formulararbeitsverträgen ein.

Soweit es um die Aufnahme von persönlichen Angaben in Formulararbeitsverträgen geht, hat das Mitbestimmungsrecht gem. § 94 II BetrVG keine Bedeutung für Leiharbeitnehmer, da diese keinen Arbeitsvertrag mit dem Entleiher schließen[842]. Ähnlich ist der Fall bei Personalfragebögen gelagert: Grundsätzlich haben Personalfragebögen für Leiharbeitnehmer keine Bedeutung, da bereits der Verleiher dazu verpflichtet ist, die Leiharbeitnehmer entsprechend ihrer Qualifikation zur Erfüllung der Tätigkeit auszuwählen[843]. Gleichwohl ist es dem Entleiher grundsätzlich unbenommen formularmäßig Angaben auch von den Leiharbeitnehmern in seinem Betrieb zu verlangen und zu erheben. Tut er dies, so ist der Betriebsrat auch im Interesse dieser Leiharbeitnehmer zu beteiligen[844]. Zwar wird vereinzelt vertreten, dass solche Anfragen nicht vom Entleiher an den Leiharbeitnehmer gestellt werden könnten[845]. Dies wird damit begründet, dass die Auswahlkompetenz des Verleihers ein berechtigtes Interesse des Entleihers an der Erhebung von Informationen mittels Personalfragebogen im Rahmen der Überlassung ausschließe[846] bzw. solche Anfragen nicht an den Leiharbeitnehmer, sondern ausschließlich an den Verleiher als Vertragspartner des Entleihers zu stellen seien[847]. Der Verleiher habe sodann – sofern er nicht selbst über die erforderlichen Informationen verfügt – seinerseits eine Anfrage an den Leiharbeitnehmer zu stellen, zu dessen Beantwortung der Leiharbeitnehmer gegenüber dem Verleiher als seinen Arbeitgeber verpflichtet sei[848].

Hiergegen ist jedoch einzuwenden, dass der Entleiher ein berechtigtes Interesse daran haben kann, zu wissen, wer in seinem Betrieb tätig wird und welche Qualifikationen diese Arbeitskraft hat. Dies gilt erst recht, wenn man bedenkt, dass Leiharbeitnehmer auch längere Zeit in einem Betrieb tätig und betriebszugehörig

842 *Hamann*, in: Schüren, AÜG, 4. Aufl., § 14 Rn. 312; *Dewender*, Betriebsfremde, S. 121.
843 *Becker*, AuR 1982, 369, 375; *Dewender*, Betriebsfremde, S. 121; *Erdlenbruch*, betriebsverfassungsrechtliche Stellung, S. 171; *Hamann*, in: Schüren, AÜG, 4. Aufl., § 14 Rn. 313; *Loof*, Beteiligungsrechte, S. 98; *Müllner*, Arbeitgeberstellung, S. 89; *Thüsing*, in: Thüsing, AÜG, § 14 Rn. 151.
844 *Hamann*, in: Schüren, AÜG, 4. Aufl., § 14 Rn. 314; *Loof*, Beteiligungsrechte, S. 98.
845 *Dewender*, Betriebsfremde, S. 121, *Mumot*, Beschäftigung, S. 140f.
846 *Dewender*, Betriebsfremde, S. 121.
847 *Mumot*, Beschäftigung, S. 140f.
848 *Mumot*, Beschäftigung, S. 141.

sein können. Soweit vertreten wird, dass Informationen in Bezug auf die Leiharbeitnehmer lediglich über den Verleiher eingeholt werden können, würde dies eine gänzlich unnötige Verkomplizierung darstellen[849]. Der Leiharbeitnehmer erbringt seine Arbeitsleistung im Betrieb des Entleihers und ist diesem während seines Arbeitseinsatzes örtlich näher. Worin der Zweck liegen soll, den Verleiher als Mittelsmann zur Erlangung der Informationen einzusetzen, bleibt offen. Zudem erlangt der Entleiher aufgrund des Arbeitnehmerüberlassungsvertrages bestimmte Arbeitgeberrechte in Bezug auf die eingesetzten Leiharbeitnehmer. Zu diesen Rechten gehört (zumindest konkludent) auch das Recht, Fragen im Rahmen von Fragebögen an den Leiharbeitnehmer zu richten[850]. Damit kann der Entleiher grundsätzlich Personalfragebögen auch an Leiharbeitnehmer richten. In diesem Rahmen sind Leiharbeitnehmer hinsichtlich ihres Persönlichkeitsschutzes nicht anders gestellt als Stammarbeitnehmer[851], sodass der Betriebsrat des Entleiherbetriebes zumindest dann bei der Aufstellung dieser Fragebögen nach § 94 BetrVG mitbestimmungsberechtigt ist, wenn der Entleiher sich hierzu entscheidet.

Demgegenüber kann sich das Mitbestimmungsrecht des Entleiherbetriebsrates gem. § 94 II BetrVG für die Aufstellung von allgemeinen Beurteilungsgrundsätzen auch auf die im Entleiherbetrieb eingesetzten Leiharbeitnehmer auswirken. Zwar obliegt die Beurteilung von Führung, Leistung und Qualifikation des Arbeitnehmers im Arbeitsverhältnis grundsätzlich dem Vertragspartner als Arbeitgeber, bei einem Leiharbeitnehmer also dem Verleiher[852]. Wenn und soweit jedoch allgemeine Beurteilungsgrundsätze für die Leiharbeitnehmer im Entleiherbetrieb aufgestellt oder angewandt werden, unterliegen sie dem Mitbestimmungsrecht des Entleiherbetriebsrates[853]. Das gilt z.B., wenn der Entleiher ein Arbeitszeugnis für den Leiharbeitnehmer ausstellt und dabei im Entleiherbetrieb allgemeine Beurteilungsgrundsätze aufgestellt werden[854]. Soweit früher vertreten wurde, dass für die Beurteilung eines Leiharbeitnehmers im Entleiherbetrieb die praktische Relevanz fehle, sodass Beurteilungsgrundsätze für Leiharbeitnehmer allein im Verleiherbetrieb aufgestellt und angewandt würden[855], mag dies unter den Bedingungen der früher geltenden und erheblich kürzeren Höchstüberlassungsdauer so gewesen sein. Mit dem zeitweiligen Wegfall der Höchstüberlassungsdauer und der ab dem 1.4.2017 gem. § 1 Ia AÜG

---

849 So auch *Erdlenbruch*, betriebsverfassungsrechtliche Stellung, S. 171 Fn. 32.

850 Vgl. *Erdlenbruch*, betriebsverfassungsrechtliche Stellung, S. 171 Fn. 32.

851 *Erdlenbruch*, betriebsverfassungsrechtliche Stellung, S. 171; *Hamann*, in: Schüren, AÜG, 4. Aufl., § 14 Rn. 314; *Müllner*, Arbeitgeberstellung, S. 89.

852 Vgl. *Hamann*, in: Schüren, AÜG, 4. Aufl., § 14 Rn. 315; *Thüsing*, in: Thüsing, AÜG, § 14 Rn. 151.

853 *Boemke*, in: Boemke/Lembke, AÜG, § 14 Rn. 136; *Zu Dohna-Jaeger*, in: Ulber, AÜG, § 14 Rn. 122; *Erdlenbruch*, betriebsverfassungsrechtliche Stellung, S. 172; *Mumot*, Beschäftigung, S. 141f.; *Thüsing*, in: Thüsing, AÜG, § 14 Rn. 151.

854 Vgl. *zu Dohna-Jaeger*, in: Ulber, AÜG, § 14 Rn. 122f.; *Hamann*, in: Schüren, AÜG, 4. Aufl., § 14 Rn. 315, Einl. Rn. 296f.

855 Vgl. *Becker*, AuR 1982, 369, 375.

geltenden Höchstüberlassungsdauer von 18 Monaten, von der aufgrund eines Tarifvertrages abgewichen werden kann[856], ist aber eine andere Situation entstanden. Zu Recht wird in der Literatur darauf hingewiesen, dass Leiharbeitnehmer mit zunehmender Überlassungsdauer ein verstärktes Interesse an der Beurteilung seiner Leistung hat, um diese z.B. bei Bewerbungen auf dem Arbeitsmarkt oder bei Übernahme als Stammarbeitnehmer in einem Entleiherbetrieb vorlegen zu können[857]. Auch kann im Arbeitnehmerüberlassungsvertrag zwischen Verleiher und Entleiher vereinbart sein, dass der Entleiher dem Verleiher Informationen bzw. Bewertungen über die Leistung und das Verhalten des Leiharbeitnehmers während des Einsatzes übermittelt[858]. Soweit all das nach allgemeinen Beurteilungsgrundsätzen durch den Entleiher geschieht, bedarf die Aufstellung dieser Beurteilungsgrundsätze für die Leiharbeitnehmer der Zustimmung des Entleiherbetriebsrates gem. § 14 II BetrVG[859].

### 5. Auswahlrichtlinien gem. § 95 BetrVG

Gem. § 95 BetrVG bedürfen Richtlinien, welche die personelle Auswahl bei Einstellungen, Versetzungen, Umgruppierungen und Kündigungen regeln, der Zustimmung des Betriebsrates. Auswahlrichtlinien dienen dazu, den Auswahlprozess im Rahmen einer personellen Einzelmaßnahme Transparenz und Sachlichkeit zu verleihen[860]. In diesem Rahmen besteht das Mitbestimmungsrecht bei der Aufstellung dieser Richtlinien hinsichtlich der Leiharbeitnehmer im Entleiherbetrieb, soweit wie diese von den in den Richtlinien geregelten Einzelmaßnahmen betroffen sein können:

Eine die Zuständigkeit begründende Betroffenheit besteht allerdings nicht, soweit es um Kündigungen und Umgruppierungen geht, da allein der Verleiher zur Kündigung berufen ist und die Umgruppierung im Zusammenhang mit der Entlohnung steht, zu der ebenfalls nicht der Entleiher, sondern allein der Verleiher berufen ist[861].

Anders kann dies jedoch bei der Einstellung sein, soweit es um eine Einstellung geht, mit der ein ehemaliger Leiharbeitnehmer in ein (Stamm-)Arbeitsverhältnis zum Entleiher übernommen werden soll[862]. Für einen Leiharbeitnehmer kann in

---

856 Vgl. die Begründung des Gesetzesentwurfs der Bundesregierung in BT-Drucks. 18/9232, S. 19f.

857 *Thüsing*, in: Thüsing, AÜG, § 14 Rn. 151.

858 *Hamann*, in: Schüren, AÜG, 4. Aufl., § 14 Rn. 315; *Thüsing*, in: Thüsing, AÜG, § 14 Rn. 151.

859 Vgl. *Boemke*, in: Boemke/Lembke, AÜG, § 14 Rn. 136; *Hamann*, in: Schüren, AÜG, 4. Aufl., § 14 Rn. 315; *Thüsing*, in: Thüsing, AÜG, § 14 Rn. 151.

860 *Dewender*, Betriebsfremde, S. 121; *Hamann*, in: Schüren, AÜG, 4. Aufl., § 14 Rn. 316.

861 *Erdlenbruch*, betriebsverfassungsrechtliche Stellung, S. 174; *Hamann*, in: Schüren, AÜG, 4. Aufl., § 14 Rn. 317; *Loof*, Beteiligungsrechte, S. 99; *Thüsing*, in: Thüsing, AÜG, § 14 Rn. 152.

862 *Hamann*, in: Schüren, AÜG, 4. Aufl., § 14 Rn. 318; *Thüsing*, in: Thüsing, AÜG, § 14 Rn. 152.

diesem Rahmen insbesondere relevant sein, wenn die Auswahlrichtlinie frühere Einsatzzeiten als Leiharbeitnehmer positiv im Rahmen des Bewerbungsverfahrens bewertet[863].

Ebenfalls ist es denkbar, dass der Entleiher mit seinem Betriebsrat Auswahlrichtlinien vereinbart, die regeln, welche Qualifikationsanforderungen an Leiharbeitnehmer zu stellen sind, die aufgrund eines Arbeitnehmerüberlassungsvertrages im Betrieb tätig werden sollen[864]. Allerdings obliegt es grundsätzlich dem Verleiher als seine Vertragsobliegenheit gegenüber dem Entleiher, einen fachlich geeigneten Leiharbeitnehmer zur Verfügung zu stellen. Hierauf gestützt, wird in der Literatur zum Teil auch eine Zuständigkeit des Entleiherbetriebes bei der Aufstellung von Auswahlrichtlinien zur Übernahme von Leiharbeitnehmern abgelehnt[865]. Diese Ansicht ist jedoch bereits deshalb nicht überzeugend, weil eine solche Auswahlrichtlinie den Entleiher z.B. dazu verpflichten kann, die dort geregelten Anforderungen an die Qualifikation dem Verleiher gegenüber zu stellen und dessen Auswahlkompetenz auf der vertraglichen Ebene zwischen Entleiher und Verleiher begrenzt[866].

Richtlinien, die für die Versetzung gelten, können grundsätzlich auch auf Leiharbeitnehmer anwendbar sein[867]. Dies gilt jedoch dann nicht, wenn ein Leiharbeitnehmer schon nach dem Arbeitnehmerüberlassungsvertrag als Springer im Betrieb eingesetzt werden soll; in diesem Falle handelt es sich gem. § 95 III 2 BetrVG regelmäßig nicht um eine Versetzung[868].

Hingegen stellt die neue Zuweisung eines anderen Arbeitsbereichs im Entleiherbetrieb nicht schon deshalb keine Versetzung dar, weil sie regelmäßig nach ihrem Leiharbeitsvertrag den Beschäftigungsbetrieb wechseln. Innerhalb der jeweiligen Überlassung an einen Entleiher unterscheidet sich die Betroffenheit von Stammarbeitnehmer und Leiharbeitnehmer bei einer Versetzung nicht.

## 6. Berufsbildung gem. §§ 96–98 BetrVG

Der Bereich der Berufsbildung dient der Fortbildung und Qualifizierung der Belegschaft. Die §§ 96 bis 98 BetrVG räumen dem Betriebsrat verschiedene Rechte, eine allgemeine Förderungspflicht und ein Vorschlagsrecht (§ 96 I BetrVG), ein

---

863 Vgl. *Hamann*, in: Schüren, AÜG, 4. Aufl., § 14 Rn. 318; *Thüsing*, in: Thüsing, AÜG, § 14 Rn. 152.

864 *Dewender*, Betriebsfremde, 121f.; *Gussen*, NZA 2011, 830, 830ff.; *Hamann*, in: Schüren, AÜG, 4. Aufl., § 14 Rn. 319; *Thüsing*, in: Thüsing, AÜG, § 14 Rn. 152.

865 So *Halbach*, DB 1980, 2389, 2391; *Müllner*, Arbeitgeberstellung, S. 89; vgl. auch *Hunold*, BB 1976, 648, 650, der Auswahlrichtlinien jedenfalls dann nicht für anwendbar hält, wenn die Auswahl des Leiharbeitnehmers nach dem Arbeitnehmerüberlassungsvertrag dem Verleiher obliegt.

866 Ähnlich *Erdlenbruch*, betriebsverfassungsrechtliche Stellung, S. 175.

867 *Dewender*, Betriebsfremde, S. 122.

868 *Hamann*, in: Schüren, AÜG, 4. Aufl., § 14 Rn. 320; *Thüsing*, in: Thüsing, AÜG, § 14 Rn. 153.

Beratungsrecht (§ 97 I BetrVG) und ein Mitbestimmungsrecht hinsichtlich der Durchführung von Maßnahmen, die die Berufsbildung betreffen (§98 BetrVG), ein.

Das Überlassen eines qualifizierten Arbeitnehmers ist bereits die Verpflichtung des Verleihers gegenüber dem Entleiher[869]; der Entleiher hat regelmäßig nicht für die Qualifikation der bei ihm eingesetzten Leiharbeitnehmern zu sorgen. Jedoch steht es dem Entleiher zumindest frei, auch die bei ihn eingesetzten Leiharbeitnehmer weiter zu qualifizieren. Tut er dies, so erstreckt sich die Mitbestimmung des Entleiherbetriebsrates im Rahmen der §§ 96ff. BetrVG auch auf Leiharbeitnehmer[870]. Bei einem längeren Einsatz im Entleiherbetrieb kann das durchaus von Relevanz sein.

## 7. Beteiligung des Entleiherbetriebsrates im Rahmen des § 99 BetrVG

Die Mitbestimmung im Rahmen des § 99 BetrVG hat die Beteiligung des Betriebsrates bei personellen Einzelmaßnahmen zum Gegenstand. Kern der aus dem § 99 BetrVG erwachsenden Mitbestimmungsrechte ist das Zustimmungsverweigerungsrecht des § 99 I 1 BetrVG. Dabei zählt § 99 II Nr. 1–6 BetrVG jene Gründe auf, die den Betriebsrat dazu berechtigen, seine Zustimmung zur personellen Einzelmaßnahme zu verweigern. Um dieses Zustimmungsverweigerungsrecht ausüben zu können, enthält § 99 I BetrVG einen Informationsanspruch des Betriebsrates. Hinsichtlich der Leiharbeitnehmer im Entleiherbetrieb stellt sich damit die Frage, zu welchen personellen Maßnahmen in Bezug auf Leiharbeitnehmer der Entleiherbetriebsrat zu beteiligen ist, welche Zustimmungsverweigerungsgründe hierbei von Relevanz sind und inwieweit Besonderheiten beim Informationsanspruch hinsichtlich der Leiharbeitnehmer bestehen.

### *a. Mitbestimmung bei der Übernahme des Leiharbeitnehmers nach §§ 14 III 1 AÜG, 99 BetrVG*

§ 14 III 1 AÜG ordnet ausdrücklich an, dass der Entleiherbetriebsrat im Rahmen der Übernahme eines Leiharbeitnehmers zu beteiligen ist[871]. Soweit der Betriebsrat seine

---

869 *Dewender,* Betriebsfremde, S. 122; *Hamann,* in: Schüren, AÜG, 4. Aufl., § 14 Rn. 322; *Zimmerling,* Schwellenwerte, S. 199.

870 *Dewender,* Betriebsfremde, S. 123; *Hamann,* in: Schüren, AÜG, 4. Aufl., § 14 Rn. 322; *Rieble,* in: Rieble u.a., Zukunft der Leiharbeit, S. 89; *Thüsing,* in: Thüsing, AÜG, § 14 Rn. 154; *Zimmerling,* Schwellenwerte, S. 199f.; **a.A.** *Erdlenbruch,* betriebsverfassungsrechtliche Stellung, S. 177f. unter Hinweis auf die zeitliche Begrenzung der Überlassung.

871 Der Streit, inwieweit es sich bei § 14 III 1 AÜG um einen Rechtsgrund- oder Folgenverweis handelt, (vgl. **für einen Rechtsgrundverweis** i.R.d. § 14 III 1 AÜG: Landesarbeitsgericht Niedersachsen, Beschluss vom 26. November 2007 – 6 TaBV 33/07 –, Rn. 35 nach juris; *Rieble,* in: Rieble u.a., Zukunft der Leiharbeit, S. 90; *Thüsing,* in: Thüsing, *AÜG, § 14 Rn. 147;* Wensing/Freise, BB 2004, 2238, 2238;

Zustimmung gestützt auf einen der Zustimmungsverweigerungsgründe des § 99 II BetrVG verweigert, resultiert hieraus – soweit kein Fall des § 100 BetrVG vorliegt oder die Zustimmung gem. § 99 IV BetrVG ersetzt wurde – ein betriebsverfassungsrechtliches Beschäftigungsverbot[872]. Dieses lässt zwar die Wirksamkeit des Überlassungsvertrages unberührt, hindert den Betriebsinhaber gleichwohl daran, den überlassenen Arbeitnehmer im Betrieb zu beschäftigen[873]. Die Beteiligung im Rahmen der Übernahme erfolgt ausschließlich im Interesse der bereits vorhandenen Belegschaft und nicht etwa auch im Interesse des Leiharbeitnehmers, der eingestellt werden soll[874].

### *aa. Austausch der Leiharbeitnehmer im gleichen Entleiherbetrieb*

Streitig ist, ob eine Übernahme auch dann gegeben ist, wenn die Leiharbeitnehmer vom Entleiher nur ausgetauscht werden: Nach einer Ansicht sei ein Austausch der Leiharbeitnehmer nur dann eine neue Übernahme, wenn der Arbeitnehmerüberlassungsvertrag einen bestimmten Leiharbeitnehmer zur Überlassung vorsieht und dieser ausgetauscht werde. Andernfalls ist der Verleiher nicht zur Überlassung eines bestimmten Leiharbeitnehmers verpflichtet und kann ihn grundsätzlich (d.h. soweit der Leiharbeitnehmer geeignet ist) austauschen. Daraus folge, dass der bloße Austausch des Leiharbeitnehmers auf der Grundlage desselben Arbeitnehmerüberlassungsvertrages nicht der (erneuten) Mitbestimmung nach § 14 III 1 AÜG, 99 BetrVG unterfalle[875]. Auf der anderen Seite wird vertreten, dass jede noch so kurze tatsächliche Beschäftigung mitbestimmungspflichtig ist und auch jeder Austausch

---

*Hamann*, in: Schüren, AÜG, 4. Aufl., § 14 Rn. 144ff.; *Zimmerling*, Schwellenwerte, S. 171ff.; **für einen Rechtsfolgenverweis:** Becker, AuR 1982, 369, 379; *Igel*, ZBVR online 2014, 31, 35; *Marschall*, in: Richardi/Wlotzke, MüArbR II, 2. Aufl., § 175, Rn. 107; Wank, in: ErfKo, AÜG, § 14 Rn. 18) dürfte mit der nunmehr im § 14 III 4 AÜG geregelten Berücksichtigung von Leiharbeitnehmern i.R.d. Schwellenwertes des § 99 I 1 BetrVG zugunsten des Rechtsgrundverweises entschieden sein; wenn Leiharbeitnehmer nun i.R.d. § 99 I 1 BetrVG zu berücksichtigen sind, dann kann auch die Verweisung des § 14 III 4 AÜG sich nicht bloß auf die Rechtsfolgen des § 99 I 1 BetrVG beziehen.

872 BAG, Urteil vom 05. April 2001 – 2 AZR 580/99 –, BAGE 97, 276–294, Rn. 38 nach juris.

873 BAG, Urteil vom 05. April 2001 – 2 AZR 580/99 –, BAGE 97, 276–294, Rn. 38 nach juris mwNw.

874 BAG, Urteil vom 05. April 2001 – 2 AZR 580/99 –, BAGE 97, 276–294, Rn. 37 nach juris; *Raab*, ZfA 2003, 389, 440; *Rieble*, in: Rieble u.a., Zukunft der Leiharbeit, S. 90; *Thüsing*, in: Richardi, BetrVG, 15. Aufl., § 99 Rn. 29 **a.A.**, wonach das Mitbestimmungsrecht des § 99 BetrVG im Rahmen der Einstellung auch den Bewerber schützen soll: *Fitting* 28. Aufl.; § 99 Rn. 3; wohl auch *Bachner*, in: DKKW, § 99 Rn. 4; vgl. auch *Heinze*, Personalplanung S. 126, Rn. 322; *Otto*, Personale Freiheit und soziale Bindung S. 22.

875 Landesarbeitsgericht Niedersachsen, Beschluss vom 13. Oktober 1999 – 13 TaBV 106/98 –, Rn. 81 nach juris; *Hunold*, BB 1976, 648, 652; *Hunold*, NZA-RR 2008, 281, 282; *Wensing/Freise*, BB 2004, 2238, 2239.

das Mitbestimmungsrecht nach § 99 BetrVG auslöse[876]. Für die letztere Ansicht spricht insbesondere der Zustimmungsverweigerungsgrund des § 99 II Nr. 6 BetrVG, der dem Betriebsrat dann ein Zustimmungsverweigerungsrecht gibt, wenn die Besorgnis besteht, dass der in Aussicht genommene Bewerber den Betriebsfrieden stört[877]. Aus diesem Zustimmungsverweigerungsgrund ergibt sich, dass auch die konkrete Person des zu übernehmenden (Leih-)Arbeitnehmers von Bedeutung für das Mitbestimmungsrecht des § 99 BetrVG ist und zur Verweigerung der Zustimmung berechtigen kann. Wenn der Verleiher den eingegliederten Leiharbeitnehmer durch einen anderen ersetzt, dann muss der Betriebsrat des Entleiherbetriebes auch in die Lage versetzt werden, seine Mitbestimmung auszuüben. Folglich hat eine Betriebsratsbeteiligung im Entleiherbetrieb nach § 14 III 1 AÜG, § 99 BetrVG auch beim einfachen Austausch eines Leiharbeitnehmers zu erfolgen.

#### *bb. Zustimmungsverweigerungsrechte des Entleiherbetriebsrates gem. §§ 99 II Nr. 1–5 BetrVG*

Hinsichtlich der Beschäftigung von Leiharbeitnehmern im Entleiherbetrieb ist das Zustimmungsverweigerungsrecht des § 99 II Nr. 1 BetrVG von besonderer Bedeutung: Es berechtigt den Entleiherbetriebsrat zur Verweigerung der Zustimmung, wenn die Einstellung bzw. Überlassung gegen ein Gesetz, einen Tarifvertag, eine Betriebsvereinbarung, eine Gerichtsentscheidung oder eine behördliche Anordnung verstoßen würde. Allerdings genügt nicht jeder Verstoß gegen irgendeine Norm für ein Zustimmungsverweigerungsrecht des Betriebsrates nach § 99 II Nr. 1 BetrVG. Vielmehr muss die personelle Maßnahme gegen die Norm verstoßen und sie als solche verbieten. Es ist also erforderlich, dass der Normzweck der Verbotsnorm nur dadurch erreicht werden kann, dass die Maßnahme generell unterbleibt[878]. Insofern sind speziell auch die Normen des AÜG von Relevanz, gegen die die Überlassung verstoßen könnte. Dementsprechend hat der Entleiherbetriebsrat z.B. dann ein Zustimmungsverweigerungsrecht, wenn die Überlassung – entgegen der Regelung des § 1 I 1 AÜG – nicht vorübergehend, sondern auf Dauer angelegt ist[879]. Auf der

876 BAG, Beschluss vom 09. März 2011 – 7 ABR 137/09 –, BAGE 137, 194–202, Rn. 27 nach juris; *Fitting*, 28. Aufl., § 99 Rn. 58; *Fröhlich*, ArbRB 2008, 212, 214f.; *Igel*, ZBVR online 2014, 31, 35; *Koch*, in: Schaub, ArbR-HB, § 120 Rn. 95; *Richter*, ArbRAktuell 2009, 231, 232; *Rieble*, in: Rieble u.a., Zukunft der Leiharbeit, S. 90f.; *Sextl*, Übernahme, S. 12f.; *Zimmerling*, Schwellenwerte, S. 181f.

877 Vgl. auch *Koch*, in: Schaub, ArbR-HB, § 120 Rn. 95; *Richter*, ArbRAktuell 2009, 231, 232; *Sextl*, Übernahme, S. 12f.

878 BAG, Beschluss vom 10. Juli 2013 – 7 ABR 91/11 –, BAGE 145, 355–370, Rn. 25 nach juris; BAG, Beschluss vom 28. März 2000 – 1 ABR 16/99 –, BAGE 94, 169–178, Rn. 19 nach juris; *Thüsing*, in: Richardi, BetrVG, 15. Aufl., § 99 Rn. 211; *v. Tiling*, BB 2009, 2422, 2425f.

879 BAG, Beschluss vom 30. September 2014 – 1 ABR 79/12 –; BAG, Beschluss vom 10. Juli 2013 – 7 ABR 91/11 –, BAGE 145, 355–370; *Bartl/Romanowski*, NZA 2012, 845, 846; *Brors*, AuR 2013, 108, 113; *Düwell*, ZESAR 2011, 449, 455; *Fitting* 28. Aufl. § 99

anderen Seite kommt eine Zustimmungsverweigerung nach § 99 II Nr. 1 BetrVG nicht bei Verstößen gegen das Equal-Pay-Gebot, § 9 Nr. 2, 3 I 3 AÜG in Betracht[880]. Dieses richtet sich nicht an den Entleiher, sondern ausschließlich an den Verleiher als Vertragsarbeitgeber. Außerdem kann der Zweck des Gleichstellungsgebotes gerade nicht dadurch erreicht werden, dass die Einstellung unterbleibt; sie ist vielmehr Voraussetzung dafür, dass das Equal-Pay-Gebot eingreifen kann.

Streitig ist jedoch die Frage, ob dem Entleiherbetriebsrat auch dann ein Zustimmungsverweigerungsrecht nach § 99 II Nr. 1 BetrVG zustehen soll, wenn es sich um unerlaubte Arbeitnehmerüberlassung handelt, der Verleiher also ohne die entsprechende Erlaubnis des § 1 I 1 AÜG Leiharbeitnehmer verleiht[881].

Gegen ein Zustimmungsverweigerungsrecht in diesem Falle wird vorgebracht, dass der Zweck der Erlaubnispflicht nicht zwingend erfordere, dass die Einstellung unterbleibt. Rechtsfolge einer nicht erlaubten Arbeitnehmerüberlassung ist gem. § 10 I AÜG die Begründung eines Arbeitsverhältnisses mit dem Entleiher, sodass dem Schutzbedürfnis des Leiharbeitnehmers dadurch Rechnung getragen sei[882]. In diesem Zusammenhang verkehre ein Zustimmungsverweigerungsrecht die Absicht des Gesetzgebers, den Leiharbeitnehmer zu schützen, sogar in das Gegenteil, da eine Zustimmungsverweigerung durch den Entleiherbetriebsrat die Geltendmachung der Ansprüche gem. § 10 I AÜG entgegenstehen könnte[883].

---

Rn. 192a; *Hamann,* NZA 2011, 70, 76; *Hamann,* RdA 2011, 321, 327; *Igel,* ZBVR online 2014, 31, 35; *Koll,* AiB 2016, Nr. 1 S. 10ff., S. 12; *Kuster,* AiB 2014, Nr. 1, S. 66ff., 66f.; *Linsenmaier/Kiel,* RdA 2014, 135, 153; *Seel,* MDR 2012, 813, 815; *Sextl,* Übernahme, S. 136; *Takkaci-Gros,* AiB 2015, Nr. 7–8, S. 14ff., S. 16; Thüsing, in: Richardi, BetrVG, 15. Aufl., § 99 Rn. 212; *Ulber,* AiB 2011, 351, 352; *Zimmer,* AuR 2012, 422, 425 f.; *Zimmerling,* Schwellenwerte, S. 122ff.; **a.A.:** *Krannich/Simon,* BB 2012, 1414, 1418f.; *Lipinski,* NZA 2013, 1245, 1246; *Teusch/Verstege,* NZA 2012, 1326, 1329f.

880 BAG, Beschluss vom 21. Juli 2009 – 1 ABR 35/08 –, BAGE 131, 250–258, Rn. 28 nach juris; *Düwell/Dahl,* NZA-RR 2011, 1, 4; *Koch,* in: Schaub, ArbR-HB, § 120 Rn. 96; *Rieble,* in: Rieble u.a., Zukunft der Leiharbeit, S. 91; *Sextl,* Übernahme, S. 136ff., 145; *v. Tiling,* BB 2009, 2422, 2425f.

881 **Für ein Zustimmungsverweigerungsrecht:** BAG, Beschluss vom 10. Juli 2013 – 7 ABR 91/11 , BAGE 145, 355–370, Rn. 48ff. nach juris; Landesarbeitsgericht Schleswig-Holstein, Beschluss vom 18. Juni 2008 – 3 TaBV 8/08 –, Rn. 53 nach juris; *Dewender,* Betriebsfremde, S. 112; *Düwell/Dahl,* NZA-RR 2011, 1, 5; *Erdlenbruch,* betriebsverfassungsrechtliche Stellung, S. 191; *Fitting,* 28. Aufl., § 99 Rn. 189b, *Hamann,* NZA 2011, 70, 75; *Kaufmann,* betriebsverfassungsrechtliche Zuordnung, S. 197; Jüttner, Auswirkungen, S. 245; *Loof,* Beteiligungsrechte, S. 109; *Ulber,* AiB 2011, 351, 352f.; *D. Ulber,* AuR 2013, 114, 114f.; *Wensing/Freise,* BB 2004, 2238, 2242; **a.A.:** Landesarbeitsgericht Düsseldorf, Beschluss vom 30. Oktober 2008 – 15 TaBV 114/08 –, Rn. 66 nach juris; *Sextl,* Übernahme, S. 93ff.; Thüsing, in: Richardi, BetrVG, 15. Aufl., § 99 Rn. 212; *v. Tiling,* BB 2009, 2422, 2425.

882 *Sextl,* Übernahme, S. 95; *v. Tiling,* BB 2009, 2422, 2425.

883 Landesarbeitsgericht Düsseldorf, Beschluss vom 30. Oktober 2008 – 15 TaBV 114/08 –, Rn. 66 nach juris; *Sextl,* Übernahme, S. 95; *v. Tiling,* BB 2009, 2422, 2425.

Entscheidend für ein Zustimmungsverweigerungsrecht spricht jedoch auf der anderen Seite, dass ein Zustimmungsverweigerungsgrund des § 99 II Nr. 1 BetrVG im Falle der fehlenden Erlaubnis nicht etwa – wie die Gegenansicht meint[884] – dem Zweck des § 10 I AÜG zuwiderlaufen würde. Vielmehr dienen beide Normen dem gleichen Zweck, nämlich der Verhinderung der Überlassung von Arbeitnehmern, die von einem Verleiher ohne Verleiherlaubnis überlassen werden. Die konkrete Rechtsfolge des § 10 I AÜG bewirkt, dass die Einstellung als Leiharbeitnehmer insgesamt unterbleibt. Durch § 10 I AÜG wird jegliche verbotene Überlassung ausgeschlossen, da eine ohne Erlaubnis überlassener Leiharbeitnehmer durch Gesetz in ein Arbeitsverhältnis mit dem Entleiher tritt. § 10 I AÜG verdeutlicht damit, dass die Erlaubnispflicht des § 1 I 1 AÜG nicht bloß eine Verbotsnorm ist, die der Einstellung als Leiharbeitnehmer entgegensteht. § 10 I AÜG macht jede Einstellung als Leiharbeitnehmer – sofern der Verleiher keine Erlaubnis hat – unmöglich, indem kraft Gesetzes ein ordentliches Arbeitsverhältnis entsteht. Damit bekräftigt § 10 I AÜG, dass es sich bei der Verbotsnorm des § 1 I 1 AÜG um eine solche handelt, die der Beschäftigung als Leiharbeitnehmer im Betrieb entgegensteht; der Normzweck des § 1 I 1 AÜG kann nur dann erreicht werden, wenn die Übernahme als Leiharbeitnehmer unterbleibt. Diesem Verbot der Einstellung der Arbeitskraft als Leiharbeitnehmer könnte auch dadurch Rechnung getragen werden, dass dem Entleiherbetriebsrat ein Zustimmungsverweigerungsrecht nach § 99 II Nr. 1 BetrVG bei fehlender Erlaubnis des Verleihers zustehen würde; auch die Zustimmungsverweigerung nach § 99 II Nr. 1 BetrVG würde es dem Entleiher verwehren, die Einstellung als Leiharbeitnehmer vorzunehmen.

Die Auffassung, die ein Zustimmungsverweigerungsrecht ablehnt, weil es kontraproduktiv für den Leiharbeitnehmer und die Geltendmachung seiner Rechte aus § 10 I AÜG sei, geht stillschweigend davon aus, dass die Zustimmungsverweigerung durch den Entleiherbetriebsrat bei fehlender Überlassungserlaubnis dem Zweck dient, den einzustellenden Leiharbeitnehmer zu schützen. Das ist jedoch nicht so: Der Entleiherbetriebsrat ist für den einzustellenden Leiharbeitnehmer zum Zeitpunkt der Beteiligung im Rahmen der Übernahme noch überhaupt nicht zuständig und damit auch nicht Sachwalter der Interessen der Leiharbeitnehmer[885]. Insofern ist die Verweigerung der Zustimmung kein Recht, das für den Leiharbeitnehmer oder dessen Schutz ausgeübt wird. Vielmehr hat der Entleiherbetriebsrat die Interessen

---

884 Vgl. Landesarbeitsgericht Düsseldorf, Beschluss vom 30. Oktober 2008 – 15 TaBV 114/08 –, Rn. 66 nach juris; *Sextl*, Übernahme, S. 95f.; *v. Tiling*, BB 2009, 2422, 2425.

885 so BAG, Urteil vom 05. April 2001 – 2 AZR 580/99 –, BAGE 97, 276–294, Rn. 37 nach juris; *Rieble*, in: Rieble u.a., Zukunft der Leiharbeit, S. 90; *Thüsing*, in: Richardi, BetrVG, 15. Aufl., § 99 Rn. 29; vgl. auch speziell bezogen auf Leiharbeitnehmer *Raab*, ZfA 2003, 389, 440; **a.A.**, wonach das Mitbestimmungsrecht des § 99 BetrVG im Rahmen der Einstellung auch den Bewerber schützen soll: *Fitting* 28. Aufl.; § 99 Rn. 3; wohl auch *Bachner*, in: DKKW, § 99 Rn. 4; vgl. auch *Heinze*, Personalplanung S. 126, Rn. 322; *Otto*, Personale Freiheit und soziale Bindung, S. 22; vgl. auch schon oben F.I.2., Fn 565.

der bereits vorhandenen Belegschaft und generell die Interessen des Betriebes zu fördern. Diese Interessen können dadurch gefährdet werden, dass ein Arbeitsverhältnis mit dem Leiharbeitnehmer nach § 10 I AÜG begründet wird; auch der Betriebsrat kann ein Interesse daran haben, dass nicht außerhalb der betrieblichen Planung neue Arbeitsverhältnisse begründet werden[886]. Diesem betrieblichen Interesse – und nicht etwa der Schutz des einzustellenden Leiharbeitnehmers – soll durch das Zustimmungsverweigerungsrecht des Betriebsrates im Falle einer fehlenden Erlaubnis Rechnung getragen werden.

Vor allem spricht auch der § 14 III 2 AÜG für ein Zustimmungsverweigerungsrecht des Betriebsrates: Die Norm stellt klar, dass der Betriebsinhaber zur Vorlage der Mitteilung des Verleihers über seine Überlassungserlaubnis verpflichtet ist. Dieser Anspruch soll dem Entleiherbetriebsrat gerade erlauben, im Rahmen der Einstellung zu prüfen, ob der Verleiher die erforderliche Erlaubnis besitzt[887]. Dem wird vereinzelt entgegengehalten, dass die Regelung des § 14 III 2 AÜG letztlich unnötig gewesen wäre, wenn ein Zustimmungsverweigerungsrecht im Falle der fehlenden Erlaubnis besteht. In diesem Falle würde sich die Mitteilungspflicht bereits aus § 99 BetrVG ergeben, sodass es nicht mehr auf eine ausdrückliche Norm wie § 14 III 2 AÜG ankomme[888]. Dem ist jedoch entgegenzuhalten, dass es dem Gesetzgeber unbenommen ist, klarstellend durch § 14 III 2 AÜG die Mitteilungspflicht des Entleihers zu betonen. Ebenso verfährt er z.B. hinsichtlich der am 1.4.2017 in Kraft tretenden[889] Ergänzung der Informationsrechte des Entleiherbetriebsrates gem. § 80 II und § 92 I BetrVG[890]. Vor allem spricht der Wortlaut des § 14 III 2 AÜG für ein Zustimmungsverweigerungsrecht des Entleiherbetriebsrates: Im § 14 III 1 AÜG regelt der Gesetzgeber, dass der Entleiherbetriebsrat vor der Übernahme eines Leiharbeitnehmers nach § 99 BetrVG zu beteiligen ist. Die Mitteilungspflicht des Entleihers hinsichtlich der Erlaubnis des Verleihers gem. § 14 III 2 AÜG steht nicht isoliert neben der Anordnung der Beteiligung nach § 14 III 1 AÜG; vielmehr ist dem Entleiherbetriebsrat „dabei", also im Rahmen der Beteiligung nach § 99 BetrVG, die Erlaubnis vorzulegen. Durch das Wort „dabei" wird ein innerer Zusammenhang zwischen der Beteiligung nach § 99 BetrVG und der Erlaubnispflicht nach § 1 I 1 AÜG hergestellt, der ignoriert würde, wenn man einen Zustimmungsverweigerungsgrund nach § 99 II Nr. 1 BetrVG im Falle der fehlenden Erlaubnis des Verleihers ablehnen würde. Damit steht dem Entleiherbetriebsrat auch dann ein Zustimmungsverweigerungsgrund nach § 99 II Nr. 1 BetrVG zu, wenn der Verleiher keine Erlaubnis nach § 1 I 1 AÜG hat.

886 Auch das BAG sieht die kollektiven Interessen der bereits vorhandenen Belegschaft als betroffen an, vgl. BAG, Beschluss vom 10. Juli 2013 – 7 ABR 91/11 –, BAGE 145, 355–370, Rn. 50 nach juris.

887 BAG, Beschluss vom 10. Juli 2013 – 7 ABR 91/11 –, BAGE 145, 355–370, Rn. 51 nach juris; *Düwell/Dahl*, NZA-RR 2011, 1, 5.

888 *Sextl*, Übernahme S. 96.

889 Vgl. BT-Drucks. 18/10064, S. 6; BR-Drucks. 627/16, S. 3

890 Vgl. die Gesetzesbegründung BT-Drucks. 18/9232, S. 30.

Das Zustimmungsverweigerungsrecht nach § 99 II Nr. 2 BetrVG kommt auch im Hinblick auf Leiharbeitnehmer in Betracht, wenn die Übernahme gegen eine Auswahlrichtlinie gem. § 95 BetrVG verstoßen würde. Wie bereits oben festgestellt[891], können der Entleiherbetriebsrat und der Entleiher in Auswahlrichtlinien Konkretisierungen zum Leiharbeitnehmereinsatz treffen. Soweit sie dies getan haben und die Überlassung gegen diese verstößt, ist der § 99 II Nr. 2 BetrVG einschlägig[892].

Hingegen ist der Zustimmungsverweigerungsgrund des § 99 II Nr. 4 BetrVG weder bei der Einstellung von (Stamm-)Arbeitnehmern[893], noch im Rahmen der Überlassung von Leiharbeitnehmern anwendbar[894]. Nach § 99 II Nr. 4 BetrVG besteht ein Zustimmungsverweigerungsrecht dann, wenn der betroffene Arbeitnehmer durch die personelle Maßnahme benachteiligt wird, ohne dass dies aus betrieblichen oder in der Person des Arbeitnehmers liegenden Gründen gerechtfertigt ist. Zunächst scheidet eine Anwendbarkeit deshalb aus, weil die Einzelinteressen des Bewerbers bzw. des zu übernehmenden Leiharbeitnehmers generell bei der Betrachtung des Mitbestimmungsrechts außen vor bleiben müssen, da sie mangels Bindung zum Betrieb noch nicht repräsentiert werden können[895]. Zudem macht auch der Inhalt des § 99 II Nr. 4 BetrVG deutlich, dass dieser Verweigerungsgrund nicht im Rahmen der Einstellung anwendbar sein soll: Die Einstellung beinhaltet für sich keine Nachteile für den Bewerber, sondern wirkt sich für ihn lediglich positiv aus[896].

---

891 Vgl. F.IV.5.

892 *Barth*, Mitbestimmungs- und Beteiligungsrechte, S. 136f.; *Dewender*, Betriebsfremde, S. 112; *Jüttner*, Auswirkungen, S. 248f.; *Kaufmann*, betriebsverfassungsrechtliche Zuordnung, S. 197 ; **a.A.** *Hunold*, BB 1976, 648, 650, soweit der Arbeitnehmerüberlassungsvertrag dem Verleiher die Auswahl der Leiharbeitnehmer überlässt, die im ENtleiherbetrieb tätig werden sollen.

893 BAG, Urteil vom 05. April 2001 – 2 AZR 580/99 –, BAGE 97, 276–294, Rn. 37 nach juris; *Richardi*, DB 1973, 378, 382; *Thüsing*, in Richardi, BetrVG, 15. Aufl., § 99 Rn. 256; **a.A.** *Heinze*, Personalplanung S. 126, Rn. 322; wohl auch *Otto*, Personale Freiheit und soziale Bindung S. 22.

894 *Hunold*, BB 1976, 648, 650; *Linsenmaier/Kiel*, RdA 2014, 135, 152.

895 so BAG, Urteil vom 05. April 2001 – 2 AZR 580/99 –, BAGE 97, 276–294, Rn. 37 nach juris; *Rieble*, in: Rieble u.a., Zukunft der Leiharbeit, S. 90; *Thüsing*, in: Richardi, BetrVG, 15. Aufl., § 99 Rn. 29; vgl. auch speziell bezogen auf Leiharbeitnehmer *Raab*, ZfA 2003, 389, 440; **a.A.**, wonach das Mitbestimmungsrecht des § 99 BetrVG im Rahmen der Einstellung auch den Bewerber schützen soll: *Fitting* 28. Aufl.; § 99 Rn. 3; wohl auch *Bachner*, in: DKKW, § 99 Rn. 4; vgl. auch *Heinze*, Personalplanung S. 126, Rn. 322; *Otto*, Personale Freiheit und soziale Bindung, S. 22; vgl. auch schon oben F.I.2., Fn 565.

896 Vgl. *Linsenmaier/Kiel*, RdA 2014, 135, 152; *Richardi*, DB 1973, 378, 382; *Thüsing*, in: Richardi, BetrVG, 15. Aufl., § 99 Rn. 256; teilweise wird der § 99 II Nr. 4 BetrVG für anwendbar gehalten, wenn z.B. der Leiharbeitnehmer auf einem anderen Arbeitsplatz eingesetzt wird als im Arbeitnehmerüberlassungsvertrag vorgesehen ist, vgl. *Erdlenbruch*, betriebsverfassungsrechtliche Stellung, S. 196; *Wensing/Freise*, BB 2004, 2238, 2243.

99 II Nr. 5 BetrVG ist einschlägig, wenn die Ausschreibung nach § 93 BetrVG unterblieben ist. Auch die geplante Besetzung des freien Arbeitsplatzes mit Leiharbeitnehmern löst das Recht aus, die interne Ausschreibung nach § 93 BetrVG zu verlangen. Insofern kann das Zustimmungsverweigerungsrecht dann greifen, wenn ein Arbeitsplatz mit einem Leiharbeitnehmer besetzt werden soll und die beanspruchte interne Ausschreibung unterbleibt.

Außerdem kommt der Zustimmungsverweigerungsgrund des § 99 II Nr. 6 BetrVG in Betracht, wenn die durch Tatsachen begründete Besorgnis besteht, dass der Leiharbeitnehmer, der eingestellt werden soll, den Betriebsfrieden durch gesetzwidriges Verhalten oder durch grobe Verletzung der in § 75 I enthaltenen Grundsätze stören könnte[897].

### *cc. Unterrichtungspflicht des Betriebsinhabers nach § 99 BetrVG*

Damit der Betriebsrat über ein etwaiges Zustimmungsverweigerungsrecht des § 99 BetrVG entscheiden kann, besteht eine Unterrichtungspflicht des Betriebsinhabers. In Bezug auf zu übernehmende Leiharbeitnehmer fragt sich, welche Informationen hiervon erfasst sind. In Anbetracht der Zustimmungsverweigerungsgründe, die im Falle von Leiharbeit in Betracht kommen, werden insbesondere die Anzahl und die Qualifikation der Leiharbeitnehmer, Beginn und vorgesehenes Ende der Überlassung, die Arbeitsplätze, auf denen die Leiharbeitnehmer eingesetzt werden sollen und die möglichen Auswirkungen der Arbeitnehmerüberlassung auf die übrigen Arbeitnehmer von Interesse sein[898].

#### (1) Pflicht zur Mitteilung personenbezogener Daten zum Leiharbeitnehmer

Vor der Gesetzesänderung zum 01.04.2017 bestanden in diesem Bereich Schwierigkeiten, soweit es um Informationen ging, die sich unmittelbar auf die Person der Leiharbeitnehmer bezogen. Es stellte sich die Frage, ob und inwieweit der Entleiher verpflichtet war, seinem Betriebsrat Auskunft über die Person des zu überlassenen Leiharbeitnehmers zu geben. Zwar wurde eine solche Verpflichtung gemeinhin dann angenommen, wenn der Entleiher Kenntnis hatte von der Person des Leiharbeitnehmers[899]. Allerdings war dies keinesfalls zwingend:

Regelmäßig schuldet der Verleiher nicht die Überlassung eines bestimmten Leiharbeitnehmers, da es dem Entleiher im Regelfall nur auf die Überlassung eines qualifizierten Leiharbeitnehmers ankommt. Damit liegt grundsätzlich – und auch

---

897 *Hunold,* BB 1976, 648, 650.

898 ArbG Mainz, Beschluss vom 11. Januar 2007 – 7 BV 17/06 –, Rn. 57 nach juris; *Hunold,* NZA-RR 2008, 281, 282; *Sextl,* Übernahme, S. 28f.; *Wensing/Freise,* BB 2004, 2238, 2240.

899 So auch Landesarbeitsgericht Niedersachsen, Beschluss vom 13. Oktober 1999 – 13 TaBV 106/98 –, Rn. 81 nach juris; ArbG Mainz, Beschluss vom 11. Januar 2007 – 7 BV 17/06 –, Rn. 57f. nach juris; *Hunold,* NZA-RR 2008, 281, 282; *Rieble,* in: Rieble u.a., Zukunft der Leiharbeit, S. 92; *Wensing/Freise,* BB 2004, 2238, 2240.

noch nach neuer Gesetzeslage – die Personalauswahl beim Verleiher. Je nach Vertragsgestaltung des Arbeitnehmerüberlassungsvertrages kann der Verleiher zudem den Leiharbeitnehmer nach Belieben austauschen, soweit auch der neue Leiharbeitnehmer den Qualifikationsanforderungen entspricht. Auf der anderen Seite sind aber ebensogut Vertragsgestaltungen denkbar, in denen es dem Entleiher auf die Überlassung eines konkreten Leiharbeitnehmers ankommt. Vor diesem Hintergrund war also keinesfalls sichergestellt, dass jeder Entleiher zum Zeitpunkt der Betriebsratsbeteiligung i.R.d. § 99 BetrVG tatsächlich Kenntnis von der Person des Leiharbeitnehmers hatte. In einem solchen Falle wurde vertreten, dass die Kenntnis des Betriebsinhabers von der Person des Leiharbeitnehmers eine immanente Schranke für die Unterrichtungspflicht bilde und der Betriebsrat dementsprechend auch nicht über den Namen des Leiharbeitnehmers zu unterrichten gewesen wäre[900]. Der Entleiher könne seinem Betriebsrat nur solche Informationen liefern, die er auch tatsächlich hatte. Mit der Einführung des neuen § 1 I 6 AÜG haben nunmehr Verleiher und Entleiher die Pflicht, die Person des Leiharbeitnehmers unter Bezugnahme auf den Arbeitnehmerüberlassungsvertrag vor der Überlassung zu konkretisieren. Dabei dient der neue § 1 I 6 AÜG grundsätzlich der Bekämpfung verdeckter Arbeitnehmerüberlassung, indem durch die Vertragsparteien Arbeitnehmerüberlassung zwingend offengelegt werden muss[901]. Gleichzeitig beseitigt diese Regelung aber auch ggf. bestehende Informationsdefizite des Entleihers in Bezug auf die Person des bei ihm eingesetzten Leiharbeitnehmers. Ein „anonymisierter Einsatz“[902] von Leiharbeitnehmern im Entleiherbetrieb wird also mit dem § 1 I 6 AÜG ausgeschlossen. Damit kann es aufgrund des § 1 I 6 AÜG nunmehr nicht mehr zu jener Unkenntnis kommen, die die Schranke des Informationsrechts darstellen sollte.

Die Beteiligung im Rahmen des § 99 BetrVG ist immer auch auf die konkrete Person des einzustellenden Arbeitnehmers bezogen[903]. Dies ergibt sich aus dem

---

900 Landesarbeitsgericht Köln, Beschluss vom 12. Juni 1987 – 4 Ta BV 10/87 –, DB 1987, 2106, 2106f.; Landesarbeitsgericht Niedersachsen, Beschluss vom 13. Oktober 1999 – 13 TaBV 106/98 –, Rn. 81 nach juris; Landesarbeitsgericht Niedersachsen, Beschluss vom 09. August 2006 – 15 TaBV 53/05 –, Rn. 129 nach juris; ArbG Mainz, Beschluss vom 11. Januar 2007 – 7 BV 17/06 –, Rn. 57 nach juris; *Hunold,* BB 1976, 648, 651; *Hunold,* NZA-RR 2008, 281, 282; *Wensing/Freise,* BB 2004, 2238, 2240f.; **a.A.:** BAG, Beschluss vom 09. März 2011 – 7 ABR 137/09 –, BAGE 137, 194–202, Rn. 29ff. nach juris; ArbG Verden, Beschluss vom 01. August 1989 – 2 BV 24/89 –; *Bachner,* in: DKKW, § 99 Rn. 147; *Boemke,* in: Boemke/Lembke, AÜG, § 14 Rn. 107; *zu Dohna-Jaeger,* in: Ulber, AÜG, § 14 Rn. 205; *Düwell/Dahl,* NZA-RR 2011, 1, 3; *Koch,* in: Schaub, ArbR-HB, § 120 Rn. 95; *Linsenmaier/Kiel,* RdA 2014, 135, 152; *Richter,* ArbRAktuell 2009, 231, 232; *Sextl,* Übernahme, S. 41f.; *Trittin/Fischer,* AiB 2007, 727, 727f.; wohl auch *Stück,* MDR 2013, 829, 831.

901 Vgl. BT-Drucks. 18/9232 S. 19.

902 Vgl. *Trittin/Fischer,* AiB 2007, 727, 728.

903 Vgl. BAG, Beschluss vom 09. März 2011 – 7 ABR 137/09 –, BAGE 137, 194–202, Rn. 28 nach juris; *Sextl,* Übernahme, S. 9.

ausdrücklichen Wortlaut des § 99 I 1 BetrVG[904], wonach der Betriebsinhaber seinem Betriebsrat Auskunft „über die Person der Beteiligten zu geben" hat. Damit hat der Entleiher seinem Betriebsrat vor jeder Einstellung von Leiharbeitnehmern auch die personenbezogenen Daten mitzuteilen[905].

### (2) Pflicht zur Vorlage des Arbeitnehmerüberlassungsvertrages

Neben der bloßen Übermittlung von Informationen muss der Betriebsinhaber des Entleiherbetriebes seinem Betriebsrat den Arbeitnehmerüberlassungsvertrag mit dem Entleiher zukommen lassen[906]. Dies ergibt sich bereits aus § 14 III 2 AÜG, wonach der Entleiher seinem Betriebsrat „dabei" (also im Rahmen der Beteiligung nach § 99 BetrVG, vgl. § 14 III 1 AÜG) „auch die schriftliche Erklärung des Verleihers nach § 12 I 2 vorzulegen" hat. Diese ergibt sich gem. § 12 I 2 AÜG gerade aus dem Arbeitnehmerüberlassungsvertrag[907]. Zudem hat der Betriebsrat auch nach § 80 II 3 BetrVG einen Anspruch auf Vorlage des Arbeitnehmerüberlassungsvertrages[908]. Es besteht damit also auch kein Grund, ihm den Arbeitnehmerüberlassungsvertrag im Rahmen des § 99 BetrVG zu verwehren[909].

---

904 Vgl. BAG, Beschluss vom 09. März 2011 – 7 ABR 137/09 –, BAGE 137, 194–202, Rn. 30 nach juris; Arbeitsgericht Verden vom 1. August 1989 – 2 BV 24/89, AiB 1989, 318.

905 So auch schon vor dem neuen § 1 I 6 AÜG: BAG, Beschluss vom 09. März 2011 – 7 ABR 137/09 –, BAGE 137, 194–202, Rn. 29ff. nach juris; ArbG Verden, Beschluss vom 01. August 1989 – 2 BV 24/89 –; *Bachner*, in: DKKW, § 99 Rn. 147; *Boemke*, in: Boemke/Lembke, AÜG, § 14 Rn. 107; *zu Dohna-Jaeger*, in: Ulber, AÜG, § 14 Rn. 205; *Düwell/Dahl*, NZA-RR 2011, 1, 3; *Koch*, in: Schaub, ArbR-HB, § 120 Rn. 95; *Linsenmaier/Kiel*, RdA 2014, 135, 152; *Richter*, ArbRAktuell 2009, 231, 232; *Sextl*, Übernahme, S. 41f.; *Trittin/Fischer*, AiB 2007, 727, 727f.; wohl auch *Stück*, MDR 2013, 829, 831.

906 ArbG Bocholt, Beschluss vom 30. Oktober 2015 – 2 BV 28/15 –, Rn. 28 nach juris; *zu Dohna-Jaeger*, in: Ulber, AÜG, § 14 Rn. 202; *Düwell/Dahl*, NZA-RR 2011, 1,3; *Hamann*, NZA 2011, 70, 75; *Schaub*, Arbeitnehmerüberlassung S. 362; *Stück*, MDR 2013, 829, 830; **a.A.** – zumindest vor der gesetzlichen Neuregelung des § 80 II 3 BetrVG: *Hunold*, NZA-RR 2008, 281, 283; Plum, DB 2011, 2916, 2919; *Sextl*, Übernahme, S. 45ff.; *Wensing/Freise*, BB 2004, 2238, 2241.

907 *Düwell/Dahl*, NZA-RR 2011, 1,3; nach *Hunold*, NZA-RR 2008, 281, 283 und *Wensing/Freise*, BB 2004, 2238, 2241 sei der Arbeitnehmerüberlassungsvertrag im Rahmen des § 99 BetrVG deshalb nicht vorzulegen, weil § 14 III 2 AÜG nur auf die Erklärung des Verleihers abstelle und von weiteren Unterlagen im Gesetz nichts stehe. Da sich die Erklärung allerdings aus dem Arbeitnehmerüberlassungsvertrag ergibt, kann diese Ansicht nicht überzeugen. Zudem dürfte diese Ansicht jedenfalls nach Einführung des neuen § 80 II 3 BetrVG nicht weiter haltbar sein.

908 Vgl. F.II.2.l.

909 Hingegen besteht – ebenso wie im Rahmen des § 80 II BetrVG – auch gem. § 99 BetrVG keine Verpflichtung zur Herausgabe des Leiharbeitsvertrages zwischen Verleiher und Leiharbeitnehmer.

### *b. Beteiligung des Entleiherbetriebsrates während des Einsatzes*

Während des Einsatzes des Leiharbeitnehmers kommt in erster Linie das Mitbestimmungsrecht des § 99 BetrVG bei der Versetzung in Betracht. Versetzung in diesem Sinne wird im § 95 III 1 BetrVG definiert als die Zuweisung eines anderen Arbeitsbereichs, die voraussichtlich die Dauer von einem Monat überschreitet, oder die mit einer erheblichen Änderung der Umstände verbunden ist, unter denen die Arbeit zu leisten ist. Zu einer Versetzung in diesem Sinne und einem Mitbestimmungsrecht des Entleiherbetriebsrates kann es z.B. dann kommen, wenn dem Leiharbeitnehmer aus betrieblichen Gründen für die Dauer von mehr als einen Monat ein anderer Arbeitsbereich im Entleiherbetrieb zugewiesen wird als der, in dem er ursprünglich tätig wurde. Hierbei ist jedoch zu berücksichtigen, dass es sich gem. § 95 III 2 BetrVG dann nicht um eine Versetzung handeln soll, wenn Arbeitnehmer nach der Eigenart ihres Arbeitsverhältnisses üblicherweise nicht ständig an einem bestimmten Arbeitsplatz beschäftigt werden.

In diesem Rahmen könnte man meinen, dass dies gerade für Leiharbeitnehmer der Fall sei, da der Leiharbeitsvertrag mit dem Verleiher ja gerade auf einen Wechsel des Einsatzbetriebes, und damit einhergehend mit dem Wechsel von Arbeitsbereichen verbunden ist[910]. Dies hätte zur Folge, dass Leiharbeitnehmer niemals „versetzt" i.S.d. §§ 95 III 2, 99 BetrVG werden könnten. Es würde sich folglich auch dann nicht um eine Versetzung handeln, wenn im Arbeitnehmerüberlassungsvertrag zwischen Verleiher und Entleiher ein fester Arbeitsbereich für den Leiharbeitnehmer definiert wäre und der Entleiher während der Überlassung aufgrund seines Direktionsrechts dem Leiharbeitnehmer einen Arbeitsbereich zuweist, der hiervon abweicht.

Jedoch kann diese Sichtweise bereits deshalb nicht überzeugen, weil dies das Schutzbedürfnis der übrigen Belegschaft vernachlässigen würde: Zwar soll die Mitbestimmung bei der Versetzung i.R.d. § 99 BetrVG – anders als dies bei der Einstellung der Fall ist[911] – auch die Interessen des einzelnen Arbeitnehmers schützen[912]. Dieser gehört bei einer Versetzung bereits zu den Arbeitnehmern *im* Betrieb und gehört damit zur Arbeitnehmergruppe, für die eine Zuständigkeit des Betriebsrates besteht. Allerdings dient die Mitbestimmung in diesem Rahmen ebenfalls dem

---

910 *Marschall*, in: Richardi/Wlotzke, MüArbR II, 2. Aufl., § 175 Rn. 105; *Stück*, MDR 2013 829, 833.

911 so BAG, Urteil vom 05. April 2001 – 2 AZR 580/99 –, BAGE 97, 276–294, Rn. 37 nach juris; *Rieble*, in: Rieble u.a., Zukunft der Leiharbeit, S. 90; *Thüsing*, in: Richardi, BetrVG, 15. Aufl., § 99 Rn. 29; vgl. auch speziell bezogen auf Leiharbeitnehmer *Raab*, ZfA 2003, 389, 440; **a.A.**, wonach das Mitbestimmungsrecht des § 99 BetrVG im Rahmen der Einstellung auch den Bewerber schützen soll: *Fitting* 28. Aufl.; § 99 Rn. 3; wohl auch *Bachner*, in: DKKW, § 99 Rn. 4; vgl. auch *Heinze*, Personalplanung S. 126, Rn. 322; *Otto*, Personale Freiheit und soziale Bindung, S. 22.

912 Vgl. *Raab*, ZfA 2003, 389, 440.

Schutz der übrigen Belegschaft[913]. In diesem Rahmen kann das Mitbestimmungsrecht des § 99 BetrVG bei der Versetzung nicht isoliert betrachtet werden: Soweit der Arbeitnehmerüberlassungsvertrag den Arbeitsbereich des Leiharbeitnehmers konkretisiert, bezog sich die Beteiligung des Betriebsrates im Entleiherbetrieb im Rahmen der Übernahme des Leiharbeitnehmers gem. §§ 14 III 1 AÜG, 99 BetrVG auf die Übernahme zur Tätigkeit in ebendiesen Arbeitsbereich des Entleiherbetriebes. Wenn nun der Entleiher von dieser Konkretisierung im Arbeitnehmerüberlassungsvertrag abweichen will, dann würde der Betriebsrat jedenfalls nicht in Bezug auf den Einsatz in diesem Arbeitsbereich beteiligt und könnte in dieser Hinsicht seine Mitbestimmung für die Stammbelegschaft nicht ausüben.

Lediglich dann, wenn der Arbeitnehmerüberlassungsvertrag bereits bei Übernahme eine flexible Einsatzmöglichkeit des Leiharbeitnehmers vorsah, bezieht sich die Beteiligung des Betriebsrates nach §§ 14 III 1 AÜG, 99 BetrVG auch auf diese Art der Beschäftigung, sodass den Interessen der Stammbelegschaft ausreichend Rechnung getragen werden konnte[914]. Dies verdeutlicht, dass bei der Bewertung, ob ein Arbeitnehmer nach der Eigenart seines „Arbeitsverhältnisses" üblicherweise nicht ständig an einem bestimmten Arbeitsplatz beschäftigt wird (vgl. § 95 III 2 BetrVG), im Entleiherbetrieb nicht etwa auf den Leiharbeitsvertrag zwischen Leiharbeitnehmer und Verleiher, sondern auf den Arbeitnehmerüberlassungsvertrag zwischen Verleiher und Entleiher abzustellen ist. Ist in diesem eine Konkretisierung des Arbeitsbereiches nicht vorgenommen worden und soll der Leiharbeitnehmer letztlich wie ein „Springer" im Betrieb des Entleihers eingesetzt werden, dann ist er auch nicht anders zu behandeln wie ein Stammarbeitnehmer des Entleihers, der eingestellt wird, um an verschiedenen Arbeitsplätzen tätig zu werden. Stellt der Arbeitnehmerüberlassungsvertrag auf der anderen Seite auf einen konkreten Arbeitsbereich ab, so ist der Leiharbeitnehmer mit einem Stammarbeitnehmer vergleichbar, der ebenfalls einen festen Arbeitsplatz hat. Maßgeblich ist also, ob der Leiharbeitnehmer für einen variablen Einsatz übernommen wurde[915].

Anders ist es jedoch, soweit es um die Mitbestimmung des Verleiherbetriebsrates im Rahmen einer Versetzung geht; dabei kann nicht auf den Arbeitnehmerüberlassungsvertrag abgestellt werden; maßgeblich ist diesbezüglich der Leiharbeitsvertrag. Da dieser regelmäßig gerade auf den Wechsel von Beschäftigungsbetrieben angelegt ist, greift grundsätzlich die Ausnahme des § 95 III 2 BetrVG, sodass die Überlassung an einen anderen Entleiher regelmäßig keine Versetzung i.S.d. § 99

913 *Becker,* AuR 1982, 369, 375; *Jüttner,* Auswirkungen, S. 211; *Raab,* ZfA 2003, 389, 440.

914 Vgl. *Becker,* AuR 1982, 369, 375; *Boemke,* Schuldvertrag S. 602; *v. Hoyningen-Huene/ Boemke,* Versetzung S. 214f.; *Jüttner,* Auswirkungen, S. 211f.; *Kaufmann,* betriebsverfassungsrechtliche Zuordnung, S. 194.

915 *Becker,* AuR 1982, 369, 375; *Boemke,* Schuldvertrag, S. 602; *v. Hoyningen-Huene/ Boemke,* Versetzung, S. 214f.; *Jüttner,* Auswirkungen, S. 211f., *Kaufmann,* betriebsverfassungsrechtliche Zuordnung, S. 194; *Linsenmaier/Kiel,* RdA 2014, 135, 151f.; *Raab,* ZfA 2003, 389, 440.

BetrVG ist[916]. Soweit eine Versetzung innerhalb des Entleiherbetriebes nach oben aufgezeigtem Modell erfolgt, trifft der Verleiher keine Entscheidung über diese Versetzung, sodass bereits deshalb eine Beteiligung des Verleiherbetriebsrates in diesem Rahmen ausscheidet.

### c. *Mitbestimmung nach § 99 BetrVG bei der Einstellung eines Leiharbeitnehmers als Stammarbeitnehmer*

Das Mitbestimmungsrecht des § 99 BetrVG wird auch dann ausgelöst, wenn ein Leiharbeitnehmer als ein Stammarbeitnehmer im Entleiherbetrieb übernommen werden soll. Grundsätzlich gilt in diesem Falle nichts anderes, als auch für jede andere Neueinstellung. Fraglich ist jedoch, ob in diesem Falle weiterhin davon ausgegangen werden kann, dass der Entleiherbetriebsrat im Rahmen dieser Beteiligung Einzelinteressen des einzustellenden Arbeitnehmers nicht zu berücksichtigen hat. Im Falle einer Übernahme des Leiharbeitnehmers in ein Stammarbeitsverhältnis beim Entleiher gehört der Leiharbeitnehmer nämlich bereits zur Gruppe der durch den Entleiherbetriebsrat repräsentierten Arbeitnehmer. Insofern kann jedenfalls nicht das Argument bemüht werden, der Bewerber habe (noch) keine Verbindung zum Betrieb. Diesbezüglich ist die Stellung des Leiharbeitnehmers vergleichbar mit der Stellung eines Stammarbeitnehmers, der sich aufgrund einer internen Stellenausschreibung (§ 93 BetrVG) auf einen anderen Arbeitsplatz bewirbt. Auch der sich auf die interne Stellenausschreibung bewerbende Arbeitnehmer gehört in diesem Falle bereits zur repräsentierten Belegschaft.

## 8. Beteiligung des Entleiherbetriebsrates nach § 102ff. BetrVG

Die Mitbestimmungsrechte des Entleiherbetriebsrates bei der Kündigung eines Arbeitnehmers nach den §§ 102ff. BetrVG können grundsätzlich keine Anwendung auf den Leiharbeitnehmer finden, da dieser nicht in einem Arbeitsverhältnis zum Entleiher steht und damit eine Kündigung des Leiharbeitnehmers nicht durch den Entleiher, sondern ausschließlich durch den Verleiher ausgesprochen werden kann[917]. Insbesondere greifen die §§ 102ff. BetrVG dann nicht ein, wenn der Leiharbeitnehmereinsatz planmäßig endet, wie es im Arbeitnehmerüberlassungsvertrag vorgesehen ist. Möchte der Entleiher den Einsatz des Leiharbeitnehmers vorzeitig beenden, so bleibt ihm lediglich die Kündigung des Arbeitnehmerüberlassungsvertrages mit dem Verleiher. Die Kündigung des Arbeitnehmerüberlassungsvertrages ist jedenfalls nicht unmittelbar vom Tatbestand des § 102 BetrVG erfasst;

---

916 BAG, Beschluss vom 19. Juni 2001 – 1 ABR 43/00 –, BAGE 98, 60–70, Rn. 25 nach juris; *Becker*, AuR 1982, 369, 374; *Gick*, Neugestaltung, S. 128; *Hamann*, NZA 2003, 526, 532; *v. Hoyningen-Huene/Boemke*, Versetzung, S. 214; *Jüttner*, Auswirkungen, S. 232; *Linsenmaier/Kiel*, RdA 2014, 135, 151f.; **a.A.**: *Mumot*, Beschäftigung, S. 69.

917 Statt vieler *Thüsing*, in: Thüsing, AÜG, § 14 Rn. 177.

„Kündigung“ bezieht sich unmittelbar in diesem Rahmen lediglich auf die Kündigung eines Arbeitsverhältnisses.

### 9. Entfernung betriebsstörender Arbeitnehmer gem. § 104 BetrVG

Gem. § 104 BetrVG kann der Betriebsrat vom Arbeitgeber die Entlassung oder Versetzung eines Arbeitnehmers verlangen, wenn dieser durch gesetzwidriges Verhalten oder durch grobe Verletzung der im § 75 BetrVG enthaltenen Grundsätze den Betriebsfrieden wiederholt ernstlich stört. Diese Norm findet nach h.M. auch auf einen den Betriebsfrieden störenden Leiharbeitnehmer Anwendung[918]. Für die h.M. spricht, dass § 104 BetrVG den § 99 II Nr. 6 BetrVG ergänzt und dieser ebenso für Leiharbeitnehmer wie für andere Arbeitnehmer gilt[919]. Ferner zielt § 104 BetrVG – anders als die Beteiligung i.R.d. §§ 102ff. BetrVG – nicht notgedrungen auf die Kündigung ab[920].

Jedenfalls soweit es als Folge des § 104 BetrVG um eine Versetzung des störenden Leiharbeitnehmers geht, kommt damit eine direkte Anwendung des § 104 BetrVG in Betracht. Im Hinblick auf eine Kündigung des Arbeitsverhältnisses scheidet ein Verlangen des Entleiherbetriebsrates aus, weil der Entleiher den Leiharbeitnehmer nicht entlassen kann. Allerdings könnte der Entleiherbetriebsrat die vorzeitige Beendigung des Leiharbeitnehmereinsatzes analog § 104 BetrVG verlangen, notfalls durch Kündigung des Arbeitnehmerüberlassungsvertrages durch den Entleiher.

## V. Die betriebsverfassungsrechtliche Stellung der Leiharbeitnehmer in wirtschaftlichen Angelegenheiten

Die §§ 106 bis 113 BetrVG regeln die betriebsverfassungsrechtlichen Beteiligungsrechte in wirtschaftlichen Angelegenheiten. Der Wirtschaftsausschuss eines Unternehmens hat gemäß § 106 BetrVG Informations- und Beratungsrechte in wirtschaftlichen Angelegenheiten; dem Betriebsrat stehen Mitwirkungsrechte bei Betriebsänderungen gemäß §§ 111ff. BetrVG zu. Ob wirtschaftliche Angelegenheiten des Entleihers auch die Leiharbeitnehmer betreffen und eine Beteiligung des Wirtschaftsausschusses im Entleiherunternehmen auslösen können und ob der Entleiherbetriebsrat bei Betriebsänderungen auch für die dort eingesetzten Leiharbeitnehmer tätig wird, wird nachfolgend erörtert.

918 *Hamann*, in: Schüren, AÜG, 4. Aufl., § 14 Rn. 338; *Thüsing*, in: Thüsing, AÜG, § 14 Rn. 178, *Thüsing*, in: Richardi, BetrVG, 15. Auf. § 104, Rn. 13; a.A.: *Fitting*, 28. Aufl., § 104 Rn. 3.

919 *Hamann*, in: Schüren, AÜG, 4. Aufl., § 14 Rn. 338; vgl. auch *Thüsing*, in: Richardi, BetrVG, 15. Aufl., § 104 Rn. 13.

920 *Hamann*, in: Schüren, AÜG, 4. Aufl., § 14 Rn. 338.

## 1. Die Tätigkeit des Wirtschaftsausschusses für Leiharbeitnehmer im Entleiherunternehmen

Gem. § 106 I BetrVG ist in allen Unternehmen mit in der Regel mehr als 100 ständig beschäftigten Arbeitnehmern ein Wirtschaftsausschuss zu bilden, der die Aufgabe hat, wirtschaftliche Angelegenheiten mit dem Unternehmer zu beraten und den Betriebsrat zu unterrichten. Der Wirtschaftsausschuss ist dabei ein Hilfsorgan des Betriebsrates[921]. Der Wirtschaftsausschuss ist sehr weitgehend über die wirtschaftlichen Angelegenheiten des Unternehmens zu unterrichten, was sich insbesondere aus § 106 III BetrVG ergibt. Er ist aber auf die Unterrichtungs- und Beratungsrechte beschränkt und hat kein Mitbestimmungsrecht in wirtschaftlichen Angelegenheiten. Für diese Angelegenheiten ist er ein Bindeglied zwischen Unternehmer und Betriebsrat[922].

Der Wirtschaftsausschuss in einem Verleiherunternehmen nimmt seine Informations- und Beratungspflicht in den wirtschaftlichen Angelegenheiten für alle Arbeitnehmer wahr, die mit dem Verleiherunternehmen durch einen Arbeitsvertrag verbunden sind – also auch für alle Leiharbeitnehmer. Im Entleiherbetrieb dagegen stellt sich die Frage, ob der Wirtschaftsausschuss im Unternehmen des Entleihers seine Aufgaben auch für die dort eingesetzten Leiharbeitnehmer wahrnimmt. Dabei geht es hier um die grundsätzliche Fragestellung, ob und in welchen Fällen die Unterrichtungs- und Beratungspflicht des Unternehmens gegenüber dem Wirtschaftsausschuss sich auf Angelegenheiten der im Unternehmen eingesetzten Leiharbeitnehmer erstreckt. Gegen eine Zuständigkeit des Wirtschaftsausschusses für die im Unternehmen eingesetzten Leiharbeitnehmer könnte grundsätzlich sprechen, dass der eingesetzte Leiharbeitnehmer mit dem Unternehmen, in dem er eingesetzt ist, nicht unmittelbar wirtschaftlich verbunden ist. Der Leiharbeitnehmer hat keinen Arbeitsvertrag mit dem Unternehmen, in dem er eingesetzt ist. Allerdings ist er in einem Betrieb des Unternehmens eingegliedert. Soweit wirtschaftliche Angelegenheiten sich auf die Eingliederung der Leiharbeitnehmer unmittelbar auswirken können, ist zu prüfen, ob sich auch die Unterrichtungs- und Beratungsrechte des Wirtschaftsausschusses auf die im Unternehmen eingesetzten Leiharbeitnehmer erstrecken.

Was grundsätzlich zu den wirtschaftlichen Angelegenheiten im Sinnes des § 106 BetrVG gehört, ist in Abs. 3 beispielhaft aufgeführt, wobei der Katalog des Abs. 3 nicht abschießend ist, wie sich aus dem Wort „insbesondere“ ergibt. Dabei ist insbesondere auch § 106 III Nr. 10 BetrVG zu berücksichtigen, weil nach dieser beschränkten Generalklausel[923] alle Vorgänge und Vorhaben, welche die Interessen

---

921 BAG, Beschluss vom 07. April 2004 – 7 ABR 41/03 –, BAGE 110, 159–163, Rn. 14 nach juris; *Annuß*, in: Richardi, BetrVG, 15. Aufl., vor § 106 Rn. 3.

922 Vgl. *Annuß*, in: Richardi, BetrVG, 15. Aufl., vor § 106 Rn. 5.

923 BAG, Beschluss vom 11. Juli 2000 – 1 ABR 43/99 –, BAGE 95, 228–240, Rn. 56 nach juris; *Annuß*, in: Richardi, BetrVG, 15. Aufl. § 106 Rn. 37; *Fitting*, 28. Aufl., § 106 Rn. 48; *Hess*, in: Hess u.a., BetrVG, 9. Aufl., § 106 Rn. 72.

der Arbeitnehmer des Unternehmens wesentlich berühren können, wirtschaftliche Angelegenheiten im Sinne des Gesetzes sind.

### a. *Wirtschaftliche Angelegenheiten i. S. d. § 106 III Nr. 1 – 4 und 6 BetrVG*

Die wirtschaftliche und finanzielle Lage des Unternehmens als wirtschaftliche Angelegenheit gemäß § 106 III Nr. 1 BetrVG vermag die Interessen der eingesetzten Leiharbeitnehmer allenfalls mittelbar zu berühren. Die Dauer des Einsatzes könnte z.B. von der allgemeinen wirtschaftlichen Lage des Unternehmens abhängen. Aber selbst wenn der Einsatz des Leiharbeitnehmers aufgrund der wirtschaftlichen und finanziellen Lage des Unternehmens z.B. wegen drohender Insolvenz abgebrochen werden müsste, würde sich nur eine mittelbare Auswirkung für den Leiharbeitnehmer ergeben: Er hat ein Arbeitsverhältnis mit dem Verleiher und dieses Arbeitsverhältnis ist nicht abhängig von der Entwicklung der wirtschaftlichen und finanziellen Lage des Entleihers. Für den Leiharbeitnehmer ist die wirtschaftliche und finanzielle Lage des Verleihers von Bedeutung, nicht aber die wirtschaftliche und finanzielle Situation des Kunden des Verleihers. Der Wirtschaftsausschuss des Entleiherunternehmens hat daher nicht die Interessen des Leiharbeitnehmers im Hinblick auf § 106 III Nr. 1 BetrVG wahrzunehmen.

Das gleiche gilt für die Produktions- und Absatzlage im Sinne des § 106 III Nr. 2 BetrVG: Allenfalls mittelbar kann sich die Entwicklung der Produktions- und Absatzlage des Entleiherunternehmens auf den eingesetzten Leiharbeitnehmer auswirken. Denn auch wenn sich die Produktions- und Absatzlage äußerst negativ entwickelt, wäre dadurch nicht der Arbeitsplatz des Leiharbeitnehmers betroffen, weil er sein Arbeitsverhältnis mit dem Verleiher hat. Auch das Produktions- und Investitionsprogramm des Unternehmens im Sinne des § 106 III Nr. 3 BetrVG kann als wirtschaftliche Angelegenheit des Entleiherunternehmens allenfalls mittelbar Interessen des eingesetzten Leiharbeitnehmers berühren. Das gleiche gilt für Rationalisierungsvorhaben im Sinne des § 106 III Nr. 4 BetrVG. Produktionsprogramm, Investitionen und Rationalisierungen können zwar den Einsatzplatz des Leiharbeitnehmers im Entleiherunternehmen beeinflussen, wirken sich jedoch nicht auf den Arbeitsplatz des Leiharbeitnehmers beim Verleiher aus. Selbst wenn Änderungen beim Produktionsprogramm oder Rationalisierungsmaßnahmen zum Wegfall des bisherigen Einsatzplatzes des Leiharbeitnehmers im Entleiherunternehmen führen würde, wäre damit das Arbeitsverhältnis des Leiharbeitnehmers mit dem Verleiher nicht betroffen.

Auch die Stilllegung eines Betriebes oder eines Betriebsteiles im Sinne des § 106 III Nr. 6 BetrVG kann dazu führen, dass der Einsatz eines Leiharbeitnehmers im Entleiherbetrieb beendet wird, wenn dieser Betrieb oder der entsprechende Betriebsteil eingeschränkt oder stillgelegt wird. In einem solchen Fall ist denkbar, dass der Einsatzplatz des Leiharbeitnehmers wegfällt. Aber auch hier gilt, dass damit nicht der Arbeitsplatz des Leiharbeitnehmers beim Verleiher wegfällt. Sein

Arbeitsverhältnis ist auch von einer Einschränkung oder Stilllegung des Betriebs im Entleiherunternehmen nicht betroffen.

Die wirtschaftlichen Angelegenheiten gemäß § 106 III Nr. 1 – 4 und 6 BetrVG betreffen nicht die Eingliederung des Leiharbeitnehmers im Unternehmen, sodass Beteiligungsrechte des Wirtschaftsausschusses für den Leiharbeitnehmer in diesen Fällen ausscheiden.

### *b. Wirtschaftliche Angelegenheiten i. S. d. § 106 III Nr. 5 u. 7 – 9 BetrVG*

Fabrikations- und Arbeitsmethoden, insbesondere die Einführung neuer Arbeitsmethoden als wirtschaftlichen Angelegenheit im Sinne des § 106 III Nr. 5 BetrVG sind nicht wegen des Einsatzes von Leiharbeitnehmern an sich betroffen. Fabrikations- und Arbeitsmethoden betreffen nur Arbeitsverfahren und Arbeitsabläufe, nicht aber die einzelnen Arbeitnehmer, die bestimmte Arbeitsplätze ausfüllen bzw. besetzen. Für die Arbeitsverfahren und Arbeitsabläufe ist es unerheblich, ob der betreffende Arbeitnehmer ein Stammarbeitnehmer oder ein Leiharbeitnehmer ist. Die Frage, ob Leiharbeitnehmer überhaupt eingesetzt werden, ist daher keine Frage der Fabrikations- oder Arbeitsmethoden[924].

Für die eingesetzten Leiharbeitnehmer in einem Entleiherunternehmen sind aber die Fabrikations- und Arbeitsmethoden, insbesondere die Einführung neuer Arbeitsmethoden gemäß § 106 III Nr. 5 BetrVG eine wirtschaftliche Angelegenheit, von der sie genauso betroffen werden wie die Stammarbeitnehmer im Entleiherunternehmen: Unter Fabrikations- und Arbeitsmethoden werden alle technischen und organisatorischen Verfahren und Fragen bei der Herstellung von Produkten oder Dienstleistungen verstanden[925]. Fabrikations- und Arbeitsmethoden betreffen z.B. die Einführung neuer Technologien für Fließband- oder Teamarbeiten, den Einsatz der IT-Steuerung und die IT-gestützte Vernetzung von Maschinen, die Digitalisierung von Arbeitsplätzen und die Veränderung von Arbeitsabläufen durch digitale Steuerungssysteme oder die Einführung oder Verschiebung von Schichten im Betrieb[926]. In solchen Fällen ist der Leiharbeitnehmer im Entleiherunternehmen genauso betroffen wie die Stammarbeitnehmer, weil der Leiharbeitnehmer im Entleiherbetrieb eingegliedert ist. Die wirtschaftliche Angelegenheit im Sinne des § 106 III Nr. 5 BetrVG knüpft ausschließlich an die Eingliederung der Arbeitnehmer an. Bei der Einführung neuer Arbeitsmethoden und der Erörterung von Fabrikations- und Arbeitsmethoden vertritt der Wirtschaftsausschuss des Unternehmens folglich auch die dort eingesetzten Leiharbeitnehmer.

---

924 Vgl. *Barth*, Mitbestimmungs- und Beteiligungsrechte, S. 149; *Erdlenbruch*, betriebsverfassungsrechtliche Stellung, S. 120f.; *Jüttner*, Auswirkungen, S. 275; *Mumot*, Beschäftigung, S. 151; *Zimmerling*, Schwellenwerte, S. 229f.

925 Vgl. *Fitting*, 28. Aufl., § 106 Rn. 61; *Hess* in: Hess u.a., BetrVG, 9. Aufl., § 106 Rn. 52; *Oetker*, in: GK-BetrVG II, 10. Aufl., § 106 Rn. 67.

926 *Fitting*, 28. Aufl., § 106 Rn. 62f.; *Hess*, in: Hess u.a., 9. Aufl., BetrVG, § 106 Rn. 53.

Ebenso ist die Situation bei einer Verlegung von Betrieben oder Betriebsteilen im Sinne des § 106 III Nr. 7 BetrVG. Wird der Betrieb, in dem der Leiharbeitnehmer eingesetzt ist, verlegt, so kann der Leiharbeitnehmer genauso wie der Stammarbeitnehmer betroffen sein. Das gilt z.B., wenn der Betriebsort wechselt und Stamm- wie Leiharbeitnehmer zwar weiter in dem verlegten Betrieb arbeiten, aber alle mit dem Ortswechsel verbundenen Veränderungen zu tragen haben. Grund für die Betroffenheit bei tatsächlichen Änderungen infolge einer Betriebsverlegung ist beim Leiharbeitnehmer die Eingliederung in den betroffenen Betrieb. Bei der Verlegung eines Betriebes oder Betriebsteiles handelt es sich um eine wirtschaftliche Angelegenheit, die der Wirtschaftsausschuss auch für den eingesetzten Leiharbeitnehmer wahrnimmt, wenn dieser seinen Einsatzplatz in einem von der Verlegung betroffenen Betrieb oder Einsatzplatz hat.

Ebenso kann ein Zusammenschluss oder die Spaltung von Unternehmen oder Betrieben im Sinne des § 106 III Nr. 8 BetrVG sich unmittelbar auf eingesetzte Leiharbeitnehmer auswirken. Mit einem Zusammenschluss oder einer Spaltung von Unternehmen oder Betrieben können unmittelbare Folgen für alle beschäftigten Arbeitnehmer eintreten – gleich, ob Stammarbeitnehmer oder Leiharbeitnehmer: Durch den Zusammenschluss oder die Spaltung können andere Hierarchiestrukturen entstehen, die den eingegliederten Arbeitnehmer unmittelbar betreffen. Durch den Zusammenschluss von Betrieben können z.B. Versetzungen oder Umschulungen erforderlich werden, die auch Leiharbeitnehmer genauso wie die Stammarbeitnehmer betreffen können[927]. Die tatsächlichen Änderungen in einem Betrieb und im Betriebsablauf aufgrund eines Zusammenschlusses oder der Spaltung eines Unternehmens oder Betriebes können also die Eingliederung der Arbeitnehmer betreffen, mithin auch die Leiharbeitnehmer. Soweit ein eingesetzter Leiharbeitnehmer im Einsatzbetrieb von einem Zusammenschluss oder der Spaltung des Unternehmens oder des Betriebes in diesem Sinne unmittelbar betroffen ist, hat der Wirtschaftsausschuss auch den Leiharbeitnehmer bei dieser wirtschaftlichen Angelegenheit zu vertreten.

Gleiches gilt bei einer Änderung der Betriebsorganisation oder des Betriebszwecks gemäß § 106 III Nr. 9 BetrVG. Wird die Betriebsorganisation im Entleiherbetrieb verändert, so können sich die tatsächlichen Arbeitsabläufe in dem Betrieb ändern. Anknüpfungspunkt ist auch hier die Eingliederung im Betrieb, sodass Leiharbeitnehmer genauso wie die Stammarbeitnehmer davon betroffen sind. Das gilt auch bei einer Änderung des Betriebszwecks, wenn dadurch Abläufe und Inhalte der Arbeitsprozesse im Betrieb verändert werden. Auch insoweit würde bei dieser wirtschaftlichen Angelegenheit des § 106 III Nr. 9 BetrVG der Wirtschaftsausschuss die Interessen auch der Leiharbeitnehmer wahrnehmen.

---

927 *Fitting*, 28. Aufl., § 106 Rn. 72.

### c. *Der geplante Einsatz von Leiharbeitnehmern als wirtschaftliche Angelegenheit gemäß § 106 III Nr. 10 BetrVG*

Ob der geplante Einsatz von Leiharbeitnehmern beim Entleiher eine wirtschaftliche Angelegenheit als sonstiges Vorhaben im Sinne des § 106 III Nr. 10 BetrVG darstellt, ist in der Literatur umstritten[928]. Die beschränkte Generalklausel der Nr. 10 erfasst alle nicht in § 106 III Nr. 1 – 9a BetrVG aufgeführten Angelegenheiten, die wirtschaftlich das Unternehmen betreffen und die Interessen der Arbeitnehmer des Unternehmens wesentlich berühren können[929]. Im Falle eines geplanten Einsatzes von Leiharbeitnehmern sind dabei nicht die Interessen der möglichen Leiharbeitnehmer gemeint, denn diese sind jedenfalls zum Zeitpunkt der Planung eines Einsatzes noch nicht Arbeitnehmer im Entleiherunternehmen. Insoweit ist die Fragestellung ähnlich der im Rahmen des § 99 BetrVG: Erst mit der Eingliederung des Leiharbeitnehmers wird ein Bezug zum Betrieb bzw. Unternehmen hergestellt, der es dem Wirtschaftsausschuss des Unternehmens bzw. dem Betriebsrat des Entleiherbetriebes erlaubt, seine Aufgaben für diese Leiharbeitnehmer ausüben zu können. Für den Wirkungskreis des Wirtschaftsausschusses wie des Betriebsrates gilt der Grundsatz, dass diese mit ihrer Tätigkeit nach dem BetrVG immer auf den Betrieb bzw. das Unternehmen beschränkt sind, für den der Betriebsrat bzw. der Wirtschaftsausschuss gebildet wurde. Allerdings kommt im Rahmen der Frage, ob der Wirtschaftsausschuss des entleihenden Unternehmens bei der geplanten Übernahme von Leiharbeitnehmern zu beteiligen ist, eine Beteiligung im Interesse der bereits beschäftigten Stammarbeitnehmer in Betracht, wenn deren Interessen wesentlich berührt sein können.

In der Literatur wird die Auffassung vertreten, dass der geplante Einsatz von Leiharbeitnehmern nicht zu den sonstigen Vorgängen oder Vorhaben im Sinne des § 106 III Nr. 10 BetrVG gehören könne: Der geplante Einsatz von Leiharbeitnehmern werde von den § 99ff. BetrVG als speziellere Norm erfasst und könne schon deshalb nicht unter § 106 BetrVG fallen[930]. Aufgrund der Mitbestimmungsrechte des Betriebsrates gemäß § 99 BetrVG bestehe jedenfalls kein Bedürfnis, den geplanten Einsatz von Leiharbeitnehmern zu den wirtschaftlichen Angelegenheiten des § 106 BetrVG zu rechnen[931]. Dagegen ist jedoch einzuwenden, dass der Wirtschaftsausschuss von seiner Funktion her ein Hilfsorgan des Betriebsrates ist, dessen Aufgabe in der Beratung wirtschaftlicher Angelegenheiten mit dem Unternehmer und der Unterrichtung des Betriebsrates über die erhaltenen Informationen besteht[932]. Die

928 Vgl. *Boemke*, in: Boemke/Lembke, AÜG, § 14 Rn. 151; *Zu Dohna-Jaeger*, in: Ulber, AÜG, § 14 Rn. 133; *Hamann*, in: Schüren, AÜG, 4. Aufl., § 14 Rn. 343f.; *Jüttner*, Auswirkungen, S. 275f.; *Thüsing*, in: Thüsing, AÜG, § 14 Rn. 181.

929 *Annuß*, in: Richardi, BetrVG, 15. Aufl., § 106 Rn. 37; *Fitting*, 28. Aufl., § 106 Rn. 130.

930 Vgl. *Thüsing*, in: Thüsing, AÜG, § 14 Rn. 181.

931 Vgl. *Thüsing*, in: Thüsing, AÜG, § 14 Rn. 181; ähnlich *Hamann*, in: Schüren, AÜG, 4. Aufl., § 14 Rn. 343.

932 *Annuß*, in: Richardi, BetrVG, 15. Aufl., vor § 106 Rn. 5.

Funktion des Wirtschaftsausschusses kann zum einen nicht durch das Mitbestimmungsrecht des Betriebsrates ersetzt werden, weil sich diese Rechte auf den Betrieb begrenzen, während der Wirtschaftsausschuss die Angelegenheit mit dem Unternehmer beraten kann. Ferner soll der Wirtschaftsausschuss den Betriebsrat zum anderen in Hinblick auf seine Aufgaben unterstützend begleiten, indem er ihm die vom Unternehmer erhaltenen Informationen weiterleitet[933]. Das Mitbestimmungsrecht des Betriebsrates beim geplanten Einsatz von Leiharbeitnehmern kann daher durch die Informationsweitergabe eine Unterstützung erfahren; außerdem wird das Beratungsrecht mit dem Unternehmer gemäß § 106 I 2 BetrVG nicht durch die Rechte des Betriebsrates ersetzt. Die Adressaten und Beteiligten des § 99 BetrVG einerseits und des § 106 BetrVG andererseits sind also unterschiedlich. § 99 BetrVG ist daher keine speziellere Norm, die den § 106 BetrVG verdrängen kann[934].

Der geplante Einsatz von Leiharbeitnehmern kann daher grundsätzlich als „sonstiges Vorhaben“ im Sinne des § 106 III Nr. 10 BetrVG verstanden werden. Eine wirtschaftliche Angelegenheit ist es nach Nr. 10 aber erst, wenn „die Interessen der Arbeitnehmer des Unternehmens wesentlich“ berührt werden können. Die Interessen der Stammarbeitnehmer eines Unternehmens können bei einem geplanten Einsatz von Leiharbeitnehmern aber nur wesentlich berührt werden, wenn es sich nicht lediglich um die Überlassung einzelner Leiharbeitnehmer handelt, die nur in Vertretung anderer Stammarbeitnehmer tätig werden sollen[935]. Wenn also z.B. Stammarbeitnehmer wegen Krankheit, Elternurlaub oder Jahresurlaub vorübergehend durch Leiharbeitnehmer ersetzt werden sollen, sind die Interessen der Stammarbeitnehmer des Unternehmens jedenfalls nicht wesentlich berührt[936]. Soweit dagegen das Unternehmen mit dem geplanten Einsatz von Leiharbeitnehmern die Absicht verfolgt, die Arbeitnehmerüberlassung als regelmäßig auftretende Beschäftigungsform im Unternehmen einzusetzen, können auch im Einzelfall wesentliche Interessen der Stammarbeitnehmer berührt sein: Das gilt z.B., wenn Personalreserven in einem Unternehmen aufgelöst und durch Leiharbeitnehmer ersetzt werden sollen oder bisherige Dauerarbeitsplätze anstelle von Stammarbeitnehmern künftig mit Leiharbeitnehmern besetzt werden sollen[937]. Wesentlich berührt werden können die Interessen der Stammarbeitnehmer im Entleiherunternehmen aber erst dann, wenn der geplante Einsatz sich nicht nur auf einzelne Arbeitsplätze beschränkt und

933 Vgl. *Annuß*, in: Richardi, BetrVG, 15. Aufl., vor § 106 Rn. 5; *Fitting*, 28. Aufl., § 106 Rn. 2.
934 So auch *Jüttner*, Auswirkungen, S. 275.
935 *Hamann*, in: Schüren, AÜG, 4. Aufl., § 14 Rn. 344
936 *Zu Dohna-Jaeger*, in: Ulber, AÜG, § 14 Rn. 128; *Jüttner*, Auswirkungen, S. 275.
937 *Boemke* in: Boemke/Lembke, AÜG, § 14 Rn. 151; *Zu Dohna-Jaeger*, in: Ulber, AÜG, § 14 Rn. 128; *Hamann*, in: Schüren, AÜG, 4. Aufl., § 14 Rn. 344; *Jüttner*, Auswirkungen, S. 75.

eine Personalplanung zugrunde liegt, nach der auch künftig in erheblichem Umfang Arbeitnehmerüberlassung genutzt werden soll[938].

## 2. Die Beteiligung des Entleiherbetriebsrates bei Betriebsänderungen

Bei Betriebsänderungen im Entleiherbetrieb gem. § 111ff. BetrVG ist ähnlich wie bei den wirtschaftlichen Angelegenheiten des Wirtschaftsausschusses zu differenzieren, ob und in welchen Fällen der Entleiherbetriebsrat auch für die im Entleiherbetrieb eingesetzten Leiharbeitnehmer zuständig ist und welche Rechte sich daraus ergeben können.

### *a. Der Schutzzweck des § 111 BetrVG*

In der Literatur wird vereinzelt die Auffassung vertreten, die Schutzfunktion der §§ 111ff. BetrVG sei auf den Schutz der Stammbelegschaft beschränkt[939]. Zumindest für den Ausgleich von Nachteilen wegen der Entlassung von Arbeitnehmern infolge einer Betriebsänderung im Entleiherbetrieb ist für die Leiharbeitnehmer nicht der Entleiher und demzufolge auch nicht der Entleiherbetriebsrat zuständig, weil der Leiharbeitnehmer kein Arbeitsverhältnis mit dem Entleiher hat.

Der Zweck der §§ 111ff. BetrVG beschränkt sich aber nicht auf den Schutz vor Entlassungen. Einzelne Betriebsänderungen im Sinne des § 111 BetrVG können auch an die Eingliederung der Arbeitnehmer anknüpfen und sich deshalb auch unmittelbar auf Leiharbeitnehmer auswirken. Das gilt z.B. für eine Betriebsänderung im Sinne des § 111 S. 3 Nr. 2 BetrVG bei der Verlegung des Betriebes oder eines wesentlichen Betriebsteiles, wenn damit auch der Einsatzplatz des Leiharbeitnehmers verlegt wird. Der eingegliederte Leiharbeitnehmer kann von der Verlegung seines Arbeitsplatzes im Entleiherbetrieb genauso betroffen sein, wie der Stammarbeitnehmer. Infolge z.B. längerer Anfahrtswege zum Einsatzplatz kann auch der wirtschaftliche Nachteil für den Leiharbeitnehmer sich genauso darstellen wie für einen Stammarbeitnehmer. Ebenso können Leiharbeitnehmer im Einsatzbetrieb vom Zusammenschluss mit anderen Betrieben oder der Spaltung ihres Betriebes im Sinne des § 111 S. 3 Nr. 3 BetrVG unmittelbar betroffen sein. Auch eine solche Betriebsänderung kann für die Eingliederung der Leiharbeitnehmer unmittelbare Folgen haben, wenn z.B. neue Arbeitsabläufe, Versetzungen oder Umschulungen durch oder infolge des Zusammenschlusses oder der Spaltung erforderlich werden. Auch bei einer Betriebsänderung im Sinne des § 111 S. 3 Nr. 4 BetrVG ist eine unmittelbare Betroffenheit der eingesetzten Leiharbeitnehmer möglich, weil grundlegende Änderungen der Betriebsorganisation, des Betriebszwecks oder der Betriebsanlagen

---

938 *Barth,* Mitbestimmungs- und Beteiligungsrechte, S. 151f.; *Hamann,* in: Schüren, AÜG, 4. Aufl., § 14 Rn. 344; *Jüttner,* Auswirkungen, S. 276.

939 *Zu Dohna-Jaeger,* in: Ulber, AÜG, § 14 Rn. 136; vgl. auch *Barth,* Mitbestimmungs- und Beteiligungsrechte, S. 154; *Dewender,* Betriebsfremde, S. 147.

an die Eingliederung der Leiharbeitnehmer anknüpfen. Ändert sich die Betriebsorganisation, so können sich z.B. bei der Änderung von Hierarchiestrukturen die Auswirkungen für die eingesetzten Leiharbeitnehmer genauso ergeben wie für die Stammarbeitnehmer; auch wenn der Betriebszweck oder die Betriebsanlage geändert wird, können die konkreten Folgen für die Arbeit von Stamm- wie Leiharbeitnehmern gleichermaßen infolge der Änderung des Arbeitsprozesses und der übertragenen Arbeiten eintreten. Auch die Einführung grundlegend neuer Arbeitsmethoden und Fertigungsverfahren als Betriebsänderung im Sinne des § 111 S. 3 Nr. 5 BetrVG betrifft alle eingegliederten Arbeitnehmer gleichermaßen: Ändern sich Arbeitsmethoden und Fertigungsverfahren grundlegend, so sind Stamm- wie Leiharbeitnehmer gleichermaßen betroffen, weil die technischen Verfahren und Abläufe an die Eingliederung der Arbeitnehmer anknüpfen. Die Arbeitsmethoden und Fertigungsverfahren wirken sich daher unmittelbar auch auf Leiharbeitnehmer aus.

Nicht unmittelbar betroffen sind Leiharbeitnehmer dagegen von einer Betriebsänderung im Sinne des § 111 S. 3 Nr. 1 BetrVG, da die Einschränkung und Stilllegung des ganzen Betriebes oder von wesentlichen Betriebsteilen nicht an die Eingliederung im Betrieb anknüpft, sondern die bestehenden Arbeitsverhältnisse betrifft. Wenn ein Arbeitsplatz im Betrieb aufgrund der Einschränkung oder Stilllegung wegfällt, so ist damit bei Stammarbeitnehmern der Arbeitsplatz bedroht; bei Leiharbeitnehmern bleibt das Arbeitsverhältnis mit dem Verleiher jedoch unberührt.

Durch die Eingliederung der Leiharbeitnehmer im Entleiherbetrieb können sich also – wie dargelegt – bei den übrigen Betriebsänderungen gemäß § 111 S. 3 Nr. 2 – 5 BetrVG unmittelbare Auswirkungen für den Leiharbeitnehmer ergeben, obwohl ihr Arbeitsverhältnis nicht mit dem Entleiher, sondern nur mit dem Verleiher besteht. Würde der Entleiherbetriebsrat im Hinblick auf die möglichen unmittelbaren Auswirkungen von Betriebsänderungen im Sinne des § 111 S. 3 Nr. 2 – 5 BetrVG nicht die Interessen der Leiharbeitnehmer vertreten können, blieben die Leiharbeitnehmer insoweit schutzlos[940], weil der Verleiherbetriebsrat keine Rechte im Entleiherbetrieb geltend machen kann. Zumindest im Hinblick auf die Informations- und Beratungsrechte des § 111 BetrVG erfordert der Schutzzweck der Norm, dass der Entleiherbetriebsrat in diesen Fällen auch für die Leiharbeitnehmer tätig wird, soweit diese von Betriebsänderungen im Einzelfall unmittelbar aufgrund ihrer Eingliederung im Betrieb betroffen sind[941].

Soweit dem entgegengehalten wird, der Entleiherbetriebsrat könne für die Leiharbeitnehmer keine Beteiligungsrechte gemäß § 111 BetrVG wahrnehmen, weil § 111 S. 1 BetrVG als Voraussetzung „wesentliche Nachteile für die Belegschaft" erfordere und Leiharbeitnehmer mangels Betriebszugehörigkeit nicht zur Belegschaft

940 *Erdlenbruch,* betriebsverfassungsrechtliche Stellung, S. 215f; *Jüttner,* Auswirkungen, S. 221.

941 *Fitting, 28. Aufl.,* § 112, 112a Rn. 16; *Jüttner,* Auswirkungen, S. 221.

gehörten[942], verkennt diese Auffassung, dass – wie dargelegt[943] – Leiharbeitnehmer, die länger als drei Monate im Betrieb eingesetzt werden, als Betriebszugehörige zur Belegschaft gehören. Nicht betriebszugehörige Leiharbeitnehmer sind demgegenüber nach dem Schutzzweck der Norm bei Betriebsänderungen vom Entleiherbetriebsrat wegen der kurzen Einsatzdauer von weniger als drei Monaten nicht zu berücksichtigen[944]: Voraussetzung für die Beteiligungsrechte des § 111 BetrVG sind gemäß § 111 S. 1 BetrVG nämlich „wesentliche Nachteile" für die Belegschaft infolge einer Betriebsänderung. Die wesentlichen Nachteile werden im Rahmen der Regelbeispiele des § 111 S. 3 BetrVG unwiderleglich vermutet[945]. Im Hinblick auf den Schutzzweck der §§ 111ff. BetrVG muss damit aber ebenso die Vermutungswirkung gelten, dass unwesentliche Nachteile Rechte nach den §§ 111ff. BetrVG ausschließen. Nicht betriebszugehörige Leiharbeitnehmer, die weniger als drei Monate im Einsatzbetrieb beschäftigt sind, erleiden aufgrund ihrer kurzen Verweildauer im Einsatzbetrieb regelmäßig keine wesentlichen Nachteile bei Betriebsänderungen[946]. Vorübergehende und kurzfristige Nachteile sind vom Schutzzweck der §§ 111ff. BetrVG nicht abgedeckt. Der Anwendungsbereich der Beteiligungsrechte nach § 111 BetrVG ist deshalb auf betriebszugehörige Leiharbeitnehmer beschränkt, soweit sie von wesentlichen Nachteilen infolge einer Betriebsänderung betroffen sind. Das gilt – wie dargelegt – für Betriebsänderungen im Sinne des § 111 S. 3 Nr. 2 – 5 BetrVG.

### *b. Betriebsänderung durch den geplanten Einsatz von Leiharbeitnehmern*

Ob auch der geplante Einsatz von Leiharbeitnehmern eine Betriebsänderung im Sinne des §§ 111 BetrVG darstellen kann, ist ebenso umstritten und differenziert zu betrachten wie die Frage, ob und wann der geplante Einsatz von Leiharbeitnehmern eine wirtschaftliche Angelegenheit im Sinne des § 106 BetrVG sein kann[947]. Der vom Betrieb geplante Einsatz von Leiharbeitnehmern – gleich ob erstmals, erneut oder erweitert – fällt nicht unter eines der Regelbeispiele der Betriebsänderungen in § 111 S. 3 BetrVG. Die dort genannten Regelbeispiele sind aber keine abschließende Regelung, weil gemäß § 111 Satz 1 BetrVG die Vorschrift auch bei sonstigen geplanten Betriebsänderungen greift, die wesentlichen Nachteile für die Belegschaft oder erhebliche Teile der Belegschaft zur Folge haben können[948].

---

942 *Dewender,* Betriebsfremde, S. 147.
943 Vgl. D.VII.
944 *Jüttner,* Auswirkungen, S. 220.
945 *Fitting* § 111 Rn. 42.
946 *Jüttner,* Auswirkungen, S. 220f.
947 Vgl. F.V.1.
948 *Däubler,* in: DKKW, § 111 Rn. 33, 92; *zu Dohna-Jaeger,* in: Ulber, AÜG, § 14 Rn. 131; *Fitting* § 111 Rn. 40, 44; **a.A.**: *Annuß,* in: Richardi, BetrVG, 15. Aufl., § 111 Rn. 41ff.; *Hess,* in: Hess u.a., § 111 Rn. 47ff.

Im Hinblick auf einen geplanten Einsatz von Leiharbeitnehmern kann es dabei nur um wesentliche Nachteile für die Stammarbeitnehmer gehen, weil die Leiharbeitnehmer noch nicht eingesetzt sind und es erst um die Planung ihres Einsatzes geht. Wie bei der Frage, ob es sich bei dem geplanten Einsatz um eine wirtschaftliche Angelegenheit im Sinne des § 106 BetrVG handelt, so geht es auch im Hinblick auf eine etwaige Betriebsänderung also um die Auswirkungen auf die – schon vor dem geplanten Einsatz vorhandene – Belegschaft. Keine Betriebsänderung liegt vor, wenn nur kurzfristig zu Vertretungszwecken für einzelne, ausfallende Stammarbeitnehmer Leiharbeit eingesetzt werden soll, z.B. zur Vertretung wegen Urlaub und Krankheit[949]. Auch der geplante Einsatz weniger Leiharbeitnehmer auf neu geschaffenen Arbeitsplätzen, die erstmals besetzt werden, bewirkt keine Nachteile für die Belegschaft im Sinne des § 111 S. 1 BetrVG.

Allerdings könnte eine Betriebsänderung vorliegen, wenn bisherige Stammarbeitnehmer künftig im großen Umfange mit Leiharbeitnehmern ersetzt werden[950]. Der Umfang einer solchen geplanten Substitution müsste jedoch wesentliche Nachteile für erhebliche Teile der Belegschaft zur Folge haben können (§ 111 S. 1 BetrVG). Der Austausch einzelner Stammarbeitnehmer würde also nicht ausreichen. Es gilt im Rahmen des § 111 S. 1 BetrVG ein strengerer Maßstab als bei § 106 III Nr. 10 BetrVG, wonach wirtschaftliche Angelegenheiten schon dann vorliegen, wenn Vorhaben die Interessen der Arbeitnehmer wesentlich „berühren“ können[951]. Eine Überschreitung der Schwelle zur Betriebsänderung gemäß § 111 S. 1 BetrVG kann deshalb bei der Übernahme von Leiharbeitnehmern nur angenommen werden, wenn eine systematische Ersetzung des Stammpersonals durch Leiharbeitnehmer geplant ist, in dem z.B. ganze Aufgabenbereiche oder bestimmte Funktionen künftig durch Leiharbeitnehmer ausgeübt werden sollen[952]. Das kann etwa für einzelne Betriebsteile, wie z.B. Versand, Auslieferung, Reinigung, Außendienst oder den Werksverkehr gelten[953].

Solche Vorhaben werden jedoch kündigungsrechtlich scheitern, wenn zugleich die bisherigen Stammarbeitnehmer gekündigt werden sollen: Solche Austauschkündigungen wären sozial ungerechtfertigt gemäß § 1 II 1 KSchG, weil die Beschäftigungsmöglichkeit für den gekündigten oder zu kündigenden Stammarbeitnehmer bei dem beabsichtigten Ersatz durch Leiharbeitnehmer nicht entfiele[954]. Solche Fälle werden daher in der Praxis kaum vorkommen. Wenn gleichwohl eine solche gegen

949 *Barth,* Mitbestimmungs- und Beteiligungsrechte, S. 152; *zu Dohna-Jaeger,* in: Ulber, AÜG, § 14 Rn. 130.

950 Vgl. *Barth,* Mitbestimmungs- und Beteiligungsrechte, S. 154f.; *zu Dohna-Jaeger,* in: Ulber, AÜG, § 14 Rn. 131; *Jüttner,* Auswirkungen, S. 277.

951 *Jüttner,* Auswirkungen, S. 278; *Oetker,* in: GK-BetrVG II, 10. Aufl., § 106 Rn. 76.

952 Vgl. *Hamann,* in: Schüren, AÜG, 4. Aufl., § 14 Rn. 307; *Jüttner,* Auswirkungen, S. 279; *Barth,* Mitbestimmungs- und Beteiligungsrechte, S. 151f.

953 *Jüttner,* Auswirkungen, S. 279.

954 *Hamann,* in: Schüren, AÜG, 4. Aufl., § 14 Rn. 348; *zu Dohna-Jaeger,* in: Ulber, AÜG, § 14 Rn. 131; vgl. auch BAG, Urteil vom 18. September 2008 – 2 AZR 560/07 –.

das KSchG verstoßende Betriebsänderung beabsichtigt würde, so ist der Betriebsrat aber nicht etwa darauf beschränkt, den Kündigungen gemäß § 102 III Nr. 3 BetrVG zu widersprechen. Der Betriebsrat kann vielmehr die Unwirksamkeit einer solchen beabsichtigten Betriebsänderung schon im Verfahren der §§ 111, 112 BetrVG geltend machen und braucht nicht etwa das Anhörungsverfahren nach § 102 BetrVG abwarten[955].

### c. *Interessenausgleich, Sozialplan und Nachteilsausgleich für Leiharbeitnehmer im Entleiherbetrieb*

Leiharbeitnehmer sind bei Interessenausgleich, Sozialplan oder Nachteilsausgleich vom persönlichen Geltungsbereich ausgeschlossen, soweit es um einen Ausgleich für den Verlust des Arbeitsplatzes infolge einer Betriebsänderung geht[956]. Denn der Leiharbeitnehmer verliert seinen Arbeitsplatz beim Verleiher nicht durch eine Betriebsänderung im Entleiherbetrieb[957]. Zwar kann der Leiharbeitnehmer seinen derzeitigen Einsatzplatz im Entleiherbetrieb verlieren, aber er verliert dann nicht seinen Arbeitsplatz beim Verleiher. Er kann nicht vom Entleiher entlassen werden. Ausgleichsmaßnahmen für Entlassungen im Entleiherbetrieb können folglich nicht einem Leiharbeitnehmer zustehen[958].

Allerdings wäre es den Betriebspartnern nicht verwehrt, freiwillig Leiharbeitnehmer in den persönlichen Anwendungsbereich von Sozialplänen einzubeziehen[959]. Sozialpläne sind gem. § 112 I 2 BetrVG Betriebsvereinbarungen, die – wie oben dargelegt[960] – auch für Leiharbeitnehmer Regelungen vorsehen können. Folglich ist das auch bei Sozialplänen möglich, wenn im Sozialplan wirtschaftliche Nachteile ausgeglichen werden sollen, die auch die Leiharbeitnehmer im Entleiherbetrieb treffen. Besteht die Betriebsänderung z.B. in einer Betriebsverlegung und sieht der Sozialplan Fahrtkostenentschädigungen für weitere Wege zum Arbeitsplatz im verlegten Betrieb vor, so kann ausnahmsweise auch verbindlich die Berücksichtigung eines Leiharbeitnehmers im Sozialplan vorgesehen werden[961]. Würde ein Sozialplan in einem solchen Falle dagegen eine Fahrtkostenentschädigung nur für Stammarbeitnehmer vorsehen, so könnte sich ein Anspruch des Leiharbeitnehmers auf

---

955 *Zu Dohna-Jaeger*, in: Ulber, AÜG, § 14 Rn. 132.

956 *Boemke*, in: Boemke/Lembke, AÜG § 14 Rn. 146; *zu Dohna-Jaeger*, in: Ulber, AÜG, § 14 Rn. 136; *Hamann*, in: Schüren, AÜG, 4. Aufl., § 14 Rn. 353; *Thüsing*, in: Thüsing, AÜG, § 14 Rn. 184.

957 *Thüsing*, in: Thüsing, AÜG, § 14 Rn. 184.

958 Vgl. *Annuß*, in: Richardi, BetrVG, 15. Aufl., § 112 Rn. 51ff.; *Boemke*, in: Boemke/Lembke, AÜG, § 14 Rn. 152; *Hamann*, in: Schüren, AÜG, 4. Aufl., § 14 Rn. 353.

959 *Dewender*, Betriebsfremde, S. 146; *Erdlenbruch*, betriebsverfassungsrechtliche Stellung, S. 215; *Jüttner*, Auswirkungen, S. 221.

960 Vgl. E.

961 *Dewender*, Betriebsfremde, S. 146; *Erdlenbruch*, betriebsverfassungsrechtliche Stellung, S. 215.

eine entsprechende Entschädigung für Mehrkosten für die Anfahrt allenfalls gegen den Verleiher richten, wenn der Arbeitsvertrag das vorsieht oder die Entlohnung durch den Verleiher sich nach dem Gleichstellungsgebot gem. § 3 I Nr. 3, 9 Nr. 2 AÜG richtet.

Soweit in einem Interessenausgleich Regelungen getroffen werden, die das Ob einer Betriebsänderung, dessen Zeitpunkt und Umfang oder die Ausgestaltung einer Betriebsänderung betreffen, sind auch die Interessen der Leiharbeitnehmer zu berücksichtigen, soweit sie von einer Betriebsänderung im Sinne des § 111 S. 2 – 5 BetrVG unmittelbar betroffen sind. Dabei geht es um Betriebsänderungen, die Leiharbeitnehmer und Stammarbeitnehmer grundsätzlich gleichermaßen betreffen, weil beide im Entleiherbetrieb eingegliedert sind. Würden die Leiharbeitnehmer in solchen Fällen bei einem Interessenausgleich im Entleiherbetrieb nicht einbezogen, blieben sie gegenüber solchen Betriebsänderungen schutzlos, weil der Verleiherbetriebsrat keinen Einfluss auf die Betriebsänderungen beim Entleiher nehmen kann; der Schutzzweck erfordert deshalb bei einem solchen Interessenausgleich in den genannten Fällen einer Betriebsänderung im Sinne des § 111 S. 3 Nr. 2 – 5 die Einbeziehung auch der Leiharbeitnehmer im Entleiherbetrieb[962].

962 *Becker/Wulfgramm*, AÜG, § 14 Rn. 89; *Erdlenbruch*, betriebsverfassungsrechtliche Stellung, S. 215f.; *Jüttner*, Auswirkungen, S. 221.

# G. Betriebsverfassungsrechtliche Individualrechte der Leiharbeitnehmer nach §§ 81–86a BetrVG

Auch die betriebsverfassungsrechtlichen Individualrechte der §§ 81–86a BetrVG stehen grundsätzlich den Leiharbeitnehmern im Entleiherbetrieb zu. Dies gilt zunächst für die Individualrechte nach §§ 81, 82 I, 84, 85 und 86 BetrVG, wie dies durch § 14 II 3 AÜG ausdrücklich festgestellt wird. Wie jedoch bereits oben gezeigt[963], bestehen die Individualrechte den Arbeitnehmern unabhängig von ihrer Betriebszugehörigkeit im Entleiherbetrieb zu. Insofern spricht die Regelung des § 14 II 3 AÜG nicht grundsätzlich gegen die Anwendbarkeit der übrigen Individualrechte, insbesondere jene aus §§ 83 und 86a BetrVG. Zwar wird es eher seltener dazu kommen, dass der Leiharbeitnehmer z.B. sein Recht auf Einsicht in die Personalakten nach § 83 BetrVG gegenüber dem Entleiher geltend zu machen hat, da dieser regelmäßig weder die Personalakte, noch Teile von ihr führt. Regelmäßig wird der Verleiher im Besitz der Personalakten sein. Allerdings kann vor dem Hintergrund längerer Einsätze auch nicht ausgeschlossen werden, dass der Entleiher persönliche Daten oder sonstige Erhebungen oder Leistungsbewertungen über den Leiharbeitnehmer[964] in einer Personalakte zusammengestellt hat. Außerdem ist denkbar, dass der Verleiher dem Entleiher Teile seiner Personalakte überlassen hat. In diesen Fällen muss es dem Leiharbeitnehmer auch unbenommen sein, Einsicht in die beim Entleiher befindlichen Teile der Personalakte zu verlangen[965]. Ähnliches gilt für das Individualrecht aus § 86a BetrVG, das Arbeitnehmern das Recht einräumt, dem Betriebsrat Vorschläge zur Beratung zu unterbreiten. Es ist kein Grund ersichtlich, weshalb man Leiharbeitnehmern dieses Recht entziehen sollte[966].

963 Vgl. C.V.3.
964 Vgl. F.IV.4.
965 *Thüsing*, in: Thüsing, AÜG, § 14 Rn. 95 mwNw.
966 *Thüsing*, in: Thüsing, AÜG, § 14 Rn. 96 mwNw.

# H. Aktives Wahlrecht jugendlicher Leiharbeitnehmer zur Jugend- und Auszubildendenvertretung im Entleiherbetrieb

Ein Sonderproblem hinsichtlich der betriebsverfassungsrechtlichen Stellung von Leiharbeitnehmern im Entleiherbetrieb stellt sich letztlich auch im Rahmen der Jugend- und Auszubildendenvertretungen im Entleiherbetrieb. Wie oben bereits festgestellt[967], gehören jugendliche Leiharbeitnehmer zu den Arbeitnehmern i.S.d. § 60 I BetrVG, sodass die Jugend- und Auszubildendenvertretung gegenüber dem Betriebsrat gem. § 60 II BetrVG auch die Belange der jugendlichen Leiharbeitnehmer zu vertreten hat. Es fragt sich jedoch, ob und unter welchen Voraussetzungen jugendlichen Leiharbeitnehmern Wahlrechte zur Jugend- und Auszubildendenvertretung im Entleiherbetrieb zustehen.

Gem. § 61 I BetrVG sind alle in § 60 I BetrVG genannten Arbeitnehmer des Betriebes aktiv wahlberechtigt, also alle Auszubildenden des Betriebes, die das 25. Lebensjahr noch nicht vollendet haben und alle Arbeitnehmer des Betriebes, die das 18. Lebensjahr noch nicht vollendet haben. Passiv wahlberechtigt sind gem. § 61 II 1 BetrVG alle Arbeitnehmer des Betriebes, die das 25. Lebensjahr noch nicht vollendet haben. Da die Jugend- und Auszubildendenvertretung eine betriebsverfassungsrechtliche Arbeitnehmervertretung ist, sind Leiharbeitnehmer gem. § 14 II 1 AÜG allerdings nicht wählbar[968]. Für das aktive Wahlrecht stellt sich die Frage, ob jugendliche Leiharbeitnehmer im Entleiherbetrieb für die Jugend- und Auszubildendenvertretung wahlberechtigt sind: Das aktive Wahlrecht zur Jugend- und Auszubildendenvertretung nach § 61 I BetrVG ist weder generell für Leiharbeitnehmer durch gesetzliche Regelung ausgeschlossen, noch ist es – anders als das Wahlrecht zum Betriebsrat nach § 7 S. 2 BetrVG – ausdrücklich geregelt und auf Leiharbeitnehmer beschränkt, die länger als drei Monate im Entleiherbetrieb eingesetzt werden.

Grundsätzlich sind im Hinblick auf das aktive Wahlrecht jugendlicher Leiharbeitnehmer drei Ergebnisse denkbar:

1. Generell kein aktives Wahlrecht: In Ermangelung einer Norm – wie etwa dem § 7 S. 2 BetrVG für die Betriebsratswahl – könnte jugendlichen Leiharbeitnehmern generell und unabhängig von ihrer Beschäftigungsdauer im Entleiherbetrieb ein aktives Wahlrecht verwehrt sein[969].

---

967 Vgl. F.II.2.h.

968 Vgl. *Thüsing*, in: Thüsing, AÜG, § 14 Rn. 48.

969 So i.E. *Oetker*, in: GK-BetrVG I, 10. Aufl., § 61 Rn. 15.

2. Generell ein aktives Wahlrecht: Allen jugendlichen Leiharbeitnehmern im Entleiherbetrieb könnte das aktive Wahlrecht zur Jugend- und Auszubildendenvertretung unabhängig von der Einsatzdauer zustehen. Das wäre der Fall, wenn die jugendlichen Leiharbeitnehmer im Entleiherbetrieb unmittelbar unter § 61 I BetrVG fallen und § 7 S. 2 BetrVG nicht auf die Jugend- und Auszubildendenvertretung anwendbar ist.

Oder 3.: Aktives Wahlrecht bei einem Einsatz des jugendlichen Leiharbeitnehmers von mehr als drei Monaten: Jugendlichen Leiharbeitnehmern steht das aktive Wahlrecht nur soweit zu, wie sie auch die Voraussetzungen des § 7 S. 2 BetrVG erfüllen, also für mehr als drei Monate im Entleiherbetrieb eingesetzt werden sollen[970] oder/bzw. sie im Entleiherbetrieb betriebszugehörige Arbeitnehmer sind.

Von diesen möglichen Ergebnissen kann jedenfalls jene, nach der das aktive Wahlrecht sämtlicher jugendlicher Leiharbeitnehmer zur Jugend- und Auszubildendenvertretung ausgeschlossen ist, nicht überzeugen. Zwar ist dieser Ansicht zugute zu halten, dass ein Wahlrecht – unabhängig davon, ob es sich auf die Wahl zum Betriebsrat oder zur Jugend- und Auszubildendenvertretung bezieht – die innerbetriebliche Organisation zum Gegenstand hat und diese grundsätzlich nicht betriebszugehörigen Arbeitnehmern entzogen sein muss[971]. Jugendliche Leiharbeitnehmer sind nur dann betriebszugehörig, wenn sie mindestens drei Monate im Entleiherbetrieb eingesetzt werden sollen[972]. Werden sie lediglich eine kürzere Zeit eingesetzt, fehlt ihnen die Betriebszugehörigkeit. Insofern stellt diese Ansicht jedenfalls sicher, dass nicht betriebszugehörige jugendliche Leiharbeitnehmer keinen Einfluss auf eine für sie fremde innerbetriebliche Organisation haben können.

Auf der anderen Seite vernachlässigt die Ansicht, nach der jugendliche Leiharbeitnehmer generell kein Wahlrecht zur Jugend- und Auszubildendenvertretung haben können, die gesetzlichen Regelungen, die der Gesetzgeber zu den Wahlen zur Jugend- und Auszubildendenvertretung aufgestellt hat. Das aktive Wahlrecht zur Jugend- und Auszubildendenvertretung wird gem. § 61 I BetrVG ausdrücklich auf „alle in § 60 I BetrVG genannten Arbeitnehmer des Betriebs" erstreckt. Wie bereits oben dargelegt, gehören jugendliche Leiharbeitnehmer – unabhängig von ihrer Beschäftigungsdauer – nach der gesetzlichen Neuregelung des § 14 II 4 AÜG zu den Arbeitnehmern i.S.d. § 60 I BetrVG[973]. Insofern würde jene Alternative, die das Wahlrecht für jugendliche Leiharbeitnehmer generell ausschließt, den ausdrücklichen Regelungen der §§ 60ff. BetrVG und § 14 II 4 AÜG zuwiderlaufen. Hierfür sprechen auch systematische Überlegungen: Wenn volljährigen Leiharbeitnehmern unter den Voraussetzungen des § 7 S. 2 BetrVG das aktive Wahlrecht

970 So i.E. *Dewender*, Betriebsfremde, S. 151f.; *Zimmerling*, Schwellenwerte, der von „nach § 7 S. 2 BetrVG wahlberechtigte jugendliche Leiharbeitnehmer im Entleiherbetrieb", S. 253, spricht.
971 Vgl. D.IV.2.b.bb.
972 Vgl. D.VII.
973 Vgl. F.II.2.h.

zu den Betriebsratswahlen eingeräumt wird, dann wäre es kaum nachvollziehbar, jugendlichen Leiharbeitnehmern, die ggf. die gleichen Voraussetzungen erfüllen, ein aktives Wahlrecht zur Jugend- und Auszubildendenvertretung zu verweigern[974]. Vor diesem Hintergrund kann man jugendlichen Leiharbeitnehmern zumindest nicht generell das aktive Wahlrecht zur Jugend- und Auszubildendenvertretung absprechen.

Insofern bleibt zu fragen, ob damit sämtliche jugendliche Leiharbeitnehmer – unabhängig von ihrer Beschäftigungsdauer – das Wahlrecht zur Jugend- und Auszubildendenvertretung haben sollen, oder ob dieses Wahlrecht lediglich auf solche jugendlichen Leiharbeitnehmer beschränkt sein soll, die die zusätzlichen Voraussetzungen des § 7 S. 2 BetrVG erfüllen.

*Dewender* spricht sich für die Anwendung des § 7 S. 2 BetrVG auch im Rahmen der Wahlregeln zur Jugend- und Auszubildendenvertretung aus[975]. Hierbei stütz er sich auf den systematischen Zusammenhang zwischen der Betriebsratswahl und der Wahl zur Jugend- und Auszubildendenvertretung: Das aktive Wahlrecht nach 61 I BetrVG zur Jugend- und Auszubildendenvertretung sei „als Minus im aktiven Wahlrecht zum Entleiherbetriebsrat nach § 7 S. 2 BetrVG enthalten“[976]. Danach sei ein jugendlicher Leiharbeitnehmer nur dann auch aktiv im Entleiherbetrieb zur Wahl der Jugend- und Auszubildendenvertretung berechtigt, wenn er die Voraussetzungen des § 61 I BetrVG und § 7 S. 2 BetrVG erfülle[977].

Für diese Ansicht spricht zunächst, dass widersprüchliche Ergebnisse vermieden werden: Jugendliche Leiharbeitnehmer hätten sonst durch das aktive Wahlrecht zur Jugend- und Auszubildendenvertretung auch bei einer Einsatzdauer von weniger als drei Monaten eine Möglichkeit zur Einflussnahme auf die innerbetriebliche Organisation des Entleiherbetriebes, während ein volljähriger Leiharbeitnehmer, der ebenfalls weniger als drei Monate Einsatzzeit hat, gem. § 7 S. 2 BetrVG bei den Betriebsratswahlen nicht wahlberechtigt ist. Dies würde eine unberechtigte Privilegierung von jugendlichen und Benachteiligung von volljährigen Leiharbeitnehmern darstellen. Insofern ist zumindest das Ergebnis überzeugend, jugendlichen Leiharbeitnehmern ein aktives Wahlrecht zur Jugend- und Auszubildendenvertretung einzuräumen, wenn sie mindestens drei Monate im Entleiherbetrieb tätig werden sollen.

Allerdings kann der Begründung dieses Ergebnisses mit der Anwendung des § 7 S. 2 BetrVG auf die Wahl zur Jugend- und Auszubildendenvertretung nicht gefolgt werden: Zwar besteht ein sachlicher Zusammenhang zwischen der Tätigkeit des Betriebsrates und der Jugend- und Auszubildendenvertretung. Die allgemeinen Aufgaben der Jugend- und Auszubildendenvertretung sind gem. § 70 I BetrVG so

---

974 *Dewender*, Betriebsfremde, S. 151f.
975 *Dewender*, Betriebsfremde, S. 151f.
976 *Dewender*, Betriebsfremde, S. 152.
977 *Dewender*, Betriebsfremde, S. 152; ebenso *Annuß*, in: GK-BetrVG I, 10. Aufl. § 61 Rn. 4.

ausgestaltet, dass nicht etwa der Arbeitgeber, sondern der Betriebsrat Ansprechpartner der Jugend- und Auszubildendenvertretung ist. Ebenso richtet sich der Informationsanspruch der Jugend- und Auszubildendenvertretung gem. § 70 II BetrVG gegen den Betriebsrat. Hieraus ergibt sich ein lediglich unterstützender Charakter, den die Jugend- und Auszubildendenvertretung gegenüber dem Betriebsrat einnimmt, aber auch eine Verbundenheit zwischen dem Betriebsrat und der Jugend- und Auszubildendenvertretung. Insofern ist der von *Dewender* angeführte systematischer Zusammenhang zwischen Jugend- und Auszubildendenvertretung und Betriebsrat nicht gänzlich von der Hand zu weisen. Allerdings verbietet sich die Annahme, dass das aktive Wahlrecht zur Jugend- und Auszubildendenvertretung „als Minus" im aktiven Wahlrecht zum Betriebsrat enthalten ist: Das BetrVG regelt in unterschiedlichen und in sich abgeschlossenen Abschnitten des Gesetzes differenzierte Wahlregelungen zu den Wahlen zum Betriebsrat und zur Jugend- und Auszubildendenvertretung. Auch inhaltlich weichen die Wahlregelungen zur Jugend- und Auszubildendenvertretung und zum Betriebsrat voneinander ab. So schließt § 7 S. 1 BetrVG ja gerade jene Arbeitnehmer von den Wahlrechten zum Betriebsrat aus, die noch nicht volljährig sind. Insofern lässt sich schon allein deshalb nicht die Behauptung begründen, der § 7 S. 2 BetrVG enthalte die Zuerkennung des aktiven Wahlrechts zur Jugend- und Auszubildendenvertretung. § 7 BetrVG soll gerade nicht für jugendliche Arbeitnehmer gelten. Auch darüber hinaus unterscheiden sich die jeweiligen gesetzlichen Regelungen zur Wahl des Betriebsrates und der Jugend- und Auszubildendenvertretung in wesentlichen Punkten: Auch soweit es um das (für Leiharbeitnehmer gem. § 14 II AÜG generell ausgeschlossene) passive Wahlrecht zur Jugend- und Auszubildendenvertretung geht, setzt das BetrVG unterschiedliche Anforderungen: So enthalten die Wahlregelungen zur Jugend- und Auszubildendenvertretung z.B. keine Beschränkung des passiven Wahlrechts, wie es vom § 8 I 1 BetrVG vorgesehen ist[978]. Arbeitnehmer sind nicht etwa erst dann zur Jugend- und Auszubildendenvertretung passiv wahlberechtigt, wenn sie sechs Monate dem Betrieb angehört haben. Theoretisch könnte sich ein Arbeitnehmer i.S.d. § 61 II BetrVG schon am ersten Tag der Tätigkeit in die Jugend- und Auszubildendenvertretung wählen lassen.

Auch diese unterschiedlichen gesetzlichen Regelungen beim Wahlrecht von Betriebsrat und Jugend- und Auszubildendenvertretung verdeutlichen, dass die gesetzlichen Wahlrechte bei der Betriebsratswahl keineswegs auch für die Jugend- und Auszubildendenvertretung gelten. Die Regelungen über die Wahlrechte zum Betriebsrat finden lediglich auch bei der Wahl der Jugend- und Auszubildendenvertretung Anwendung, wenn das Gesetz in den §§ 60ff. BetrVG dies ausdrücklich anordnet. Dies ist gem. § 61 II 2 2. HS. BetrVG bezüglich § 8 I 3 BetrVG („Nicht wählbar ist, wer infolge strafgerichtlicher Verurteilung die Fähigkeit, Rechte aus öffentlichen Wahlen zu erlangen, nicht besitzt") der Fall, nicht jedoch bezüglich des

978 *Fitting*, 28. Aufl. § 61 Rn. 12.

§ 8 I 1 BetrVG – und auch nicht bezüglich § 7 S. 2 BetrVG, weil eine entsprechende gesetzliche Anordnung im § 61 BetrVG fehlt.

Im Ergebnis ist damit eine Anwendung des § 7 S. 2 BetrVG auf die Wahlen zur Jugend- und Auszubildendenvertretung ausgeschlossen. Gleichwohl muss jedoch die zweite Funktion des § 7 S. 2 BetrVG, die über das bloße Wahlrecht hinausgeht, Berücksichtigung finden: Wie oben festgestellt[979], enthält der § 7 S. 2 BetrVG die gesetzgeberische Wertung, dass ein (geplanter) Einsatz von über drei Monaten die Betriebszugehörigkeit von Leiharbeitnehmern begründet. Diese ist maßgeblich für die Wahlrechte, da nur solche (Leih-)Arbeitnehmer Einfluss auf die innerbetriebliche Organisation erhalten dürfen, die dem Betrieb auch angehören. Damit findet zwar § 7 S. 2 BetrVG keine Anwendung im Rahmen der §§ 60ff. BetrVG. Allerdings kann das aktive Wahlrecht auch zur Jugend- und Auszubildendenvertretung nur betriebszugehörigen (Leih-)Arbeitnehmern zustehen. Die Maßgeblichkeit der Betriebszugehörigkeit für die Frage nach dem aktiven Wahlrecht zur Jugend- und Auszubildendenvertretung ergibt sich nicht nur unter systematischen Gesichtspunkten. Auch die §§ 60 f. BetrVG sind ausdrücklich so gestaltet: So räumt § 61 I BetrVG die Wahlberechtigung „alle[n] in § 60 I genannten *Arbeitnehmern des Betriebes*“ ein. Maßgeblich ist auf der ersten Stufe also zunächst, ob Leiharbeitnehmer generell zu der Gruppe der in § 60 I BetrVG genannten Beschäftigten gehören. Hierbei stellt § 60 I BetrVG aber – anders als es der § 61 I BetrVG tut – nicht auf die „Arbeitnehmer des Betriebes“, also betriebszugehörige Arbeitnehmer, ab, sondern lediglich auf „Arbeitnehmer“. Sämtliche Leiharbeitnehmer sind Arbeitnehmer[980], sodass alle jugendlichen Leiharbeitnehmer unter die Arbeitnehmergruppe des § 60 I BetrVG fallen. Hingegen spricht § 61 I davon, dass wahlberechtigt „alle in § 60 I genannten *Arbeitnehmer des Betriebes*“ sind. Insofern enthält § 61 I BetrVG keinen vollumfänglichen Verweis auf die Gruppe der Arbeitnehmer i.S.d. § 60 I BetrVG, sondern nimmt diese Arbeitnehmergruppe zum Ausgangspunkt und verleiht lediglich jenen Arbeitnehmern i.S.d. § 60 I BetrVG das aktive Wahlrecht, welche (zudem) betriebszugehörig sind. Insofern kann man auch aus den Regelungen, die der Gesetzgeber zur Jugend- und Auszubildendenvertretung getroffen hat, den Grundsatz ablesen, dass der personelle Zuständigkeitsbereich (vgl. § 60 I, II BetrVG) nicht identisch ist mit dem Kreis der wahlberechtigten Arbeitnehmer (§ 61 I BetrVG): Während die Zuständigkeit nicht auf betriebszugehörige Arbeitnehmer beschränkt sein muss, können Wahlrechte nur von solchen Arbeitnehmern wahrgenommen werden, die betriebszugehörig sind.

Damit gehören jugendliche Leiharbeitnehmer zwar unabhängig von ihrer Beschäftigungsdauer zu den Arbeitnehmern i.S.d. § 60 I BetrVG[981]. Wahlberechtigt sind allerdings nur solche jugendliche Leiharbeitnehmer i.S.d. § 60 I BetrVG, die zusätzlich auch gem. § 61 I BetrVG „Arbeitnehmer des Betriebes“ sind. Dies sind sie nach

979 Vgl. D.VII.
980 Vgl. C.
981 Vgl. auch schon unter F.II.2.h.

der hier vertretenen Auffassung, wenn sie mindestens drei Monate im Entleiherbetrieb eingesetzt werden sollen[982]. Damit sind jugendliche Leiharbeitnehmer – auch ohne unmittelbare oder analoge Anwendung des § 7 S. 2 BetrVG – aktiv zur Wahl der Jugend- und Auszubildendenvertretung im Entleiherbetrieb berechtigt, wenn sie dort mehr als drei Monate zur Arbeitsleistung überlassen werden.

Soweit man – anders als hier – die Betriebszugehörigkeit nicht anhand der (voraussichtlichen) Einsatzzeit bestimmt[983], könnte diesem Ergebnis denklogisch nicht gefolgt werden. Nach den anderen zur Betriebszugehörigkeit vertretenen Ansichten wären Leiharbeitnehmer entweder generell nicht betriebszugehörig (vgl. strenge Zwei-Komponenten-Lehre) oder würden dem Betrieb des Entleihers unabhängig von der Einsatzdauer zugerechnet werden (vgl. Eingliederungstheorie und modifizierte Zwei-Komponenten-Lehre) oder es wäre (nach der vom BAG entwickelten Ansicht) anhand des Normzwecks des § 61 I BetrVG zu bestimmen, ob sie als „Arbeitnehmer des Betriebes" im Sinne dieser Norm zu verstehen sind. Die jeweiligen Ansichten würden sich dann wie folgt auf § 61 I BetrVG auswirken:

Soweit man Leiharbeitnehmer generell und ohne Rücksicht auf ihre Einsatzdauer zu den Arbeitnehmern des Entleiherbetriebes (oder zu den Arbeitnehmern des Einsatzbetriebes (nur) im Sinne des § 61 I BetrVG) zählen würde, müsste jugendlichen Leiharbeitnehmern das Wahlrecht zur Jugend- und Auszubildendenvertretung ebenfalls ohne Rücksicht auf die Dauer ihrer Beschäftigung im Entleiherbetrieb zugesprochen werden. Soweit man Leiharbeitnehmer nicht als Angehörige des Entleiherbetriebes (oder als Angehörige des Entleiherbetriebes i.S.d. § 61 I BetrVG) ansieht, käme auch generell kein Wahlrecht zur Jugend- und Auszubildendenvertretung im Entleiherbetrieb für jugendliche Leiharbeitnehmer in Betracht.

Beide Ergebnisse wären insbesondere aus systematischen Erwägungen und zwingenden Abweichungen zu den Regelungen der Betriebsratswahl – wie aufgezeigt – nicht einleuchtend. Insofern zeigt sich auch bei Vorschriften zur Jugend- und Auszubildendenvertretung nicht nur, dass die Zuständigkeit einer betrieblichen Arbeitnehmervertretung nicht auf dessen „Wahlvolk" oder die betriebszugehörigen Arbeitnehmer beschränkt ist, sondern auch, dass die Betriebszugehörigkeit als maßgebliches Kriterium zur Bestimmung des Kreises wahlberechtigter Arbeitnehmer sich für Leiharbeitnehmer im Entleiherbetrieb nach der Eingliederung i.V.m. einer zumindest geplanten Einsatzdauer von mindestens drei Monaten bestimmt.

---

982 Vgl. D.VII.
983 Vgl. D.II.

# I. Zusammenfassung

Die wirtschaftliche und arbeitsmarktpolitische Bedeutung der Leiharbeit hat in den letzten Jahren erheblich zugenommen. Gleichzeitig erfolgte durch gesetzliche Änderungen im AÜG und BetrVG sowie durch tarifvertragliche Regelungen eine zunehmende Annäherung und Gleichstellung zwischen Leiharbeitnehmer und Stammarbeitnehmern im Einsatzbetrieb. Dies beeinflusst auch die betriebsverfassungsrechtliche Stellung der Leiharbeitnehmer im Entleiherbetrieb.

Leiharbeitnehmer sind unabhängig davon, welchem Betrieb sie zuzurechnen sind, Arbeitnehmer gem. § 5 BetrVG. Damit ist der generelle Anwendungsbereich des BetrVG für sie eröffnet. Entgegen der h.M. ist die Betriebszugehörigkeit keine generelle Voraussetzung des persönlichen Anwendungsbereichs des BetrVG. Die Betriebszugehörigkeit ist vielmehr ein von bestimmten Normen des BetrVG vorausgesetztes Tatbestandsmerkmal. Weder die Mitbestimmungsrechte, noch die Individualrechte des BetrVG setzen generell die Betriebszugehörigkeit voraus. Wer nach § 5 BetrVG „Arbeitnehmer im Sinne dieses Gesetzes" ist, hat allerdings noch lange nicht alle Rechte des BetrVG. Es kommt vielmehr darauf an, ob die jeweilige Norm des BetrVG auf den Arbeitnehmer i.S.d. § 5 BetrVG anwendbar ist. Das gilt auch für Leiharbeitnehmer im Entleiherbetrieb.

Die Betriebszugehörigkeit von Leiharbeitnehmern zum Entleiherbetrieb ist von grundsätzlicher Bedeutung und bedarf der Feststellung für jene Normen des BetrVG, die nur für betriebszugehörige Arbeitnehmer anwendbar sind, wie z.B. die Wahlrechte. Zur Bestimmung der Betriebszugehörigkeit werden in Literatur und Rechtsprechung verschiedene Theorien vertreten. Die strenge Zwei-Komponenten-Lehre kann nicht überzeugen, weil sich neben der Eingliederung die nach dieser Theorie erforderliche Voraussetzung eines Arbeitsverhältnisses dogmatisch nicht begründen lässt und insbesondere nicht dem § 5 BetrVG, § 14 AÜG oder dem Betriebsbegriff entnommen werden kann. Aber auch die modifizierte Zwei-Komponenten-Lehre, die als rechtliche Komponente das Forderungsrecht des Entleihers genügen lässt, ist nicht mit dem BetrVG vereinbar, weil § 7 S. 2 BetrVG die Betriebszugehörigkeit eines Leiharbeitnehmers mit einer Einsatzdauer von weniger als drei Monaten ausschließt. Aus dem gleichen Grunde scheidet auch die Eingliederungstheorie aus, die die tatsächliche Eingliederung der Leiharbeitnehmer im Entleiherbetrieb genügen lässt. Auch die vom BAG entwickelte Bestimmung der Betriebszugehörigkeit des Leiharbeitnehmers je nach Normzweck kann nicht überzeugen, weil die Betriebszugehörigkeit eine nicht teilbare Rechtsposition ist; Leiharbeitnehmer können dem Entleiherbetrieb nicht partiell – je nach der jeweiligen Norm – angehören.

Die Betriebszugehörigkeit für Leiharbeitnehmer mit einer Einsatzdauer von mehr als drei Monaten ergibt sich jedoch aus § 7 S. 2 BetrVG: Dem Leiharbeitnehmer wird mit dem aktiven Wahlrecht das entscheidende Element der Betriebszugehörigkeit verliehen. Mit dem § 7 S. 2 BetrVG gibt der Gesetzgeber dem Leiharbeitnehmer mit einem Einsatz von mehr als drei Monaten die Möglichkeit, auf die Zusammensetzung des Betriebsrates als Vertretungsorgan der Belegschaft Einfluss zu nehmen. Dieses Recht kann nur betriebszugehörigen Belegschaftsmitgliedern eingeräumt werden. Das aktive Wahlrecht ist deshalb Ausdruck der gesetzgeberischen Wertung, dass es sich bei den wahlberechtigten Arbeitnehmern um Betriebszugehörige handelt. Deshalb sind Leiharbeitnehmer gem. § 7 S. 2 BetrVG mit einer Einsatzzeit von mehr als drei Monaten auch Betriebszugehörige des Entleiherbetriebes.

Betriebsvereinbarungen im Entleiherbetrieb können gem. § 77 IV 1 BetrVG auch unmittelbare Wirkung für die dort eingesetzten Leiharbeitnehmer entfalten. Dabei kommt es weder auf die Betriebszugehörigkeit der Leiharbeitnehmer noch auf deren Wahlrecht und Einsatzdauer an. Die Legitimation der Betriebsparteien zur Normsetzung durch Betriebsvereinbarung mit Wirkung auch für die eingesetzten Leiharbeitnehmer ergibt sich allein aus der gesetzlichen Ermächtigung des Betriebsrates gem. § 77 IV 1 BetrVG. Die Zuständigkeit des Betriebsrates im Rahmen der Mitbestimmungs- und Beteiligungsrechte beschränkt sich nicht auf betriebszugehörige Arbeitnehmer. Auch § 77 IV 1 BetrVG kann nicht anders verstanden werden. Die Betriebsvereinbarung ist ein Instrument zur Gestaltung der Beteiligungsrechte. Ebenso wie einzelne Beteiligungsrechte nicht auf wahlberechtigte oder betriebszugehörige Arbeitnehmer begrenzt sind, gilt dies auch für Betriebsvereinbarungen zur Ausgestaltung dieser Rechte. Die Legitimation zur Normsetzung und deren Geltung gegenüber einem Leiharbeitnehmer im Entleiherbetrieb erfolgt also aufgrund des § 77 IV 1 BetrVG i.V.m. der jeweiligen gesetzlichen Regelung, die der Betriebsvereinbarung zugrunde liegt.

Im Hinblick auf die Zuständigkeit des Entleiherbetriebsrates für die Leiharbeitnehmer im Rahmen der Beteiligungs- und Mitbestimmungsrechte kommt es nach allen Ansichten zum Begriff des Arbeitnehmers in § 5 BetrVG, zum personellen Anwendungsbereich des BetrVG und zur Betriebszugehörigkeit im Ergebnis maßgeblich darauf an, ob der Normzweck des jeweiligen Beteiligungsrechts eine Einbeziehung des Leiharbeitnehmers gebietet und die mitbestimmungspflichtige Maßnahme sich unmittelbar auf den Leiharbeitnehmer auswirkt. Die Beteiligungsrechte des Entleiherbetriebsrates bestehen für alle Arbeitnehmer *im* Betrieb, auf die sich eine Maßnahme des Betriebsinhabers auswirkt und die die Beteiligung des Betriebsrates auslöst. Jeder Arbeitnehmer, für den die beteiligungspflichtige Anordnung Wirkung entfaltet, fällt auch unter den Schutz der Betriebsratsbeteiligung. Das gilt auch für die Leiharbeitnehmer im Entleiherbetrieb. Immer wenn der Entleiher gegenüber dem Leiharbeitnehmer berechtigt ist, eine Anordnung zu treffen, die eine Beteiligung des Betriebsrates voraussetzt, begründet das BetrVG die Zuständigkeit des Entleiherbetriebsrates auch für die Leiharbeitnehmer. Geht es dagegen um mitbestimmungspflichtige Entscheidungen des Verleihers, ist allein der Verleiherbetriebsrat zuständig.

Das Gleichstellungsgebot gem. §§ 3 I, 8, 9 Nr. 2 AÜG begründet allein Verpflichtungen des Verleihers und nicht des Entleihers, sodass im Zusammenhang mit dem Gleichstellungsgebot keine Mitbestimmung des Entleiherbetriebsrates erfolgen kann.

Der Entleiherbetriebsrat nimmt die allgemeinen Aufgaben weitgehend auch für Leiharbeitnehmer wahr, weil diese im Wesentlichen die Eingliederung der Arbeitnehmer im Betrieb betreffen bzw. daran anknüpfen. Das gilt für die Grundsätze des § 75 BetrVG, der schon dem Wortlaut nach alle im Betrieb tätigen Personen und damit auch die Leiharbeitnehmer einschließt, und für die Aufgaben des § 80 I BetrVG. Auch die Mitbestimmung in sozialen Angelegenheiten gem. § 87 BetrVG betrifft in erster Linie nicht die arbeitsvertraglichen Beziehungen, sondern die Ordnung des Betriebes und knüpft damit insoweit ebenfalls primär an die Eingliederung an. § 87 BetrVG gilt daher weitgehend auch für Leiharbeitnehmer im Entleiherbetrieb. Das gilt für § 87 I Nr. 1, 2, 6, 12 und 13 BetrVG (Ordnung des Betriebes, Arbeitszeit, technische Überwachung, Vorschlagswesen und Gruppenarbeit), weil diese Vorschriften dem im Entleiherbetrieb eingegliederten Leiharbeitnehmer betreffen. Für § 87 I Nr. 4, 10 und 11 gilt das nicht, weil sich diese Mitbestimmungsrechte auf die Auszahlung des Entgeltes und die Lohngestaltung beziehen und damit Entscheidungen des Verleihers betreffen. In diesen Fällen ist allein der Verleiherbetriebsrat gegenüber dem Verleiher zur Mitbestimmung berufen. Zu differenzieren ist bei § 87 I Nr. 5, 8 und 9 BetrVG (Urlaub, Sozialeinrichtungen und Werkmietwohnungen), weil der Entleiher hier nur ausnahmsweise zu Entscheidungen gegenüber dem Leiharbeitnehmer zuständig ist und demzufolge auch der Entleiherbetriebsrat nur ausnahmsweise zuständig ist.

In personellen Angelegenheiten ist zu differenzieren, inwieweit der Entleiherbetriebsrat auch für die Leiharbeitnehmer tätig wird. Bei der Personalplanung ist der Betriebsrat gem. § 92 I 1 BetrVG über einen geplanten Einsatz von Leiharbeitnehmern zu beteiligen. Im Hinblick auf die Planung des Personaleinsatzes sind Leiharbeitnehmer genauso betroffen wie die Stammarbeitnehmer. Das kann auch für die Personalentwicklung bei Versetzungen oder Weiterbildung gelten, soweit die Leiharbeitnehmer im Einsatzbetrieb davon betroffen werden. Insoweit besteht auch ein Beteiligungsrecht des Entleiherbetriebsrates gem. § 92 BetrVG. Auch das Vorschlagsrecht des Entleiherbetriebsrates gem. § 92a BetrVG kann ausnahmsweise zur Beschäftigungssicherung der Leiharbeitnehmer dienen, wenn der Betriebsrat dem Entleiher die Übernahme eines Leiharbeitnehmers als Stammarbeitnehmer vorschlägt.

Die Ausschreibung von Arbeitsplätzen gem. § 93 BetrVG kann der Entleiherbetriebsrat auch für die Leiharbeitnehmer verlangen – entsprechend der Verpflichtung des Entleihers gem. § 13a AÜG. Auch bei einem geplanten Einsatz von Leiharbeitnehmern kann der Betriebsrat die interne Ausschreibung der Arbeitsplätze verlangen, es sei denn, diese Arbeitsplätze sollen dauerhaft mit (verschiedenen) Leiharbeitnehmern besetzt werden.

Bei den Beteiligungsrechten des Entleiherbetriebsrates gem. § 94, 95 und 96–98 BetrVG kann ausnahmsweise auch eine Zuständigkeit des Entleiherbetriebsrates für Leiharbeitnehmer bestehen, wenn im Zuge längerer Einsatzdauern Personalfragebögen und Beurteilungsgrundsätze auch für die Leiharbeitnehmer vorgelegt werden (§ 94 BetrVG), Auswahlrichtlinien für die Versetzung von Arbeitnehmern auch die Leiharbeitnehmer im Einsatzbetrieb betreffen (§ 95 BetrVG) oder Maßnahmen der Berufsbildung im Entleiherbetrieb auch dem Leiharbeitnehmer offen stehen (§§ 96–98 BetrVG).

Im Rahmen der Mitbestimmung bei personellen Einzelmaßnahmen ist der Entleiherbetriebsrat gem. § 99 BetrVG, 14 III 1 AÜG bei der Übernahme eines Leiharbeitnehmers zu beteiligen. Das gilt auch bei einem Austausch der Leiharbeitnehmer im gleichen Entleiherbetrieb. Dem Entleiherbetriebsrat können gegen den geplanten Einsatz von Leiharbeitnehmern die Zustimmungsverweigerungsrechte des § 99 II Nr. 1, 2, 3, 5 und 6 BetrVG zustehen. Demgegenüber ist § 99 II Nr. 4 BetrVG im Rahmen der Überlassung bzw. Einstellung von Leiharbeitnehmern nicht anwendbar, weil der zu übernehmende Leiharbeitnehmer mangels Bindung zum Betrieb von der Norm vor seinem Einsatz nicht erfasst ist. Die Unterrichtungspflicht gem. § 99 BetrVG umfasst auch die Pflicht, dem Entleiherbetriebsrat die Namen der Leiharbeitnehmer mitzuteilen und den Arbeitnehmerüberlassungsvertrag zwischen Entleiher und Verleiher vorzulegen. Während des Einsatzes kann ein Mitbestimmungsrecht des Entleiherbetriebsrates gem. § 99 BetrVG für den Leiharbeitnehmer bei einer Versetzung auf einen anderen Arbeitsplatz im Einsatzbetrieb in Betracht kommen, wenn nicht bereits im Überlassungsvertrag der Einsatz auf unterschiedlichen Arbeitsplätzen vorgesehen war.

Die betriebsverfassungsrechtlichen Beteiligungsrechte in wirtschaftlichen Angelegenheiten bestehen für Leiharbeitnehmer im Entleiherbetrieb nur in begrenztem Umfange. Der Wirtschaftsausschuss ist in den Fällen des § 106 III Nr. 1–4 und Nr. 6 BetrVG nicht für die eingesetzten Leiharbeitnehmer tätig, weil diese wirtschaftlichen Fragen nicht die Eingliederung der Leiharbeitnehmer betreffen und die Auswirkungen der wirtschaftlichen und finanziellen Lage des Unternehmens (§ 106 III Nr. 1 BetrVG), die Produktions- und Absatzlage (§ 106 III Nr. 2 BetrVG), das Produktions- und Investitionsprogramm (§ 106 III Nr. 3 BetrVG), Rationalisierungsvorhaben (§ 106 III Nr. 4 BetrVG) und die Stilllegung von Betrieben (§ 106 III Nr. 6 BetrVG) sich nicht auf die mit dem Verleiher bestehenden Arbeitsverhältnisse auswirken. Die wirtschaftlichen Angelegenheiten des § 106 III NR. 5, 7–9 BetrVG können dagegen unmittelbar die Leiharbeitnehmer betreffen, sodass bei diesen Fragen der Wirtschaftsausschuss auch für Leiharbeitnehmer tätig wird: Diese Fragen knüpfen an die Eingliederung an und können Leiharbeitnehmer genauso betreffen wie Stammarbeitnehmer; das gilt für die Einführung neuer Arbeitsmethoden im Betrieb (§ 106 III Nr. 5 BetrVG), die Verlegung oder Spaltung eines Betriebes (106 III Nr. 7, 8 BetrVG) und die Änderung von Betriebsorganisation oder -zweck (§ 106 III Nr. 9 BetrVG). Bei § 106 III Nr. 10 ist zu differenzieren, ob der geplante Einsatz von Leiharbeitnehmern ein sonstiges Vorhaben i.S.d. Vorschrift darstellt. Das ist der Fall, wenn die Interessen der Stammarbeitnehmer des Unternehmens wesentlich berührt sind; das ist nicht bei nur kurzfristigen Vertretungen durch Leiharbeitnehmer der Fall, wohl aber wenn regelmäßig Leiharbeitnehmer im Betrieb eingesetzt werden.

Auch bei Betriebsänderungen im Entleiherbetrieb gem. § 111ff. BetrVG ist zu differenzieren. Die Verlagerung oder Spaltung des Betriebes (§ 111 S. 3 Nr. 2, 3 BetrVG), die Änderung der Betriebsorganisation (§ 111 S. 3 Nr. 4 BetrVG) und die

Einführung neuer Arbeitsmethoden (§ 111 S. 3 Nr. 5 BetrVG) können die eingegliederten Leiharbeitnehmer genauso betreffen wie die Stammarbeitnehmer. Allerdings setzt § 111 S. 1 BetrVG wesentliche Nachteile für die Belegschaft voraus. Zur Belegschaft gehören aber nur betriebszugehörige Leiharbeitnehmer, sodass der Betriebsrat nur für diese i.R.d. § 111 S. 3 Nr. 2–5 BetrVG zuständig ist. Demgegenüber sind Leiharbeitnehmer bei Interessenausgleich, Sozialplan und Nachteilsausgleich gem. §§ 112–113 BetrVG vom persönlichen Geltungsbereich ausgeschlossen, soweit es um einen Ausgleich für den Arbeitsplatzverlust geht.

# Literaturverzeichnis


*Ankersen, Per*: Mitbestimmung bei Leiharbeit – BB-Kommentar zu BAG 19.6.2001, BB 2001, 2585 (zitiert: *Ankersen*, BB 2001, 2585)

*Barth, Thomas*: Mitbestimmungs- und Beteiligungsrechte des Betriebsrates bei der Beschäftigung von Leih- und Fremdfirmenarbeitnehmern, 1996 (zitiert: *Barth*, Mitbestimmungs- und Beteiligungsrechte)

*Bartl, Ewald / Romanowski, Roman*: Keine Leiharbeit auf Dauerarbeitsplätzen!, NZA 2012, 845 (*Bartl/Romanowski*, NZA 2012, 845)

*Becker, Friedrich*: Haftungsfragen bei der gewerbsmäßigen Arbeitnehmerüberlassung, NJW 1976, 1827 (zitiert: *Becker*, NJW 1976, 1827)

*Becker, Friedrich*: Betriebsverfassungsrechtliche Aspekte bei drittbezogenen Personaleinsatz, AuR 1982, 369 (zitiert: *Becker*, AuR 1982, 369)

*Becker, Friedrich / Wulfgramm, Jörg*: Kommentar zum Arbeitnehmerüberlassungsgesetz, 3. Auflage, Neuwied 1985. (zitiert: *Becker/Wulfgramm*, AÜG)

*Benecke, Martina*: Leiharbeitnehmer in der Betriebsverfassung des Entleihbetriebes – Das BAG zu Betriebszugehörigkeit und Schwellenwerten, in: Henssler, Martin / Joussen, Jacob / Maties, Martin / Preis, Ulrich (Hrsg.), Moderne Arbeitswelt: Festschrift für Rolf Wank, München 2014, S. 27 (zitiert: *Benecke*, in: Henssler u.a., FS Wank)

*Bepler, Klaus*: Mitbestimmung des Betriebsrats bei der Regelung der Arbeitszeit, NZA-Beil. 2006, 45 (zitiert: *Bepler*, NZA-Beil. 2006, 45)

*Birk, Rolf*, Betriebszugehörigkeit bei Auslandstätigkeit, in: Gamillscheg, Franz / Rüthers, Bernd / Stahlhacke, Eugen (Hrsg.), Sozialpartnerschaft in der Bewährung: Festschrift für Karl Molitor zum 60. Geburtstag, München 1988, S. 20 (zitiert: *Birk*, in: Gamillscheg u.a., FS K. Molitor)

*Bissels, Alexander / Falter, Kira*: Ausgewählte Rechtsprobleme der AÜG-Reform (Teil 2), ArbRAktuell 2017, 33 (zitiert: *Bissels/Falter*, ArbRAktuell 2017, 33)

*Blanke, Thomas*: Die betriebsverfassungsrechtliche Stellung der Leiharbeit, DB 2008, 1153 (zitiert: *Blanke*, DB 2008, 1153)

*Boemke, Burkhard*: Schuldvertrag und Arbeitsverhältnis, München 1999 (zitiert: *Boemke*, Schuldvertrag)

*Boemke, Burkhard/Lembke, Mark* (Hrsg.): AÜG, 3. Aufl., Frankfurt a.M. 2013 (zitiert: *Bearb.*, in: Boemke/Lembke, AÜG)

*Boemke, Burkhard*: Mitbestimmungsrecht bei Leiharbeit betreffend Schutzkleidung, jurisPR ArbR 34/2014 Anm. 4 (zitiert: *Boemke*, jurisPR-ArbR 34/2014 Anm. 4)

*Bremeier, Karl-Friedrich*: Die personelle Reichweite der Betriebsverfassung im Lichte des Gleichheitssatzes (Art. 3 Abs. 1 GG)., Berlin 2001 (zitiert: *Bremeier*, Reichweite)

*Brors, Christiane:* „Fremdpersonaleinsatz" – Wer ist gemäß § 7 S. 2 BetrVG wahlberechtigt?, NZA 2002, 123 (zitiert: *Brors*, NZA 2002, 123)

*Brors, Christiane*: „Leiharbeitnehmer wählen ohne zu zählen" – eine kurzlebige Entscheidung, NZA 2003, 1380 (zitiert: *Brors*, NZA 2003, 1380)

*Brors, Christiane*: „Vorübergehend", AuR 2013, 108 (zitiert: *Brors*, AuR 2013, 108)

*Brose, Wiebke*: Die betriebsverfassungsrechtliche Stellung von Leiharbeitnehmern nach den Änderungen des AÜG, NZA 2005, 797 (zitiert: *Brose*, NZA 2005, 797)

*Bundesagentur für Arbeit*: Beschäftigungsstatistik, Zeitreihe über sozialversicherungspflichtig Beschäftigte, Dezember 2014

*Bundesagentur für Arbeit*: Arbeitnehmerüberlassung, Leiharbeitnehmer und Verleiherbetriebe – Zeitreihe ab 1973, März 2015

*Bundesagentur für Arbeit*: Arbeitsmarktberichterstattung: Der Arbeitsmarkt in Deutschland – Zeitarbeit – Aktuelle Entwicklungen, April 2015

*Bundesagentur für Arbeit*: Arbeitnehmerüberlassung, Leiharbeitnehmer und Verleiherbetriebe – Zeitreihe ab 2013, Januar 2016

*Bundesarbeitgeberverband der Personaldienstleister*: Das Branchenportrait – Zeitarbeit Personaldienstleistungen, 2012 (zitiert: *BAP*, Branchenportrait)

*Christiansen, Dörte*: Betriebszugehörigkeit – Die Zuordnung von Arbeitnehmern aus betriebsverfassungsrechtlicher Sicht, Frankfurt a.M. 1998 (zitiert: *Christiansen*, Zuordnung)

*Däubler, Wolfgang:* Das Wahlrecht der „überlassenen Arbeitnehmer" nach dem neuen § 7 Satz 2 BetrVG, AiB 2001, 685 (zitiert: *Däubler*, AiB 2001, 685)

*Däubler, Wolfgang*: Die veränderte Betriebsverfassung, AuR 2001, 285 (zitiert: *Däubler*, AuR 2001, 285)

*Däubler, Wolfgang:* „Zur Arbeitsleistung überlassen" (§ 7 Satz 2 BetrVG), Anm. zu ArbG Frankfurt a.M. v. 22.5.2002 – 2 BV 148/02, AuR 2003, 190 (zitiert: *Däubler*, AuR 2003, 190)

*Däubler, Wolfgang*: Wählen aber nicht zählen – vermeidbare Rigiditäten im Betriebsverfassungsrecht, AuR 2004, 81 (zitiert: *Däubler*, AuR 2004, 81)

*Däubler, Wolfgang / Kittner, Michael / Klebe, Thomas / Wedde, Peter* (Hrsg.): BetrVG, 15. Aufl., Frankfurt a.M. 2016 (zitiert: *Bearb.* in: DKKW)

*Dewender, Sascha*: Die Rechtsstellung der Leiharbeitnehmer nach den §§ 7 Satz 2 und 9 BetrVG, RdA 2003, 274 (zitiert: *Dewender*, RdA 2003, 274)

*Dewender, Sascha*: Betriebsfremde Arbeitnehmer in der Betriebsverfassung unter besonderer Berücksichtigung der unechten Leiharbeitnehmer, Frankfurt a.M. 2004 (zitiert: *Dewender*, Betriebsfremde)

*Dietz, Rolf*: Tarifliche Gestaltung des Mitbestimmungsrechts, DB 1952, 969 (zitiert: *Dietz*, DB 1952, 969)

*Dörner, Hans-Jürgen*: Der Leiharbeitnehmer in der Betriebsverfassung, in: Kohte, Wolfhard / Dörner, Hans-Jürgen / Anzinger, Rudolf (Hrsg.), Arbeitsrecht im sozialen Dialog: Festschrift für Hellmut Wissmann zum 65. Geburtstag, München 2005, S. 286 (zitiert: *Dörner*, in: Kohte u.a., FS Wissmann)

*Dreher, Melanie*: Die betriebsverfassungsrechtliche Stellung von Leiharbeitnehmern, Troisdorf 2009 *(zitiert: Dreher*, Stellung)

*Dütz, Wilhelm/Thüsing, Gregor*: Arbeitsrecht, 20. Aufl., München 2015 (zitiert: *Dütz/Thüsing*, Arbeitsrecht)

*Düwell, Franz Josef / Dahl, Holger*: Mitbestimmung des Betriebsrats beim Einsatz von Leiharbeitnehmern, NZA-RR 2011, 1 (zitiert: *Düwell/Dahl*, NZA-RR 2011, 1

*Düwell, Franz Josef*: Erstes Gesetz zur Änderung des AÜG – Eine verpasste Chance für die Integration der Leiharbeit in die Betriebsverfassung, AuR 2011, 288 (zitiert: *Düwell*, AuR 2011, 288)

*Düwell, Franz Josef*: Die vorübergehende Überlassung im Ersten AÜG-Änderungsgesetz, ZESAR 2011, 449 (zitiert: *Düwell*, ZESAR 2011, 449)

*Düwell, Franz Josef / Blanke, Thomas*: BetrVG, 4. Aufl., Baden-Baden 2014 (zitiert: *Bearb*., in: Düwell, BetrVG)

*Edenfeld, Stefan*: Recht der Arbeitnehmermitbestimmung, 2. Aufl., Heidelberg 2005 (zitiert: *Edenfeld*, Arbeitnehmermitbestimmung)

*Engels, Gerd / Trebinger, Yvonne / Löhr-Steinhaus, Wilfried*: Regierungsentwurf eines Gesetzes zur Reform des Betriebsverfassungsgesetzes – Überblick über die wesentlichen Änderungen, DB 2001, 532 (zitiert: *Engels/Trebinger/Löhr-Steinhaus*, DB 2001, 532)

*Engels, Gerd / Schmidt, Ingrid / Trebinger, Yvonne / Linsenmaier, Wolfgang*: BetrVG, 27. Aufl., München 2014 (zitiert: *Fitting*, 27. Aufl.)

*Engels, Gerd/ Schmidt, Ingrid / Trebinger, Yvonne / Linsenmaier, Wolfgang*: BetrVG, 28. Aufl., München 2016 (zitiert: *Fitting*, 28. Aufl.)

*Erdlenbruch, Michael*: Die betriebsverfassungsrechtliche Stellung gewerbsmäßig überlassener Arbeitnehmer, Frankfurt/Main 1992 (zitiert: *Erdlenbruch*, betriebsverfassungsrechtliche Stellung)

*Etzel, Gerhard*: Betriebsverfassungsrecht, 8. Aufl., Neuwied 2002, (zitiert: *Etzel*, Betriebsverfassungsrecht)

*Franzen, Martin*: Betriebsvereinbarungen: Alternative zu Tarifvertrag und Arbeitsvertrag?, NZA-Beil. 3/2006, 107 (zitiert: *Franzen*, NZA-Beil. 3/2006, 107)

*Franke, Dietmar*: Betriebsratswahlen 2002 – Wahlanfechtungen sind vorprogrammiert, NJW 2002, 656 (zitiert: *Franke*, NJW 2002, 656)

*Fröhlich, Oliver*: Gespaltene Beteiligungsrechte der Betriebsräte bei Einsatz von Leiharbeitnehmern, ArbRB 2008, 212 (zitiert: *Fröhlich*, ArbRB 2008, 212)

*Gick, Dietmar*: Gewerbsmäßige Arbeitnehmerüberlassung zwischen Verbot und Neugestaltung, Berlin 1984 (zitiert: *Gick*, Neugestaltung)

*Grimm, Detlef / Brock, Martin*: Das Gleichbehandlungsgebot nach dem Arbeitnehmerüberlassungsgesetz und die Mitbestimmungsrechte des Betriebsrats des Entleiherbetriebs, DB 2003, 1113 (zitiert: *Grimm/Brock*, DB 2003, 1113)

*Gussen, Heinz*: Auswahlrichtlinien nach § 95 BetrVG als Arbeitgeberkorsett für die Einstellung von Leiharbeitnehmern?, NZA 2011, 830 (zitiert: *Gussen*, NZA 2011, 830)

*Haas, Hermann H. / Hoppe, Christian*: Neue Spielregeln zur Berücksichtigung von Leiharbeitnehmern bei der Berechnung der Schwellenwerte im BetrVG?, NZA 2013, 294 (zitiert: *Haas/Hoppe*, NZA 2013, 294)

*Halbach, Christel*: Betriebsverfassungsrechtliche Aspekte des Einsatzes von Leiharbeitnehmern und Unternehmerarbeitern, DB 1980, 2389 (zitiert: *Halbach*, DB 1980, 2389)

*Haller, Peter / Jahn, Elke J.*: Hohe Dynamik und kurze Beschäftigungsdauern, IAB-Kurzbericht 13/2014, S. 1 (zitiert: *Haller/Jahn*, IAB-Kurzbericht 13/2014)

*Hamann, Wolfgang*: Die Grenze zwischen illegaler Arbeitnehmerüberlassung und erlaubtem Fremdpersonaleinsatz im Rahmen von Dienst- und Werkverträgen, WiVerw 1996, 212 (zitiert: *Hamann*, WiVerw 1996, 212)

*Hamann, Wolfgang*: Anm. zu BAG v. 19.6.2001, EzA § 87 BetrVG 1972 Arbeitszeit Nr. 6

*Hamann, Wolfgang*: Mitbestimmung des Betriebsrats in Arbeitszeitfragen bei der gewerbsmäßigen Arbeitnehmerüberlassung, AuR 2002, 322 (zitiert: *Hamann*, AuR 2002, 322)

*Hamann, Wolfgang*: Betriebsverfassungsrechtliche Auswirkungen der Reform der Arbeitnehmerüberlassung, NZA 2003, 526 (zitiert: *Hamann*, NZA 2003, 526)

*Hamann, Wolfgang*: Die Reform des AÜG im Jahr 2011, RdA 2011, 321 (zitiert: *Hamann*, RdA 2011, 321)

*Hamann, Wolfgang*: Kurswechsel bei der Arbeitnehmerüberlassung?, NZA 2011, 70 (zitiert: *Hamann*, NZA 2011, 70)

*Hanau, Peter*: Denkschrift zu dem Regierungsentwurf eines Gesetzes zur Reform des Betriebsverfassungsgesetzes RdA 2001, 65 (zitiert: *Hanau*, RdA 2001, 65)

*Hanau, Peter*: Die Reform der Betriebsverfassung, NJW 2001, 2513 (zitiert: *Hanau*, NJW 2001, 2513)

*Hänlein, Andreas*: Die Legitimation betrieblicher Rechtsetzung, RdA 2003, 26 (zitiert: *Hänlein*, RdA 2003, 26)

*Heinze, Meinhard*: Rechtsprobleme des sog. echten Leiharbeitsverhältnisses, ZfA 1976, 183 (zitiert: *Heinze*, ZfA 1976, 183)

*Heinze, Meinhard*: Personalplanung, Einstellung und Kündigung: die Mitbestimmung des Betriebsrates bei personellen Maßnahmen, Stuttgart 1982 (zitiert: *Heinze*, Personalplanung)

*Henssler, Martin / Willemsen, Heinz Josef / Kalb, Heinz-Jürgen* (Hrsg.): Arbeitsrecht Kommentar, 7. Aufl., Köln 2016 (zitiert: *Bearb.*, in: HWK)

*Herschel, Wilhelm*: Der Pensionär in der Betriebsverfassung, in: Dieterich, Thomas / Gamillscheg, Franz / Wiedemann, Herbert (Hrsg.), Festschrift für Marie Luise Hilger und Hermann Stumpf, München 1983, S. 311 (zitiert: *Herschel*, in: Dieterich u.a., FS Hilger und Stumpf)

*Hess, Harald / Schlochauer, Ursula / Glaubitz, Werner*: BetrVG, 3. Aufl., Neuwied, Darmstadt 1986 (zitiert: *Bearb.*, in: Hess u.a., BetrVG, 3. Aufl.)

*Hess, Harald / Schlochauer, Ursula / Glaubitz, Werner*: BetrVG: Kommentar, 4. Aufl., Neuwied, Berlin, Kriftel 1993 (zitiert: *Bearb.*, in: Hess u.a., BetrVG, 4. Aufl.)

*Hess, Harald / Worzalla, Michael / Glock, Dirk / Rose, Franz-Josef*: BetrVG, 9. Aufl., Köln 2014 (zitiert: *Bearb.*, in: Hess u.a., BetrVG, 9. Aufl.)

*v. Hoyningen-Huene, Gerrick / Boemke, Burkhard*: Die Versetzung, Heidelberg 1991 (zitiert: *v. Hoyningen-Huene/Boemke*, Versetzung)

*v. Hoyningen-Huene, Gerrick*: Rechte des Betriebsrats im Entleiherbetrieb für Leiharbeitnehmer, SAE 1994, 112 (zitiert: *v. Hoyningen-Huene*, SAE 1994, 112)

*v. Hoyningen-Huene, Gerrick*: Grundfragen der Betriebsverfassung: Mitbestimmung – Betriebsrat Betrieb – Betriebszugehörigkeit -, in: Farthmann, Friedhelm / Hanau, Peter / Isenhardt, Udo / Preis, Ulrich (Hrsg.): Arbeitsgesetzgebung und Arbeitsrechtsprechung: Festschrift zum 70. Geburtstag von Eugen Stahlhacke, Neuwied, Kriftel, Berlin 1995, S. 173 (zitiert: *v. Hoyningen-Huene*, in: Farthmann u.a., FS Stahlhacke)

*v. Hoyningen-Huene, Gerrick / Linck, Rüdiger / Krause, Rüdiger* (Hrsg.), Kündigungsschutzgesetz, 15. Aufl., München 2013 (zitiert: *Bearb.*, in: v. Hoyningen-Huene u.a., KSchG)

*Hueck, Alfred / Nipperdey, Hans Carl: Grundriß des Arbeitsrechts*, 2. Aufl., Berlin, Frankfurt a.M. 1962 (zitiert: *Hueck/Nipperdey*, Grundriß)

*Hueck, Alfred / Nipperdey, Hans Carl*: Lehrbuch des Arbeitsrechts, Bd. 1, 7. Aufl., Berlin, Frankfurt a.M. 1963 (zitiert: *Bearb.*, in: Hueck/Nipperdey, Lehrbuch des Arbeitsrechts I)

*Hunold, Wolf*: Zum Umfang der Unterrichtungspflicht des Arbeitgebers gem. § 99 Abs. 1 BetrVG bei Beschaftigung von Leiharbeitnehmern., BB 1976, 648 (zitiert: *Hunold*, BB 1976, 648)

*Hunold, Wolf*: Die Mitwirkung und Mitbestimmung des Betriebsrats in allgemeinen personellen Angelegenheiten (§§ 92–95 BetrVG), DB 1989, 1334 (zitiert: *Hunold*, DB 1989, 1334)

*Hunold, Wolf*: Die Rechtsprechung zu den Beteiligungsrechten des Entleiher-Betriebsrats bei Einsatz von Leiharbeitnehmern, NZA-RR 2008, 281 (zitiert: *Hunold*, NZA-RR 2008, 281)

*Igel, Hans-Jürgen*: Leiharbeitnehmer – schon mittendrin oder doch nur dabei?, ZBVR online 2014, 31 (zitiert: *Igel*, ZBVR online 2014, 31)

*Jacobi, Erwin*: Grundlehren des Arbeitsrechts, Leibzig 1927 (zitiert: *Jacobi*, Grundlehren)

Jacobi, Erwin: Betrieb und Unternehmen als Rechtsbegriffe, in: Leipziger Juristenfakultät (Hrsg.): Festschrift der Leipziger Juristenfakultät für Dr. Victor Ehrenberg zum 30. März 1926, Leipzig 1927 (zitiert: *Jacobi*, in: Leipziger Juristen-Fakultät, FS Ehrenberg)

*Joost, Detlev*: Betrieb und Unternehmen als Grundbegriffe im Arbeitsrecht, München 1988 (zitiert: *Joost*, Grundbegriffe)

*Jüttner, Andreas*: Kollektivrechtliche Auswirkungen der gewerbsmäßigen Arbeitnehmerüberlassung im Betriebsverfassungsrecht, Berlin 2006 (zitiert: *Jüttner*, Auswirkungen)

*Kadel, Peter / Koppert, Wolfgang*: Der Einsatz von Leiharbeitnehmern unter rechtlichen und personalpolitischen Aspekten, BB 1990, 2331 (zitiert: *Kadel/Koppert*, BB 1990, 2331)

*Kainer, Friedemann / Schweipert, Michael*: Werkverträge und verdeckte Leiharbeit nach dem neuen AÜG, NZA 2017, 13 (zitiert: *Kainer/Schweipert*, NZA 2017, 13)

*Kaufmann, Stephanie*: Die betriebsverfassungsrechtliche Zuordnung gewerbsmäßig überlassener Leiharbeitnehmer, Frankfurt a.M. 2004. (zitiert: *Kaufmann*, betriebsverfassungsrechtliche Zuordnung)

*Koll, Christopher*: Älter werden im Betrieb, AiB 2016, Nr. 1 S. 10 (zitiert: *Koll*, AiB 2016, Nr. 1 S. 10)

*Konzen, Horst / Jacobs, Matthias*: Betriebsvereinbarung und Ruhestandsverhältnis, in: Hanau, Peter / Heither, Friedrich / Kühling, Jürgen (Hrsg.): Richterliches Arbeitsrecht: Festschrift für Thomas Dieterich zum 65. Geburtstag, München 1999, S. 297 (zitiert: *Konzen/Jacobs*, in: Hanau u.a., FS Dieterich)

*Konzen, Horst*: Der Regierungsentwurf des Betriebsverfassungsreformgesetzes, RdA 2001, 76 (zitiert: *Konzen*, RdA 2001, 76)

*Körner, Marita*: Neue Betriebsratsrechte bei atypischer Beschäftigung, NZA 2006, 573 (zitiert: *Körner*, NZA 2006, 573)

*Kort, Michael*: Reformbedarf bei der betriebsverfassungsrechtlichen Mitbestimmung in Fällen von Strukturveränderungen in Betrieb und Unternehmen?, ZfA 2000, 329 (zitiert: *Kort*, ZfA 2000, 329)

*Kraft, Alfons*: Fragen zur betriebsverfassungsrechtlichen Stellung von Leiharbeitnehmern, in: Hofmann, Paul / Meyer-Cording, Ulrich / Wiedemann, Herbert (Hrsg.): Festschrift für Klemens Pleyer, zum 65. Geburtstag, Köln/Berlin/Bonn/München 1986, S. 383 (zit.: *Kraft*, in: Hofmann u.a., FS Pleyer)

*Kraft, Alfons*: Arbeitszeit von Leiharbeitnehmern – Mitbestimmung des Betriebsrats im Verleiherbetrieb, SAE 2002, 45 (zitiert: *Kraft*, SAE 2002, 45)

*Krannich, Daniel / Simon, Regina*: Das neue Arbeitnehmerüberlassungsgesetz – zur Auslegung des Begriffs „vorübergehend" in § 1 Abs. 1 AÜG n.F., BB 2012, 1414 (zitiert: *Krannich/Simon*, BB 2012, 1414)

*Kreutz, Peter*: Grenzen der Betriebsautonomie, München 1979 (zitiert: *Kreutz*, Betriebsautonomie)

*Kreutz, Peter*: Die Problematik der Betriebszugehörigkeit bei der Betriebsratswahl, in: Jahr, Günther (Hrsg.): Gedächtnisschrift für Dietrich Schultz, Köln, Berlin, Bonn, München 1987, S. 209 (zitiert: *Kreutz*, in: Jahr, GS Schultz)

*Kreutz, Peter*: Gestaltungsaufgabe und Beendigung von Betriebsvereinbarungen, in: Hönn, Günter / Konzen, Horst / Kreutz, Peter: Festschrift für Alfons Kraft zum 70. Geburtstag, Neuwied 1998, S. 323 (zitiert: *Kreutz*, in: Hönn u.a., FS Kraft)

*Kreutz, Peter*: Grundsätzliches zum persönlichen Geltungsbereich der Betriebsvereinbarung, ZfA 2003, 361 (zitiert: *Kreutz*, ZfA 2003, 361)

*Kreutz, Peter*: Leiharbeitnehmer und Betriebsratswahl – wer wählt, zählt nicht!, SAE 2004, 168 (zitiert: *Kreutz*, SAE 2004, 168)

*Künzel, Markus / Schmid, Erik*: Sie zählen!? Unternehmensmitbestimmung – mitbestimmt von der Leiharbeit, NZA 2016, 531 (zitiert: *Künzel/Schmid*, NZA 2016, 531)

*Kuster, Hartmut*: Zustimmungsverweigerung des Betriebsrats beim Einsatz von Leiharbeitnehmern, AiB 2014, Nr. 1, S. 66 (zitiert: *Kuster*, AiB 2014, Nr. 1, S. 66)

*Lambrich, Thomas / Reinhard, Thorsten*, Schwellenwerte bei der Unternehmensmitbestimmung – Wann beginnt die Mitbestimmung?, NJW 2014, 2229 (zitiert: *Lambrich/Reinhard*, NJW 2014, 2229)

*Lehmer, Florian / Ziegler, Kerstin*: Brückenfunktion der Leiharbeit – Zumindest ein schmaler Steg, IAB-Kurzbericht 13/2010, S. 1 (zitiert: *Lehmer/Ziegler*: IAB-Kurzbericht 13/2010)

*Leinemann, Wolfgang* (Hrsg.): Kasseler Handbuch zum Arbeitsrecht, Bd. 2., Besondere Arbeitsverhältnisse, berufliche Bildung, Beendigung des Arbeitsverhältnisses, Mitbestimmung in Unternehmen, Konzernen, Tarifvertrag und Arbeitskampf, Betriebsverfassung, arbeitsgerichtliche Verfahren, neue Bundesländer, Europarecht, 2. Aufl., Neuwied, Kriftel, Berlin 2000 (zitiert: *Bearb.*, in: Leinemann, Kasseler HB II)

*Lembke, Mark*: Neue Rechte von Leiharbeitnehmern gegenüber Entleihern, NZA 2011, 319 (zitiert: *Lembke*, NZA 2011, 319)

*Lenz, Dieter*: Anm. zu BAG Beschl. v. 16.4.2003 – 7 ABR 53/02, AiB 2004, 113 (zitiert: *Lenz*, AiB 2004, 113)

*Lindemann, Achim / Simon, Oliver*: Wahlberechtigung und Ermittlung der Betriebsratsgröße, NZA 2002, 365 (zitiert: *Lindemann/Simon*, NZA 2003, 365)

*Linsenmaier, Wolfgang*: Normsetzung der Betriebsparteien und Individualrechte der Arbeitnehmer, RdA 2008, 1 (zitiert: *Linsenmaier*, RdA 2008, 1)

*Linsenmaier, Wolfgang / Kiel, Heinrich*: Der Leiharbeitnehmer in der Betriebsverfassung – „Zwei-Komponenten-Lehre" und normzweckorientierte Gesetzesauslegung, RdA 2014, 135 (zitiert: *Linsenmaier/Kiel*, RdA 2014, 135)

*Lipinski, Wolfgang*: Die Konsequenzen des Zeitarbeit-Beschlusses des BAG für die Praxis, NZA 2013, 1245 (zitiert: *Lipinski*, NZA 2013, 1245)

*Loof, Ariane*: Die Beteiligungsrechte des Betriebsrates bei der Beschäftigung von Leiharbeitnehmern nach neuem Recht, Berlin 2005 (zitiert: *Loof*, Beteiligungsrechte)

*Löwisch, Manfred*: Änderungen der Betriebsverfassung durch das Betriebsverfassungs-Reformgesetz, BB 2001, 1734 (zitiert: *Löwisch*, BB 2001, 1734)

*Löwisch, Manfred*: Beamte als Arbeitnehmer im Sinne des BetrVG, BB 2009, 2316 (zitiert: *Löwisch*, BB 2009, 2316)

*Löwisch, Manfred /Kaiser, Dagmar*: Betriebsverfassungsgesetz, 6. Aufl., Frankfurt a.M. 2010. (zitiert: *Löwisch/Kaiser*, BetrVG)

*Lunk, Stefan*: Schwellenwerte Leiharbeitnehmer, NZG 2014, 778 (zitiert: *Lunk*, NZG 2014, 778)

*Markowski, Jürgen /Sendelbeck, Georg*: Berücksichtigung von Leiharbeitnehmern bei der Betriebsratsgröße, AiB 2013, 660 (zitiert: *Markowski/Sendelbeck*, AiB 2013, 660)

*Martens, Klaus-Peter*: Vertretungsorgan und Arbeitnehmerstatus in konzernabhängigen Gesellschaften in: Dieterich, Thomas / Gamillscheg, Franz / Wiedemann, Herbert (Hrsg.): Festschrift für Marie Luise Hilger und Hermann Stumpf, München 1983, S. 437 (zitiert: *Martens*, in: Dieterich u.a., FS Hilger und Stumpf)

*Maschmann, Frank*: Leiharbeitnehmer und Betriebsratswahl nach dem BetrVG-Reformgesetz, DB 2001, 2446 (zitiert: *Maschmann*, DB 2001, 2446)

*Mayer-Maly, Theo*: Das Leiharbeitsverhältnis, ZfA 1972, 1 (zitiert: *Mayer-Maly*, ZfA 1972, 1)

*Moderegger, Christian:* Berücksichtigung von Leiharbeitnehmern bei betriebsverfassungsrechtlichen Schwellenwerten – Entscheidungstendenz seit dem Betriebsverfassungs-Reformgesetz, ArbRB 2003, 82 (zitiert: *Moderegger*, ArbRB 2003, 82)

*Müller-Glöge, Rudi / Preis, Ulrich / Schmidt, Ingrid* (Hrsg.): Erfurter Kommentar zum Arbeitsrecht, 16. Aufl., München 2016 (zitiert: *Bearb.*, in: ErfKo)

*Müllner, Wolfgang*: Aufgespaltene Arbeitgeberstellung und Betriebsverfassungsrecht. Broschiert – 1978 (zitiert: *Müllner*, Arbeitgeberstellung)

*Mumot, F. Ulrich*: Die betriebsverfassungsrechtlichen Beteiligungsrechte bei der Beschäftigung von Leiharbeitnehmern, 1975 (zitiert: *Mumot*, Beschäftigung)

*Natzel, Ivo*: Die Betriebszugehörigkeit im Arbeitsrecht, München 2000 (zitiert: *Natzel*, Betriebszugehörigkeit)

*Nipperdey, Peter*: Grundfragen des Beurteilungsspielraums bei unbestimmten Rechtsbegriffen im Betriebsverfassungsrecht, DB 1977, 1093 (zitiert: *Nipperdey*, DB 1977, 1093)

*Oetker, Hartmut*: Betriebszugehörigkeit und gelockerte Betriebsbeziehung – Dargestellt am Beispiel der Zeitungszusteller, AuR 1991, 359 (zitiert: *Oetker*, AuR 1991, 359)

*Otto, Hansjörg*: Personale Freiheit und soziale Bindung: zur Kontrolle u. Gewährleistung personal motivierten Verhaltens im Privatrecht, München 1978 (zitiert: *Otto*, Personale Freiheit und soziale Bindung)

*Plum, Martin*: Unterrichtung des Betriebsrats bei der Einstellung von Leiharbeitnehmern, DB 2011, 2916 (zitiert: *Plum*, DB 2011, 2916)

*Raab, Thomas*: Europäische und nationale Entwicklungen im Recht der Arbeitnehmerüberlassung, ZfA 2003, 389 (zitiert: *Raab*, ZfA 2003, 389)

*Ramm, Thilo*: Die Aufspaltung der Arbeitgeberfunktionen (Leiharbeitsverhältnis, mittelbares Arbeitsverhältnis, Arbeitnehmerüberlassung und Gesamthafenarbeitsverhältnis), ZfA 1973, 263 (zitiert: *Ramm*, ZfA 1973, 263)

*Ratayczak, Jürgen*: Leiharbeitnehmer – Arbeitnehmer 2. Klasse?, AiB 2003, 276 (zitiert: *Ratayczak*, AiB 2003, 276)

*Ratayczak, Jürgen*: Leiharbeitnehmer wählen, aber zählen nicht!, AiB 2004, 212 (zitiert: *Ratayczak*, AiB 2004, 212)

*Reichold, Hermann*: Betriebsverfassung als Sozialprivatrecht: historisch-dogmatische Grundlagen von 1848 bis zur Gegenwart, München 1995 (zitiert: *Reichold*, Sozialprivatrecht)

*Reichold, Hermann*: Betriebsverfassung ohne „Betrieb"?, NZA 1999, 561 (zitiert: *Reichold*, NZA 1999, 561)

*Reichold, Hermann*: Die reformierte Betriebsverfassung 2001, NZA 2001, 857 (zitiert: *Reichold*, NZA 2001, 857)

*Reichold, Hermann*: „Wählen heißt auch Zählen" – Die neue BAG-Rechtsprechung zur „Einbürgerung" von Leiharbeitnehmern, in: Boemke, Burkhard / Lembke, Mark / Linck, Rüdiger (Hrsg.): Festschrift für Gerrick Frhr. v. Hoyningen-Huene zum 70. Geburtstag, München 2014, S. 413 (zitiert: *Reichold*., in: Boemke u.a., FS v. Hoyningen-Huene)

*Reinsch, Julia:* Das Rechtsverhältnis zwischen Entleiher und Leiharbeitnehmer, Baden-Baden 2009 (zitiert: *Reinsch*, Rechtsverhältnis)

*Richardi, Reinhard*: Das Widerspruchsrecht des Betriebsrats bei personellen Maßnahmen nach §§ 99, 100 BetrVG, DB 1973, 378 (zitiert: *Richardi*, DB 1973, 378)

*Richardi, Reinhard*: Betriebszugehörigkeit als Rechtsproblem, in: Martinek, Oswin: Arbeitsrecht und soziale Grundrechte. Festschrift Hans Floretta zum 60. Geburtstag, Wien 1983, S. 595 (Zitiert: *Richardi*, in: Martinek, FS Floretta)

*Richardi, Reinhard*: Wahlberechtigung und Wählbarkeit zum Betriebsrat im Konzern, NZA 1987, 145 (zitiert: *Richardi*, NZA 1987, 145)

*Richardi, Reinhard*: Veränderung in der Organisation der Betriebsverfassung nach dem Regierungsentwurf zur Reform des BetrVG, NZA 2001, 346 (zitiert: *Richardi*, NZA 2001, 346)

*Richardi, Reinhard / Dörner, Hans-Jürgen / Weber, Christoph* (Hrsg.): Personalvertretungsrecht, 3. Aufl., München 2008, (zitiert: *Bearb.*, in: Richardi u.a., Personalvertretungsrecht)

*Richardi, Reinhard* (Hrsg.): BetrVG, 12. Aufl., München 2010 (zitiert: *Bearb.*, in: Richardi, BetrVG, 12. Aufl.)

*Richardi, Reinhard* (Hrsg.): BetrVG, 13. Aufl., München 2012 (zitiert: *Bearb.*, in: Richardi, BetrVG, 13. Aufl.)

*Richardi, Reinhard* (Hrsg.): BetrVG, 15. Aufl., München 2016 (zitiert: *Bearb.*, in: Richardi, BetrVG, 15. Aufl.)

*Richardi, Reinhard*: Vertrags- oder Eingliederungstheorie als ergänzende Gesichtspunkte für die Begründung arbeitsrechtlicher Beziehungen in der Betriebsverfassung, in: Henssler, Martin / Joussen, Jacob / Maties, Martin / Preis, Ulrich: Moderne Arbeitswelt: Festschrift für Rolf Wank, München 2014, S. 465 (zitiert: *Richardi*, in: Henssler u.a., FS Wank)

*Richardi, Reinhard / Wlotzke, Otfried* (Hrsg.): Münchener Handbuch zum Arbeitsrecht Bd. 2, 2. Aufl., München 2000 (zitiert: *Bearb.*, in: Richardi/Wlotzke, MüArbR II, 2. Aufl.)

*Richardi, Reinhard / Wlotzke, Otfried* (Hrsg.): Münchener Handbuch zum Arbeitsrecht Bd. 3, 2. Aufl., München 2000 (zitiert: *Bearb.*, in: Richardi/Wlotzke, MüArbR III, 2. Aufl.)

*Richardi, Reinhard / Wlotzke, Otfried / Wißmann, Hellmut / Oetker, Hartmut* (Hrsg.): Münchener Handbuch zum Arbeitsrecht Bd. 2, 3. Aufl., München 2009 (zitiert: *Bearb.*, in: Richardi/Wlotzke, MüArbR II, 3. Aufl.)

*Richter, Julian:* Mitbestimmung des Betriebsrats bei Leiharbeit, ArbRAktuell 2009, 231 (zitiert: *Richter*, ArbRAktuell 2009, 231)

*Rieble, Volker*: Arbeitsmarkt und Wettbewerb – Der Schutz von Vertrags- und Wettbewerbsfreiheit im Arbeitsrecht, Berlin, Heidelberg 1996 *(zitiert: Rieble*, Arbeitsmarkt)

*Rieble, Volker / Gutzeit, Martin*: Das Altersteilzeitgesetz (ATzG) 1996 und seine betriebsverfassungsrechtlichen Implikationen, BB 1998, 638 (zitiert: *Rieble/Gutzeit*, BB 1998, 638)

*Rieble, Volker / Junker, Abbo / Giesen, Richard* (Hrsg.): Zukunft der Leiharbeit, München 2009 (zitiert: *Bearb.*, in: Rieble u.a., Zukunft der Leiharbeit)

*Rieble, Volker*: Leiharbeitnehmer zählen doch?, NZA 2012, 485 (zitiert: *Rieble*, NZA 2012, 485)

*Rost, Friedhelm*: Arbeitnehmer und arbeitnehmerähnliche Personen im Betriebsverfassungsrecht, NZA 1999, 113 (zitiert: *Rost*, NZA 1999, 113)

*Rüthers, Bernd / Bakker, Rainer*: Arbeitnehmerentsendung und Betriebsinhaberwechsel im Konzern, ZfA 1990, 245 (zitiert: *Rüthers/Bakker*, ZfA 1990, 245)

*Säcker, Franz Jürgen*: Gruppenautonomie und Übermachtkontrolle im Arbeitsrecht, Berlin 1972 *(zitiert: Säcker*, Gruppenautonomie)

*Säcker, Franz Jürgen / Joost, Detlev*: Betriebszugehörigkeit als Rechtsproblem im Betriebsverfassungs- und Mitbestimmungsrecht: zur Unterscheidung von Betrieb und Unternehmen, Königstein/Ts. 1980 (zitiert: *Säcker/Joost*, Rechtsproblem)

*Säcker, Franz Jürgen*: Arbeitnehmerüberlassung im Konzern und Betriebsratsorganisation, in: Westermann, Harm P. / Rosener, Wolfgang (Hrsg.): Festschrift für Karlheinz Quack, Berlin/New York 1991, S. 421ff. (zitiert: *Säcker*, in: Westermann/Rosener, FS Quack)

*Säcker, Franz Jürgen / Rixecker, Roland / Oetker, Hartmut / Limperg, Bettina* (Hrsg.): Münchener Kommentar zum Bürgerlichen Gesetzbuch, Bd. 2 Schuldrecht – Allgemeiner Teil, 7. Aufl., München 2016 (zitiert: *Bearb.*, in: MüKo BGB II)

*Schaffeld, Burkhard*: Die Stellung der Zeitungszusteller aus rechtlicher Sicht, AfP 1981, 265 (zitiert: *Schaffeld*, AfP 1981, 265)

*Schaub, Achim*: Arbeitnehmerüberlassung, Göttingen 2001 (zitiert: *Schaub*, Arbeitnehmerüberlassung

*Schaub, Günter* (Begr.) / Koch, Ulrich / Linck, Rüdiger / Treber, Jürgen / Vogelsang, Hinrich (Bearb.): Arbeitsrechts-Handbuch, 16. Aufl., München 2015 (zitiert: *Bearb.*, in: Schaub, ArbR-HB)

*Schiefer, Bernd*: Keine Berücksichtigung von Leiharbeitnehmern bei der Ermittlung von Schwellenwerten im Betriebsverfassungsgesetz. DB 2002, 1774 (zitiert: *Schiefer*, DB 2002, 1774)

*Schiefer, Bernd / Korte, Walter*: Die Durchführung von Betriebsratswahlen nach neuem Recht – Teil 1, NZA 2002, 57 (zitiert: *Schiefer/Korte*, NZA 2002, 57)

*Schirmer, Uwe*: Die betriebsverfassungsrechtliche Stellung des Leiharbeitnehmers im Entleiherbetrieb in: Oetker, Hartmut / Preis, Ulrich / Rieble, Volker (Hrsg.): 50 Jahre Bundesarbeitsgericht, München 2004, S. 1063 (zitiert: *Schirmer*, in: Oetker u.a., 50 Jahre BAG)

*Schneider, Wolfgang*: Anm. zu LAG Köln, Beschl. V. 23.7.1999 – 12 TaBV 26/99, AiB 2000, 431 (zitiert: *Schneider*, AiB 2000, 431)

*Schneider, Wolfgang*: Zum Arbeitnehmerbegriff nach § 5 Abs 1 BetrVG, AiB 2001, 128 (zitiert: *Schneider*, AiB 2001, 128)

*Schneider, Wolfgang / Trümner, Ralf*: Zum betriebsverfassungsrechtlichen Arbeitnehmerbegriff – zugleich eine Auseinandersetzung mit der Entscheidung des Bundesarbeitsgerichts vom 18.1.1989 (7 ABR 21/88), in: Däubler, Wolfgang / Bobke, Manfred / Kehrmann, Karl (Hrsg.): Arbeit und Recht: Festschrift für Albert Gnade zum 65. Geburtstag, Köln 1992 (zitiert: *Schneider/Trümner*, in: Däubler u.a., FS Gnade)

*Schüren, Peter* (Hrsg.): Arbeitnehmerüberlassungsgesetz, 1. Aufl., München 1994 (zitiert: *Schüren*, AÜG, 1. Aufl.)

*Schüren, Peter* (Hrsg.): Arbeitnehmerüberlassungsgesetz, 4. Aufl., München 2010 (zitiert: *Bearb.*, in: Schüren, AÜG, 4. Aufl.)

*Schuster, Fabian*: Arbeitnehmer, Betrieb und Betriebszugehörigkeit im Betriebsverfassungsgesetz, Dissertation, Darmstadt 1997. (zitiert: *Schuster*, Betrieb und Betriebszugehörigkeit)

*Seel, Henning-Alexander*: Rechtsstellung von Leiharbeitnehmern im Betriebsverfassungsrecht – Ein Überblick über die neuesten Entwicklungen –, MDR 2012, 813 (zitiert: *Seel*, MDR 2012, 813)

*Seiter, Hugo*: Staatliches Arbeitsvermittlungsmonopol und private Arbeitnehmerüberlassung, JurA 1971, 204 (zitiert: *Seiter*, JurA 1971, 204)

*Sextl, Michael*, Die Mitbestimmung des Entleiherbetriebsrats vor der Übernahme von Leiharbeitnehmern gemäß § 14 Abs. 3 AÜG, Hamburg 2014 (zitiert: *Sextl*, Übernahme)

*Siebert, W.*: Die Mitwirkung und Mitbestimmung der Arbeitnehmer nach dem Betriebsverfassungsgesetz, BB 1952, 832 (zitiert: *Siebert*, BB 1952, 832)

*Sieweke, Simon*: Voraussetzungen und Folgen der missbräuchlichen Ausübung von Mitbestimmungsrechten – Eine Untersuchung am Beispiel der Leiharbeit, NZA 2012, 426 (zitiert: *Sieweke*, NZA 2012, 426)

*v. Steinau-Steinrück, Robert / Mosch, Ulrich*: Beamten als betriebsverfassungsrechtliche Arbeitnehmer, NJW-Spezial 2009, 706 (zitiert: *v. Steinau-Steinrück/Mosch*, NJW-Spezial 2009, 706)

*Stepan, Mirko*: Mitbestimmen bei Leiharbeit – Leiharbeit und Werkverträge, AiB 2015, Nr. 12, S. 28 (zitiert: *Stepan*, AiB 2015, Nr. 12, S. 28)

*Stück, Volker*: Leiharbeit – Die Mitbestimmungsrechte des Entleiherbetriebsrats, MDR 2013, 829 (zitiert: *Stück*, MDR 2013, 829)

*Takkaci-Gros, Mine*: Mitbestimmen bei Leiharbeit – Arbeitnehmerüberlassung, AiB 2015, Nr. 7–8, S. 14 (zitiert: *Takkaci-Gros*, AiB 2015, Nr. 7–8, S. 14)

*Teusch Jan L. / Verstege, Sebastian*: Vorübergehend unklar – Zustimmungsverweigerungsrecht des Betriebsrats bei Einstellung von Leiharbeitnehmern?, NZA 2012, 1326 (zitiert: *Teusch/Verstege*, NZA 2012, 1326)

*Thüsing, Gregor*: Schnellschuss ins Ungewisse: Zur Änderung des § 5 BetrVG, BB 2009, 2036 (zitiert: *Thüsing*, BB 2009, 2036)

*Thüsing, Gregor* (Hrsg.): Arbeitnehmerüberlassungsgesetz, 3. Aufl., München 2012 (zitiert: *Bearb.*, in: Thüsing, AÜG)

*Thüsing, Gregor*: Zur Vorbereitung auf die AÜG-Reform, DB 2016, 2663 (zitiert: *Thüsing*, DB 2016, 2663)

*v. Tiling, Christian*: Beteiligungsrechte beim Einsatz von Leiharbeitnehmern – Umfang und Grenzen der Rechte des Entleiherbetriebsrats im Verfahren nach § 14 Abs. 3 AÜG, § 99 BetrVG –, BB 2009, 2422 (zitiert: *v. Tiling*, BB 2009, 2422)

*Trittin, Wolfgang / Fischer, Esther D*: Umfang der Unterrichtung des Betriebsrats vor Einstellung bei Leiharbeitnehmern, AiB 2007, 727 (zitiert: *Trittin/Fischer*, AiB 2007, 727)

*Tuengerthal, Hansjürgen*: AÜG-Reform: Angemessene Regelung der Abgrenzung von Arbeitnehmerüberlassung und Werkvertrag, BB 2016, 2875 (zitiert: *Tuengerthal*, BB 2016, 2875)

*Ulber, Daniel*: Erweiterte Mitbestimmungsrechte des Betriebsrats durch Tarifverträge zur Leiharbeit, AuR 2013, 114 (zitiert: *D. Ulber*, AuR 2013, 114)

*Ulber, Jürgen*: Das neue Arbeitnehmerüberlassungsgesetz – Betriebsrat vor neuen Aufgaben, AiB 2011, 351 (zitiert: *Ulber*, AiB 2011, 351)

*Ulber, Jürgen* (Hrsg.): Arbeitnehmerüberlassungsgesetz, 4. Aufl., Frankfurt a.M. 2011 (zitiert: *Bearb.*, in: Ulber, AÜG)

*Urban-Crell, Sandra / Schulz, Christian*: Arbeitnehmerüberlassung und Arbeitsvermittlung, München 2003 (zitiert: *Urban-Crell/Schulz*, Arbeitsvermittlung)

*Urban-Crell, Sandra / Germakowski, Gudrun / Bissels, Alexander / Hurst, Adrian*: AÜG, 2. Aufl., Köln 2013 (zitiert: *Bearb.*, in: Urban-Crell u.a., AÜG)

*Waltermann, Raimund*: Rechtsetzung durch Betriebsvereinbarung zwischen Privatautonomie und Tarifautonomie, Tübingen 1995 (zitiert: *Waltermann*, Rechtsetzung)

*Waltermann, Raimund*: Gestaltung von Arbeitsbedingungen durch Vereinbarung mit dem Betriebsrat, NZA 1996, 357 (zitiert: *Waltermann*, NZA 1996, 357)

*Waltermann, Raimund*: Ablösende Betriebsvereinbarung für Ruheständler?, NZA 1998, 505 (zitiert: *Waltermann*, NZA 1998, 505)

*Waltermann, Raimund*: „Umfassende Regelungskompetenz" der Betriebsparteien zur Gestaltung durch Betriebsvereinbarung?, RdA 2007, 257 (zitiert: *Waltermann*, RdA 2007, 257)

*Waltermann, Raimund*: Altersgrenze durch Betriebsvereinbarung und Betriebsvereinbarungsoffenheit von Arbeitsverträgen – Besprechungsaufsatz zum BAG-Urteil vom 5.3.2013 – 1 AZR 417/12, SAE 2013, 94 (zitiert: *Waltermann*, SAE 2013, 94)

*Walker, Wolf-Dietrich*: Rechtsverhältnisse bei der gewerbsmäßigen Arbeitnehmerüberlassung und Schadensersatzansprüche des Entleihers wegen Schlechtleistung, AcP 194 (1994), 295 (zitiert: *Walker*, AcP 194 (1994), 295)

*Wank, Rolf*: Telearbeit, NZA 1999, 225 (zitiert: *Wank*, NZA 1999, 225)

*Wedemeyer, Philipp*: Die Betriebszugehörigkeit im BetrVG, 2007 (zitiert: *Wedemeyer*, Betriebszugehörigkeit)

*Wlotzke, Otfried*: Zum Wahlrecht von Leiharbeitnehmern und vergleichbaren Arbeitnehmern zur Wahl des Betriebsrats im Einsatzbetrieb, in: Oetker, Hartmut / Preis, Ulrich / Rieble, Volker (Hrsg.): 50 Jahre Bundesarbeitsgericht, München 2004, S. 1149 (zitiert: *Wlotzke,* in: Oetker u.a., 50 Jahre BAG)

*Wlotzke, Otfried*: Das Mitbestimmungsrecht nach § 87 Abs. 1 Nr. 7 Betriebsverfassungsgesetz und das erneuerte Arbeitsschutzrecht, in: Kohte, Wolfhard / Dörner, Hans-Jürgen / Anzinger, Rudolf (Hrsg.): Arbeitsrecht im sozialen Dialog: Festschrift für Hellmut Wissmann zum 65. Geburtstag, München 2005, S. 426 (zitiert: *Wlotzke,* in: Kohte u.a., FS Wissmann)

*Wensing, Hans-Hubert /Freise, Agnes*: Beteiligungsrechte des Betriebsrats bei der Übernahme von Leiharbeitnehmern, BB 2004, 2238 (zitiert: *Wensing/Freise*, BB 2004, 2238)

*Wiese, Günther/ Fabricius, Fritz / Kraft, Alfons / Kreutz, Peter / Oetker, Hartmut*: Betriebsverfassungsgesetz: Gemeinschaftskommentar Bd. 1, 6. Aufl., Neuwied, Kriftel 1998 (zitiert: *Bearb*, in: GK-BetrVG I, 6. Aufl.)

*Wiese, Günther / Kreutz, Peter / Oetker, Hartmut/ Raab, Thomas / Weber, Christoph / Franzen, Martin*: Betriebsverfassungsgesetz: Gemeinschaftskommentar Bd. 1, 8. Aufl., München, Neuwied 2005 (zitiert: *Bearb*, in: GK-BetrVG I, 8. Aufl.)

*Wiese, Günther/ Kreutz, Peter / Oetker, Hartmut / Raab, Thomas / Weber, Christoph / Franzen, Martin*: Betriebsverfassungsgesetz: Gemeinschaftskommentar Bd. 1, 9. Aufl., Köln 2010 (zitiert: *Bearb.*, in: GK-BetrVG I, 9. Aufl.)

*Wiese, Günther / Kreutz, Peter / Oetker, Hartmut / Raab, Thomas / Weber, Christoph / Franzen, Martin*: Betriebsverfassungsgesetz: Gemeinschaftskommentar Bd. 1, 10. Aufl., Köln 2014 (zitiert: *Bearb.*, in: GK-BetrVG I, 10. Aufl.)

*Wiese, Günther/ Kreutz, Peter / Oetker, Hartmut / Raab, Thomas / Weber, Christoph / Franzen, Martin*: Betriebsverfassungsgesetz: Gemeinschaftskommentar Bd. 2, 10. Aufl., Köln 2014 (zitiert: *Bearb.*, in: GK-BetrVG II, 10. Aufl.)

*Windbichler, Christine*: Mitbestimmung des Betriebsrats bei der Beschäftigung von Leiharbeitnehmern, DB 1975, 739 (zitiert: *Windbichler*, DB 1975, 739)

*Wißmann, Hellmut*: Die Suche nach dem Arbeitgeber in der Betriebsverfassung, NZA 2001, 409 (zitiert: *Wißmann*, NZA 2001, 409)

*Wißmann, Hellmut*: Leitlinien aktueller Rechtsprechung zur Betriebsverfassung, NZA 2003, 1 (zitiert: *Wißmann*, NZA 2003, 1)

*Wittenberg, Peter*: Arbeitszeitrecht im Betrieb – Wo und wie sich der Betriebsrat einbringen kann, ZBVR online 2015, 30 (zitiert: *Wittenberg*, ZBVR online 2015, 30)

*Zeuner, Albrecht*: Zur Bestimmung des für die Rechte nach § 102 BetrVG zuständigen Betriebsrates bei aufgespaltener Arbeitgeberstellung im Konzern, in: Dieterich, Thomas / Gamillscheg, Franz / Wiedemann, Herbert (Hrsg.): Festschrift für Marie Luise Hilger und Hermann Stumpf, München 1983, S. 771 (zitiert: *Zeuner*, in: Dieterich u.a., FS Hilger und Stumpf)

*Ziemann, Werner*: Betriebsbegriff – Betriebszugehörigkeit – drittbezogener Personaleinsatz, AuR 1990, 58 (zitiert: *Ziemann*, AuR 1990, 58)

*Zimmer, Reingard*: „Vorübergehender" Einsatz von LeiharbeitnehmerInnen – § 1 Abs. 1 S. 2 AÜG unter Berücksichtigung der Vorgaben der Leiharbeitsrichtlinie 2008/104/EG, AuR 2012, 422 (zitiert: *Zimmer*, AuR 2012, 422)

*Zimmerling, Burcu*: Schwellenwerte des Betriebsverfassungsgesetzes bei Beschäftigung von Leiharbeitnehmern, Hamburg 2015 (zitiert: *Zimmerling*, Schwellenwerte)

# Danksagung

An erster Stelle möchte ich mich bei meinem Doktorvater Professor Dr. Gregor Thüsing für seine große Unterstützung und die zeitintensive Betreuung bedanken, die er mir bei der Erstellung dieser Arbeit hat zuteilwerden lassen.

Bedanken möchte ich mich auch bei Professor Dr. Stefan Greiner für seine wertvollen Anmerkungen und die zügige Erstellung des Zweitgutachtens.

Ferner bedanke ich mich bei der Konrad-Adenauer-Stiftung für die finanzielle und ideelle Förderung meiner Promotion.

Der größte Dank jedoch gebührt meinen Eltern. Ohne ihren fortwährenden Zuspruch und ihre uneingeschränkte Förderung meiner Ausbildung wäre diese Arbeit sicherlich nie entstanden.

**Bonner Schriften zum deutschen und europäischen Recht der Arbeit und der Sozialen Sicherheit**

Herausgegeben von Gregor Thüsing und Raimund Waltermann

Band 1 Sven Kürvers: Betriebliche Altersversorgung in Deutschland und den USA im Rechtsvergleich. Unverfallbarkeit, Portabilität und Unisex-Tarife. 2008.

Band 2 Alexandra Geißler: Der Lohnanspruch des Arbeitnehmers bei Nichterbringung der Arbeit. Ein Vergleich des deutschen und polnischen Arbeitsrechts. 2008.

Band 3 Daniela Fink-Jamann: Das Antidiskriminierungsrecht und seine Folgen für die kirchliche Dienstgemeinschaft. Eine Bestandsaufnahme nach Erlass der Richtlinie 2000/78/EG und ihrer Umsetzung durch das deutsche Allgemeine Gleichbehandlungsgesetz (AGG) unter besonderer Berücksichtigung der Loyalitätsobliegenheiten im kirchlichen Dienst. 2009.

Band 4 Jens Sebastian Groh: Einstellungs- und Kündigungskriterien kirchlicher Arbeitgeber vor dem Hintergrund des § 9 AGG. 2009.

Band 5 Thomas Gerdom: Gemeinschaftsrechtliche Unterrichtungs- und Anhörungspflichten und ihre Auswirkungen auf das Betriebsverfassungs-, Personalvertretungs- und Mitarbeitervertretungsrecht. Zum Umsetzungsbedarf der Richtlinie 2002/14/EG. 2009.

Band 6 Daniel Stolz: Der beurlaubte Beamte im Angestelltenverhältnis. Eine Darstellung der Doppelrechtsstellung am Beispiel der Postnachfolgeunternehmen. 2010.

Band 7 Kristina Ruch: Dreiseitige Vereinbarungen. Vereinbarungen zwischen Arbeitgeber, Gewerkschaft und Betriebsrat. 2010.

Band 8 Manuel Schwering: Das Allgemeine Gleichbehandlungsgesetz als Aufgabe und Instrument des Betriebsrates. 2010.

Band 9 Julia Bietmann: Gesetzliche Wege zu einem systemkonformen Mindestlohn. 2010.

Band 10 Wolfgang Schorn: Die Unklarheitenregel des § 305c Abs. 2 BGB – insbesondere im Arbeitsrecht. 2011.

Band 11 Jan Kraus: Regulierung von Pensionsfonds. Eine rechtsvergleichende Untersuchung einer neuen Einrichtung der betrieblichen Altersversorgung in Deutschland. 2011.

Band 12 Gregor Thüsing: Scheinselbständigkeit im internationalen Vergleich. 2011.

Band 13 Marc Tobias Rosenau: Die Koalitionsbetätigungsfreiheit im gewandelten Kontext. 2013.

Band 14 Martin Kalf: Die Änderungskündigung im Lichte des Verhältnismäßigkeitsprinzips. Tatsächliches Potential und rechtliche Grenzen. 2013.

Band 15 Franz Josef Düwell / Manfred Löwisch / Raimund Waltermann / Rolf Wank (Hrsg.): Das Verhältnis von Arbeitsrecht und Zivilrecht in Japan und Deutschland. 2013.

Ab Band 16 läuft die Reihe unter einem neuen Reihentitel

**Schriften zum deutschen und europäischen Recht der Arbeit und der Sozialen Sicherheit**

Herausgegeben von Stefan Greiner, Gregor Thüsing und Raimund Waltermann

Band 16 Luca Rawe: Auslegung von Zusagen der betrieblichen Altersversorgung. Zugleich ein Beitrag zu den Entwicklungen im Betriebsrentenrecht anhand einer Rechtsprechungsanalyse. 2017.

Band 17 Florian Göhner: Die betriebsverfassungsrechtliche Stellung der Leiharbeitnehmer im Entleiherbetrieb. 2017.

www.peterlang.de

www.ingramcontent.com/pod-product-compliance
Ingram Content Group UK Ltd.
Pitfield, Milton Keynes, MK11 3LW, UK
UKHW021846290926
8980IPUK00005B/677

9 783631 733141